칠궁의 성립과 굴절

장서각한국사강의 35

칠궁의 성립과 굴절

김윤정 · 정해득 · 이왕무 · 장경희 · 김덕수
김해인 · 조재모 · 조은주 지음

한국학중앙연구원출판부

책머리에

칠궁(七宮)은 왕의 어머니가 된 일곱 후궁의 사당으로, 현재 청와대 인근에 위치해 있다. 왕비가 아닌 후궁은 왕의 생모라 하더라도 종묘에 모실 수 없었으므로 별도의 제향 공간이 조성되었다. 이에 인빈 김씨(仁嬪金氏)의 저경궁(儲慶宮), 희빈 장씨(禧嬪張氏)의 대빈궁(大嬪宮), 숙빈 최씨(淑嬪崔氏)의 육상궁(毓祥宮), 정빈 이씨(靖嬪李氏)의 연호궁(延祜宮), 영빈 이씨(暎嬪李氏)의 선희궁(宣禧宮), 유빈 박씨(綏嬪朴氏)의 경우궁(景祐宮), 황귀비 엄씨(皇貴妃嚴氏)의 덕안궁(德安宮)이 성립되었다. 이러한 궁호는 사당에 모신 후궁의 존칭으로도 사용되었다.

왕의 생모를 위한 사당이 '궁'으로 제도화된 것은 영조가 창안한 궁원제(宮園制)에서 비롯되었다. 유교 도덕을 실천하는 성인군주(聖人君主)를 자임했던 영조는 정통과의 구분을 지키면서 어머니 숙빈에게 효를 다하는 방안을 고심했다. 생모의 왕후 추숭은 폐위된 연산군이나 광해군의 전철을 밟는 것이기에, 결코 영조의 선택지가 될 수 없었다. 영조는 후궁인 어머니에게 효를 실천하는 새로운 방식으로 숙빈에게 시호(謚號)를 올리고 궁원제를 선포했다. 이어 『궁원식례(宮園式例)』 편찬을 통해 종묘·왕릉과 차별적인 궁·원 제도를 정비했다.

이후 영조가 추숭왕인 원종의 어머니 인빈에게 궁원제를 적용하면서, 저경궁이 성립했다. 정조 즉위 후 효장세자의 진종 추숭에 따라, 추숭왕의 어머니 정빈의 사당이 연호궁으로 승격했다. 반면 사도세자의 어머니 영빈의 선희궁은 고종 대 장종 추숭 이후에야 비로소 궁원제의 궁으로 완성되었다. 순조는 어머니 유빈의 상례를 거행하면서 경우궁을 새로 건립하여 신주를 봉안했다. 마지막으로, 일제강점기에 영친왕의 어머니 황귀비가 사망함에 따라 덕안궁이 조성되었다. 한편, 희빈의 대빈궁은 아들인 경종 대에 건립되었지만, 끝내 궁원제의 대상이 되지 못했다.

이렇게 칠궁은 각각 고유한 역사를 지닌 독립된 제향 공간으로 성립되었다. 그러나 칠궁의 운영은 고종 대 합설과 이건으로 인해 변화하기 시작했다. 1870년(고종 7) 고종은 별묘의 합봉을 주장하면서, 대빈궁, 연호궁, 선희궁을 육상궁 영역으로 이전했다. 그럼에도 각 궁은 여전히 독립적인 의례 공간으로 유지되었고, 필요에 따라 원래의 위치로 재이전되기도 했다. 1908년(융희 2), 일본 통감부의 간섭이 심화되는 가운데 칙령 제50조 〈향사이정(享祀釐正)〉의 반포를 계기로 제향 공간의 본격적인 통합이 추진되었다.

이에 따라 저경궁, 대빈궁, 연호궁, 선희궁, 경우궁이 육상궁 영역에 합설되면서, 신주를 모신 정당(正堂)이 동서 일렬로 배치되었다. 이 과정에서 각 정당 앞의 묘문외전각이 철거되고, 육상궁과 연호궁, 선희궁과 경우궁이 하나의 정당에 합사되는 등 의례 공간으로서 위상이 크게 훼손되었다. 1929년 덕안궁이 이건되면서 '칠궁'이라는 명칭이 확립되었다.

결국 칠궁의 성립은 그 제도와 위상이 굴절되는 과정을 통해 이루어졌다. 이러한 칠궁의 운영과 관리를 담당한 주체는 일본 황실 궁내성 소속의 이왕직(李王職)이었다. 일제강점기에 이왕직은 정치적 필요에 따라 대한제국의 황실 구성원들을 왕공족(王公族)으로 재편했고, 그 위상을 유지하기 위해 궁내성의 규범에 따라 왕실 의례를 관리했다. 이로써 칠궁은 이왕직의 관리 아래, 일제강점기 왕공족의 주요 제향 공간으로 기능했다.

칠궁의 성립에 따라 각 궁에 소장되어 있던 자료들 역시 이왕직의 관리 아래 통합되었다. 해방 이후 칠궁 자료들은 1964년 문화재관리국 창경원 사무실로 옮겨진 뒤, 문화재관리국 장서각사무소를 거쳐 1981년 한국학중앙연구원의 전신인 한국정신문화연구원으로 이관되었다. 이에 따라 현재 한국학중앙연구원 장서각은 칠궁에서 전래된 고문헌의 대부분을 관리하는 '칠궁 아카이브'의 역할을 담당하고 있다. 소장 자료에는 궁원제의 규정집인 『궁원식례』를 비롯하여, 일곱 후궁의 일생과 관련된 교지(教旨), 시책문(諡冊文), 묘지(墓誌) 및 의례 시행과 관련된 각종 의궤, 등록, 홀기 등이 망라되어 있다. 장서각 소장 문헌 자료는 칠궁 연구의 확장과 심화를 위한 중요한 토대라고 할 수 있다.

이 책은 장서각 소장 자료를 중심으로 수행된 학제 간 연구 성과를 집대성한 것이다. 역사뿐 아니라 미술, 문학, 의례, 건축 등 다양한 분야의 연구자가 참여하여 칠궁을 다각적으로 조명했다.

첫째, 칠궁에 대한 역사적 접근으로는 궁원제의 변화와 일제강점기 칠궁 운영에 대한 연구가 이루어졌다. 정해득의 「조선 후기 궁원제의 성립과 확대」는 조선시대 왕의 사친(私親)을 위한 의례 전반을 검토하고, 예법을 지키면서 예우하는 예제적 타협의 결과로 궁원제를 규정했다. 또한 이왕무의 「이왕직의 이왕가 칠궁 관리와 운영」은 일제강점기 이왕직의 조직과 업무를 중심으로 칠궁이 왕공족의 제례 공간으로 관리되는 양상을 검토했다.

둘째, 칠궁의 물적 요소인 목조감실과 각종 의물(儀物)에 대한 미술사적 접근이 이루어졌다. 장경희의 「조선 후기 칠궁 정당 내 감실과 신주 및 책인의물의 종별 특징」은 장서각 소장 문헌 기록과 현존 유물을 비교·분석하여 칠궁 의물이 가지는 조형적 특징과 변화 양상을 구체적으로 규명했다.

셋째, 영빈 이씨 관련 자료를 중심으로, 다양한 시각을 반영한 문학적 형상화가 시도되었다. 김덕수의 「영빈 의열에 대한 영조와 정조의 견해」는 영빈 이씨 관련 제문, 행장 등의 문헌을 분석하여, 영조와 정조의 상반된 시각에 따라 공식 기록이 재정의되는 과정을 고찰했다.

넷째, 칠궁 의례의 실제와 특징을 규명하는 접근이 이루어졌다. 김윤정의 「칠궁의 시호 관련 의례와 그 상징적 의미」는 시호를 올리는 '상시책인의'의 의미와 실제를 분석함으로써, 궁원제 성립의 조건과 순서를 새롭게 규정했다. 또한 김해인의 「조선 후기 속제의 분화와 칠궁 제향 음식의 특징」은 칠궁의 제향을 중심으로 조선 후기 속제 대상의 확대에 따른 제향 음식의 위상과 변화의 양상을 분석했다.

다섯째, 건축학적 접근에서는 칠궁의 건축적 특징과 근대 이후 도시 공간의 변화 양상에 주목한 연구가 이루어졌다. 조재모의 「조선 후기 궁원제 사당의 의례와 칠궁의 건축」은 문헌 자료를 통해 의례 공간의 건축적 원형을 추론하고, 칠궁의 특징적 요소인 '묘문외전각'의 의미를 탐색했다. 또한 조은주의 「칠궁의 조성과 궁지의 근대적 변용: 육상궁, 경우궁, 선희궁을 중심으로」는 칠궁으로 합사된 후 폐궁 처리된 각 궁의 공간이 일제 조선총독부의 도시 계획에 따라 근대 시설로 전용되는 변화 과정을 분석했다.

칠궁은 종묘에 버금가는 제향 공간이자 중요한 국가유산이다. 각 궁의 성립은 조선 후기의 역사적 사건일 뿐만 아니라, 효를 실천하는 왕실 문화의 상징으로 평가된다. 현재 칠궁은 일제강점기 무리한 합사와 현대사의 굴곡 속에서 매우 축소된 형태로 남아 있지만, 장서각에 소장된 문헌 자료는 그 역사적 층위를 복원할 수 있는 중요한 단서가 된다. 이 책을 계기로 칠궁 연구가 더욱 심화되고, 조선 왕실 문화 연구의 지평이 확장되기를 기대한다.

2025년 11월

저자 일동

차례

책머리에 · 4

조선 후기 궁원제의 성립과 확대 — 정해득

1. 머리말 13
2. 조선 전기의 사친 추숭 14
3. 묘원제와 궁묘제의 등장 22
4. 궁원제의 성립과 확대 29
5. 맺음말 41

이왕직의 이왕가 칠궁 관리와 운영 — 이왕무

1. 머리말 47
2. 이왕직의 이왕가 궁묘(宮廟) 관리 인원 51
3. 덕안궁의 합사와 칠궁의 운영 62
4. 맺음말 75

조선 후기 칠궁 정당 내 감실과 신주 및 책인의물의 종별 특징 장경희

1. 머리말 81
2. 정당 내 감실의 구조와 양식 특징 84
3. 감실 내 신주 관련 부속구 97
4. 사친의 죽책과 은인 의물 113
5. 맺음말 135

영빈 의열에 대한 영조와 정조의 견해 김덕수

1. 머리말 139
2. 영빈의 삶과 임오화변 141
3. 국왕 영조의 영빈 의열 현창 150
4. 국왕 정조의 딜레마와 영빈 의열 지우기 168
5. 맺음말 182

칠궁의 시호 관련 의례와 그 상징적 의미 김윤정

1. 머리말 185
2. 궁원제의 성립과 시호의 의미 188
3. 시호 관련 의례의 확대와 변용 207
4. 맺음말 219

조선 후기 속제의 분화와 칠궁 제향 음식의 특징 김해인

1. 머리말 223
2. 속제 음식의 특징과 조선 후기 속제 범위의 확대 226
3. 조선 후기 속제 대상별 진설과 궁묘 진설의 특징 234
4. 궁묘 제향 음식의 형성과 칠궁 제향 음식 248
5. 맺음말 265

조선 후기 궁원제 사당의 의례와 칠궁의 건축 조재모

1. 머리말 269
2. 왕실 사당의 필요성과 건립 272
3. 왕실 사당의 건축과 칠궁의 원형 280
4. 육상궁의 의례 형태와 공간 이용 289
5. 칠궁 합사와 의례 공간의 통폐합 300
6. 맺음말 307

칠궁의 조성과 궁지의 근대적 변용 조은주
육상궁, 경우궁, 선희궁을 중심으로

1. 머리말 311
2. 제사제도의 정리와 칠궁의 성립 313
3. 대한제국기 궁지의 활용과 이후의 변화 326
4. 일제강점기 폐궁지의 식민지 근대화 337
5. 맺음말 349

참고문헌 · 352

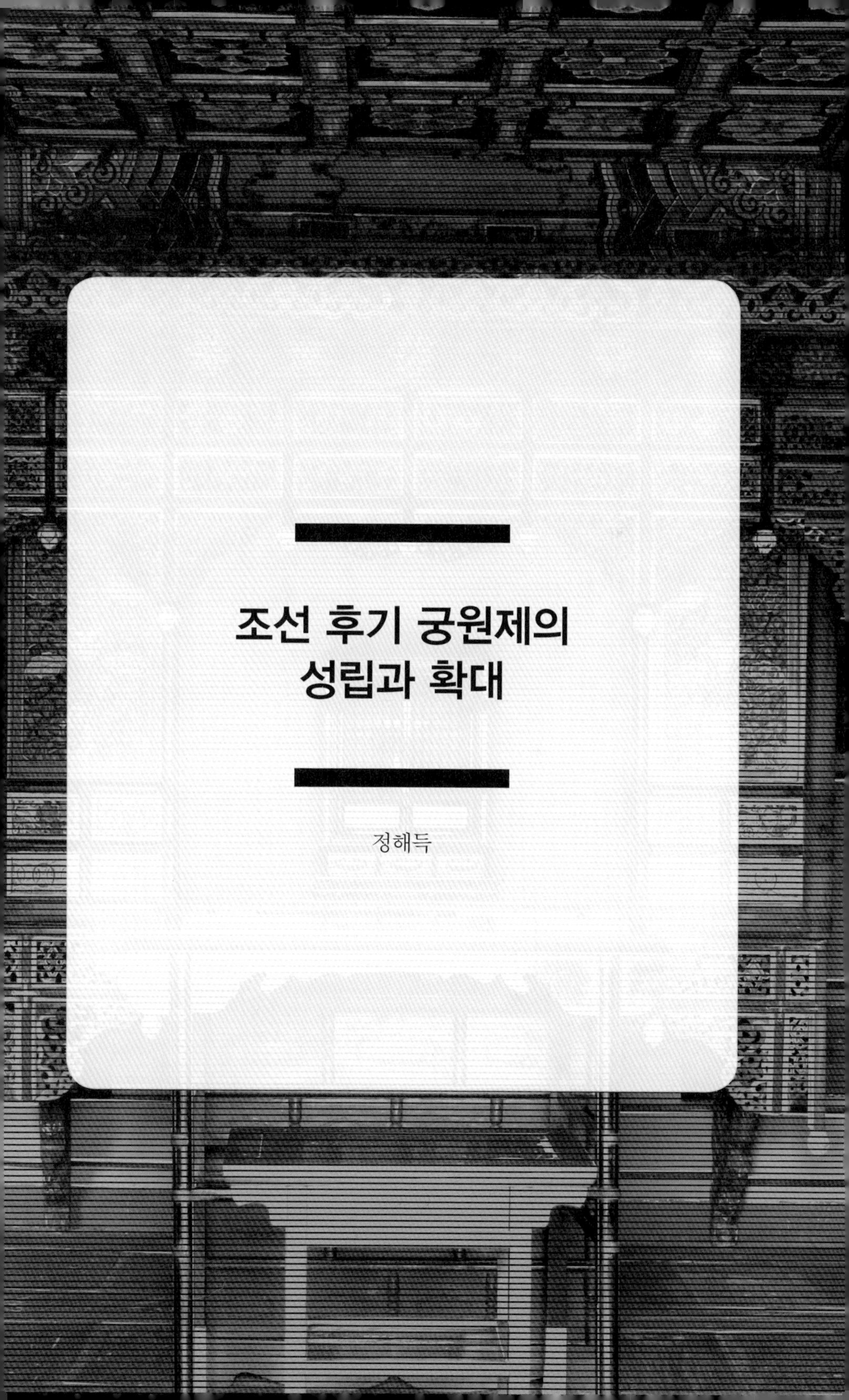

조선 후기 궁원제의 성립과 확대

정해득

1. 머리말

조선시대 왕위 계승의 원칙은 후계자로 정해진 왕세자가 부왕(父王)이 서거한 뒤에 즉위하는 것이었으나 잘 지켜지지는 않았다. 조선 전기의 왕위 계승은 왕의 적자(嫡子) 중 한 명을 왕세자로 정해두는 흐름이었으나 왕위 계승의 원칙이 지켜질 수 없는 상황이 여러 차례 발생했다. 반정(反正)이 일어나기도 했으며 왕세자가 죽어서 그의 아들이 계승하는 경우 국왕의 적자가 없어서 후궁 출신의 서왕자를 왕후에게 입후(立後)시켜 승계하는 사례들도 나타났다.

그렇게 즉위한 국왕들은 왕통에서 제외될 수밖에 없는 자신의 생부(生父)와 생모(生母)를 왕과 왕비로 추존하려 노력했고, 그것은 효(孝)를 실천하는 행위로 정당화되었다.[1] 조선 전기에는 여러 절차를 거쳐 사친의 국왕 추숭이 성사된 사례와 실패한 사례가 모두 있었는데, 대원군으로 추숭하는 데 그친 경우도 있다.[2] 국왕으로 추숭되면 종묘에 부묘하고 무덤을 왕릉으로 봉릉했으나, 그러지 못할 경우 가묘(家廟)에 신주를 모시고 예장된 무덤을 그대로 두어야 했다.

조선의 종묘는 역대 왕과 왕비의 신주(神主)를 모시고 제사를 받드는 곳으로서 태조를 제외하고 업적이 큰 왕들의 신위를 세실(世室)로 정해 영원히 종묘에서 제사 지냈다. 그리고 세실로 정해지지 않은 왕들의 신위는 친

1 문영자, 「조선시대 追尊王의 追尊論 전개와 祔廟 과정」, 건국대학교 석사학위논문, 2013.

2 정해득, 「조선후기 사친추숭과 능원제도」, 『조선시대사학보』 86, 2018.

진(親盡)하게 되었을 때 신위를 영녕전으로 옮겨 모시는 제도가 운영되었다. 이는 역대 모든 왕들의 신위를 영원히 보존하는 것으로서 사가(私家)에서 사대(四代)가 지난 신위를 가묘에서 빼내어 매안(埋安)하는 것과 비교하면 종묘의 성격을 잘 보여주는 것이었다. 또한 왕과 왕후의 무덤을 왕릉이라 하여 능관(陵官)이 관리했는데,[3] 이는 종묘와 함께 사왕(嗣王)의 정통성을 상징하는 공간으로서 최상의 예법이 적용되었다.

종묘와 왕릉은 국왕이 자신의 사친을 왕과 왕비로 추숭하고 싶은 이유가 되었을 것인데, 그러지 못했을 경우 사친의 신위를 종묘에 버금가는 사당에 봉안하여 제를 올리고 왕릉과 같은 형태의 무덤을 조성하여 자손 대대로 효(孝)가 행해지는 공간을 만들기 위한 제도가 궁원제(宮園制)이다. 이 글에서는 궁원제가 시행되기까지 사친을 추숭한 사례들을 살펴보고, 영조에 의해 궁원제가 성립되는 과정과 궁원제가 계속 확대되어 가는 모습을 통해 궁원제의 의미를 알아보고자 했다.

2. 조선 전기의 사친 추숭

1) 의경세자 덕종 추숭

성종은 즉위한 후에 생부 의경세자(懿敬世子)를 의경왕(懿敬王)으로 추존했다.[4] 의경세자가 세조보다 일찍 죽었기 때문에 세조의 차자(次子)였던 해

3 정해득, 『조선 왕릉제도 연구』, 신구문화사, 2013.

4 『춘관지(春官志)』 私親廟. 덕종을 추숭의 첫 번째 사례로 기록했다.

양대군(海陽大君)이 즉위하여 예종이 되었는데, 예종도 1469년 20세의 젊은 나이에 후계자 없이 서거했다. 그러자 대비 정희왕후(貞熹王后)는 의경세자의 차자(次子)인 잘산군(乽山君)을 예종의 후사로 삼아 즉위시키고 대리청정했다. 정희왕후는 신숙주 등의 요청에 따라 의경세자의 국왕 추숭과 수빈(粹嬪, 의경세자빈)의 칭호 등을 논의하게 했다.[5]

원상(院相)[6]이었던 정인지·정창손·신숙주·한명회·구치관·홍윤성 등은 의경세자가 이미 세자였고 다른 작호(爵號)가 없어 존숭(尊崇)할 만하기는 하지만 종묘에 부묘할 수는 없으며, 수빈(粹嬪) 역시 칭호를 올려서 비(妃)로 책봉해야 하지만 대비(大妃)라고 할 수 없다는 의견을 냈다. 최항을 비롯하여 김질 등은 수빈을 왕비로 하고 의경세자를 왕으로 추숭해야 한다는 의견이었으나, 시호를 종(宗)이라 하지 않고 별도의 사당을 세워 시조(始祖) 불천위(不遷位)로 삼아 제사를 주관할 사람을 정해서 세습시키자는 방안이 대세를 이루었다.[7]

종묘에 부묘되지 않는다는 것은 의경세자가 왕통에서 제외됨을 의미했다. 정희왕후는 이 방안을 일단 받아들여 의경세자를 의경왕으로 추숭하고 별도로 건립한 사당[別廟]을 의묘(懿廟), 무덤을 경릉(敬陵)으로 봉호하기로 했다.[8] 종묘에 부묘하지는 않았으나 의경왕의 무덤을 왕릉이라 함으로써 왕의 위격을 부여하는 것으로 1차 추숭이 마무리되었다. 성종은 앞선 논의에 따라 의경왕의 추봉(追封)을 명(明)나라에 주청하게 했고, 명나라는 1474년(성종 5) 의경왕의 시호를 회간(懷簡), 왕비를 회간왕비(懷簡王妃)로 승

5 『성종실록』, 1년(1470) 1월 18일.

6 조선시대에 어린 나이로 즉위한 왕을 보필하기 위해 의정(議政) 대신(大臣) 가운데 임명하던 임시벼슬.

7 양성지(梁誠之)는 종(宗)으로 일컬어 왕(王)으로 봉하고 묘(墓)를 능(陵)으로 삼되 별도의 사당을 세우며, 수빈(粹嬪)은 왕대비(王大妃)로 봉하자는 의견을 냈다. 5년 뒤 양성지의 의견에 따라 종으로 봉해지고, 종묘에 부묘되는 계기가 되었다.

8 『성종실록』, 1년(1470) 1월 22일.

인했다.[9] 그 이후 명의 시호를 받은 만큼 회간왕을 종묘에 부묘해야 한다는 주장이 계속 제기되었다.[10] 회간왕 부묘는 오랜 논란 끝에 1476년 1월 10일 덕종(德宗)으로 추숭하여 부묘례를 거행함으로써 2차 추숭으로 마무리되었다.[11]

이와 같이 덕종의 추숭 사례는 조선이 독자적으로 추숭하더라도 명나라의 승인이 있어야 종묘에 부묘될 수 있다는 것을 잘 보여준다. 그 후 한명회가 1478년(성종 9) 경릉의 능실제도가 갖추어지지 못했다며 난간석(欄干石)과 난장(欄墻) 설치를 요청하여 신하들에게 수의하게 했으나 정희왕후의 처음 지시대로 유지하기로 함으로써 경릉은 의경세자묘 조성 당시의 모습으로 남게 되었다.[12] 경릉의 사례는 이후에 추존된 왕릉 봉분에 난간석을 설치하지 않는 전례로 작용하게 된다.

그 후 1504년(연산군 10) 서거한 인수대비의 왕릉이 경릉 서쪽 130보 거리에 정해짐으로써 경릉은 동원이강(同原異岡)의 능제가 되었다.[13] 의경세자가 왕으로 추존되면서 봉릉되었으나 살아 있던 세자빈은 대비의 신분으로 서거한 것이므로 경릉 우백호 자리에 합장하면서 왕릉의 격식으로 조성되었다. 따라서 인수대비의 왕릉은 난간석을 비롯하여 석양과 석호 각 2쌍, 석상, 망주석 1쌍, 장명등, 문인석과 무인석, 석마 2쌍 등의 석물을 모두 갖추고 있는 것이다.

9 『성종실록』, 6년(1475) 1월 29일.

10 『성종실록』, 6년(1475) 4월 23일.

11 『성종실록』, 7년(1476) 1월 10일. 성종은 예종의 후사(後嗣)로 즉위했으나 의경세자를 덕종으로 추숭함에 따라 다시 덕종의 제2자가 되었고, 예종은 숙부로 환원되었다(『성종실록』 권297, 成宗大王行狀).

12 『성종실록』, 9년(1478) 10월 3일.

13 『연산군일기』, 10년(1504) 4월 29일. 연산군이 국장을 서둘러 치르게 함으로써 임사홍이 간심한 자리를 신중하게 살펴보지 않고 그대로 정하여 서쪽 자리에 왕비가 모셔진 형세가 되었다.

2) 생모의 왕비 추숭

(1) 폐비 윤씨의 복위와 추숭

성종이 의경세자를 덕종으로 추숭하고 봉릉한 전례는 비슷한 사례가 발생했을 때 많은 참고가 되었다. 성종을 계승한 연산군이 자신의 생모를 추숭한 것도 이에 해당된다. 연산군은 1497년(연산군 3) 생모 윤씨의 사당을 효사묘(孝思廟), 무덤을 회묘(懷墓)라고 칭하고, 좋은 자리에 회묘를 천장(遷葬)하여 사친을 예우했다.[14] 이것은 연산군이 자신의 생모를 후궁이라 생각하여 왕실 인물로 예우한 것이었다. 그러나 생모가 왕비였다가 폐위(廢位)된 사실을 알게 된 연산군은 1504년(연산군 10) 갑자사화를 일으켜 관련된 신하들을 숙청하고 생모를 제헌왕후(齊獻王后)로 복위시켰다.

이는 성종의 폐위 처분을 뒤집는 행위였으나 연산군은 아랑곳하지 않았다. 연산군은 성종이 의경세자를 의경왕으로 추숭할 때처럼 윤씨의 신주를 효사묘에 그대로 두었으나[15] 중궁(中宮)으로 책봉될 때의 고명(誥命)·교명(敎命) 및 옥책(玉冊)을 어디 두었는지 찾았던 것을 보면 종묘에 부묘할 계획이었음을 알 수 있다.[16] 연산군이 생모를 왕후로 복위·추숭하면서 일시에 종묘에 부묘하지 않은 것은 덕종의 사례처럼 명나라의 승인 과정이 필요했기 때문이라 할 수 있다.

그래서 우선 회묘라 불리던 무덤을 회릉(懷陵)으로 봉릉하여 왕후의 위격을 부여하고 추숭도감을 설치하여 각종 석물을 여러 능의 준례에 따라 조성하게 했다.[17] 성종이 덕종을 추숭하면서 경릉을 봉릉할 때 의경세자묘 시절의 묘제를 그대로 유지하면서 정자각 등의 제향시설을 능제에 따라

14 『연산군일기』, 3년(1497) 4월 9일.

15 『연산군일기』, 10년(1504) 3월 24일.

16 『연산군일기』, 10년(1504) 4월 17일.

17 『연산군일기』, 10년(1504) 4월 11일.

조성한 것과 달리 회릉은 경릉에서 쓰지 않았던 난간석을 시설하고 무인석을 비롯한 석수, 망주석 등 왕릉 배설 석물을 모두 갖추었다.[18]

회릉은 1506년 중종반정 이후 다시 회묘로 강등되었기 때문에 봉릉하면서 설치한 정자각 등의 제향시설들은 모두 철거되었다. 하지만 곤극(坤極)의 지위로 추숭되었던 무덤으로서 왕실 묘로 계속 관리되어야 했으므로 묘상(墓上)의 석물들은 신도를 동요(動搖)시키지 않기 위해 그대로 남겨두었다. 폐비 윤씨를 복위시켜서 회릉으로 봉릉했다가 다시 강등시켜 회묘가 되는 과정은 선왕(先王)의 결정을 사왕(嗣王)이 함부로 번복할 수 없다는 점을 분명히 했고, 이는 '능'과 '묘'의 엄격한 기준을 잘 보여주는 사례라고 할 수 있다.

(2) 후궁 공빈 김씨의 추숭

선조(宣祖)의 후궁 공빈 김씨(恭嬪金氏)에게서 태어난 광해군은 왕비의 소생이 아니었고 차자(次子)라는 점 때문에 정통성에 약점이 있다고 여겨 생모를 왕비로 추숭하고자 했다. 1610년(광해군 2) 2월 선조의 신주를 종묘에 부묘할 무렵 예조에 공빈의 추숭 문제를 검토하라고 지시했고, 홍문관이 상고(詳考)하여 비밀리에 봉입했다.[19] 이때 예조는 전례에 따라 공빈을 왕후보다 격이 낮은 왕비로 추존하고 별묘(別廟)를 세워 제향할 것을 건의했다.[20] 이 방안은 덕종 1차 추숭 사례를 원용하여 종묘에 부묘하지 않는 조건으로 왕비 추숭을 하자는 것이었다.

하지만 광해군은 예조의 의견을 따르지 않고 명나라 효종황제가 소생모인 귀비 기씨(紀氏)를 효목황태후(孝穆皇太后)로 추숭한 사례를 거론하며 생모에게 '자숙단인(慈淑端仁)'의 시호를 올리고 공성왕후(恭聖王后)로 추숭

18 회묘는 동대문구 회기동에 있다가 1969년 서삼릉으로 이장했으나 원형대로 석물을 배설했다.

19 『광해군일기[중초본]』, 2년(1610) 2월 18일.

20 『광해군일기[중초본]』, 2년(1610) 3월 23일.

하면서 사당을 봉자전(奉慈殿), 무덤을 성릉(成陵)이라 봉호했다.[21] 네 글자 시호를 올리고 사당의 명호에 건물의 최고 등급인 '전(殿)' 자를 쓴 것은 완전한 중전의 위계로 추숭한 것이다. 그래서 『광해군일기』의 사론(史論)에서는 후궁이 지존(至尊)과 짝하고 서첩이 정후(正后)와 대적한 것이어서 매우 참란(僭亂)하다고 한 것이다.[22] 또한 광해군이 의인왕후(懿仁王后)의 아들로 즉위하여 종묘사직을 주관하면서도 사친의 사사로운 은혜를 앞세웠다는 비판을 가했다.

광해군은 대신들의 반대에도 불구하고 명나라에 공성왕후의 추봉(追封)을 승인받고자 하면서 덕종의 전례에 따라야 한다고 주장했다.[23] 광해군의 강경한 태도에 당시의 산림이었던 정인홍은 명나라의 책명(策命)을 받게 되면 종묘에 부제(祔祭)할 수 있다는 타협안을 제시했다. 광해군은 정인홍의 제안을 받아들여 1613년 12월 박홍구(朴弘耉)·이지완(李志完)을 책봉주청사(策封奏請使)로 보냈는데, 명나라에 보낸 주문(奏文)에는 덕종 추숭과 폐비 윤씨의 제헌왕후 책봉 사례를 들어 승인해줄 것을 요청했다.[24] 명나라가 광해군의 요청을 몇 차례 받아들이지 않다가 2년 뒤인 1615년(광해군 7) 6월 13일 사은사 윤방(尹昉) 등이 공성왕후 책봉의 고명을 받아옴으로써 책봉이 이루어졌다.[25]

광해군은 8월 27일 공성왕후의 신주(神主)를 고쳐 쓰고,[26] 11월에는 휘호(徽號)를 『선원록(璿源錄)』에 기입함으로써 자신의 정통성을 확고히 했다.[27]

21 『광해군일기[중초본]』, 2년(1610) 3월 29일, 윤3월 6일.

22 『광해군일기[중초본]』, 2년(1610) 12월 26일.

23 『광해군일기[중초본]』, 4년(1612) 윤11월 11일.

24 『광해군일기[중초본]』, 5년(1613) 12월 11일.

25 『광해군일기[중초본]』, 7년(1615) 6월 13일. 이때 명은 고명(誥命)만 주었을 뿐 관복을 주지 않았기 때문에 광해군은 거듭 관복을 요청하여 2년 뒤인 1617년 8월 19일에 받아냈다.

26 『광해군일기[중초본]』, 7년(1615) 8월 27일.

27 『광해군일기[중초본]』, 7년(1615) 11월 7일.

이로써 후궁 출신의 사친을 왕후로 추숭하는 일이 성사되긴 했으나 국혼(國婚)과 국장(國葬)을 하지 않은 후궁을 왕후로 추숭하는 것은 명분론(名分論)의 시각에서 큰 문제가 있는 것이었다. 그래서 1623년 인조반정이 일어나자 광해군이 폐위되고 공성왕후는 다시 공빈으로 강등되었다. 명나라가 공빈에게 내렸던 고명(誥命)·면복(冕服)·책보(冊寶)·의장(儀仗) 등의 물건은 모두 불태워졌고 무덤도 회묘의 경우와 같이 제향 시설물을 훼철하면서 성묘(成墓)로 강등되었다.[28]

반정으로 폐위된 연산군과 광해군의 생모 추숭은 일시적으로 성사되긴 했으나 반정 이후 위호(僞號)로 규정되어 봉릉한 무덤이 묘로 강등되는 결과가 되고 말았다. 그래도 폐비 윤씨는 국혼을 한 왕비의 신분에서 폐비가 된 것을 복위시킨 것이지만, 공빈 김씨는 후궁의 신분에서 소생 왕자가 즉위하여 왕비로 추숭한 것이었기에 차이가 있었다. 특히 공빈 김씨의 사례는 후궁 소생으로 즉위한 국왕들에게 큰 영향을 끼쳤을 것으로 추정할 수 있다.

3) 덕흥대원군 추숭

선조는 중종의 서왕자(庶王子)인 덕흥군(德興君)과 하동군부인(河東郡夫人) 정씨(鄭氏) 사이에서 셋째 아들로 태어나 하성군(河城君)의 봉호를 받은 왕손(王孫)이었다. 1567년(명종 22) 6월에 명종이 서거하자 명종의 왕비 인순왕후(仁順王后)에 의해 후사(後嗣)로 지목되어 왕위를 승계했다. 1569년(선조 2) 명종의 삼년상을 마치고 친정(親政)을 시작한 선조는 생부 덕흥군 추숭을 염두에 두었을 것이나 덕흥군이 세자의 신분이 아니었기 때문에 덕종과 같은 사례로 주장할 수 없었다.

28 『인조실록』, 1년(1623) 3월 18일.

선조는 일단 송(宋)나라 영종(英宗)이 복왕(濮王)을 높인 고사를 원용하여 덕흥군을 덕흥대원군(德興大院君)으로 추숭하고, 부인은 하동부대부인(河東府大夫人)으로 칭했다.[29] 선조가 친제(親祭)를 지낼 때는 황백부모(皇伯父母)라 칭하여 관리를 보내 가묘(家廟)에 고하고 대군의 예를 사용했다. 선조는 제사를 받들 사자(嗣子)에게 품계를 종1품(從一品)으로 올려주고 토지를 내려주면서 제사에 필요한 기물을 넉넉하게 내주게 했다.[30] 선조는 자신의 형인 하원군(河原君)의 관작을 세습시키려 했으나 신하들이 '종실(宗室)의 녹(祿)은 4대(代)까지만 주는 것이 규례이므로 옛 법규를 바꿀 수 없다'며 강력하게 반대하자 뜻을 이루지 못했다. 생부를 국왕으로 추숭하는 것은 고사하고 사당의 제사를 4대까지만 지내야 하는 상황을 선조는 받아들일 수밖에 없었다. 그러한 상황에서 선조는 덕흥대원군의 무덤에 신도비를 추가하여 세웠을 뿐이었다.

하지만 국왕의 생부이기에 덕흥대원군을 국왕으로 추숭하자는 주장이 여러 차례 제기되기도 했다. 1576년(선조 9) 임기(林芑)가 덕흥대원군이라는 호칭은 근거가 없으니 국왕으로 추숭해야 된다는 상소를 올렸고,[31] 1606년(선조 39)에도 김계(金稽)가 덕흥대원군의 국왕 추숭을 주장하는 상소를 올렸다.[32] 이러한 상소는 선조의 관심을 끌어 출세를 도모하려던 의도가 있었고 이미 정해진 정론과 다른 의론(議論)이었기 때문에 받아들여지지 않았다.[33] 덕흥대원군의 사당에 친제를 올리는 것조차 뜻대로 하지 못한 선조는 사친을 추존하려는 뜻을 이루지 못한 사례로 남게 되었다.[34]

29 『선조수정실록』, 2년(1569) 11월 1일.

30 洪暹, 『인재선생문집(忍齋先生文集)』 권2, 碑誌, 「德興大院君神道碑銘」; 한신대학교 박물관, 『조선 왕실의 서예』, 2012, 38쪽.

31 『선조수정실록』, 9년(1576) 7월 1일.

32 『선조수정실록』, 39년(1606) 6월 1일.

33 김정신, 「선조대 덕흥대원군(德興大院君) 전례(典禮)논쟁과 종법(宗法)인식」, 『다산과 현대』 7, 2014.

3. 묘원제와 궁묘제의 등장

1) 정원대원군 추숭과 묘원제

1623년 3월 13일 반정을 일으켜 왕위에 오른 인조는 조부인 선조(宣祖)를 계승한 셈이 되었다. 중종의 왕손인 선조는 명종의 후사가 되어 왕위를 계승했으나 인조는 반정을 일으켜 부왕에 해당하는 선왕(先王)이 없는 상태라는 점에서 차이가 있다. 이로 인해 인조는 자신의 생부 정원군(定遠君)을 국왕으로 추존하고 싶었으나 인목대비(仁穆大妃)가 생존해 있었고 왕통과 종통의 문제를 정리해야 하는 문제가 있었기 때문에 덕종(德宗)과 같은 논리로 추존하기는 어려운 상황이었다. 그래서 인조는 우선 덕흥대원군의 전례에 따라 정원군을 대원군으로 추증하면서 사묘(私廟)에서 제사 지내되 덕흥묘(德興廟)의 예에 의하여 지자(支子)를 세워 제사를 주관케 했다.[35]

정원대원군의 국왕 추숭 논의는 박지계(朴知誡)가 종묘에 배향하여 제사를 받들어야 한다는 상소를 올린 이후 본격화되었다. 1624년 경릉(敬陵) 참봉 이의길(李義吉)이 상소하여 대원군의 국왕 추숭을 주청하자 대원군의 복제와 호칭 문제에 대해 깊이 논의하게 되었다.[36] 대원군에 대한 예우 문제가 계속 거론되었던 이유는 그 사례가 많지 않아 예제(禮制)적으로 깊이 검토되어야 했기 때문이다. 국왕 추숭이 신하들의 동의를 받지 못하는 상황에서 인조의 생모 구씨(具氏)가 1626년(인조 4) 2월 10일 사망했다. 구씨는 반정 이후에 왕의 생모이자 정원대원군의 부인으로서 연주부부인(連珠

34 『선조실록』, 10년(1577) 4월 17일, 5월 11일.

35 『인조실록』, 1년(1623) 5월 3일.

36 『인조실록』, 2년(1624) 9월 13일, 10월 23일.

府夫人)으로 봉작되었고, 광해군의 잠저였던 이현궁(梨峴宮)을 계운궁(啓運宮)이라 개칭하여 거처해 왔다.[37]

인조는 현재의 김포 장릉 자리에 육경원(毓慶園)을 조성하여 생모를 모셨고, 1626년(인조 4) 4월 1일 정원대원군 부부의 묘소를 흥경원(興慶園)으로 봉원(封園)함으로써 조선의 능묘제도에 새로운 호칭이 등장하게 되었다. 봉원에 앞서 묘호(墓號) 의정 과정에서 한나라 무제(武帝)의 아들이자 선제(宣帝)의 조부인 여태자(戾太子)의 무덤을 여원(戾園)이라 하고, 선제(宣帝)의 생부 무덤을 도원(悼園)이라고 한 사례가 검토되었다. 수의(收議) 과정에서 좌의정 윤방(尹昉)은 '묘(墓)' 자 상위에 명칭을 붙여 일반 묘와 구별하는 것에 동의했고, 우의정 신흠(申欽)은 '원'이 '능'을 달리 부르는 칭호로서 천자 제후의 구별 없이 써 왔던 것인데, '묘' 자와 '능' 자의 사이에 별도로 '원' 자를 두는 것이 위아래의 등급을 나타내기 위한 것이 아니라고 하며 신중론을 제시했다.[38]

한나라의 능원제도를 검토한 인조는 "제(帝)와 왕(王)의 호칭은 본래 높고 낮은 차이가 없었으나 진대(秦代)에 구별하기 시작하여 지금까지 준행하고 있다. 이와 마찬가지로 능(陵)과 원(園)을 비록 통칭한다고는 하나 한대(漢代), 송대(宋代)에 헤아려 정한 것이 어찌 그만한 뜻이 없겠는가! 더구나 원은 본디 능명(陵名)을 참핍(僭逼)하는 것이 아닌데 더 말할 나위가 있는가! 한나라 선제(宣帝)[39]의 고사에 따라 김포(金浦)의 산소를 '○○원'이라

37 『경국대전(經國大典)』 권1, 「吏典」 外命婦. 부부인(府夫人)은 정1품으로 대군(大君)의 처(妻)와 같은 봉작(封爵)이므로 대원군은 대군과 같은 위상이라 할 수 있다. 덕흥대원군과 하동부대부인은 이미 고인(故人)이 된 상태였으나 정원대원군의 부인 연주부부인은 생존해 있었다. 그래서 인조는 자신의 어머니를 대군의 처와 같은 위상으로 봉작하는 것이 예에 어긋난다고 여겨서 궁호(宮號)를 부여한 것으로 생각된다. 이후 생모에게 궁호를 부여하는 전거가 되었다.

38 『인조실록』, 4년(1626) 3월 15일.

39 『전한서(前漢書)』 권63, 武五子傳. 한 선제(宣帝)는 무제(武帝)의 증손자인데, 강충의 무고(誣告)로 말미암아 조부 여태자와 부친 도고(悼考)가 무제에게 죽임을 당하고, 이로 인해 불릉(弗陵)이 8세의 나이로 무제의 뒤를 이어 제위에 올랐다. 소제(昭帝)가 후사 없이 서거한 뒤 곽광(霍光) 등이 창읍왕을 제위에 올렸는데, 음란한 행동을 자행하다가 즉위한 지 27일 만에 폐위되

고 칭하여 다소 구별하는 뜻을 보존하라"고 했다.[40] 인조는 중국에서 황제와 제후왕의 무덤에 '능원(陵園)'이라는 용어를 사용하고 조선에서는 능원이 왕릉만을 지칭하고 있는 현실을 감안하여 '원'이라는 용어를 선택한 것이다. 장유(張維)가 "신종추원(愼終追遠)하는 예에 있어 능이라고 하자니 감히 할 수 없는 일이고 그냥 묘라고 하기에는 부족하다"라고 여겨서 조금은 구별하는 뜻으로 원을 창시했다고 지적한 것은 인조의 의도를 잘 표현한 것이었다.[41]

이처럼 인조가 조선에서 처음으로 도입한 원의 개념은 한나라의 능원(陵園) 개념을 차용해서 조선에 적용한 것이었다. 중국의 역대 황실에서는 천자를 장사(葬事) 지낸 곳을 능이나 원이라 했고 제후와 왕을 장사 지낸 곳을 원이라 지칭했는데, 『전한서(前漢書)』에 "원은 영역(塋域)이고, 능은 산분(山墳)을 일컫는다"[42]라고 한 것을 보면 능과 원은 공간적 규모에서 차이가 있었다는 것을 알 수 있다. 한나라 성제(成帝)는 "즉위 초에 자신의 능을 검소하게 만들어 칭송받았으나 창릉(昌陵)으로 옮기면서 규모를 더 늘려서 흙을 쌓아 산을 이루고 백성의 분묘를 파서 내보낸 것이 1만여 기나 되었으며 읍거(邑居)를 영건할 때 기일을 다그쳐서 공사비가 막대하게 들어갔다"라고 했다.[43] 이 기록은 성제가 자신의 무덤을 처음에 작은 원의 규모로 만들어 칭송받았는데, 나중에 천장하여 산분을 조성함으로써 거대한 공역이 일어났다고 한 것으로서 능에 비해 원의 규모가 작았다는 것을 보여

고, 선제가 황제로 즉위했다. 선제는 자신의 생부인 사황손을 추존하여 도제(悼帝)라 하고 종묘에 들이면서 황고(皇考)라고 칭했다.

40 『승정원일기』, 인조 4년(1626) 3월 26일.

41 『인조실록』, 4년(1626) 4월 3일.

42 『전한서(前漢書)』 권72, 王貢兩龔鮑傳 第42, "園謂塋域 陵謂山墳"

43 『전한서』 권70, 列傳 권36, 楚元王傳 第6, 「劉向」, "陛下即位 躬親節儉 始營初陵 其制約小 天下莫不稱賢明 及徙昌陵 增埤為高 積土為山 發民墳墓 積以萬數 營起邑居 期日迫卒 功費大萬百餘"

준다.

인조의 지시에 따라 처음 등장하게 된 흥경원과 육경원은 기존의 묘제 규모와 큰 차이가 없었으나 왕릉에 비해 작은 정자각을 건립한 형태였을 것이다. 1627년 4월 육경원 직막(直幕)에서 화재가 발생하여 원상(園上)까지 다 타버리자 8월에 흥경원을 육경원으로 이장하여 쌍분으로 합장하고 원호를 흥경원이라 합칭했다. 이때 작성된 『[원종]예장도감의궤』에는 상석과 고석, 표석 농대(籠臺), 사대석, 혼유고석, 혼유석, 향좌아(香佐兒, 향로석)만 채취하여 제작된 것으로 기록되어 있는데, 나머지 석물들은 육경원에 설치했던 것을 그대로 사용하여 원제(園制)에 맞게 상설했던 것이다. 인조는 흥경원을 지키는 관원을 능전(陵殿)과 같이 참봉이라 칭하게 하여 친부모의 위상을 조금이라도 더 높이고자 하는 마음을 보였으나 별묘는 그대로 두었다. 그래서 인조가 처음 추진한 정원대원군의 1차 추숭은 '묘원제(廟園制)'의 형태가 된 것이다.

사친 무덤을 흥경원으로 승격하여 봉원한 인조는 더 나아가서 정원대원군을 국왕으로 추숭하여 종묘에 부묘하고 왕릉으로 봉릉하고 싶어 했다.[44] 인조는 1632년(인조 10) 3월 9일 덕종 추숭의 예에 따라 청봉(請封)·청시(請諡)의 일을 주문(奏文)에 기입하고 별도의 행장을 만들어 명나라에 주청하기로 했다.[45] 이틀 뒤에는 정원대원군의 시호를 '경덕인헌정목장효(敬德仁憲靖穆章孝)', 부인의 호를 '경희정정인헌(敬懿貞靖仁獻)'이라 하고, 흥경원을 장릉(章陵)이라 봉릉했다.[46] 5월 2일 금보(金寶)를 올리고,[47] 다음 날 백관의 하례를 받음으로써 내부적으로는 국왕 추숭이 성사되었다.

44 이현진, 「인조대(仁祖代) 원종추숭론(元宗追崇論)의 추이(推移)와 성격(性格)」, 『북악사론』 7, 2000; 김용흠, 「인조대 원종 추숭 논쟁과 왕권론」, 『학림』 27, 2006.

45 『인조실록』, 10년(1632) 3월 9일.

46 『인조실록』, 10년(1632) 3월 11일.

47 『인조실록』, 10년(1632) 5월 2일.

그런데 1632년 7월 인목대비가 서거하여[48] 국장이 치러지던 상황에서 명나라 황제가 주청을 승인한 사실이 전해져 '원종(元宗)'이라 명호하게 되었고, 1633년 5월 6일 조선에 도착한 칙사를 모화관(慕華館)에서 맞이하여 원종에게 내려진 공량(恭良)의 시호와 고명(誥命)을 받았다. 7월 14일에는 대제학 최명길(崔鳴吉)이 옥책을 지어 원종의 존호를 숭은전(崇恩殿)에 올렸고, 국장이 끝난 뒤에 부묘할 길일을 택해 1635년 1월에 원종의 부묘가 이루어졌다.[49]

육경원과 흥경원은 정원대원군을 원종으로 추숭하게 됨으로써 일시적으로 사용된 명칭이었으나 조선 최초의 '원'이었다는 점에서 중요한 의미가 있다. 김포 장릉에 상설된 석물은 경릉의 예에 따라 난간석 없이 석양·석호·석마 등의 석수(石獸)가 각각 2개씩만 배설되어 있다. 이 모습은 장릉이 흥경원의 모습을 일부 유지하고 있는 것인데, 석물 구성에서 원과 능에 차이를 두었다는 것을 보여준다.

2) 희빈 장씨 추숭과 궁묘제(宮墓制)

숙종을 승계하여 즉위한 경종(景宗)은 자신을 낳아 왕비까지 되었다가 다시 희빈(禧嬪)으로 강등된 생모 장씨(張氏)의 추숭을 지시했다. 경종은 우선 숙종의 국장이 끝난 뒤인 1722년(경종 2) 10월 10일 옥산부대빈(玉山府大嬪)으로 추숭하고 사당을 대빈궁(大嬪宮)이라 했다.[50] 경종이 희빈을 '옥산부대빈'이라 한 것은 대원군 추숭 사례를 참고한 것으로 보이는데, 대빈의 위상을 왕비(王妃)와 빈(嬪) 사이로 설정한 것이었다.[51]

48 『인조실록』, 10년(1632) 7월 7일.

49 『인조실록』, 13년(1635) 1월 26일.

50 『경종실록』, 2년(1722) 10월 10일.

51 김윤정, 「大嬪宮의 연혁과 의례적 변화 양상」, 『한국문화』 103, 2023.

경종은 광해군이 생모를 왕비로 추숭했다가 실패했던 전례가 있고, 숙종이 후궁을 후비(后妃)로 삼지 못하도록 한 수교(受敎)를 지켜야 했으므로[52] 즉위 초에 생모의 추숭을 무리하게 추진하지 않았다. 또한 생모의 사당에 '궁(宮)'이라는 호칭을 쓰면서 무덤을 원으로 승격하는 조치를 취하지는 않았다. 경종이 희빈의 사당에 '궁' 자를 쓴 것은 인조가 육경원을 조성하면서 '능원'의 의미를 검토하여 '원'이라는 명칭이 능과 다름없다고 논정(論定)한 사례를 참고하여 '묘궁(廟宮)'이라는 용례를 가지고 '궁'의 의미를 설정한 것으로 판단된다. 또한 광해군이 공빈을 왕후로 추숭하는 과정에서 봉자전(奉慈殿)을 설치하면서 '전(殿)'을 쓴 것에 비해 '궁' 자를 건물의 위격이 한 단계 낮은 것으로 설정함으로써 왕후 추숭 논란을 피했을 것이다.

묘궁의 용례를 살펴보면 다음과 같다. 먼저 『시경』「서리(黍離)」에서 주나라가 동천(東遷)한 뒤 어느 대부(大夫)가 행역(行役)하다가 예전의 종묘궁실(宗廟宮室)을 지나면서 주나라 왕실이 전복된 사실을 회상하며 마음 아파하는 장면을 표현한 것이 있다.[53] 다음으로 『열녀전보주(列女傳補注)』「노장애강(魯莊哀姜)」에는 장공이 아버지 환공(桓公)의 묘궁(廟宮) 기둥에 붉은 칠을 하고 그 서까래에 조각을 해서 애강에게 과시했다는 이야기가 있다.[54] 또한 『고문진보 후집(古文眞寶後集)』「남해신묘비(南海神廟碑)」에는 "이듬해 제사철이 돌아오면, 묘궁(廟宮)을 크게 넓히고 묘정(廟庭)과 제단(祭壇)을 수축할 것이며, 동·서의 두 재사(齋舍)와 재실(齋室) 및 주방(廚房)을 개축(改築)하는 등 모든 용품(用品)을 수리할 것이다"라는 기록이 있다.[55]

52 『숙종실록』, 27년(1701) 10월 7일.

53 『詩經集傳 上』 권4, 國風, 「黍離」, "傳. 周旣東遷 大夫行役 至于宗周 過故宗廟宮室 盡爲禾黍 閔周室之顚覆 彷徨不忍去"

54 『列女傳補注』 권7, 「魯莊哀姜」, "公不聽 又丹其父桓公**廟宮**之楹 刻其桷 以夸哀姜."

55 『古文眞寶 後集』 권11, 碑, 「南海神廟碑」, "明年祀歸 又廣**廟宮**而大之 治其庭壇 改作東西兩序 齋庖之房 百用具備"

위 용례들 가운데 「서리」의 종묘궁실은 종묘와 왕실을 함께 표현한 것이고, 「노장애강」의 묘궁은 사당의 건물을 의미하는 것이다. 또한 「남해신묘비」는 국가에서 제사를 올리는 해신(海神) 사당을 묘궁이라고 표현하고 있다. 즉, 사당을 묘궁으로 인식하는 경향이 강해지고 있던 것이다. 조선에서도 초기에 종묘궁실을 종묘와 궁실로 구분하고 있었는데,[56] 궁실을 궁궐로 대체하여 '종묘궁궐'로 그 의미를 명확하게 하는 사례도 있다.[57]

1410년 문묘에 비를 세울 때 변계량은 "묘궁(廟宮)을 신축하여 이미 완성했다"라는 표현을 썼는데,[58] 여기서 표현된 묘궁은 사당 공간(대성전)과 학궁(學宮)을 의미하는 것으로 이해된다. 또한 1428년(세종 10) 기자(箕子) 사당을 중수하고 세운 기자묘비(箕子廟碑)에는 사당 건물 전체를 묘궁이라 표현했다.[59] 1432년 종묘 공신당의 이설을 주청한 상호군 박연(朴堧)의 상언에는 종묘 건물 전체를 묘궁이라고 했다.[60] 이 무렵부터 종묘를 묘궁이라 지칭한 사례들이 늘어나고 있었는데, 1448년(세종 30) 세종이 불당을 설치하려는 것을 반대한 신석조·조서안·이계전 등은 묘궁 예법의 땅 옆에 불우(佛宇)를 세워서 더러운 치류(緇流)가 거처하게 할 수 없다고 했다.[61] 그로부터 120여 년이 지난 1573년 종묘 섭행의에 대한 논의 과정에서 판중추(判中樞) 홍섬(洪暹)이 "고례(古禮)를 살펴보면 묘궁 안에서는 존귀한 천자로서도 희생을 끌었다"라고 한 것을 보면[62] 종묘를 묘궁이라고도 표현한 것이 어색하지 않다는 것을 알 수 있다.

56 『정종실록』, 1년(1399) 6월 27일, "上議營宗廟於松都. 上謂左右曰: '今寡人在舊京, 而**宗廟**在新都, 誠不可也. 欲移**宗廟**, 身親奉祀, 何如?' 參贊門下李居易對曰: '太上王創業, 作都漢陽, **宗廟宮室**咸在. 今欲移之, 實非繼述之道. 每遣大臣攝行可也.' 上曰: 卿之言是也."

57 『태종실록』, 11년(1411) 10월 4일.

58 『태종실록』, 10년(1410) 9월 29일.

59 『세종실록』, 10년(1428) 4월 29일.

60 『세종실록』, 14년(1432) 1월 21일.

61 『세종실록』, 30년(1448) 7월 19일.

62 『선조실록』, 6년(1573) 10월 6일.

이러한 사례들을 종합해 보면 세종 대부터 종묘, 문묘, 기자묘 등 국가적 제사가 행해지는 사당을 포괄적으로 묘궁이라고 표현하고 있었고, 이때 묘궁은 사당에 세운 여러 건물까지 포괄하는 의미였던 것으로 판단된다. 그런데 경종은 묘궁에서 '궁'을 분리해서 사당의 의미를 부여하고 '묘'보다 상위의 개념으로 설정하여 희빈의 사당을 '대빈궁'이라고 칭한 것이라 하겠다.

경종은 장희빈의 무덤까지 봉원하기 위해 적당한 장소를 찾아 광주(廣州) 오포면(五浦面)에 있던 무덤을 천장하여 봉원할 생각을 했을 것이지만 일찍 서거함으로써 봉원은 추진되지 못했다. 경종을 승계한 영조 또한 즉위 직후에 희빈의 추보를 취소하고 대빈궁을 철폐해야 한다는 주장이 있었기 때문에 더 이상의 추숭을 진행하지 않았다. 그래서 장희빈의 사당과 무덤은 시호로 불리지 않는 '궁묘제(宮墓制)'의 형태가 되었다.

4. 궁원제의 성립과 확대

1) 숙빈 최씨 추숭과 궁원제의 성립

인조가 정원군을 대원군으로 추숭할 때는 무덤을 묘보다 상위의 개념인 '원'으로 승격했으나 사당은 별묘에 머물러 있었다. 반면 경종은 생모 장희빈의 무덤은 그대로 두고 사당을 대빈궁으로 격상했다. 인조는 무덤을 격상하고 경종은 사당을 격상한 셈인데, 사당과 무덤이 같은 위상이어야 한다는 점에서 균형이 맞지 않았다. 이 문제는 영조가 생모의 사당을 육상궁(毓祥宮), 무덤을 소령원(昭寧園)으로 봉호하면서 해결되는데, 성사되기까지는 오랜 시일이 소요되었다.

숙빈 최씨(淑嬪崔氏)는 인현왕후(仁顯王后)가 폐출된 뒤 숙종의 승은을 입고 1694년(숙종 20)에 연잉군(延礽君)을 낳은 뒤 숙의(淑儀)에 봉해졌다. 1699년(숙종 25)에 정1품 숙빈(淑嬪)에 봉해진 뒤 1718년(숙종 44) 서거했다. 경종과 마찬가지로 영조도 광해군이 생모를 추숭했다가 실패한 전례를 거울삼아 생모 추숭을 서서히 진행했다. 영조는 이광좌(李光佐)의 건의를 받아들여 인빈(仁嬪)의 예에 따라 숙빈 최씨의 사당을 세운 후 관청에서 제사를 올리고 묘도(墓道)를 늘리며 수호(守戶)를 두게 했다. 1725년 1월 청릉군(青陵君) 이희철(李希哲) 가문의 후손인 이언형(李彦衡)의 기와집 168칸과 공대(空垈) 1,115칸을 매입하여 숙빈 사우 부지를 확보했다.[63] 숙빈 사우는 1월 27일 시역(始役)하여[64] 필요한 목물(木物)과 물품을 준비하기 시작했고, 덕흥대원군 사례에 따라 거대한 신도비를 세워 숙빈 소생의 왕자가 왕이 된 것을 기념했다.[65] 숙빈 사우는 1726년 1월 16일 인빈 사우의 사례에 따라 신주를 봉안했다.[66]

1744년(영조 20) 영조는 숙빈 최씨의 사당과 무덤을 봉호(封號)했는데, 숙빈묘(淑嬪廟)를 육경묘(毓慶廟)라 했다가 장릉(章陵)의 옛 원호(園號)와 같다 하여 육상묘(毓祥廟)로 고치고, 묘호(墓號)를 소령묘(昭寧墓)라 했다.[67] 영조의 조치는 처음으로 후궁의 사당과 무덤에 명호를 붙였다는 점에서 특별한 의미가 있다. 사당에는 '육상묘' 편액을 달고 재각(齋閣)을 설치한 것으로

63 『승정원일기』, 영조 1년(1725) 1월 7일, "李彦衡家, 令監考折價, 則瓦家壹百陸拾捌間及空垈參千壹百拾伍間等價, 新丁銀貳千貳百伍拾兩伍錢磨鍊上下之意, 敢啓."

64 『승정원일기』, 영조 1년(1725) 1월 27일, "洪好人, 以戶曹言啓曰, 淑嬪祠宇營建事, 旣已定奪, 今方始役矣."

65 『승정원일기』, 영조 1년(1725) 3월 18일.

66 『승정원일기』, 영조 2년(1726) 1월 9일, "今正月十六日淑嬪祠宇移奉時, 告由及奉安祭設行事, 已爲啓下矣."

67 『영조실록』, 20년(1744) 3월 7일.

보이며,[68] 무덤에는 '소령묘' 표석을 더 세웠다.

그로부터 9년이 지난 1753년(영조 29) 6월 25일에는 숙빈 최씨의 시호를 '화경(和敬)'이라 하고, 육상묘를 육상궁(毓祥宮)으로, 소령묘를 소령원(昭寧園)으로 승격함으로써 궁원제가 성립된다.[69] 이때 영조가 숙빈에게 두 글자 시호를 올린 것은 후궁 출신의 사친에게 처음으로 단행한 일로서 사당과 무덤을 추숭하는 전제조건이 되었다.[70] 영조는 육상궁으로 승격하기 이전부터 육상묘를 육상궁으로 부르기도 했는데, 승격한 이후에 재실을 크게 확장했던 것 같고, 소령원은 봉원도감을 설치하여 정자각을 비롯한 각종 시설물을 조성해 배설했다.

이때 소령묘에 있던 석물의 일부를 교체하거나 추가했기 때문에 석물 구성은 묘제와 원제가 혼합되어 있는 모습이 되었다. 현재의 소령원 봉분에는 삼면에 곡장을 두르고 봉분 주위에 석양, 석호가 2개씩 배치돼 있으며 봉분 앞에 묘표, 혼유석, 상석, 향로석, 장명등이 있고, 망주석 1쌍, 문인석 1쌍과 석마 1쌍이 설치되어 있다. 이 가운데 상석과 향로석은 소령묘 봉묘 때 교체했고, 석수(石獸) 등은 소령원 봉원 당시에 갖춘 것이다.

소령원에는 총 4기의 비석이 세워져 있는데, 1718년(숙종 44) 세운 묘표는 "유명조선국 후궁수양최씨지묘(有明朝鮮國 後宮首陽崔氏之墓)"라 했고, 1725년 세운 신도비는 "숙빈최씨신도비명(淑嬪崔氏神道碑銘)"이라는 전액을 올렸다. 또한 1744년 소령묘라 봉호할 때 "숙빈해주최씨소령묘(淑嬪海州崔氏昭寧墓)"라 표제한 표석이 세워졌고, 1753년 봉원할 때는 "조선국 화경숙빈소령원(朝鮮國 和敬淑嬪昭寧園)"이라 표제한 표석이 세워져 숙빈 최씨 무덤

68 현재 육상궁의 재실이 사당 앞에 있고 옆으로 '冷泉亭'이라 편액한 건물이 있는데, 육상묘로 명호할 때 세운 재실 건물로 추정된다. 영조는 냉천정에 자신의 어진을 걸어두어 혼정신성(昏定晨省)의 의미를 부여했다.

69 『영조실록』, 29년(1753) 6월 25일.

70 우정, 「영조대 숙빈 최씨 추숭과 가상시호의 의의」, 『국학연구』 51, 한국국학진흥원, 2023.

의 위상이 점점 높아졌다는 것을 잘 보여준다.

그렇지만 소령원이 왕릉은 아니기 때문에 봉분 주위에 석호와 석양의 수량을 1쌍으로 줄였으며, 왕릉에 문인석과 무인석을 함께 세우는 것에 비해 소령원에는 문인석만 세웠다. 그리고 정자각의 규모를 약 4분의 3으로 축소하여 논란을 피하면서 어도(御道)와 홍살문을 설치했다. 동구(洞口)에는 재실을 설치하여 원관(園官)이 근무하게 했다. 이러한 구성은 소령원의 위계가 왕릉에 가깝다는 것을 의미하며 묘와는 현격한 차이를 보이고 있는 것이다.

소령원 봉원을 성사시킨 영조는 한발 더 나아가 원종 생모인 인빈 김씨(仁嬪金氏)의 추숭에 착수했다. 인빈 김씨는 선조의 총애를 받아 정원군 등 4남 5녀를 낳았는데, 1623년 인조반정으로 손자 능양군(綾陽君)이 왕위에 오르면서 왕의 조모(祖母)가 되었고, 1632년(인조 10)에 정원군이 원종으로 추존되면서 추존왕의 사친(私親)이 되었다. 이때 인조는 인빈 제사의 위격을 높일 방안을 찾았으나 뚜렷한 해법을 제시하지 못하고 의창군과 그 자손에게 제사를 받들도록 했었다. 인빈의 사우는 숙종 대의 정치적 혼란과 봉사(奉祀) 자손들이 입후(立後)와 파양(罷養)이 반복되면서 여러 차례 이건(移建)되기도 했다.[71] 영조는 궁원제를 통해 사친 추숭을 정당화한 이후 1755년(영조 31)에 인빈의 시호를 경혜(敬惠), 사당을 저경궁(儲慶宮), 무덤을 순강원(順康園)으로 봉원함으로써 추존왕의 사친까지도 궁원제가 적용되는 지위라는 사실을 천명했다.

이와 같이 영조가 숙빈 최씨와 인빈 김씨를 차례로 추숭한 것은 조선 왕실의 궁원제가 완성되었다는 것을 의미한다. 기존의 능묘(陵墓)제도에서는 왕과 왕비 이외의 신분은 모두 같은 등급의 묘(廟)와 묘(墓)로 칭하여 차별을 둘 수 없었지만, 영조의 조치로 인해 사당을 궁, 무덤을 원으로 격상

71 김윤정, 「儲慶宮의 성립과 의례적 변화 양상」, 『서울과 역사』 113, 2022.

한 형태의 예제가 만들어진 것이다. 이때 궁은 가묘와 달리 별묘를 세워 독향(獨享)했고, 원은 왕릉에 가까운 형태로 조성되어 묘와 차별되었다. 원이 조성되는 대상자는 왕위에 오른 왕의 사친이거나 추존왕의 사친이며, 비록 왕릉으로 조성하지는 못하지만 왕릉에 설치한 각종 석물과 제향 시설물을 작은 규모로나마 설치함으로써 왕릉의 '지차(之次)'임을 부각시켰다.

영조는 육상궁과 소령원에서 시행했던 여러 식례를 정비하여 1756년 『궁원식례』를 제정하고 정례화했다. 이에 대해 실록의 사관은 궁원의 의장(儀文)·도수(度數)가 태묘(太廟)와 거의 차이가 없다며 찬성한 신하들이 후일 비난을 받을 것이라고 비판했다.[72] 이것은 태묘에 모시지 못하는 사친을 궁원제를 통해 한껏 추숭하려는 의도가 의례 행위와 제품의 찬설(饌設)에서 현상적으로 드러나도록 했다는 점을 잘 지적한 것이었다. 이로써 광해군이 무리하게 추진했던 방식과 달리 왕실의 예제적 논란을 피해가면서 합리적인 위상으로 '왕의 사친'을 다른 후궁보다 높이 예우할 수 있도록 사당과 무덤을 조성할 수 있게 되었다.

2) 사도세자 추숭과 궁원제의 확립

영조는 1764년 사도세자의 아들인 세손을 효장세자의 후사로 입적시켰다. 이에 따라 1776년 3월 5일 영조가 서거한 뒤에 정조는 효장세자의 사자(嗣子) 자격으로 즉위했다. 따라서 정조는 영조의 국장을 치르는 동시에 효장세자를 진종(眞宗)으로 추존하여 종묘에 부묘하고 효장묘(孝章墓)를 영릉(永陵)으로 봉릉하여 자신의 정통성을 확고하게 했다. 이와 함께 정조는 생부 사도세자에게 장헌(莊獻)의 시호를 가상하여 올리고 수은(垂恩)이

72 『영조실록』, 32년(1756) 7월 10일.

라 칭했던 사당을 경모궁(景慕宮), 무덤을 영우원(永祐園)으로 봉원하여 궁원제를 적용했다.

이때 정조는 사도세자에 대한 예우를 송나라 복왕(濮王)의 고사를 참고하여 마련하게 했는데, 복왕은 송 5대 황제인 영종(英宗)의 생부였다. 복왕의 제13자인 영종이 4대 인종(仁宗)의 후사가 되어 황제가 된 것은 정조의 즉위 과정과 유사한 점이 있었으나 복왕이 황태자의 신분이 아니었다는 문제도 있었다. 그래서 당시 황태후의 명에 따라 황제가 복왕을 친(親)이라 호칭하고, 신하들이 복왕을 황(皇)이라 칭했으며, 왕의 세 부인을 모두 후(后)라 칭하게 하여 지위를 격상하는 조치가 있었다.[73] 영종은 복왕의 무덤을 원(園)이라 개칭하고 원에 사당을 세우게 했다. 이에 따르면 원이 능보다 낮지만 영(塋)보다는 높은 개념이었기 때문에 정조는 이 사례를 채택하여 사도세자의 위차(位次)를 종묘의 지차(之次)로 정했다.

이는 사도세자의 위상을 후궁 사친보다 앞서게 정한 것으로서 『대전회통』 경관직 조항에 경모궁은 종묘서와 사직서 다음에 위치했고, 관원의 규모도 대등했다. 각릉(各陵)과 각원(各園) 사이에 영우원(현륭원)을 별도로 기술했는데, 관원도 다른 원이 수원관 2명인 데 비해 영우원(현륭원)에는 왕릉과 같은 령1인과 참봉 1인을 배치한 것에서 확인된다.[74]

정조는 1780년 경모궁과 관련해서 『궁원의(宮園儀)』를 편찬하여 경모궁과 영우원의 각종 의주(儀注)와 도설(圖說)을 정리했다. 1784년에는 『경모궁의궤(景慕宮儀軌)』를 작성하여 제례의 규모를 종묘와 왕릉 제향에 버금가게 규정했고, 사도세자 관련 기록과 추숭사업까지 정리했다.[75] 『경모궁의

73 복왕의 숭봉을 의논했는데, 중서성(中書省)은 황친(皇親)이라 칭하기를 주장했고, 사마광(司馬光)·왕규(王珪)·여회(呂誨)·여대방(呂大防)·범진(范鎮)·범순인(范純仁) 등은 입승(入承)한 대통(大統)을 중시하여 복왕이 인종의 사촌형이므로 황백(皇伯)이라 칭하기를 주장했다.

74 『대전회통(大典會通)』 권1, 「吏典」 京官職.

75 정경희, 「朝鮮後期 宮園制의 성립과 변천」, 『서울학연구』 23, 2004.

궤』에 실린 「본궁전도(本宮全圖)」의 규모를 보면 육상궁보다 큰 규모의 별묘(別廟)가 세워졌고, 제향 때에는 넓은 묘정에서 문무(文武) 육일무(六佾舞)를 올림으로써 종묘의 '지차'라는 점을 분명하게 드러내었다.[76]

또한 정조는 1789년 영우원을 수원으로 옮겨 원호(園號)를 현륭원(顯隆園)으로 개칭하면서 원상에 병풍석을 설치하고 정자각의 규모를 왕릉과 같게 했으며, 무인석을 설치하여 왕릉처럼 보이게 했다.[77] 현륭원이 1899년 융릉으로 봉릉될 당시 능표 1기만 추가되었을 뿐인데도 현재의 융릉은 다른 왕릉 못지않은 모습을 보이고 있다. 현륭원의 제향 또한 정2품의 수원 유수가 담당했기 때문에 그 위상이 다른 궁원과 현격한 차이가 있었다. 휘경원(徽慶園) 헌관(獻官)의 경우 3년까지는 당상 3품관이 지내다가 3년 후에는 당하 정3품관이 지냈기 때문이다.[78] 정조는 사도세자를 왕으로 추숭하지는 못했지만, 영조 때 진행된 생모 위주의 궁원제를 생부로까지 확대하여 적용했다는 의미가 있으나 이후에 유사한 사례가 나오지 않았다. 사도세자의 궁원제도 고종에 의해 사도세자가 장조로 추존되면서 경모궁과 현륭원의 칭호가 더 이상 사용되지 않게 되었다.

한편, 정조는 1778년 진종(眞宗)의 부묘례가 끝난 뒤 효장세자의 생모인 정빈 이씨(靖嬪李氏)의 사당을 연호궁(延祜宮)으로 봉호하고, 무덤을 수길원(綏吉園)으로 봉원했다.[79] 영조가 인빈 김씨를 추숭한 전례에 따라 진종의 사친이자 자신의 조모가 된 정빈 이씨를 추숭한 것이다. 그런데 이때 정조는 사도세자의 생모인 영빈 이씨(暎嬪李氏)도 궁원제의 대상으로 함께 추숭하려 시도했다. 1월 30일 이조판서 김종수는 정조가 정빈 이씨와 영빈 이씨를 봉원(封園)하는 문제를 거론하자 정빈 이씨의 봉원은 전례에 따라 거

76 『경모궁의궤(景慕宮儀軌)』[한국학중앙연구원 장서각(이하 장서각), K2-2410].

77 정해득, 『정조시대 현륭원 조성과 수원』, 신구문화사, 2009.

78 『순조실록』, 23년(1823) 2월 27일.

79 『정조실록』, 2년(1778) 3월 19일.

행해야 하지만 영빈 이씨의 봉원은 선조(先朝) 때 정한 법제와 맞지 않다며 반대했다.[80]

이에 정조가 다음 날 조신(朝臣)들에게 영빈 이씨의 묘를 봉원하는 것이 합당한지를 논의하게 했는데, 선왕을 계지술사(繼志述事)해 가는 도리에 있어서 부당하다는 의견이 대부분이어서 정빈 이씨만 봉원하는 것으로 결정됐다.[81] 영조의 후궁이었던 정빈 이씨에게 궁원제를 적용한 것은 추존한 왕의 사친까지 추숭한 영조의 조치가 준행(遵行)해야 되는 전례가 되었음을 의미한다. 그러나 영빈 이씨의 경우는 사도세자가 왕으로 추존되지 않았기 때문에 제도적인 조건을 충족하지 못한 문제가 있었던 것이다.[82]

한편, 1779년 5월 7일 정조의 후궁 원빈 홍씨(元嬪洪氏)가 죽자 당나라의 '개원례(開元禮)'와 명나라 비빈의 예에 의거하여 시호를 인숙(仁淑), 사당을 효휘궁(孝徽宮), 무덤을 인명원(仁明園)이라고 명호했다.[83] 당시 권력을 농단하고 있던 홍국영은 은언군(恩彦君) 이인(李䄄)의 장자 담(湛)을 대전관(代奠官)으로 삼아 상(喪)을 치르게 했고, 다른 후궁보다 여동생(원빈)의 격을 높이기 위해 친자(親子)가 왕이나 추존왕이 되었을 때 궁원으로 추숭하는

80 『정조실록』, 2년(1778) 1월 30일.

81 『정조실록』, 2년(1778) 2월 1일.

82 『승정원일기』, 영조 40년(1764) 11월 5일, "甲申十一月初五日申時, 上御毓祥宮齋室, [⋯] 上命承旨書御製, 命編次人讀之. 上曰, 有此御製, 則日後封園之事, 自可按而行之矣." 영조가 1762년 6월 14일 종묘에서 기우제를 거행하면서 숙종을 모신 제11실에서 "사도(思悼)는 종사(宗社)와 관계되는데 어찌 감히 태묘에 들어오겠습니까?"라는 말을 주서에게 기록하게 한 것은 세손이 후일 즉위하더라도 추존하여 종묘에 부묘할 대상이 될 수 없다는 점을 밝힌 것이다. 따라서 영조가 1764년 11월 5일 육상궁 재실에서 원인손(元仁孫)에게 읽게 한 봉원과 관련된 어제문은 뒷날 정빈을 봉원하는 근거로 삼기 위한 것이라고 하겠다. 1764년 2월에 정조가 효장세자의 후사가 되었고 11월이 효장세자 부부의 기일이었다는 점을 감안하면 후일 효장세자가 왕으로 추존될 때 정빈 이씨도 추숭해야 한다는 것을 기록으로 남긴 것이다. 그런데 『승정원일기』와 같은 날의 『영조실록』에는 그 어제문에 정빈묘 외에 의열궁까지 봉원 대상이었다고 되어 있다[『영조실록』, 40년(1764) 11월 5일, "上以一紙親書之, 使禮曹判書南泰齊, 藏之該曹. 蓋以靖嬪墓 義烈宮, 日後將次第封園之聖意也."]. 영조는 정조에게 사도세자의 추존을 금지시켰으므로 영빈은 추숭의 대상이 될 수 없었다. 따라서 사도세자를 왕으로 추존하려던 정조가 『영조실록』을 편찬할 때 의도적으로 영빈 이씨를 거론했을 것으로 판단된다.

83 『정조실록』, 3년(1779) 5월 7일.

전례를 무리하게 적용한 것이다. 이 문제로 인해 1786년(정조 10) 김치인을 비롯한 신하들이 격례에 벗어난다며 비판함에 따라 효휘궁과 인명원은 조성된 지 7년 만에 강등되었다.[84] 왕자도 낳지 못한 후궁에게 왕의 사친과 같은 예우를 하는 것이 격식에 맞지 않았기 때문이다. 이로써 궁원제가 적용되는 후궁은 왕이 된 인물을 낳아 종사(宗社)를 계승하게 한 공덕에 보답하기 위한 것으로서 왕과 추존왕의 사친만을 대상으로 한다는 원칙이 재확인된 것이라 할 수 있다.

3) 궁원제의 확대

영조와 정조에 의해 확립된 사친 추숭 원칙에 따라 순조는 자신의 생모인 유빈 박씨(綏嬪朴氏)를 추숭했다. 유빈 박씨는 1787년(정조 11) 후궁으로 간택되어 1790년 원자(순조)를 낳았으며, 순조 즉위 후에 '가순궁(嘉順宮)'이라는 궁호까지 받았다. 1822년(순조 22) 가순궁이 서거하자 순조는 생모에게 '현목(顯穆)'이라는 시호를 올리고 궁원제를 적용하여 사당을 '경우궁(景祐宮)', 무덤을 '휘경원(徽慶園)'이라 정했다.[85] 순조는 휘경원을 관리하기 위해 현륭원과 같이 종5품의 원령 1인과 참봉 1인을 두어 위상을 강화했다.

사친에 대한 궁원제의 적용은 고종 대에도 계속되어 1899년(고종 36) 고종이 자신의 고조(高祖)가 되는 사도세자를 장종(莊宗)-장조(莊祖)로 연거푸 추존함으로써 추존왕의 사친도 궁원제를 적용한다는 원칙에 따라 영빈 이씨가 궁원제의 적용 대상이 되었다. 일찍이 정조는 영빈 이씨를 정빈 이씨와 함께 추숭하려다가 신하들의 반대에 부딪힌 일이 있었는데, 1789년

84 『정조실록』, 10년(1786) 11월 11일.
85 『순조실록』, 22년(1822) 12월 29일.

1월에 영빈 이씨의 사당인 의열묘(義烈廟)를 선희궁(宣禧宮)으로 승격시켜 두었다.[86] 그래서 영빈 이씨의 사당과 무덤은 궁묘제로 운영되고 있었는데, 고종이 사도세자를 장조로 추존함으로써 무덤을 봉원할 수 있게 된 것이다. 고종이 선희궁(宣禧宮)의 명호는 그대로 두고 의열묘(義烈墓)를 수경원(綏慶園)으로 봉원하여 궁원제를 적용하려던 정조의 뜻이 이루어지게 된 것이다.

한편, 고종 즉위 이후 실권을 장악한 흥선대원군이 경복궁을 중건하고 왕실의 전례를 다시 정비하던 시기에 궁원제도에도 변화가 발생했다. 1870년 1월 2일 친진한 왕실 사당을 정리한다는 이유로 인빈 김씨·영빈 김씨(寧嬪金氏)·화빈 윤씨(和嬪尹氏)의 사우를 경우궁 안의 별묘에 함께 모시고, 희빈 장씨(禧嬪張氏)·정빈 이씨(靖嬪李氏)·영빈 이씨(暎嬪李氏)·의빈 성씨(宜嬪成氏)의 사우는 육상궁 안의 별묘에 함께 모시며, 문효세자(文孝世子)의 사우는 의소묘 안의 별묘로 옮겨 봉안하게 했다.[87] 이로써 각기 별도의 공간에 건립되었던 인빈 김씨의 저경궁, 정빈 이씨의 연호궁, 영빈 이씨의 선희궁이 경우궁과 육상궁에 합쳐지는 변화가 발생했다. 이 조치는 경복궁 중건에 따라 한양의 도시공간이 경복궁 중심으로 다시 재편되는 과정에서 필요한 공간을 확보하기 위해 사친의 묘궁을 한곳으로 정리하려는 의도가 있었던 것 같다.[88]

사당을 정리한 후 1870년(고종 7) 12월 6일 열성조(列聖朝)의 세자나 세손에 대한 의절(儀節)을 각 궁(各宮)보다 낮게 예우하는 것이 온당치 못하다며 묘호(墓號)를 원(園)으로 승격했다.[89] 그 대상은 수묘관이 배치되었던 왕

86 정조가 영빈 이씨의 사당 의열묘(義烈廟)를 선희궁으로 격상한 것은 대빈묘의 사례를 적용한 것인지에 대해서는 검토가 필요하다. 수경원은 연세대학교 구내에 있다가 1970년 서오릉 경내로 무덤과 석물만 이장하고, 수경원 정자각은 그대로 연세대학교에 남겨두었다.

87 『고종실록』, 7년(1870) 1월 2일.

88 송인호·조은주, 「景祐宮 行幸의 변화와 19세기 漢城府 도시구조」, 『大韓建築學會論文集-計畫系』 28-8, 2012.

실 묘로서 순회세자, 소현세자와 세자빈, 의소세손, 문효세자 등의 묘이다.[90] 기록에는 자전(慈殿)의 하교를 받든 것이라 되어 있는데, 당(唐)나라에서 태자(太子)를 예우하던 전례를 기반으로 하고, 저경궁과 순강원의 규례를 참조하여 방안을 마련했다. 이미 사친으로 봉원된 원의 칭호에는 당시 임금들의 뜻이 깃들어 있다며 변경하지는 않았다.[91]

고종 대에 묘를 원으로 추숭하는 대상을 세자와 세손으로까지 확대한 것은 종실의 권위를 강화하기 위한 조치이기도 했다. 1870년 12월 10일 단망(單望)으로 올라온 5개소의 원호 가운데 효창원만 원안대로 정호하고, 시호를 사용한 4개소를 모두 개정하여 순회세자의 순회원(順懷園)을 순창원(順昌園), 소현세자의 소현원(昭顯園)을 소경원(昭慶園), 소현세자빈 강씨의 민회원(愍懷園)을 영회원(永懷園), 의소세손의 의소원(懿昭園)을 의령원(懿寧園), 의소묘(懿昭廟)를 영소원(永昭廟)이라 했다.[92] 이때 무덤을 원으로 봉원하면서도 사당을 그대로 묘(廟)라고 함으로써 '궁원'과 '묘원'이 공존하게 되었는데, 궁원이 묘원보다 위격이 높다는 점에서 국왕 생모의 위상을 알 수 있다.

『대한예전』「길례」에 실린 축판(祝板)에는 경모궁·저경궁·대빈궁·육상궁·연호궁·선희궁·경우궁·의빈궁 등의 각 궁과 영소묘·문희묘 등의 사당, 각원(各園) 등에서 왕실 제향이 거행되는 것으로 규정하고 있다.[93] 이는 대한제국에서도 궁묘(宮廟)와 각원에 대한 국가적 예우가 지속되었다는 것을 의미한다.

대한제국은 공식적으로 1910년 8월 29일 국권을 상실했으나 아직 고종과 순종이 살아 있었고, 일본제국 황실에서 각각 이태왕(李太王)과 이왕

89 『고종실록』, 7년(1870) 12월 6일.

90 다섯 곳의 묘는 수위관(守衛官) 2인씩 임명된 곳이었다(『대전회통』 권1, 吏典 「京官職」).

91 『고종실록』, 7년(1870) 12월 9일.

92 『고종실록』, 7년(1870) 12월 10일. 실록기사가 축약되어 있으나 단망으로 5개소의 명호를 올렸는데, 효창원만 바로 정호하고 나머지 4개소의 명호를 개정한 것으로 해석된다.

93 『대한예전(大韓禮典)』 권2, 吉禮 「祝板」(장서각, K2-2123).

표 1 궁원 일람표

대상자	신분	추숭시기	사당	무덤	비고
희빈 장씨	경종 생모	경종	禧嬪廟→大嬪宮	禧嬪墓→大嬪墓	玉山府大嬪
숙빈 최씨	영조 생모	영조	毓祥廟→毓祥宮	昭寧墓→昭寧園	
인빈 김씨	원종 생모	영조	仁嬪廟→儲慶宮	仁嬪墓→順康園	
정빈 이씨	진종 생모	정조	暎嬪廟→延祜宮	暎嬪墓→綏吉園	
유빈 박씨	순조 생모	순조	景祐宮	徽慶園	
영빈 이씨	장조 생모	정조, 고종	義烈廟→宣禧宮	義烈墓→綏慶園	
순헌귀비 엄씨	영친왕 생모	1911년	德安宮	永徽園	

(李王)으로 예우되면서 왕실의 명맥을 이어갔다. 그로 인해 조선국 시절의 궁원제를 모방한 사례가 등장하게 되는데, 바로 순헌귀비(純獻貴妃) 엄씨(嚴氏)의 사당을 덕안궁(德安宮), 무덤을 영휘원(永徽園)으로 명호한 것이다. 그 이유에 대해 조중응(趙重應)은 엄씨가 황귀비로서 정식 황후 승차설이 있었고, 황태자의 생모로서 정궁(正宮)에서 서거하고 빈소가 설치되었기 때문에 특별히 궁원제를 적용하여 파격적으로 예우한 것이라 했다.[94] 곧 순헌귀비는 황태자의 사친이라는 자격으로 궁원제가 적용된 것인데, 일제치하에서 이왕가로 격하된 상태였지만 황제국이었던 이왕가의 입장을 감안하여 특별히 격식을 높여주었다는 의미이다.[95]

덕안궁과 영휘원 조성 공역은 이왕직에 예장소(禮葬所)를 설치하여 주관했는데, 영휘원은 봉분과 석물, 제향 시설물 등을 이전에 조성된 원을 모범으로 삼아 조성했으나 일부 석물의 문양과 시설물의 규모 등에서 차이가 있었다. 덕안궁은 순헌귀비의 장례가 끝난 1913년 덕수궁 옆에 건립되었다. 순헌귀비 궁원의 조성 과정은 조선총독부가 이왕가를 존중하여 예우하고 있다는 점을 부각시키기 위한 의도가 내포되어 있었던 것이다.

94 『매일신보(每日新報)』, 1911년 8월 2일.

95 『순헌귀비예장의궤(純獻貴妃禮葬儀軌)』(장서각, K2-2980).

5. 맺음말

사당과 무덤은 고인을 추모하기 위한 대표적인 공간이다. 사당에는 혼이 깃든 신주를 모셨고, 길지를 골라 조성한 무덤에는 체백(體魄)을 안장하고 제사를 올려 추모했다. 조선시대의 왕과 왕비의 신주는 종묘(宗廟)에 부묘하고, 대규모 왕릉(王陵)을 조성하여 특별하게 예우했다. 왕이 아닌 사람들의 사당과 무덤은 가묘(家廟)와 묘(墓)라 하여 엄격하게 구분했다. 왕실 인물과 종친, 의빈, 공신, 문무대신 등은 예장(禮葬)의 절차를 거쳐 가묘(家廟)와 분묘(墳墓)를 만들었으며 그 규모는 종묘·왕릉과 큰 차이가 있었다.

조선 왕실에서 왕세자에 의한 왕위 승계가 정상적으로 이루어지면 위의 예법이 그대로 지켜졌을 것이지만, 여러 이유로 인해 다른 방법으로 왕위 승계가 이루어진 경우 새로 즉위한 국왕의 사친에 대한 예우 문제가 발생할 수밖에 없었다. 사친 추숭 과정에서 여러 어려움이 있더라도 다행히 사친을 국왕으로 추숭하게 되면 문제 될 것이 없었지만 그렇지 못한 경우도 있었다. 이런 경우에는 타인과 구별되는 지위를 부여할 필요가 있었고, 사당과 무덤 역시 왕실 자녀나 후궁들에 비해서도 분명한 차이를 드러낼 필요가 있었다.

국왕의 사친으로서 추숭의 대상이 된 인물들은 이미 예장된 인물들로서 그들의 사당과 무덤 역시 왕실 인물의 신분이 드러나도록 조성된 상태였다. 그러나 국왕의 그것과는 분명한 차이가 있었고, 예장한 1품의 관료들과 큰 차이가 나지 않았다. 사당의 경우 4대가 지나면 사가(私家)와 같이 조천(祧遷)하여야 했으며, 무덤 역시 예장 대상자들의 무덤과 차이가 나지 않았다. 그리하여 입후의 형식으로 즉위한 국왕들은 여러 방법으로 자신의 생부와 생모를 추숭하여 영원토록 제사를 올리고 무덤도 왕릉처럼 조성하고 싶어 했던 것이다.

궁원제는 그러한 생각에서 만들어진 제도인데, 그 출발은 인조와 경종이 중국 역사를 검토하여 각각 무덤과 사당을 격상하는 방법을 마련하면서 시작되었다. 인조는 중국의 '능원' 개념을 검토한 뒤 정원대원군의 무덤을 '원'으로 봉원했고, 경종은 '묘궁'의 용례를 분석하여 희빈의 사당을 '전'보다는 낮지만 '묘'보다 높은 '궁'으로 격상시켰다. 영조는 인조가 만든 '원' 개념과 경종이 생각해낸 '궁' 개념을 합쳐서 궁원제라는 새로운 제도를 마련했다. 영조의 생모는 후궁 출신임에도 두 글자 시호[和敬]를 올리고 사당을 육상궁으로, 무덤을 소령원으로 격상했다. 그리하여 궁원제는 종묘와 왕릉보다는 낮추되 일반적인 가묘와 묘보다 높은 위상으로 설정된 인물의 사당과 무덤의 제도가 되었다. 이는 조선이 독자적으로 만들어낸 제도로서 사친 추숭을 위해 상국(上國, 청나라)의 승인이 필요하지도 않았다.

영조는 궁원제의 적용 범위를 추숭한 국왕의 생모까지 확대시켰고, 정조는 왕세자였던 생부 사도세자에게 적용했다. 정조는 덕종 추숭의 전례에 따라 후일을 기약했을 것인데, 대리청정까지 했던 왕세자의 위계를 국왕 생모보다 앞에 두고 국가의 사전(祀典) 체제에 중사(中祀)로 편입시켰다. 영조와 정조에 의해 확립된 궁원제는 19세기를 거쳐 대한제국 시기까지 전범(典範)으로 기능했다. 1870년 고종 대에 일찍 죽은 세자와 세손의 무덤을 원으로 봉원하면서 사당을 묘(廟)로 남겨둔 것은 국왕 생모의 위상을 고려한 조치였다. 이는 사도세자를 예외로 두고 국왕 생모의 '궁원'이 일찍 죽은 세자·세손의 '묘원'보다 높은 위계라는 점을 보여준 것이라 할 수 있다.

효를 근간으로 하는 유교 국가에서 왕위를 승계한 국왕이 사친을 높이 예우하는 방법을 찾는 것은 인지상정이었다. 국왕이 자신의 사친을 추숭하기 위해 노력하는 것은 당연했으나 예법을 지켜야 하는 문제이기도 했기 때문에 실현되기까지는 많은 사례 검토와 시간이 필요했다. 궁원제가 성립된 것은 국왕이나 왕후로 추숭하기 힘든 조건의 국왕 생모들을 그에 걸맞게 예우하기 위한 예제적 타협의 결과이다.

이왕직의 이왕가 칠궁 관리와 운영

이왕무

1. 머리말

1960년 10월, 4·19가 발생한 지 6개월 만에 효자동 전차 종점이던 궁정동에 위치한 칠궁이 일반인에게 개방되었다. 칠궁이 1945년 8월 15일 해방된 지 15년 만에 일반인에게 공식적으로 공개된 것이다. 칠궁은 조선시대와 대한제국의 역대 제왕의 사친(私親)을 모시는 사당이 일곱이라는 의미에서 유래한 용어였다. 칠궁 내에 소재한 사당들은 동서로 남향을 했고 일자로 늘어서 있었다. 칠궁의 사당은 동쪽으로부터 영조의 후궁이며 진종의 생모인 정빈 이씨(靖嬪李氏)의 연호궁(延祜宮), 숙종의 후궁이며 영조의 생모인 숙빈 최씨(淑嬪崔氏)의 육상궁(毓祥宮), 고종의 후궁이며 영친왕(英親王)의 생모인 순헌귀비(純獻貴妃) 엄씨의 덕안궁(德安宮), 정조의 후궁이며 순조의 생모인 유빈 박씨(綏嬪朴氏)의 경우궁(景祐宮), 영조의 후궁이며 장조의 생모인 영빈 이씨(暎嬪李氏)의 선희궁(宣禧宮), 숙종의 후궁이며 경종의 생모인 옥산부대빈 장씨(玉山府大嬪張氏)의 대빈궁(大嬪宮), 선조의 후궁이며 원종의 생모인 인빈 김씨(仁嬪金氏)의 저경궁(儲慶宮) 등이 배치되어 있다는 점이 공개되었다.[1]

그런데 1968년의 북한 무장공비 침투사건인 1·21사태로 청와대의 대통령 경호 문제가 제기되어 인근 도로 확장이 결정되자, 이에 따라 칠궁의 정문 왼편 담장과 잣나무 80여 그루를 훼철하고 의친왕의 식솔 등이 거처

* 이 글은 이왕무, 「李王職의 七宮 관리와 운영」, 『장서각』 53, 2025를 수정·보완한 것이다.

1 『조선일보』, 1960년 8월 6일, 「15年만에 開放된 七宮」.

하던 행랑채까지 철거하게 되었다.[2] 의친왕의 정비인 김씨가 서거한 1964년 이후의 일이었다. 의친왕비 김씨는 이승만 정부의 홀대로 사동궁에서 쫓겨나 화양리 인근에 거처하다가 4·19 이후 칠궁의 정자인 냉천정(冷泉亭)에 거주했다.[3] 이는 칠궁이 1945년 해방 이전까지 제례 공간의 기능과 역할을 유지해 오다가 1950년대 냉전의 긴장 여파로 정지되었던 것을 보여준다. 2000년대 이후 조선 왕실 문화에 대한 관심 고조와 유네스코 문화유산의 등재, 학계 연구 성과의 축적 등에 따라 칠궁의 지위도 향상되어 냉전시대의 여파는 해소되었다.

한편 한국 현대사의 질곡 속에서 나타나는 칠궁의 변화 양상의 시기를 어떻게 정리해야 할 것인가라는 의문이 제기된다. 대체로 일제강점기에 조선 왕실의 전통이 해체되고 왜곡되었다고 보는 견해가 여전히 강해서 칠궁의 역사도 조선시대, 대한제국에서 현대로 전이되어 기억되는 경우가 왕왕 나타나고 있기 때문이다. 심지어 일제 통치 36년 동안 조선 왕실 문화는 정지되고 고유 기능을 상실했다고 단언하기도 한다. 이는 대한제국이 일본 제국주의 정부의 강압적 병합에 의해 국권을 상실한 이후의 상황에 대한 연구가 활성화되지 않았던 것의 소산이라고 사료된다.

이 점은 연구 주제의 명칭에서도 발견된다. 현재 서울의 궁정동에 위치하는 '칠궁'의 명칭은 1929년 덕안궁을 이전하면서부터 탄생했다. 그 이전까지는 '육궁(六宮)'이라고 칭했다. 사당이 6개만 존재했으므로 당연한 명칭이었다. 칠궁의 등장은 일제 식민지 시대에도 조선 왕실의 사당이 유지되고 확대 관리되었다는 것을 보여준다. 물론 대한제국기에도 칠궁이라는 용어는 있었다. 용동궁(龍洞宮), 어의궁(於義宮), 명례궁(明禮宮), 수진궁(壽進宮), 육상궁(毓祥宮), 경우궁(景祐宮), 선희궁(宣禧宮) 등을 칠궁이라고 했

2 『조선일보』, 1968년 2월 16일, 「七宮을 헌다」.

3 『경향신문』, 1961년 6월 13일, 「七宮으로 돌아온 金氏」, 1964년 1월 15일, 「七宮서 84歲一期로 斜陽王家 비극의 상징 義親王正妃 金修德씨 別世」.

다.[4] 본고에서 언급하는 칠궁은 일제강점기에 덕수궁 인근에 위치하던 덕안궁의 합사 이후 탄생한 공간을 의미한다. 따라서 칠궁의 연구는 시기별로 그 용어가 지니는 의미를 구분해야 오해의 소지가 없을 것이다.

일제강점기의 칠궁은 일본 황실의 왕공족(王公族)이던 이왕가(李王家)에 소속되어 있었다. 왕공족의 안위를 위해 설립된 기구인 이왕직(李王職)이 관리했다. 따라서 칠궁의 역사를 파악하기 위해서는 이왕직의 존재를 언급해야 한다. 이왕직의 실체를 파악하지 않은 상황에서 칠궁의 변화 양상을 명확히 이해하는 데에는 한계가 있다. 예컨대 조선 후기 사친 추숭과 육상궁의 변화를 논하면서 '조선시대 칠궁'이라고 언급한다면 이는 일제강점기 이왕가의 존재를 파악하지 못한 결과이다. 조선시대 사친 사당의 변화를 두고 말한다면, 적어도 육궁이라고 해야 한다. 특히 육궁의 등장이 가시화되는 것이 고종 대임을 감안하면 더욱 주의할 필요가 있다. 즉, 고종 재위 전반기인 1870년(고종 7)에 친진조천(親盡祧遷)의 제도를 준수하려는 의도에서 육상궁 안에 별묘(別廟)로 사친들의 사우를 봉안(奉安)하던 것에서부터 1929년에 덕안궁이 합사되며 칠궁이 되는 시기까지를 대한제국 황실 문화의 흐름 속에서 해석할 필요가 있다.[5]

그런데 최근에 장서각에서 이왕직 자료의 전수 조사인 '근현대구황실자료조사' 사업이 진행되어 기초적 연구의 토대를 구축하면서 그 실체에 접근하기 용이하게 되었으며, 관련 연구 성과도 축적되고 있다.[6] 다만 여

4 『일사칠궁제도급기타제궁연혁(一司七宮制度及其他諸宮沿革)』(한국학중앙연구원 장서각, K2-2036); 『동아일보』, 1928년 5월 7일, 「六宮과 德安宮 大院王廟參拜」; 『매일신보』, 1928년 5월 6일, 「오랫만에 殿下맛게된 丹靑식롭은 六宮」.

5 『고종실록』, 7년(1870) 1월 2일.

6 이왕무, 『일제 식민지기 이왕직 연구』, 다온, 2024; 이왕무 외, 『일제 강점기 이왕직 연구』, 한국학중앙연구원 출판부, 2021; 강태희, 「일제하 李王職 조직과 藏書閣」, 경기대학교 석사학위논문, 2021; 김명수, 「1915~1921년도 구황실(李王家) 재정의 구성과 그 성격에 관한 고찰」, 『장서각』 35, 2016; 신명호, 「『高宗純宗實錄』과 『孝明天皇紀』의 편찬배경과 편찬체제 비교」, 『장서각』 35, 2016; 신명호, 「일제강점기 이왕가(李王家) 재산의 구성과 관리」, 『인문사회과학연구』 16, 2015; 신명호, 「일제강점기 이왕가(李王家)의 세습재산」, 『인문사회과학연구』 18, 2017; 신명호, 「일제

전히 관련 자료의 체계적 정리가 미진하여 연구가 부진한 것이 아쉬운 부분이다. 이는 칠궁 연구에서도 마주하는 한계점이다. 논자의 주관적 견해에 따라 어느 한 시점, 주제 등에 국한하여 설명하는 것은 중층적이고 여럿이 뒤섞인 사연들을 적확하게 연계시키지 못하는 결과를 가져올 우려가 있다. 예컨대 칠궁의 구도가 조성된 계기인 덕안궁의 이전이 덕수궁의 축소 내지는 훼철 의도에서 진행된 것이라고 볼 수도 있다. 그러나 이는 영조가 사친을 추숭하기 위해 경복궁 인근에 설립한 육상궁의 위상에서부터 대한제국의 황실 의례에서 왕비로 추증하던 대상과 그 전통이 덕안궁의 합사에까지 이어졌다고 해석할 수도 있다.

이런 배경에서 칠궁은 일제강점기에도 이왕직에 의해 제례가 유지되고 왕공족들의 참배도 지속되었던 조선 왕실의 신성한 공간으로 기능했다고 사료된다. 물론 왕조시대처럼 국가 차원의 제례가 거행되던 곳이라고 평가하기는 어렵다. 다만 1919년 고종의 사후 덕수궁의 시설이 정리되고, 1926년 순종의 사후 이왕직 조직이 개편된 것과 동일하게 왕공족 관리 기구의 재편이라는 측면에서 해석할 수도 있다. 동경에 거주하는 영친왕이 순종의 서거 이후 '이왕(李王)'으로 책봉되면서 기존 왕공족 관리 담당 주체인 이왕직 조직을 재편하도록 했으며, 자신의 생모인 덕안궁(엄귀비)을

강점기 李王職의 문서관리」, 『역사와경계』 105, 2017; 이왕무, 「1917년 순종의 일본 행차[東上]에 나타난 행행의례 연구」, 『한국사학보』 57, 2016; 이왕무, 「1910년대 순종의 창덕궁 생활과 행행(行幸) 연구」, 『조선시대사학보』 69, 2014; 이왕무, 「대한제국 황실의 분해와 王公族의 탄생」, 『한국사학보』 64, 2016; 이왕무, 「1910년대 조선 왕실 의례에 대한 宮內省의 李王家 舊制 조사」, 『한국학논총』 48, 2017; 이왕무, 「19세기말 고종대 경복궁 중건 자료에 대한 일고찰: 宮內廳 서릉부 소장 『景福宮營建日記』를 중심으로」, 『한국사학보』 72, 2018; 이왕무, 「1917년 창덕궁 大造殿 화재와 李王職의 역할」, 『서울과역사』 105, 2020; 이왕무, 「일제 강점기 李王職 연구: 조직 구성의 배경과 운영을 중심으로」, 『동양고전연구』 82, 2021; 이왕무, 「일본 宮內省의 李王家 實錄의 편찬 추이」, 『한국독립운동사연구』 84, 2023; 이왕무, 「고종의 發靷 논의와 祔廟禮 설행 고찰」, 『민족문화연구』 31, 2024; 장신, 「일제하 이왕직(李王職)의 직제와 인사」, 『장서각』 35, 2016; 정욱재, 「日本宮內廳所藏 '公族實錄'의 편찬과 특징: 『李熹公實錄』·『李熹公實錄資料』·『李埈公實錄』·『李埈公實錄資料』를 중심으로」, 『한국사학보』 64, 2016; 정욱재, 「日本 宮內廳所藏 『李太王實錄』·『李太王實錄資料』의 체재와 특징」, 『한국사학보』 69, 2017.

육상궁에 합사(合祀)하여 그 위상을 높이고자 했다고 볼 수 있는 것이다. 이왕직에서 덕안궁을 육상궁에 합사하면서 기존 부지는 공매했는데, 강제로 어떠한 조정을 했다는 내용은 보이지 않는다.[7]

그러므로 칠궁은 왕공족과 이왕직의 존재 여부에 따라 그 운명이 좌우되던 제례 공간이라고 보아야 할 것이다. 무엇보다 조선 왕실(이왕가, 왕공족)의 위상이 유지되는 상황에서 기존의 제례 문화가 지속되면서 전통이 계승되었다. 따라서 칠궁의 실상은 이왕직의 조직과 운영을 통해 보아야 파악이 가능하다. 물론 현재 이왕직이 생산하고 접수한 전적들이 다수 전해지기는 하지만, 그중에서 칠궁에 직접 연관된 사료는 미진한 실정이다. 특히 칠궁의 조직 변화 양상을 체계적이면서 구조적으로 표현하는 것은 사실상 사료의 한계로 인해 불가능한 실정이다. 다만 이왕직 조직 체계와 직원 인사 이동, 왕공족의 참배 등에 관련된 사료를 통해 운영 실태의 단면을 조망할 수는 있다. 이에 본고에서는 왕공족과 이왕직이 주재한 칠궁의 사례를 중심으로 관리 운영의 실태를 살펴보아, 칠궁의 유래와 성격을 규명하는 동시에 일제강점기 조선 왕실 문화의 일면을 조명하고자 했다.

2. 이왕직의 이왕가 궁묘(宮廟) 관리 인원

1920년대의 칠궁(七宮)은 본래 육궁(六宮)이었다. 영친왕의 사친(私親) 순헌귀비의 사당인 덕안궁이 합사되기 이전에는 대한제국기까지 숙빈 최씨

7 『동아일보』, 1929년 6월 23일, 「德安宮터 放賣 李王職에서」; 『경성일보』, 1930년 6월 13일, 「地ならし工事の德安宮跡」.

의 육상궁에 합사되었던 사친들의 사당들을 합한 6개를 이왕직에서 관리하며 육궁이라고 했던 것이다. 육궁에서 칠궁으로 명칭이 변경된 것은 단순한 사당의 합사가 아닌 위상의 변화를 유발하는 계기이기도 했다.[8] 1926년 순종의 서거 이후 '이왕(李王)'으로 책봉된 영친왕의 사친이 덕안궁이었기 때문이다. 영친왕의 덕안궁 행차 빈도가 증가하면서 동시에 칠궁의 위상도 주목받은 것이 배경이다. 예컨대 영친왕이 동경의 거처를 떠나 경성에 오면 종묘와 능원묘에 전알했는데, 그 도중에 칠궁에도 반드시 행차하여 전배했다. 물론 이방자여왕과 함께 의식을 거행했다.[9] 영친왕의 생모가 덕안궁 순헌귀비라는 것을 고려하여 우선적으로 참배하고 관리했던 것이다.[10] 1963년 11월 11일 영친왕이 일본에서 고국으로 영구 귀국하면서 거론된 거처로 모친인 덕안궁이 있는 칠궁이 언급된 것도 그 영향이었다.[11]

이와 같은 1920년대 이왕가의 칠궁 행차와 참배를 관리하고 진행한 것이 이왕직이었다. 이왕직은 일본 제국의 궁내성 대신의 관리하에 있으면서 왕족과 공족의 가무(家務)를 관장하던 기구였다.[12] 1910년 일제가 대한제국을 강제로 병합하고 대한제국의 황실 구성원들을 왕공족으로 재편하면서 이왕직을 조직했다. 1910년 12월 30일에 황실령 제34호로 조선의 왕공족을 관리할 이왕직 관제를 공포했다. 이왕직 관제는 전체 14조로 이왕직의 직제 구분 및 인원 배정이 주요한 내용이었다. 이왕직 직제의 제1조에 '이왕직은 궁내성 궁내대신의 관리에 속하여 왕족 및 공족의 가무를 관장한다'라고 하여 이왕직이 일본 황실 부속기관인 궁내성의 지시를

8 한국학중앙연구원 장서각, 『장서각소장 고문서대관 5』, 한국학중앙연구원 출판부, 2014, 130쪽, '昭和十年「七宮正堂備品及廳用雜品調査一表」'.

9 『동아일보』, 1960년 10월 30일, 「李王同妃兩殿下 今日宗廟展謁」.

10 『조선일보』, 1938년 4월 22일, 「李王同妃兩殿下 兩公家御訪問」.

11 『경향신문』, 1962년 6월 22일, 「흘러간 王冠 落照의 李王家後裔」.

12 내각관보국, 『직원록』, 인쇄국, 1911, 95~97쪽.

받으면서 조선 왕공족의 생활을 관리하기 위해 설치되었음을 공표했다.[13]

당시 궁내성에서 규정하고 운영했던 황실 전범의 권위가 주요한 배경이었다. 일본의 천황가인 황실의 문화적 전통은 메이지 유신 이후에 정치적 고려에 따라 창출된 권위였으므로 의례적 행사와 절차는 절대적 존재였다.[14] 식민지 조선의 이왕가도 엄연한 궁내성 소속의 왕공족이었으므로, 그에 합당한 예우와 대우를 받았다. 그러므로 이왕가의 안위를 위해 설치된 이왕직의 직무가 일본 궁내성의 지시를 받았던 것은 당연한 일이었다. 이처럼 궁내성과 연계되어 이왕직의 위상 및 권한이 보장받게 되는 반사효과도 있는 것이다.

1910년대 이왕직 구성은 1911년 9월 1일을 기준으로 작성된 이왕직 서무계 인사실의 규정에 의거했다.[15] 당시의 이왕직 조직에서 주요 보직을 중심으로 배치 인원을 보면, 장관 1명, 차관 1명, 사무관 36명, 찬시(贊侍) 12명, 전사(典祀) 8명, 전의(典醫) 6명, 기사(技師) 3명, 속(屬) 90명, 전사보(典祀補) 25명, 전의보(典醫補) 7명, 기수(技手) 9명 등의 11개 직무 인력으로 구성되었다. 이들은 궁내성 소속의 왕공족을 보조하는 지위였으므로 일본 제국의 관료로서는 고위직에 해당되는 직무가 많았다. 장관과 차관은 칙임관, 사무관·찬시·전사·전의·기사는 주임관, 속·전사보·전의보·기수는 판임관이었다. 사무관 중에 3명, 찬시 중에 2명은 칙임관이었다. 이외에 능원묘를 관리하는 참봉 75명은 판임관 대우의 등외(等外) 궁내성 직원으로 공식 임명되었다.[16] 칠궁과 같이 전례(典禮)를 담당하는 곳에는 전사와 전사보가 배치되었다.

이왕직의 장관은 전체 사무를 총괄하면서 지휘하고 감독했다. 사무관

13 궁내청 서릉부 공문서관, 13043, 『皇室令録』.

14 田中彰 편, 『近代日本の軌跡1, 明治維新』, 吉川弘文館, 1994, 181~198쪽.

15 李王職庶務係 人事室, 『李王職職員錄』, 明治四十四年九月.

16 『李王職職員錄』, 1~3쪽; 내각관보국, 『직원록』 인쇄국, 1911, 95쪽.

은 서무, 찬시는 순종과 고종의 근시, 전사는 제사 및 분영에 관한 사무, 전의는 진후조약(診候調藥) 및 위생, 기사는 건축, 토목 및 원예에 관한 기술, 속은 서무, 전사보는 제사, 전의보는 치료, 기수는 건축, 토목 및 원예의 기술 등을 분장했다. 이외에 고종이 거처하는 덕수궁에 사무관 7명, 찬시 3명, 전의 2명, 속 및 전의보를 두었고, 동경에 거주하던 영친왕에게 사무관, 찬시, 전의 각 1명과 속 및 전의보를, 의친왕 등의 공족에게 사무관 각 2명과 속을 두도록 했다. 1910년대 초기 이왕직의 사무 구성은 고종부터 의친왕까지 대한제국기 황족을 관리하던 구조의 계승이라고 해석할 수 있다.[17] 실제로 1911년 이왕직 관제를 시행하면서 전 궁내부 각 부국(部局)의 취급 사무를 인계받은 것에서도 이것이 확인된다.[18]

대한제국 말기의 궁내부 직원은 대신관방(大臣官房)을 중심으로 11개 부서에 소속되어 있었다. 그 11개 부서는 시종원(侍從院), 장예원(掌禮院), 승령부(承寧府), 황후궁(皇后宮), 동궁(東宮), 규장각(奎章閣), 내장원(內藏院), 전선사(典膳司), 주전원(主殿院), 제실회계감사원(帝室會計監査院), 종친가직(宗親家職) 등이다. 대신관방은 인사, 서무, 조사, 주마(主馬) 등의 4과에 주임관과 판임관 등이 있었다. 시종원에는 친임관인 경(卿), 칙임관과 주임관인 시종, 칙임관인 전의장(典醫長), 주임관인 전의 등이, 승령부에는 친임관인 총관(總管), 칙임관인 시종장, 주임관인 시종, 판임관인 주사 등이 있었다. 황후궁과 동궁에는 칙임관인 대부(大夫), 판임관인 주사 등이, 규장각에는 칙임관인 대제학과 제학, 주임관인 직각, 판임관인 주사 등이 있었다. 내장원에는 칙임관인 경, 주임관인 이사(理事), 칙임관 또는 주임관인 기사(技師), 판임관인 기수(技手) 등이, 전선사에는 칙임관 또는 주임관인 사장(司長), 주임관 장선(掌膳), 판임관인 주사 등이, 주전원에는 칙임관인 경, 주임관인

17 『宮內府及所屬官廳』, 1910(한국학중앙연구원 중앙도서관, J350.9내1272).

18 『순종실록부록』, 4년(1911) 2월 1일(양력), "李王職官制, 自本日施行. 前宮內府各部局取扱事務, 引繼於李王職各係."

이사, 판임관인 주사, 주임관 및 판임관인 전무기사(電務技師) 등이 있었다. 제실회계감사원에는 칙임관인 경, 주임관인 이사, 주임관인 감사관, 판임관인 주사 등이 있었다. 종친가직에는 궁내부 칙임관이 겸임하는 총판칙임(總辦勅任) 등이 있었다.[19]

한편 이왕직 직원이 임명되면서 동시에 관제도 시행되었다. 이때부터 이왕직이 공식적으로 당시까지 왕공족의 사무를 담당하던 대한제국기 궁내부 각 부국(部局)의 취급 사무를 인계받았다. 2월 1일 공표되어 바로 시행된 이왕직 사무 분장 규정은 모두 9개 조이다. 이 9개 조항의 내용은 이왕직의 주요 직제인 5개 계의 임무 분장으로 왕공족의 관리 체계를 알 수 있다. 9개 조항을 정리하면 다음과 같다.

제1조

이왕직에 서무계, 회계계, 장시계, 장사계, 장원계를 둔다.

제2조

서무계는 증답, 보첩·사장(詞章)·고인(古印)·부책류(簿冊類)의 보관, 관인 및 직인의 관수, 궁궐 규칙 및 기타 중요한 공문서의 기초 및 심사, 공문서류의 접수·발송·편찬·보관 및 통계 보고, 도서의 보관·출납 및 종람, 직원의 진퇴와 신분 등에 관한 사항을 관장한다.

제3조

회계계는 출납 및 용도, 재산, 영선, 궁제(宮第)·정원·창덕궁 내 청사와 그 부속물 관수 등에 관한 사항을 관장한다.

제4조

장시계는 순종(창덕궁)의 신변, 의식이나 빈객 접대 및 거마 사용, 순종의 진후와 조약 및 위생, 창덕궁 내인과 공선(供繕) 및 향연 등에 관한 사항

19 『宮內府及所屬官廳』, 1910(한국학중앙연구원 중앙도서관, J350.9내1272).

을 관장한다.

제5조

장사계는 제사, 묘전궁(廟殿宮) 및 분영(墳塋)의 관수, 아악(雅樂)에 관한 사항을 관장한다.

제6조

장원계는 박물관, 동물원, 식물원에 관한 사항을 관장한다.

제7조

이태왕부(李太王附)의 직원은 고종(덕수궁)의 신변, 진후와 조약 및 위생, 덕수궁의 서무 회계, 석조전과 돈덕전을 제외한 궁제 및 청사와 그 부속물의 관수 등에 관한 사항을 관장한다.

제8조

왕세자부 직원은 영친왕[창덕궁 약궁(若宮)]의 신변, 진후와 조약 및 위생, 서무 회계에 관한 사항 등을 관장한다.

제9조

공족부(公族附) 직원은 각 공족 집안의 서무 회계를 관장한다.[20]

위의 9개 조항을 보면, 이왕직은 4개의 조직이 기본 구조였음을 알 수 있다. 또한 순종의 창덕궁, 고종의 덕수궁, 창덕궁의 왕세자, 이강공 등으로 왕공족을 나누어 관리했음을 알 수 있다. 특히 고종과 순종의 일상을 유지하면서 조선 왕실의 전래되던 의례와 행사를 진행했다. 고종과 순종이 서거하면서 이왕직의 부서가 축소되고 직원이 해고된 것에서도 이왕직의 존재가 고종과 순종에 대한 관리가 주요 목적이었음을 알 수 있다.

20 『순종실록부록』, 4년(1911) 2월 1일; 이왕직서무계인사실(李王職庶務係人事室), 『이왕직직원록(李王職職員錄)』, 1911.

이왕직 사무 규정에서 칠궁과 직계되는 조항이 제5조이다. 5조의 장사계가 칠궁을 관리하던 조직으로 사무와 제사 등에 이르는 직무를 담당했다. 이왕직이 대한제국기 궁내부의 조직 및 인원을 대부분 수용했으므로 그들의 직무도 지속해서 승계했음을 알 수 있다. 따라서 칠궁의 관리 운영 인원 및 직무도 유지되었다고 판단된다. 즉 칠궁이 육궁으로 구성되었을 초기에는 이왕직의 장사계에 소속되어 있었다.

1911년 당시 이왕직의 전체 인원은 366명이며, 겸직 인원 10명을 합하면 376명이다. 366명에서 한국인은 286명, 일본인은 80명이다. 이왕직의 10개 직무별 한국인과 일본인 직원의 구성비를 보면, 사무관 22:14, 전의 5:1, 속 57:33, 보 27:1, 고 11:29 등이다. 한국인으로만 구성된 곳은 찬시, 전사, 무관, 참봉 등의 4개 직무이다. 일본인만의 직무는 기사였다. 전의와 보는 한국인 구성비가 90% 이상이고, 사무관, 속, 고 등은 30~40% 정도이다. 이왕직 전체 인원 대비 3분의 1 이상을 차지하는 참봉 132명은 전원 한국인이다. 1911년의 이왕직 인원에서 일본인은 30% 미만이며, 사무관, 속, 고 등의 직무를 담당하고 있다. 물론 주요 보직의 중요도를 고려해야 한국인에 대비하여 이왕직에서 차지했던 일본인들의 위상을 파악할 수 있을 것이다.[21]

특히 대한제국 궁내부 직원 472명에서 264명이 이왕직 직원으로 연임되었다. 한국인은 239명, 일본인은 25명이다. 이왕직 신규 직원은 102명으로 한국인 47명, 일본인 55명이다. 따라서 1911년의 이왕직 직원 및 기구는 대한제국 궁내부 체제를 근간으로 편제되었다고 판단된다.[22] 이왕직의 조직이 대한제국 궁내부 직원들을 대부분 수용했다는 것은 능원묘를 관리하던 전사와 참봉이 일본 궁내성의 황실령에 따라 그 직을 계승하게

21 『순종실록부록』, 4년(1911) 2월 1일(양력); 이왕직 서무계 인사실, 『이왕직직원록』, 명치 44년 9월.

22 이왕무, 『일제 식민지기 이왕직 연구』, 다른출판, 2024, 119~120쪽.

된 것에서 확인할 수 있다. 다만 이왕직의 창설 초기이므로 새로운 직무에 필요한 직책의 임명과 해촉이 지속되었다. 예컨대 이왕직에서 관리한 왕실의 능원 중에는 삼국시대부터 전해지던 각 왕조들의 시조 능이 포함되어 있었다. 시조 능은 6곳으로 매년 봄가을 두 차례 전폐공선(奠幣供饌)의 예로서 향사를 거행했다. 각 시조 능에도 참봉 각 1명을 두었으며, 각 성씨의 후예를 등용했다.[23] 다음의 〈표 1〉은 이왕직의 칠궁 관련 조직과 인원을 1910년대부터 대략 5년 주기로 정리한 것이다.

〈표 1〉에서 이왕직의 칠궁 조직은 1929년 이후에 등장한다. 실제로 칠궁의 초기에 배치된 인원은 덕안궁의 합사 직후 조정되었다. 이왕직 예식과 소속의 전사 1명, 전사보 2명, 수복 5명, 사정 7명 등이 배치되었다.[24] 칠궁의 관리 인원을 육궁까지 합해보면, 연도별로 대략 이성묵(李聖默), 이원승(李源昇), 유해종(劉海鐘), 박순회(朴淳會), 정인교(鄭演敎) 등의 5명이 연속적으로 나타나고 있다. 특히 유해종은 1921년에 전사보로 다소 직책이 낮아졌지만 전사로서 1910년대부터 1940년까지 칠궁의 관리를 담당한 인물이다. 도중에 의원면직됐다가 재차 등용되지만, 대체로 30여 년간 근무했다고 볼 수 있다. 그는 1914년에 이왕직 직원들과 동경에서 개최된 대정박람회의 시찰단에 소속되어 파견되기도 했다.[25] 칠궁 소속의 전사는 육궁 시기에는 2명이었는데 1929년부터 3명으로 증원되었다가 1940년대 전후로 다시 2명으로 감원되는 양상으로 다소 유동적이었다. 전사보는 대개 1명이다. 다만 1930년에는 전사 1명에 전사보가 2명이다.[26] 전사보로 1929년까지 등장하는 정인환은 유해종과 육궁 시기부터 지속해서 근무했다. 정인환은 1934년에 전사로 근무하다가 1937년부터 종묘로 소속을

23 『삼천리』 제10권 제5호, 1938년 5월 1일.

24 이왕무(2024), 앞의 책, 409~415쪽, 「昭和十年 七宮正堂備品及廳用雜品調査一表」.

25 『순종실록부록』, 7년(1914) 3월 3일(양력).

26 宮内大臣官房秘書課, 『宮内省職員録』, 昭和 5年 5月 1日.

표 1 이왕직의 제례 관련 직책과 인원

	1911①	1921②	1926③	1929④	1934⑤	1937⑥	1939⑦	1940⑧
전사	張浩鎭, 李載德, 鄭萬朝, 閔達植, 尹始鏞, 申圭善, 劉海鍾, 李康周	韓相鶴(사무관), 鄭萬朝, 尹世鏞, 李聖默, 申圭善	李喬永, 李聖默, 劉海鐘, 池尻萬壽夫	李聖默, 李源昇, 劉海鐘(六宮), 山本登喜太郎(속), 林光勛(예식과), 李載榮(예식과)	劉海鐘, 朴淳會, 鄭寅煥, 三原英彦, 李鐘龍	劉海鐘, 朴淳會(七宮), 三原英彦, 李鍾龍, 鄭寅煥(종묘), 齋藤治郎	劉海鐘, 鄭演敎(七宮), 齋藤治郎, 片淵梅次郎, 金忠鎭, 李定九(종묘)	劉海鐘, 鄭演敎(七宮), 片淵梅次郎(屬), 金忠鎭, 李定九(종묘)
전사보	李昌善, 金永來, 康台鉉, 鄭寅煥, 趙漢杰, 崔炳日, 崔鍾烈, 李驥新, 崔南炯, 崔秉冑, 金洪植, 李晦秀, 尹起東, 金龍圭, 柳基聲, 張世昊, 李載榮, 李瓚在, 李麟在, 元升喜, 崔錫麟, 金益東, 洪承慶, 洪淳翼, 郭漢鳳	金龍圭, 柳基聲, 康台鉉, 劉海鍾, 李康老, 鄭寅煥, 李載榮, 李瓚在, 李麟在, 金命圭, 韓敏澤, 洪性斗, 李晦秀, 李弘默, 趙天熙, 劉時爀, 李應駿	林光勛(예식과), 李載榮(예식과), 鄭演煥(六宮), 李晦秀(종묘), 李定九, 金滐喆(예식과), 金鎭奉(선원전, 영흥본궁), 南重燮(경기전, 조경묘), 鄭樂鵬(예식과), 高義正(예식과), 金禎鑽(德安宮), 金容冕(종묘), 李敬烈(함흥본궁), 鄭雲德(懿孝殿), 李丙熙(예식과)	鄭演煥(六宮), 金鎭奉(선원전, 영흥본궁), 南重燮(경기전, 조경묘), 金容冕(종묘), 李定九, 鄭樂鵬(예식과), 高義正(六宮), 韓相義(예식과, 덕안궁), 金禎鑽(德安宮), 李敬烈(함흥본궁), 鄭雲德(懿孝殿), 李仁榮(영휘원, 숭휘원), 李玄九(종묘), 尹章燮(종묘), 李丙熙(예식과 속)	李定九(예식과), 金駿善(예식과), 金鎭泰(예식과, 경기, 전조경묘), 金用漢(예식과), 李秉浩(예식과), 李鍾鳳(예식과, 함흥본궁), 韓相義(예식과, 겸주전과), 李載瓚(예식과, 濬源殿, 영흥본궁), 李仁榮(예식과), 李玄九(예식과, 종묘), 尹章燮(예식과, 종묘), 李丙烈(예식과, 종묘), 金忠鎭(예식과), 成樂緖(예식과), 李丙熙(예식과)	李定九(예식과, 칠궁), 金駿善(예식과), 李鍾鳳(예식과, 함흥본궁), 嚴英燮(예식과, 준원전, 영흥본궁), 李光壽(예식과), 朴勝觀(예식과, 종묘), 張龍伊(예식과), 李仁榮(예식과, 七宮), 金容冕(예식과, 종묘), 尹章燮(예식과, 종묘), 李丙烈(예식과), 高應漢(예식과, 조경묘, 경기전), 任基鎬(예식과), 金忠鎭(예식과 屬), 成樂緖(예식과 屬), 李丙熙(예식과 屬)	李佑植(예식과, 종묘), 金駿善(예식과), 李鍾鳳(예식과, 함흥본궁), 嚴英燮(예식과, 준원전, 영흥본궁), 李光壽(예식과), 張龍伊(예식과), 朴勝觀(예식과, 七宮), 李仁榮(七宮), 尹章燮(예식과, 종묘), 李丙烈(예식과), 鄭霽德(예식과), 高應漢(예식과, 조경묘, 경기전), 任基鎬(예식과), 成樂緖(예식과), 李丙熙(예식과)	李佑植(예식과, 종묘), 金駿善(예식과), 李鍾鳳(예식과, 함흥본궁), 嚴英燮(예식과, 준원전, 영흥본궁), 國本光壽(예식과), 張龍伊(예식과), 朴勝觀(예식과, 七宮), 李仁榮(七宮), 尹章燮(예식과, 종묘), 李丙烈(예식과), 鄭雲德(예식과, 조경전, 경기전), 高應漢(예식과, 종묘), 任基鎬(예식과), 成樂緖(속, 예식과), 李丙熙(속, 예식과)

① 內閣官報局, 『職員録』, 明治 44年 5月 1日.
② 宮内大臣官房秘書課, 『宮内省職員録』, 大正 10年 1月 1日.
③ 宮内大臣官房秘書課, 『宮内省職員録』, 大正 15年 1月 1日.
④ 宮内大臣官房秘書課, 『宮内省職員録』, 昭和 4年 1月 1日.
⑤ 宮内大臣官房秘書課, 『宮内省職員録』, 昭和 9年 1月 1日.
⑥ 宮内大臣官房秘書課, 『宮内省職員録』, 昭和 12年 1月 1日.
⑦ 宮内大臣官房秘書課, 『宮内省職員録』, 昭和 14年 1月 1日.
⑧ 宮内大臣官房秘書課, 『宮内省職員録』, 昭和 15年 1月 1日.

변경했다. 정인환의 경우처럼 전사보에서 전사로 승진하는 경우가 일반적인지는 알 수 없으나, 영휘원과 숭휘원을 담당하다가 칠궁으로 이전한 이인영처럼 이왕직 내에서 부서 이동이 가능했음을 추정할 수 있다. 인물의 배정과 직무 변경은 공적·사적 연유가 있을 것이므로, 추후 연구를 통해 보충할 사항이라고 사료된다. 그러므로 〈표 1〉에 정리한 내용에서 소속 부서가 없는 경우는 원사료에 표식이 없기 때문에 공란으로 두었다. 다만 인물과 직책의 변화가 이왕직 관제의 변화에 연동된 것이 아닌가라고 추정할 따름이다.

예컨대 1911년 정착된 이왕직 관제는 1915년 본직직원사무분장규정(本職職員事務分掌規程)이 개정되면서 이왕직의 임무와 활동에 변화를 가져왔다. 4월 1일부터 시행된 이왕직 사무 분장 규정은 모두 11조로 기존의 5계였던 이왕직 기구를 1사 6과로 개편하여 사무를 분장한 것이다.[27] 1911년 제정된 이왕직 사무 분장 규정과 비교하면, 서무계·회계계·장시계·장사계·장원계의 5계 체제에서 장시계가 1사로 승급되고 서무계와 회계계, 장원계가 과체제로 바뀌었으며, 주전과·제사과·농사과의 3과가 추가되어 1사 6과 체제로 전환되었다. 1916년 6월에 황실령 제1호로 이왕직관제중개정건(李王職官制中改正件)이 공포되었다. 이왕직 관제에서 제4조 차관은 1인을 칙임관으로 하되 장관을 보좌하여 사무를 정리하고 장관이 사고가 있을 때에는 그 직무를 대리하는 것이며, 제5조 가운데 22인을 17인으로, 제6조 가운데 12인을 10인으로, 제9조 가운데 2인을 1인으로 줄이며, 제14조 이왕직에 장시사(掌侍司)를 설치하고, 찬시 5인, 전의 2인, 속 및 전의보를 나누어 분속하게 하며, 장시사에 장시사장을 설치하여 찬시로 보충할 것이며, 장시사장은 상관의 명령을 받들어 순종의 신변 및 그 전의에 관한 사무를 맡아 처리하고, 제15조 고종에게는 사무관 3인,

27 『순종실록부록』, 8년(1915) 3월 24일(양력).

찬시 4인, 전의 2인 및 전의보를 두며, 왕세자에게는 사무관, 찬시, 전의 각 1인, 속 및 전의보를 두고, 공족에게는 사무관 각 1인을 분속하게 하는 내용 등이었다.[28]

이와 동시에 이왕직의 사무 분장 규정도 개정되었다. 개정안은 12개조로 기존 관제에서 제1조를 1사 7과로 이왕직을 개편하여 장시사 산하에 서무과, 회계과, 주전과, 제사과, 의식과, 농사과, 장원과(掌苑課)의 7과를 두며, 제2조 장시사는 순종의 근측(近側), 진후조약(診候調藥), 공선(供膳), 창덕궁 내인, 왕가보첩(王家譜牒)과 사장(詞章)·고인(古印) 등에 관한 사항을 관장하고, 제5조에 위생에 관한 사항을 부가하고, 제6조 의식과에는 의식, 빈객의 접대와 향연에 관한 사항을 관장하는 것 등이었다.[29] 1916년도 개편의 주요 내용은 1사 6과 체제가 1사 7과로 바뀌면서 의식과가 추가된 것이다. 의식과는 장시사에서 담당하던 빈객 접대와 향연 등을 관장했다. 장시사의 업무가 증가하여 의식과를 새로 만들어 11개 조항의 관제가 12개로 증가한 것이다. 다만 이러한 직제의 변화 와중에 직무에서 배제되거나 면직당하는 칠궁의 인원들이 이에 반발해 수용하지 않은 사례가 있던 것으로 보아 다소 독자적인 기구로서의 활동이 있었을 것으로 추정된다. 그렇지 않다면 행정 조치를 무시하고 수용하지 않는 현상이 나타나기 어렵다. 실제로 당시 면직된 인물들은 경찰의 조사에도 불응할 정도로 강하게 저항했다.[30]

아무튼 위와 같은 배경에서 이왕직 관제의 개편이 칠궁의 직무와 인원의 변화를 유발했다고 판단된다. 동시에 왕공족의 생몰 내지는 지위 양상에 따라서도 변화가 나타났다. 고종과 순종의 서거에 따라 궁궐에 근무하던 상궁과 내인 등의 이왕직 직원들이 축소되거나 퇴직하던 사례에서 이

28 『순종실록부록』, 9년(1916) 6월 3일.

29 『순종실록부록』, 9년(1916) 6월 10일.

30 『매일신보』 1924년 5월 28일, 「육상궁 使丁이 면직당하고 반항」.

를 알 수 있다. 칠궁과 관련해서는 영친왕의 생모인 순헌귀비의 존재 여부에 따라 유사 현상이 나타난다. 덕안궁이 육궁에 합사되면서 칠궁이 등장했기 때문이다.

3. 덕안궁의 합사와 칠궁의 운영

1911년 7월 20일 오전 3시에 덕수궁의 즉조당에서 엄귀비가 장티푸스로 서거했다.[31] 이왕직에서는 장관 민병석이 순종에게 엄귀비의 시호는 순

31 당시 이왕직에서 보고한 엄귀비의 병증일기를 보면 다음과 같다.
메이지 44년(1911) 7월 20일(궁내청 서릉부 공문서관, 『李太王實錄資料』 제1책, 王族及公族ニ關スル書類), "병명: 부전장질부사, 경선궁, 58년
기왕의 증세는 천성적으로 강장(强壯)하지 못함. 이전 기록에 의하면 질환을 앓은 적이 있음. 일찍이 류마티스를 앓은 적이 있음. 일주일 전부터 식욕부진[食思欠損]과 사지권태(四支倦怠)를 느끼고 위부팽만, 구기(嘔氣), 두통, 발열이 있음. 즉시 전의(典醫)의 치료를 받았지만, 시간이 흘러 45일 경과함.
현 증세. 7월 15일 오후 3시 초진
환자의 체격과 영양이 모두 양호하고 지방이 풍부하며, 안모(顔貌)는 초췌하고 일종 고뇌 상태임. 혀는 오예색(汚穢色)의 태(苔)가 있음. 혀는 완전히 말라 내밀지 못하며 약간의 떨림(振顫)이 있음. 흉복부는 온윤(溫潤)하고 발진(發疹)을 발견함. 복부는 일반적으로 팽만하고 오른쪽 엉덩이뼈를 눌러서 진단할 때 약간의 뇌명(雷鳴)이 있음. 지각과민을 발견함. 폐종을 검사할 때 의문의 맥박은 강실(强實)하여 102까지 이르는 것으로 측정되며, 체온 39도, 5분 호흡 30회로 흉부학적 진단에서 병변을 발견함. 어젯밤부터 온전히 안정[安眠]을 취하지 못하고 밤중에 연변(軟便) 한 줄과 구갈(口渴)과 구기(嘔氣)가 있음.
16일. 어제부터 대변이 세 줄로 나왔고 복부팽만이 감소하여 오른쪽 엉덩이뼈의 지각과민 현상도 줄어들었지만, 구기(嘔氣)는 아직 사라지지 않았음. 맥박은 106에 이르고, 체온은 38° 7″인데, 어제에 비해서는 일반 증세가 좋아짐.
17일. 어젯밤 몽롱한 상태로[半睡半醒] 충분한 휴식을 취함. 혀는 전날과 같이 설태가 있음. 복부팽만과 구기(嘔氣)는 그쳤으나 입에 갈증이 있음. 오른쪽 엉덩이뼈의 누르는 통증은 없고 비종(脾腫)은 불명임. 맥박은 점점 힘이 없어져 110에 이를 것이라고 생각됨. 흉부를 두들기고 청진(聽診)하여 모두 이상을 확인함. 변통(便通)은 없고 정신 상태는 북돋우고 있음. 쇠약이 두드러지게 증가함.
18일. 어젯밤 조금이라도 휴식을 취함. 때때로 남남(喃喃)한 헛소리가 있음. 맥박, 체온, 호흡의 현저한 변화는 없고 식기(食機)는 두드러지게 결손이 있어 부드럽고 편한 것으로 일행(一

헌(純獻), 궁호(宮號)는 덕안(德安), 원호(園號)는 영휘(永徽)로 보고했다.[32] 덕수궁의 영복당이 혼궁으로 되어 덕안궁(德安宮)으로 불렀다. 1913년 경선궁 부지에 새롭게 궁을 조성하여 이건했다.[33] 덕안궁 엄귀비의 상장례는 이왕직이 전담하여 진행했다. 이왕직 장관은 이왕가의 종친 및 귀족과 전례를 근거로 습염(襲斂), 성빈(成殯), 성복전(成服奠), 원소(園所) 등에 대한 절차와 선정을 결정했다. 예컨대 이왕직에서 파견한 빈소의 주무(主務)·조무(助務) 제원 등이 덕수궁에 회동하여 상사계(喪事係)의 사무 분장 내규를 다음과 같이 의정했다.

① 상사계에 관련되는 사무소를 덕수궁 안에 설치하고 예장소(禮葬所)라고 칭한다.

② 모든 장례 사무는 충분한 기간으로 다하여 유감이 없도록 한다.

③ 신구 의식을 참작하여 합당하게 처리한다.

④ 번거로운 장식과 예식은 생략하도록 하고 장례를 도모함에 신속히 집행한다.

⑤ 장례에 관계되는 일은 이왕직 장관과 차관이 주관하고 그 지휘하에 당직 해당 관리가 집행한다. 단 구식에 관계되는 사무는 경험이 있는 사람에게 위촉하며, 또 고용할 수 있다.

行)함.
19일. 안모(顔貌)는 초췌하고 무욕 상태를 보임. 혀는 건조하고 흑태가 있음. 맥(脈)은 힘이 없고 120에 이름. 흉부는 아프고 답답함을 호소함에 언어의 응답은 명료하게 울림. 심계(心悸)가 한 번 울려 심장 소리로는 이상을 확인함.
야반(夜半) 12시경부터 흉부가 자못 아프고 답답하고 식은땀이 있음. 호흡은 거칠고 맥박은 미약했는데, 손에는 반응이 있음. 체온은 41도에 올라 위독한 증상을 보임.
20일 오전 3시 갑자기 허탈한 증상이 옴. 종종 응급조치를 시행하는 것도 약효를 발휘할 수 있음. 끝내 심장마비에 빠져 정오에 서거함.
약을 올리는 것 및 간호에 관해서는 아래에 작성한 한의(漢醫) 및 양의(洋醫)가 협의하여 처리함."

32 『순종실록부록』, 4년(1911) 7월 27일.

33 『창덕궁 종묘 선원전 덕수궁 칠궁 연혁개요』 칠궁 총설(한국학중앙연구원 장서각, 古332).

⑥ 장례일은 장관과 차관에게 자문을 하고 고문 6인을 둔다.[34]

이왕직이 왕공족의 상장례를 담당하는 것은 직무 규정에 따라 소관 업무를 수행한 것이다. 규정 ⑤항의 이왕직 장관과 차관이 장례를 주관하고 해당 직원들이 절차를 집행한다는 것이 주요 근거이다. 또한 대한제국 궁내부의 인원들이 대부분 이왕직 직원으로 전환되었으므로, 그들이 전례에 따라 상장례를 수행하는 것은 별 문제가 되지 않았다.[35] 동시에 이왕직에서는 사무관 유찬(劉燦), 속(屬) 미야자키 다다오키(宮崎忠與)·신현주(申鉉周)·김명규(金命圭)·하재운(河在運)에게 경선궁유산청산위원(慶善宮遺産清算委員)의 사무를 분장하도록 했다.[36] 1914년 순헌귀비의 삼년상이 되던 시기에는 경선궁의 유산을 이왕직 장관이 대표자로서 승계했다.[37] 이왕직 장관이 경선궁의 유산을 주재하게 되면서 덕안궁의 합사도 이왕직이 주관하게 되었다고 판단된다.

물론 순헌귀비의 상장례 기간에 행할 제향에 대해 대한제국기의 대신과 종친들의 의견도 수용되었다. 예컨대 일본 황실의 귀족 지위를 받은 백작 이완용, 백작 이지용, 자작 조중응, 자작 이재곤 등이 순헌귀비의 제향 절차를 의정한 안건을 보고하자 즉시 시행하도록 순종이 명했다. 의안의 주요 내용은 8개로 다음과 같다. 첫째, 순헌귀비의 상기(喪期)를 기년(朞年)으로 정한다. 둘째, 덕안궁에 진공(進供)하는 조석전(朝夕奠)을 지금 이후로 폐지한다. 셋째, 영휘원에 올리는 명절다례(名節茶禮)는 오직 청명제(清明祭)만 거행하고 그 외는 일체 폐지한다. 넷째, 조상식(朝上食)과 석상식(夕上食), 주다례(晝茶禮) 및 제찬(祭饌) 등의 비용은 3분의 1을 감하여 표준으로 삼는

34 『순종실록부록』, 4년(1911) 7월 20일.

35 이왕무(2024), 앞의 책, 103~120쪽.

36 『순종실록부록』, 5년(1912) 4월 25일.

37 『순종실록부록』, 7년(1914) 1월 27일.

다. 다섯째, 영휘원에는 난간석을 쓰지 않는다. 여섯째, 원소의 석물은 휘경원의 사례에 따라 배열하고 그 형상은 최근에 제작된 유릉의 석물을 참작해서 하며, 금곡에 있는 석재를 사용한다. 일곱째, 정자각과 기타 건물은 모두 휘경원의 사례를 참작하여 건축한다. 여덟째, 상지원(相地員) 2인의 보수는 1인당 500원씩으로 하되 덕수궁의 친용금 중에서 지출한다.[38]

8개 조항 중에서 상기를 기년으로 정한 것, 휘경원의 사례에 따라 원소를 조성하는 것, 덕수궁의 친용금 중에서 비용 일부를 지출하는 것 등은 이왕직이 왕공족의 상장례 규범과 조선 왕실의 전례를 참작한 내용이다. 조선시대의 사친을 추숭하던 사례를 순조의 생모인 휘경원에서 차용했고, 반면 장례 기간을 1년으로 하고 덕수궁의 고종에게 배정된 친용금의 일부를 사용한다는 것은 궁내성의 전범을 인용한 것이라고 판단된다.

그럼에도 조선 왕실의 전례는 순종이 주재하여 집행했다. 순종은 덕안궁에 행차하여 친히 삭전(朔奠)을 거행했다.[39] 고종도 원소가 조성되기 이전까지 덕안궁에 주기적으로 행차해서 간심하거나 주다례와 별다례를 행했고,[40] 이왕직이 덕안궁의 담사(禫祀)를 지낸 뒤 주재관들을 소견했다.[41] 또한 1914년 12월에는 순헌귀비의 회갑일을 맞아 고종은 이해창을, 순종은 이완용을 덕안궁에 파견하여 전작례(奠酌禮)를 거행하도록 했다. 특히 동경에 체재 중이던 왕세자(영친왕)가 별저에서 요배례(遙拜禮)를 거행하고 시종인 엄주익에게 작헌례를 올리도록 했다.[42] 영친왕의 덕안궁 제례는 그가 경성을 방문하는 경우에 반드시 거행하던 의례였다. 덕안궁이 영친왕의 사친이기 때문에 전례에 따라 의례를 거행한 것이다. 광해군 대에 본격

38 『순종실록부록』, 4년(1911) 8월 14일.

39 『순종실록부록』, 4년(1911) 9월 21일.

40 『순종실록부록』, 5년(1912) 2월 17일, 2월 18일, 3월 3일, 4월 5일, 4월 19일, 5월 24일.

41 『순종실록부록』, 5년(1912) 9월 18일.

42 『순종실록부록』, 7년(1914) 12월 21일.

적으로 진행된 왕실 사친에 대한 추숭이 일제강점기 영친왕의 시기까지 지속되었다고 할 수 있다.[43] 예컨대 1922년 4월에 왕세자비(이방자여왕)와 처음 경성을 방문하면서 함께 저경궁, 대빈궁, 육상궁, 연호궁, 선희궁, 경우궁 등의 육궁에 나아가 전배했으며, 이어서 덕안궁에 행차해 작헌례를 올리고 흥선대원왕묘(興宣大院王廟)에도 나아가 전배했다.[44] 영친왕은 덕안궁 참배 때 흑단령을 착용한 이왕직 예식과장의 전도와 고등관들의 호종에 따라 참배하고 봉심했으며, 이방자여왕은 내인들의 호종을 받으며 영친왕과 동일한 의례 절차로 참배했다.[45]

이와 같이 덕안궁의 상장례에 따라 고종과 순종, 영친왕 등의 의례 거행 동정을 나열한 것은 이왕직의 존재가 왕공족의 거취와 동일한 선상에서 유지되었으며, 왕공족 의례의 거행이 칠궁의 조성 및 운영에도 그대로 영향을 끼쳤다고 보기 때문이다. 무엇보다 덕안궁이 육궁에 합사되면서 칠궁이 탄생한 것이 사실이며, 그 과정을 주재한 이왕직에서 칠궁의 관리와 운영을 관장한 것은 당연한 소치였다. 그런데 덕안궁의 칠궁 합사에서 주목되는 부분은 조선 왕실 전례의 준용이었다. 일제강점기에 총독부 등의 압력에 의해 이왕가의 안위가 좌우되지 않고 이왕직이 궁내성이라는 일본 황실의 위광을 배경으로 왕공족의 의례를 운영했던 것이다. 예컨대 1926년 순종이 서거한 후 삼년상을 마치던 1929년 7월 6일에 순종과 순명효황후의 신주를 종묘에 봉안하는 부묘례(祔廟禮)를 거행하고 어진을 선원전에 모시며 3년간의 상장례가 대강 정리되었다.[46] 1909년 일본 궁내성이 황실령으로 황족 부모상을 1년으로 정했지만, 조선 왕공족은 전례대로

43 사친의 추숭은 이왕무, 「영조의 私親宮·園 조성과 幸行」, 『장서각』 15, 2006 참조.

44 『순종실록부록』, 15년(1922) 4월 30일.

45 『매일신보』, 1922년 4월 25일, 「德安宮 展拜儀式」.

46 『순종실록부록』, 21년(1929) 7월 6일.

그림 1 덕안궁의 이봉식 행렬

※ 출처: 『동아일보』, 1929년 5월 30일, 「嚴妃神位移安式」; 『조선일보』, 1929년 5월 30일, 「德安宮移奉式」.

삼년상을 고수한 것이다.[47] 따라서 덕안궁이 칠궁에 합사되는 것은 역대 조선 왕실 사친들의 반열에 들도록 그 위상을 높이는 것과 동시에 조선 왕실의 의례를 유지하기 위한 방안이라고 판단된다.

덕안궁과 육궁의 합사는 1929년 2월 29일 오전 10시에 순헌귀비의 신위를 신연으로 이어하면서 진행되었다. 이어의 행렬은 이왕직 아악대의 주악, 홍개(紅蓋), 청홍(靑紅) 봉기(鳳旗), 금은 횡과(橫瓜) 및 입과(立瓜), 요여(腰轝), 채여(彩轝), 시책인요신여(謚冊印腰神轝), 신연(神輦), 홍자채신연(紅紫彩神輦), 이왕직 전사, 이왕직 예식과장, 이왕직 고등관 등의 반차로 이동했다.[48]

〈그림 1〉의 상단에서는 덕안궁의 신연을 시위하는 노부(鹵簿) 반원들과 인력거에 타고 있는 대한제국 관복 및 프록코트 차림의 인물들이 보인다. 홍개와 봉기 등의 전통적인 의장 반차 행렬에 서양식 옷차림으로 인력거를 동원한 행렬이 중첩된 전례의 시계열을 나타내고 있다. 프록코트를 입고 인력거를 이용한 인물은 이왕직 직원일 확률이 높으며, 전통 관복 차림은 종친일 것으로 분석된다. 행렬에 참여한 세부 명단을 비교해야 정확한 인원 구성이 밝혀지겠지만, 그보다 중요한 사항은 조선 왕조 전래의 의례가 기본적으로 준용되고 있었다는 사실이다. 덕안궁 신위 행렬의 중심은 노부 반차이며, 여전히 대중에게 그 상징적 의미가 전해지고 있었음을 추정할 수 있다.

〈그림 1〉의 하단에서는 신위 반차의 좌우에 여학생들로 추정되는 인원들이 열을 지어 있는 모습이 보인다. 순헌귀비가 양성한 진명과 숙명의 학생들로 파악된다. 고종과 순종이라는 대한제국을 상징하는 과거의 군주들이 서거한 상황이었지만, 대한제국기까지 조선 왕실의 의례가 지속되었으며 운집한 조선인들의 추모도 별 제지 없이 진행되고 있음을 보여주는 장

47 『皇室服喪令』(한국학중앙연구원 중앙도서관, 144.2 K86) 궁내성, 1909, 1쪽.

48 『동아일보』, 1929년 5월 30일, 「嚴妃神位移安式坐向」.

면이다. 따라서 덕안궁이 육궁에 합사되어 칠궁으로 탄생한 것은 조선시대 전래의 지속을 의미하며, 당시 이왕가(李王家)의 '이왕(李王)'이 된 영친왕이 사친을 추숭하는 방안으로 의례를 진행하게 한 결과라고 판단된다. 영친왕이 칠궁에 행차할 때 덕안궁에 전배한 것에서도 이를 알 수 있다.[49]

덕안궁이 칠궁으로 합사된 이후의 운영은 영친왕이 전례에 따라 이왕가의 의례를 행한 것이 중심이었다. 명칭도 덕안궁이 아닌 칠궁이라고 통칭되었다. 또한 칠궁의 사당들에서 거행되던 제례도 의례의 설행에 영향을 주었다. 당시 이왕직의 운영은 대략 그 두 개의 향방에 따라 좌우되었다고 할 수 있다. 우선 영친왕이 이왕으로 책봉된 이후 종묘와 능원묘의 제사를 주재하는 시기에 칠궁에 행차하는 과정에서의 의례 설행을 살펴본다. 영친왕은 '창덕궁 이왕'으로 책봉된 이후에 매년 정기적으로 종묘의 제례를 주재하기 위해 동경에서 경성으로 왔을 때 덕안궁이 합사된 칠궁에 반드시 행차했다. 영친왕은 날씨에 관계없이 비가 내려도 이방자여왕과 칠궁을 전배했다.[50] 이때의 칠궁 의례는 영친왕 이외에도 이방자 여왕 및 왕공족, 총독부 고관 등 식민지 조선의 상위 계층이 참석하는 거대 행사가 되었다. 당연히 이왕직에서도 평소와 달리 의례 거행을 신중히 하면서도 소용 예산을 증액했다.

두 번째는 칠궁의 각 사당의 제례 일정 및 절기별 의례의 설행이다. 영친왕의 행차와 중첩되는 경우도 있었지만, 영친왕의 행차가 없던 시기에도 연례적으로 거행하던 의례를 설행한 것을 의미한다. 조선 후기에 사친 추숭이 추진되고 사당들이 세워지면서 지정된 규범에 따라 의례가 진행되었던 것이 대한제국을 거쳐 당시까지도 지속되었음을 의미한다. 건물의 시설과 제례 주재자의 이용물에 약간의 변동이 있었을 뿐 제례는 그 원형

49 『조선일보』, 1938년 4월 22일, 「李王同妃兩殿下 兩公家御訪問」.

50 『동아일보』, 1933년 4월 5일, 「七宮에 御展拜」.

이 그대로 유지됐다고 판단되며, 이는 일본인에 의해 입증되었다.[51]

원래 칠궁의 운영 구조는 이왕직이 공식 출범하면서부터 성립되었다. 대한제국기 궁내부 소속에서 관행이었던 방식이 연호와 기관의 명칭만 달리해서 유지되었다. 1911년 초에는 이왕직 장관 민병석의 명의로 육궁의 의례가 '상계(上啟)'되어 진행되었다. 보고 문서의 우측 상단에 붉은 '계(啓)' 직인을 날인해 올리는 형식이었다. 이후 궁내성의 문서 작성안에 준하여 이왕직의 장관, 차관, 제의주임(祭儀主任) 등의 전결을 거쳐 장사계가 육궁의 제사를 진행할 이왕직 전사(典祀)의 제관 선발 등을 궁내성에 보고하고 수행했다.[52] 또한 능원묘의 제수 비용은 이왕직 예식과에서 명세서 및 영수증 등을 첨부한 서류를 접수한 뒤에 처리했다.[53] 〈그림 2〉가 이왕직에서 칠궁을 운영하며 생산한 문서들을 정리한 『상계』의 일부이다.

〈그림 2〉의 문서들은 이왕직의 규정에 근거해 작성되었다. 오른쪽 문서의 우측 상단에 붉게 찍혀 있는 '계' 자 날인은 이왕직에서만 사용하던 결재 도장이다. 대한제국 때 순종은 황제였으므로 순종에게 보고하는 문서는 상주(上奏)라 했고, 이 상주 문서에 대하여 순종의 '가(可)' 또는 '문(聞)'이라 새겨진 결재인이 날인되었다. 그런데 대한제국이 일제에 병합되고 순종이 이왕으로 책봉되면서 황제국의 지위에 부합되는 날인을 할 수 없게 되었다. 이에 따라 순종에게 보고하는 문서는 상주 대신 상계로 불리게 되었으며, 결재 도장 역시 기왕의 '가' 또는 '문' 자 도장 대신에 새로 '계' 자 도장을 사용하게 된 것이다.[54]

사실 이왕직은 조선총독의 감독을 받도록 규정되었으며, 직접적으로는 일본 궁내성에 소속되었다. 따라서 이왕직의 문서 행정도 궁내성 및 조선

51 今村鞆, 「李王家の祭祀」, 『歷史民俗朝鮮漫談』, 南山吟社, 1930, 66~76쪽.

52 『上啟』(한국학중앙연구원 장서각, K2-3650) 권2.

53 한국학중앙연구원 장서각(2014), 앞의 책, '「大正九年 禮式課 二十二墓所淸明祭需費精算」'.

54 신명호, 「일제강점기 李王職의 문서관리」, 『역사와 경계』 105, 2017, 288쪽.

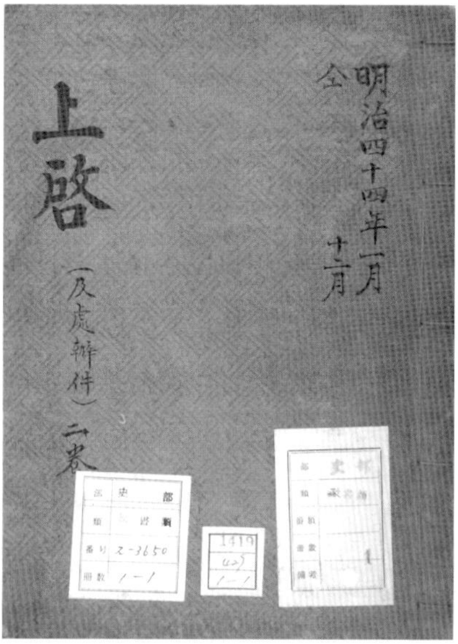

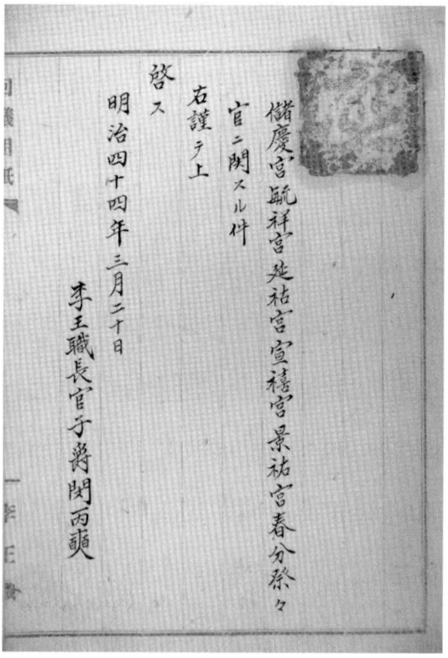

그림 2 이왕직이 칠궁에서 생산한 전적

※ 출처: 『上啟』(한국학중앙연구원 장서각, K2-3650), 권2.

총독부의 문서 행정에 영향을 받았다. 이왕직의 문서 행정은 서무계가 관장했는데, 이왕직의 사무 중에서 장관과 차관의 관인 및 직인을 관수하는 데 관한 사항, 공문서의 기초 및 심사에 관한 사항, 공문서류의 접수·발송·편찬·보관 및 통계 보고에 관한 사항, 도서의 보관·출납 및 종람에 관한 사항, 직원의 진퇴와 신분에 관한 사항, 앞의 사항 외에 다른 계에 속하지 아니한 것 등 8가지였다. 1919년 당시 이왕직 직제는 장시사, 서무과, 회계과, 영선과, 제사과, 의식과, 장원과의 1사 6과였기에 각 과의 문서번호는 '이왕직'을 공통으로 하고 다음에 처리 과를 대표하는 한 글자를 이용하여 장시사는 '장', 서무과는 '서', 회계과는 '회', 영선과는 '영', 제사과는 '제', 의식과는 '의', 장원과는 '원'이라고 했다.[55] 따라서 칠궁이 소속된

55 신명호(2017), 위의 글, 293~300쪽.

장사계의 장이 기재된 문서가 생산되었음을 알 수 있다.

사실 칠궁의 관리 운영은 일본의 궁내성 관리 체계에 준하여 진행되었으므로 대한제국기 궁내부의 관행을 계승하면서도 왕공족의 지위에 적합하게 적용했다고 본다. 예컨대 칠궁의 각 궁마다 배치된 물품의 명칭과 수량, 제향용 제기 및 비품의 현황, 잡품의 수량, 관리청의 비품 등이 월 단위로 도표화돼 보고되었다. 간혹 물품의 사용 가능 여부, 제원, 성질, 특성 등이 기재되었다. 각 궁마다 배치된 물품은 동일한 것이라도 상이한 수치로 있거나 없는 경우도 있었다. 대한제국기까지 사용되었던 조선 왕실의 역대 의례용 기구 및 의장이 대부분이었다. 덕안궁의 비품이 제일 많은 것으로 나타난다. 칠궁에 합사된 시기가 제일 늦었기 때문일 수도 있겠지만, 당시 이왕인 영친왕의 사친이기 때문이라는 추정도 가능하다.[56] 〈그림 3〉은 이왕직이 칠궁에서 조사한 내역을 정리한 비품 도표이다.

그런데 칠궁 관리 보고에서 언급되던 내용 중에 제일 주목되는 것이 사친 원묘(園墓)와의 연계 여부이다. 칠궁에 봉안된 사친들의 면면을 본다면, 인빈 김씨의 저경궁은 양주의 순강원, 대빈 장씨의 대빈궁은 광주의 대빈묘, 숙빈 최씨의 육상궁은 양주의 소령원, 정빈 이씨의 연호궁은 양주의 수길원, 영빈 이씨의 선희궁은 경성의 수경원, 유빈 박씨의 경우궁은 양주의 휘경원, 순헌귀비 엄씨의 덕안궁은 경성의 영휘원에 봉원했다.

이들 칠궁의 사친 사당에 대한 의례적 행사가 원묘에서 거행하던 제례 등과 연관이 없을 수가 없다. 가령 청명제의 경우 해당 원묘에서도 동일 시기에 거행되었으므로 이왕직 장사계에서 양측을 모두 관리했을 것이라고 추정된다.[57] 물론 현재로서는 당시 직원들의 동정을 기록한 문서 혹은

56 한국학중앙연구원 장서각(2014), 앞의 책, 136쪽, 「昭和十年 七宮正堂備品及廳用雜品調査一表」.

57 한국학중앙연구원 장서각(2014), 앞의 책, 136쪽, 「昭和十年 七宮正堂備品及廳用雜品調査一表」.

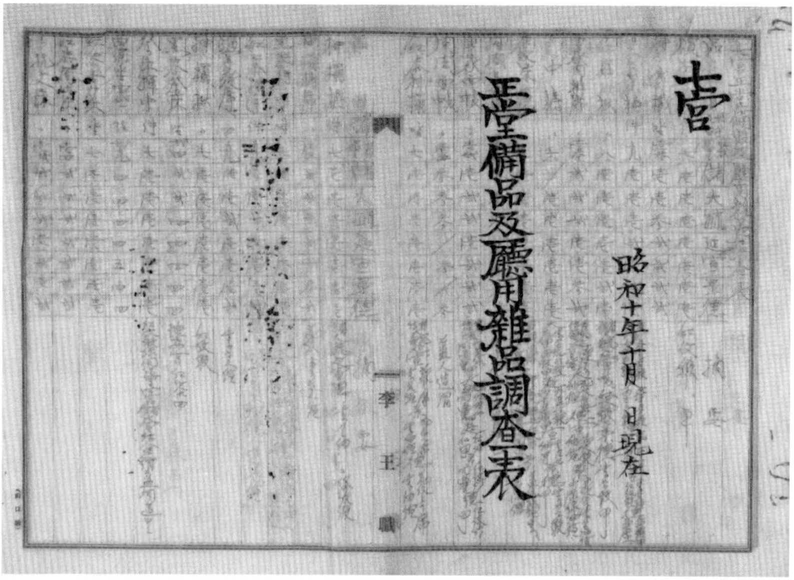

그림 3 칠궁의 비품 조사 정리표

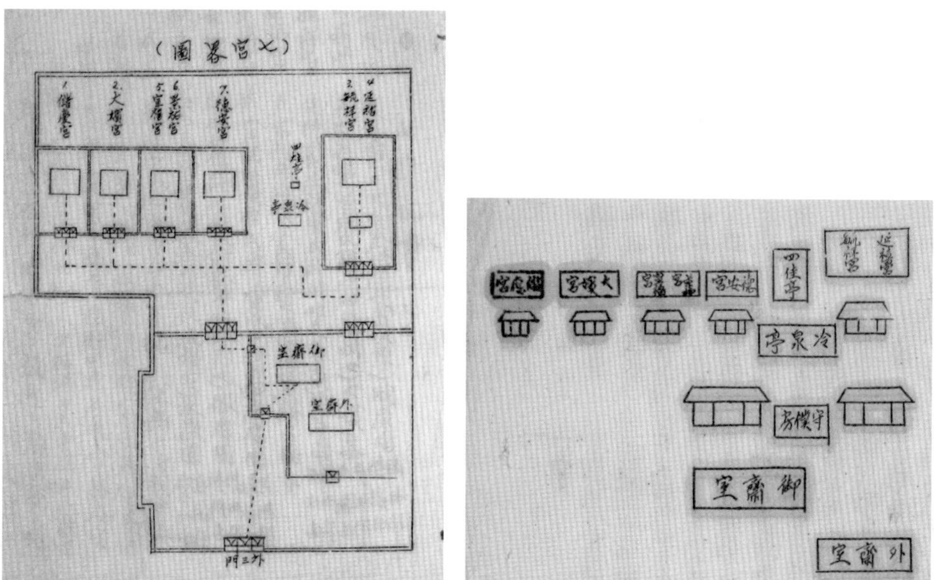

그림 4 칠궁의 배치 및 약도

※ 출처: 한국학중앙연구원 장서각(2014), 앞의 책, 143쪽, 「昭和十年 七宮正堂備品及廳用雜品調査一表」.

등록들을 파악하기 어려워 그 사실 관계를 확인하기는 어렵지만, 이왕직 직원들의 운영 전례, 신문 기사 등을 비교해 보면 궁능묘의 제례가 동시에 진행되었을 것으로 판단된다. 칠궁에서 진행된 제례들은 덕안궁 봉안 시 조성된 공간에서 일제강점기 말기까지 동일하게 진행된 것으로 보인다. 칠궁에 대한 대대적인 수리나 건축 공간의 변화상이 아직까지 파악되지 않기 때문이다. 1930년대 전후 칠궁의 구조와 건물의 배치를 보면 〈그림 4〉와 같다.

〈그림 4〉에서 칠궁의 전체 규모 및 사당들의 배치 상황을 볼 수 있다. 왼쪽 그림에서 하단의 외삼문을 들어가면 우측의 재실 공간과 사당들이 중문으로 구분되어 있다. 칠궁은 좌측부터 저경궁, 대빈궁, 선희궁, 경우궁, 덕안궁 등이 한 공간에 연이어 있으며, 우측의 건물에 육상궁, 연호궁이 있다. 두 개의 사당 건물 사이의 공간에는 사가정과 냉천정이 있다. 냉천정은 의친왕비의 일족이 거처할 정도의 규모가 있던 공간으로 작지 않았다. 좌측의 사당에서 선희궁과 경우궁은 한 건물에 있다. 오른쪽 그림에서는 재실과 사당 사이에 수복방이 위치한다. 이왕직 전사 및 전사보 등이 사무를 보고 숙직했을 공간이 표시되지는 않았다. 따라서 수복방이 그 기능을 했다고 추정된다. 두 개의 그림에서 재실과 사당 및 부속건물 이외에 별도의 시설이 없으므로 대한제국기의 시설들을 그대로 활용했다고 판단된다. 1910년 강제적인 한일병합 이후 이왕직이 칠궁의 관리와 운영의 주체가 되었지만 전례를 수용하고 유지했음을 보여주는 사례라고 하겠다.

이런 배경에서 칠궁의 운영은 1910년 '한일병합' 이후에 일제강점기에도 별다른 변화 없이 진행되었다고 할 수 있다. 종묘의 제례와 성균관의 석전제가 중지되지 않고 지속되었듯이, 칠궁의 운영도 육궁 시기와 동일하게 진행되었다. 또한 칠궁의 관리 인원인 이왕직 직원들과 운영 방식도 조선 왕조에서 대한제국기까지 진행되던 양식을 그대로 계승했다고 볼 수 있다. 물론 일본인들의 간섭과 왜식 물품의 도입이 있던 상황에서 전통의 계승이라고는 할 수 없어도, 적어도 조선 왕실에서 고유의 의례 문화로서 유지하던 칠궁의 제례가 이왕직 직원의 관리와 운영 체계에서 지속되었다는 것은 분명한 사실이다. 따라서 일제강점기 칠궁의 존재 양상은 이왕직이라는 기구의 존속과 밀접한 관계를 맺고 있으면서 왕공족의 위상을 가늠하는 기준이기도 했으며, 의도의 여부를 떠나 조선 왕실 전래의 의례 문화를 지속시키는 결과를 유도했다.

4. 맺음말

칠궁은 조선 왕조, 대한제국, 일제 식민지기를 거쳐 대한민국에 이르는 거대한 시대적 사건의 현장을 목도했던 역사의 공간이다. 식민지와 전쟁의 왜곡된 시간을 거치면서 훼철의 위기를 맞이할 뻔한 순간도 있었으나 그 위상을 유지했다. 1950년대에 정부가 왕실을 핍박하던 시기를 버티다가, 1962년 박정희 정부가 문화재관리위원회의 자문을 거쳐 '구황실재산중 영구보존재산지정의건'을 공포하면서 현재까지 존재할 수 있었다.[58] 아이러니하게도 1979년 10월 27일 박정희 대통령이 서거한 중앙정보부분실 궁정동 안가의 위치가 칠궁 바로 옆이었다. 칠궁이라는 명칭이 순헌귀비의 사당인 덕안궁이 육궁과 합사하면서 탄생한 것을 고려한다면, 칠궁은 근현대사의 산증인라고 말해도 무방할 것이다. 특히 칠궁은 영친왕이 국내로 영구 귀국한 이후에 거처하려던 공간이다. 이방자여왕이 문화재관

58 『동아일보』, 1962년 10월 25일, 「舊皇室財産 51個所 永久保存」.

리국에 수리와 사용을 요청했다가 무산되기는 했으나, 칠궁이 지녔던 위상을 상징적으로 보여준 사례이다. 또한 이왕가의 대표적 공족인 의친왕 가족들이 거주하면서 그 위상을 지속한 공간이기도 했다. 1964년 1월에 의친왕비 김씨가 84세로 사망할 때까지 의친왕의 다섯째 자손이자 구황실재산관리 사무총국장을 역임한 이수길 등과 같이 생활하던 곳이다.

이처럼 칠궁이 유지될 수 있었던 것은 왕공족과 이왕직의 존재가 제일 큰 요인이었다. 칠궁의 관리 주체가 이왕직이었다는 것 자체가 역사의 무게감 혹은 중첩된 역사의 무게를 보여준다. 이왕직은 일제강점기 궁내성 소속의 조선 왕공족인 이왕가의 관리를 담당한 공식 기구였다. 보다 정확히 말한다면, 대한제국기 궁내부의 후신이라고 해도 무방할 것이다. 궁내부의 인적·물적 구성이 그대로 이왕직에 계승되었기 때문이다. 이왕직은 일제강점기 동안 칠궁의 관리를 담당했으며, 1945년 해방 이후 일제의 식민지 통치기관과 같이 공식적 기능을 상실했다. 반면 이승만 정부 아래에서는 '구황실재산관리국'[59]이라는 기구가 이왕직에서 담당했던 기능을 지속적으로 수행했다. 예컨대 1960년 8월에 칠궁의 관리는 구황실재산관리 사무총국에서 담당했다. 사무총국에서는 33개 동의 건물을 관리했으며, 10월 말부터 겨울 동안은 폐관하다가 봄에 재차 개관했다.[60] 사무총국은 칠궁 이외에 경복궁, 종묘, 창경원, 덕수궁, 금곡릉, 동구릉, 광릉 등도 연중무휴로 개방한다고 했다. 당시까지 궁능묘에 대한 관리를 구황실재산관리 기구에서 관할하고 있었음을 보여주는 사례이다.[61] 다만 1961년 5·16쿠데타 이후부터는 문화재관리국에서 담당하면서 국가 기관이 관리하는 대상이 되었다.[62]

59 구황실재산관리국은 그 명칭이 수시로 조정·변경되어 사료에도 '구황실재산관리 사무총국', '구황실재산관리총국' 등으로 나와 있다.

60 『경향신문』, 1960년 8월 5일, 「六일부터 門여는 七宮」.

61 『동아일보』, 1960년 10월 30일, 「七宮公開 31日까지 景福宮은 八日까지」.

이러한 칠궁의 변화 과정에서 주목해야 하는 기관이 이왕직이다. 일제 강점기에만 존재했던 식민지 기관으로서 일본 황실의 궁내성 소속 조직이었다. 조선 왕공족의 위상 관리를 위해 궁내성의 규범을 준수하면서 조선 왕실 전래의 의례를 지속 관리하는 것이 그 기관의 주요 활동이었다. 고종과 순종의 생존 시기를 전후해 직원 증감, 재원 출용 등을 살펴보면, 이왕직의 존재는 왕공족의 유무 여하에 따라 운명이 결정된다는 것을 보여준다. 예컨대 고종의 서거 이후 덕수궁의 내인들이 은퇴하고 건물들이 정리된 것이 그 사례이다. 이처럼 칠궁의 존재는 이왕직의 정체성 및 운명에 직결된 기구였다고 평가할 수 있으며, 칠궁의 이미지가 이왕직이 관리 운영하던 왕공족의 제례 공간에서 탄생한 것이라고 보아야 할 것이다. 또한 일제의 식민지 시기에도 왕공족이 지녔던 위상으로 인해 수백 년간 지속되었던 의례적 행위를 계승할 수 있었다고 평가된다.

62 『동아일보』, 1960년 10월 22일, 「22日부터 七宮公開」.

조선 후기 칠궁 정당 내 감실과 신주 및 책인의물의 종별 특징

장경희

1. 머리말

조선 후기에는 국왕의 사친(私親)인 후궁에게 제향을 올리기 위해 별도의 사당을 영건했다. 칠궁(七宮)은 국왕의 생모인 후궁 일곱 명의 신주를 모신 왕실 사당으로서 희빈(禧嬪) 장씨의 대빈궁(大嬪宮), 인빈(仁嬪) 김씨의 저경궁(儲慶宮), 숙빈(淑嬪) 최씨의 육상궁(毓祥宮), 정빈(靖嬪) 이씨의 연호궁(延祜宮), 영빈(暎嬪) 이씨의 선희궁(宣禧宮), 유빈(綏嬪) 박씨의 경우궁(景祐宮), 순헌황귀비(純獻皇貴妃) 엄씨의 덕안궁(德安宮)이다. 칠궁은 원래 각각 별도로 규모 있게 영건되어 의례가 거행되었으나 1908년 순종이 조선 왕실의 제사를 정비하는 칙령을 내려 육상궁에 다섯 별궁이 합사되었고 1929년 덕안궁 정당까지 이건되어 칠궁으로 완성되었다.

이러한 칠궁은 각각 별도의 지역에 정당(正堂)[1] 이외에도 이안청(移安廳)과 중배설청(中排設廳)이 모두 중심 마당을 바라보고, 그 앞으로 배위청(拜位廳)과 내신문(內神門)으로 구성되어 있었다. 제향 공간인 정당 1곳마다 신주 1좌씩을 모시고 의례를 거행할 수 있는 여러 채의 건물로 규모 있게 조성되어 있었다. 현재는 원래의 육상궁에 나머지 사당의 정당만 옮겨 총 5기의 정당 건물에 7좌의 신주가 모셔진 왜곡된 구조로 되어 있다. 곧 저경궁과 대빈궁 및 덕안궁은 별도의 정당이고, 육상궁과 연호궁, 선희궁과 경우궁은 각각 하나의 정당 안의 좌우 감실에 신주가 모셔져 건물은 총

1 궁궐이나 종묘의 중심 전각은 정전(正殿)이라고 부르는 반면, 후궁의 사당인 칠궁의 중심 전각은 정당(正堂)이라고 불러, 명칭에서 왕실의 위계적 차서를 엿볼 수 있다.

다섯 동이다.

그동안 여러 연구에서 칠궁의 연혁과 역사적 변천 과정,[2] 그리고 건물의 배치 및 의례와 관련된 사당의 위상과 특징에 대한 건축사적 연구가 어느 정도 성과가 있었기 때문에 이 글에서는 그에 대해서는 생략하도록 한다.[3] 다만 이 글에서는 이러한 칠궁의 정당 내부에 배치되어 있는 각종 의물과 기물에 대해 살펴보려고 한다.[4] 현재 칠궁의 정당 내에는 감실에 신주가 배치되어 있는 것을 비롯하여 그 앞에 신탑, 답장, 의궤, 상, 탁, 관지통 등 각종 의물과 목제구 등이 현존하고 있으며(표 1), 그 밖에 지의 등 포진제구 등도 확인된다.

칠궁 정당 내 중앙에는 감실을 배치하고 내부에 신주를 두었는데, 〈종묘일간도〉나 경모궁 〈향사반차도〉의 그림을 통해 감실의 좌우에 책장과 인장을 각각 두었음을 알 수 있다(그림 1).

이렇게 칠궁 정당 내 감실의 좌우에 책인장을 둔 것은 경우궁의 사례에서 확인된다. 1822년 유빈 박씨의 사후 혼궁인 '현사궁(顯思宮)'[5]을 조성할

2 소현수 외, 「조선시대 사묘(私廟) 칠궁(七宮)의 공간 구성 고찰」, 『한국전통조경학회지』 23-4, 2005; 송인호·조은주, 「王室私廟 毓詳宮의 20세기 變化에 관한 硏究」, 『대한건축학회논문집』 27, 2011; 박금진, 『조선후기 왕의 私親 宮園 연구 칠궁과 원소를 중심으로』, 한서대학교 박사학위논문, 2018; 정해득, 「조선후기 사친추숭과 능원제도」, 『조선시대사학보』 86, 2018; 문은희, 「영조대 毓祥宮式例·昭寧園式例의 制定과 의미」, 숙명여자대학교 석사학위논문, 2020.

3 심재우, 「조선후기 宣禧宮의 연혁과 소속 庄土의변화」, 『조선시대사학보』 50, 2009; 김경미, 「국립문화재연구소 소장 '景祐宮圖'에 관한 연구」, 『문화재』 44, 2011; 이미선, 「영조 후궁 暎嬪李氏의 생애와 위상」, 『역사와 담론』 76, 2015; 김윤정, 「儲慶宮의 성립과 의례적 변화 양상」, 『서울과 역사』 113, 2023; 김윤정, 「大嬪宮의 연혁과 의례적 변화 양상」, 『한국문화』 103, 2023.

4 필자는 이전부터 경모궁에 관심을 갖고 있었으며 2021년에는 저경궁의 죽책과 은인, 2024년에는 칠궁의 목조감실, 2025년에는 신주와 목제구 및 포진제구 등에 관심을 갖고 연구하는 중이다. 장경희, 「正祖代 景慕宮의 왕실공예품 연구」, 『한국공예논총』 12-2, 2009; 장경희, 「1755년 경혜인빈 김씨의 상시호 죽책(竹冊)과 은인(銀印) 관련 물품의 제작 장인 연구: 敬惠仁嬪上諡封園都監儀軌 책인조성소의 분석을 통하여」, 『역사민속학』 61, 2021; 장경희, 「조선후기 칠궁(七宮) 소장 목조감실과 왕실공예품의 보문(寶文) 연구」, 『인문과학연구』 38, 2024; 장경희, 「칠궁 정당 내 木祭具와 감실 내 신주 관련 부속구의 종별 특징」, 『장서각』 53, 2025.

5 왕과 왕비의 국장 때 묘호(廟號), 능호(陵號)와 함께 혼전(魂殿)에 전호(殿號)를 붙이는데, 세

표 1 칠궁 정당 내 목제구의 종별과 현존 여부

궁호	대상	감실	책인장	신탑	답장	신의	상	탁	관지통	선	개
대빈궁	희빈 장씨	○	–	○	○	○	○	○	○	–	–
육상궁	숙빈 최씨	○	–	○	○	○	○	○	○	–	–
저경궁	인빈 김씨	○	–	○	○	○	○	○	○	–	–
국조상례보편		○	–	○	–	○	–	–	–	○	○
연호궁	정빈 이씨	○	–	○	○	○	○	○	○	–	–
선희궁	영빈 이씨	○	–	○	○	○	○	○	○	–	–
경우궁	유빈 박씨	○	–	○	○	○	○	○	○	–	–
덕안궁	순비 엄씨	○	–	○	○	○	○	○	○	–	–

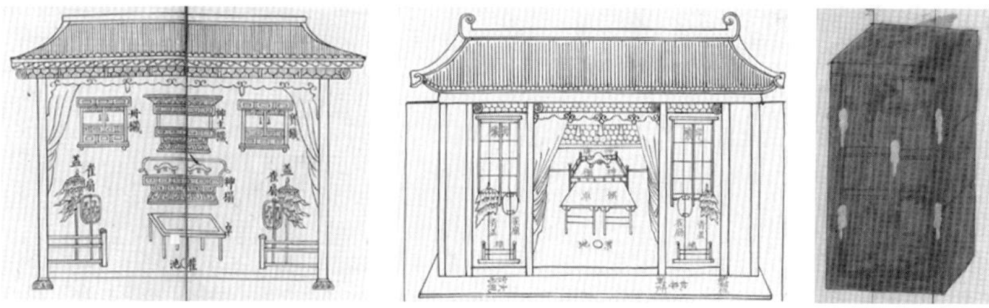

〈종묘일간도〉 경모궁 〈향사반차도〉 경우궁, 책인장

그림 1 종묘와 별묘에 배치된 각종 기물의 종별 포치 도설

당시 호조에 소장되어 있던 기존의 3층장을 도감으로 가져와 감실 격인 당가(唐家) 밖 좌우칸에 죽책을 넣을 책장은 서쪽에, 은인을 넣을 인장은 동쪽에 설치했다.[6] 1824년 유빈의 사후 삼년상이 끝나 신주를 현사궁에서 별묘인 경우궁으로 부궁(祔宮)하게 되었는데, 이때 각종 목재와 철물 및

자를 비롯하여 세자빈이나 사친의 혼궁에 궁호(宮號)를 붙인 것은 유빈의 현사궁(顯思宮)이 유일한 사례이다. 유빈이 비록 후궁이지만 국왕의 사친 중 유일하게 국왕 재위 시에 승하하여 혼궁을 조성했기 때문이다.

6 『顯穆綏嬪殯宮魂宮都監儀軌』 권3, 1822[서울대학교 규장각한국학연구원(이하 규장각), 奎13934], 二房; 前排仍用秩에 의하면 책장, 보장, 관지통 등은 새로 제작하지 않고 호조 등지에 이전에 배치했던 것을 가져다 사용했다.

칠감을 준비하여 감실 1좌[7]와 책장과 인장 또한 새로 마련했다.[8] 아울러 경우궁 정당 입구에 흑개(黑蓋) 1쌍과 작선(雀扇) 1쌍은 현사궁에 설치했던 것을 경우궁에 옮겨 사용했다.[9] 이처럼 경우궁의 감실과 책인장을 비롯하여 감실 앞의 신탑과 그 위의 신의(의궤), 그 앞의 제상과 향탁, 관지통, 그리고 신문 좌우에는 선개 1쌍이 선개기에 꽂힌 모습은 일치한다.

이 글에서는 칠궁의 정당 내부에 있는 목조감실과 그 안에 놓인 신주에 대해 살펴보고, 원래 칠궁 감실 좌우에 배치된 책인장에 넣어져 있어야 하나 현재는 각급 박물관 등지에 산재되어 있는 책인의물, 즉 죽책과 은인을 연구한다.[10] 이를 위해 칠궁 조성 당시의 의궤를 비롯한 문헌 기록과 현존 유물을 비교 분석하여 이것들의 종별 수량과 구조 및 형식을 파악함으로써 왕실 사당으로서 칠궁의 가치를 제고하는 데 목적이 있다.

2. 정당 내 감실의 구조와 양식 특징

칠궁의 정당 내부 중앙에는 향사(享祀)의 대상인 국왕 사친의 신주가 배치되어 있다(그림 2). 이렇게 정당 내부에 감실을 배치한 모습은 〈그림 1〉에서 보듯이 국왕과 왕후의 신주를 모신 종묘 신실 일간도나 경모궁 일간도의 도설과 마찬가지이다.

7 『顯思宮別廟營建都監儀軌』, 1824(규장각, 奎14260), 龕室一坐所入; 龕室粧飾所入.

8 『顯思宮別廟營建都監儀軌』, 1824(규장각, 奎14260), 冊印三層欌二坐所入.

9 『顯穆綏嬪殯宮魂宮都監儀軌』 권3, 1822(규장각, 奎13934), 二房, 新備秩.

10 칠궁의 교명과 죽책 및 은인에 대해 저경궁 관련 다음의 논문이 참고가 된다. 장경희, 「1755년 경혜인빈 김씨의 상시호 죽책(竹冊)과 은인(銀印) 관련 물품의 제작 장인 연구」, 『역사민속학』 61, 2021; 서울공예박물관, 『소장품탐구 시리즈 1. 경혜인빈 상시호 죽책』, 서울공예박물관, 2022.

그림 2 칠궁 정당 내 배치된 각종 기물과 의물의 현존 사례

원래 칠궁의 감실은 별도의 별묘마다 정당 건물의 중앙에 배치되어 있었을 것이나 현재는 역사적 굴곡을 거쳐 칠궁 내 다섯 좌 건물에 하나 혹은 둘씩 배치되어 있다.[11]

1) 칠궁 감실의 규모와 구조적 형식

현존하는 칠궁 정당 내에 배치되어 있는 감실 7좌를 실측한 결과, 그 규격은 약간씩 차이를 보였다.[12]

11 장경희(2024), 앞의 글의 〈표 1〉 칠궁의 향사 대상과 건물의 역사적 변천 및 감실의 제작 시기를 참고하고, 이 글에서는 이에 대해 자세히 다루지 않겠다.

궁호	향사 대상	초창	이건, 합사	원위치	감실 제작	보문 유무
대빈궁	경종–희빈 장씨	1722	1870~1908	낙원동	1777	○
육상궁	영조–숙빈 최씨	1753	1908	궁정동	1883 재건	○
저경궁	인조–인빈 김씨	1755	1908	회현동	1755	○
연호궁	진종–정빈 이씨	1778	1870	순회방	1883 재건	○
선희궁	사도–영빈 이씨	1788	1870~1908	순회방	1788	○
경우궁	순조–유빈 박씨	1824	1908	옥인동	1824	○
덕안궁	영친왕–귀비 엄씨	1911	1929	태평로	1921	○

12 박금진(2018), 앞의 글, 182쪽의 〈표 5〉 칠궁 목조감실의 실측 치수에 의거 재편집함.

감실의 규모는 칠궁 건물의 크기에 비례하여 높이나 너비가 달라진다. 특히 너비를 기준으로 현존 감실 유물은 세 종류로 구분된다. 먼저 대빈궁과 저경궁 감실은 높이가 235.8~237.2cm로 가장 낮고 너비는 207.8~216.6cm로 가장 좁다. 다음 육상궁 감실은 높이 254.5cm에 너비 241.3cm로 중간 정도이고, 선희궁과 연호궁 및 경우궁 감실은 높이 238.3~280.2cm에 너비 279.2~290.5cm로 가장 넓다. 이를 통해 목조감실 중 높이가 낮고 너비가 좁은 것은 제작 시기가 올라가고, 높이가 높고 너비가 넓은 것은 제작 시기가 내려가는 경향성을 엿볼 수 있다. 곧 저경궁 감실은 18세기인 1755년에, 대빈궁은 1777년에 제작되었고 경우궁 감실은 19세기인 1824년 창건된 것이 그대로 유지되었다. 육상궁은 19세기 말에 화재가 나서 원래의 것이 소실되어 1882년 개건할 때 감실도 새로 만들어졌다.

정당 건물 내부에 위치한 감실은 구조적으로 세 부분으로 구분되는데, 위쪽은 지붕 역할의 천개(天蓋), 중간은 신주를 넣어둘 수 있는 장(欌) 형태, 아래쪽은 다리이다. 감실은 천개와 장 및 다리를 일체형이 아닌 분리형으로 각각 별도로 제작하여 벽 쪽에 계자각(鷄子脚) 기둥으로 부착한 독특한 구조이다. 먼저 감실의 천개는 공통적으로 위쪽으로 뾰족뾰족한 염우(炎隅)를 여의두문양으로 투각했고, 모서리 부분은 장식 철판에 원형만자문으로 투각했다. 그 아래는 적첩과 청판의 구조를 하고 있으며 그 아래로 연봉이 달린 헛기둥이 내려져 있다. 이러한 천개 형식은 궁궐 당가나 종묘 천개와 마찬가지여서 왕실 문화의 공통성을 엿볼 수 있다. 다음 감실 중간의 장은 세로로 3칸으로 구획되어 가운데 칸은 창호로 여닫지 않고 개방되어 있고 좌우 칸은 막혀 있는 닫힌 구조로 되어 있다. 이 중 가운데 부분을 개방한 것은 종묘 신주장에서 신주의 혼이 자유롭게 오갈 수 있게 신렴(神簾)을 늘어뜨린 것과 마찬가지이다. 감실의 좌우 칸은 상하를 다시 면분할하고 각각을 칸막음한 다음 모란문을 비롯한 각종 문양으로 양각하

표 2 칠궁 내 감실의 실측 치수

(단위: cm)

구분	대빈궁	육상궁	저경궁	연호궁	선희궁	경우궁	덕안궁
높이	237.2	254.5	235.8	280.2	246.2	238.3	283.6
너비	207.8	241.3	216.6	286.1	279.2	290.5	212.4

여 단순한 탁자장 구조로 제작된 종묘 신주장과 다르다. 마지막으로 감실 아래쪽은 다리를 늘어뜨렸는데 이 부분은 종묘 신주장의 아래쪽을 쓸모와 무관하게 장 형식으로 마감하여 장중한 느낌을 주는 것과 다른 미감으로 처리한 것이다.

한편 사친 별궁의 감실은 세자의 사후 별묘의 감실과 구조적으로나 형태적으로 대체로 일치한다. 1789년(정조 13) 『문희묘영건청등록(文禧廟營建廳謄錄)』에 수록된 문효세자의 신주를 모신 〈감실도〉를 통해 이를 알 수 있다. 다만 세자묘의 감실은 세자의 주조색인 흑칠로 처리되고 있어 화려한 색상으로 채색된 사친 감실과는 차이가 있다. 1824년(순조 24)에 편찬된 『현사궁별묘영건도감의궤(顯思宮別廟營建都監儀軌)』에 유빈 박씨의 신주를 모신 혼궁의 〈감실도〉가 수록되어 있는데, 사친의 현사궁 감실은 문양도 다채롭기 때문에 세자의 문희묘 감실과 조형적으로 다른 것을 알 수 있다.

이처럼 칠궁 정당 내 감실은 종묘 신주장처럼 신주를 모신 사당의 엄숙미를 반영하고 있지만 검박하고 소박한 미의식이 강조된 종묘와 달리 단순하면서도 화려하고 절제된 장식미가 두드러진다. 이러한 미적 조형성은 영정조 대에 청에서 유입된 외래문화의 영향을 받은 것으로서, 칠궁을 조성한 후궁 소생의 국왕들이 자신들의 사친을 추숭하면서 왕위 계승의 정통성을 표방하고 왕권을 강화하려는 의지가 반영된 결과라 할 수 있다.

다음으로 18세기 말 영정조 대와 19세기 초 순조 대 및 19세기 말 고종 대로 구분하여 칠궁 정당 내 감실의 제작과 현존 유물의 조형적 특징을 살펴보기로 한다.

2) 영정조 대 육상궁과 저경궁 감실의 특징

칠궁 중 가장 이른 시기에 조성된 것은 경종의 생모 희빈 장씨(1659~1701)의 사당인 대빈궁이다. 1720년 숙종 사후 경종이 조선 제20대 국왕으로 즉위하자 폐비였던 희빈의 명호(名號)를 정하자는 신하들의 주청이 있었다.[13] 경종은 숙종의 삼년상을 마치고 신주를 종묘에 부묘한 1722년에야 비로소 희빈을 옥산부대빈(玉山府大嬪)으로 추존하지만 왕후가 아니어서 그 신주는 종묘에 부묘하지 못하고 별묘에 모셔야 했다.[14] 이에 사당의 제도는 폐비 신씨[愼妃]로 불렸던 중종 원비의 것을 전례로 삼아 호조·병조가 물력을 대고 감역관을 별도로 정하여 조성했다.[15]

이처럼 경종이 희빈에게 대빈의 작호(爵號)를 올리고 사당은 폐비 신씨의 예를 따라 별도로 조성하면서도 사당에 궁호(宮號)를 올리지 못하여 제대로 격식을 갖추지 못한 것으로 여겨진다. 이곳에 대빈궁(大嬪宮)이라는 궁호를 올리고 별묘의 체제나 제례 전반을 챙긴 것은 정조 대에 들어서이다. 1777년 정조는 대빈궁의 제사를 육상궁을 전례로 삼도록 조치했고,[16] 1784년에는 대빈궁의 사우(祠宇)가 중요하므로 경종과 영조 이래의 향사를 의례대로 설행케 했다.[17] 이러한 조치와 함께 이듬해인 1785년 대빈궁을 수리한 적이 있는데, 대빈궁을 세울 때 제대로 격식을 갖추지 못했고 60여 년이 지나 훼손이 있었기 때문이다. 어쨌든 대빈궁을 수리할 당시 내부 감실이 수리되었을 개연성이 있다.[18] 이것은 현존하는 대빈

13 『경종실록』, 즉위년(1720) 7월 21일.

14 『경종실록』, 2년(1722) 10월 10일.

15 『萬機要覽』 財用編, 4, 戶曹各掌事例, 別例房. 대빈궁은 향교동에 있음.

16 『일성록(日省錄)』, 정조 원년 5월 30일(갑오).

17 『정조실록』, 8년(1784) 2월 3일, "敎曰: 大嬪宮祠宇, 事體莫重, 自在先朝, 時節享祀, 必命如儀設行"; 『일성록』, 정조 8년 2월 6일(임술).

18 『홍재전서(弘齋全書)』 권161, 日得錄.

궁의 감실이 규모가 작고 구조가 단순하며 다른 칠궁의 것들에 비해 비교적 이른 정조 시기에 제작된 것들과 문양의 배치나 양식 등에서 일치하기 때문이다.

(1) 영조 대 육상궁과 저경궁의 조성

1744년 즉위한 지 20년 만에 51세가 된 영조는 기로소(耆老所)에 입소하는 등 국정 수행에 자신감을 갖게 되었다. 이에 왕위 계승의 정통성을 확보하고자 사친인 숙빈의 사당과 무덤[廟墓]을 높여 묘호(廟號)는 육상묘(毓祥廟)로, 묘호(墓號)는 소령묘(昭寧墓)로 정했다.[19] 이후 1753년 영조는 생모인 숙빈 최씨에게 '화경(和敬)'이라는 시호를 올리고 기존 묘묘(廟墓)를 궁원(宮園)으로 올리는 궁원제를 적용하여 육상궁(毓祥宮)과 소령원(昭寧園)으로 높이고, 사당에 모셔둔 죽책(竹冊)과 은인(銀印)에 새겨진 명호를 고쳐 새로 제작한 후 책장과 인장 및 배안상 등의 부속물을 갖춰 봉안했다.[20] 이러한 의물 제작 과정의 전말은 의궤에 상세하게 기록되어 있다.[21]

이렇게 영조는 자신의 사친인 숙빈 이외에 국왕을 낳은 생모까지 추숭하며 궁원제를 제도화하여,[22] 사당의 건물이나 집기류 및 내외 의장물도 갖추었다. 그 대표적인 사례가 추존 원종(元宗)의 사친인 인빈(仁嬪) 김씨(1555~1613)에게 '경혜(敬惠)'라는 시호를 올리고 사당은 저경궁(儲慶宮)으로, 무덤은 순강원(順康園)으로 승격한 것이다. 또한 죽책과 은인 및 봉과물을 갖추고 죽책장과 인장 및 배안상 등을 제작하여 저경궁에 봉안했다.[23] 궁

19 『영조실록』, 20년(1744) 3월 7일. 원래 숙빈 최씨의 묘호(廟號)는 육경(毓慶)이었는데, 인조의 사친인 추존 원종(元宗)의 옛 원호(園號)와 같아서 육상(毓祥)으로 고쳤다.

20 『[淑嬪]上諡封園都監儀軌』 1권, 1753(규장각, 奎14925), 冊印別工作, 印藏1部 竹冊欌 1部.

21 현재 규장각에 소장되어 『[仁嬪]上諡封園都監儀軌』(규장각, 奎14926)는 표제가 인빈 관련 의궤라고 되어 있지만 1753년 숙빈 최씨에게 시호를 올릴 때의 의궤여서 내용과 제호에 오류가 있다. 이에 이 글에서는 『淑嬪上諡封園都監儀軌』(1753, 규장각, 奎14926)로 고쳐서 부른다.

22 『영조실록』, 29년(1753) 6월 25일.

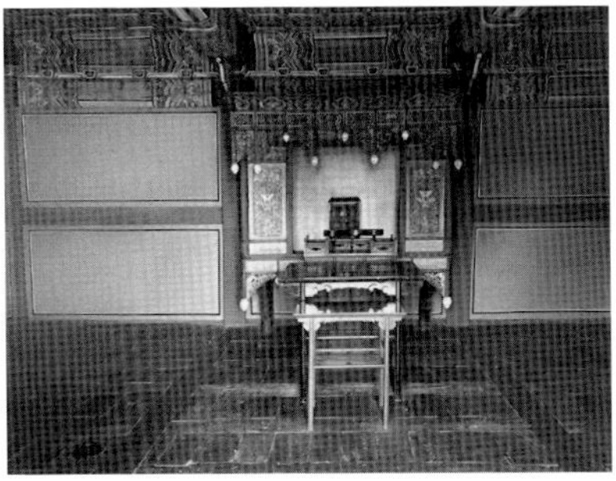

그림 3 인빈의 저경궁 감실

그림 4 대빈궁의 감실

원제에 의해 육상궁이나 저경궁에 국왕 사친의 신주를 모시고 시호를 올려 책인을 조성한 이후 영조는 의례를 거행했다.[24]

1755년에 조성된 저경궁에 배치되어 있는 감실(그림 3)은 상유음과 장 및 하유음의 세 부분이 각각 별도로 제작되어 구성되어 있다. 상유음은 단순하게 1층이며 8면으로 구획되어 있는데, 각 면에 다른 종류의 보문이 투각되어 있다. 1면에 연환과 서각이, 2면에는 전보와 호리병 및 방승이, 3·4·5·6면에는 방승과 석류 및 가로 보문이, 7면에는 방승과 호리병 및 전보가, 8면에는 호리병과 전보가 투각되어 있다. 긴 헛기둥 6개와 짧은 헛기둥 3개로 변화를 주고 끝에 연봉을 매달았다. 장의 경우 좌우 면에 상중하의 문양판이 배치된다. 이 중 중앙의 넓은 면에는 바위 위의 파련문과 모란이 회화적으로 투각되어 있다. 상단의 1층 1면에는 방승이, 하단에는 단순한 안상문이 배치되어 있다. 하유음은 8면으로 구획되는데 안상문만

23 『敬惠仁嬪上諡封園都監儀軌』, 외규190; 장경희, 「1755년 경혜인빈 김씨의 상시호 죽책(竹冊)과 은인(銀印) 관련 물품의 제작 장인 연구」, 『역사민속학』 61, 2021, 1~55쪽. 당시 제작된 죽책과 책갑 등 부속물의 유물이 현재 국립고궁박물관에 소장되어 있지만, 저경궁의 죽책장이나 은인장의 경우 유물은 현존하지 않는다. 다만 정조 사친인 사도세자의 별묘인 경모궁에는 신주장 좌우로 책장과 인장이 배치되어 있어 이와 유사했을 것으로 추정된다(장경희, 「正祖代 景慕宮의 왕실공예품 연구」, 『한국공예논총』 12-2, 2009, 225-226쪽).

24 『영조실록』, 31년(1755) 6월 2일, 6월 22일.

으로 단순하게 구성되어 있다.

저경궁과 대빈궁의 감실은 높이나 크기 및 규모가 거의 같고, 상유음과 장 및 하유음으로 구성되는 기본 구조도 마찬가지이다. 하지만 세부 형식과 문양은 대빈궁이 더욱 정교하고 세련되어 시대가 내려가는 것을 알 수 있다. 상유음의 경우 저경궁은 1층이고 대빈궁은 2층이지만 8면으로 구획된 것은 공통된다. 장은 양자 모두 중앙과 상하 2층이고, 하유음은 1층에 투각되어 있다. 보문의 경우 상유음은 1층 8면에 홀수면에는 전보와 호리병과 방승을, 짝수면에는 원환과 천도복숭아와 서각을 교대로 배치했다. 장에 새겨진 보문은 상하 2층 2면마다 투각되어 상단 2층 좌1면에는 서각과 천도복숭아가, 우1면에는 전보와 호리병이, 아래층 좌우2면에는 연환 4개가 서로 연결되어 있다. 하유음의 8면은 모든 면에 보문이 투각되어 있는데, 모서리 면에는 방승이, 홀수면에는 좌우 방승과 천도복숭아 및 상하 방승이, 짝수면에는 그 반대 도상이 반복되고 있다.

이로 미루어 보아 대빈궁 감실의 구조나 투각된 보문의 문양은 저경궁 감실의 것보다 세련되고 정교하여 시대가 내려가는 것을 알 수 있다. 경종이 즉위하고 생모인 희빈에게 명호는 대빈으로 올렸지만 왕권이 약한 때여서 물력을 동원해서 제작해야 하는 별묘는 제대로 격식을 갖추지 못했다. 정조가 1777년 대빈궁을 수리하고 제례 의절을 갖추면서 감실도 격식과 체제에 맞게 제작했음을 알 수 있다.

(2) 정조 대 정빈의 연호궁과 영빈의 선희궁 감실

정조는 1776년 영조의 사후 종법상 진종의 아들로 즉위했고, 그로부터 3년이 지난 1778년 영조의 신주를 종묘에 부묘하게 되었다. 그해 3월 18일 진종의 사친인 정빈 이씨를 추숭하고 정빈방(靖嬪房)을 조성했는데, 이때 연호궁(延祜宮)이라는 궁호를 올렸다.[25] 이에 상시봉원도감을 설치하여 5월 7일 시호를 올리고, 이를 기록한 책인을 제작하여 올린 뒤 6월

2일에 작헌례를 거행했다.[26]

한편 정조는 자신의 사친인 사도세자에게도 진종과 마찬가지의 의례를 적용했다. 사도세자의 사친인 영빈 이씨는 영조 대인 1765년에 '의열(義烈)'로 증시했고 사당은 '의열궁(義烈宮)'으로 칭했다.[27] 1788년 정조는 의열궁을 '선희궁(宣禧宮)'으로 개칭했다.[28] 이후 정조는 매년 육상궁과 연호궁 및 선희궁에 나아가 전배할 정도로 관심을 가졌다.

현재 연호궁 감실(그림 5)은 실측 결과 높이 280.2cm, 너비 286.1cm였다. 이것은 1755년에 조성된 저경궁 감실이나 1777년 제작된 대빈궁 감실에 비해 큰 편이다. 이로 미루어 연호궁 감실은 별묘를 짓던 1778년에 처음 제작되었지만, 크기와 규모가 커진 것으로 보아 1870년에 고종이 육상궁으로 이봉시킬 때 다시 제작한 것으로 보인다.[29] 선희궁 감실 또한 너비 279.2cm로 높이보다 너비가 넓어 18세기 이후 제작된 것으로 여겨지지만 1789년 문효세자의 문희묘 감실의 구조나 문양과 거의 일치하여 정조 대인 1778년에 제작된 것을 알 수 있다.

선희궁 감실(그림 6)은 상유음이 3층으로서, 대빈궁의 1층, 저경궁이나 연호궁의 2층에 비해 규모가 커지고 장식이 화려하다. 상유음은 3층 10개의 판면이며, 1층은 꽃, 2층은 보문, 3층은 여의두운이 시문되어 있다. 이 중 2층에만 보문이 투조되어 있는데, 각 면마다 2개의 도상이 결합되어 1면은 방승과 애엽, 2면은 서각과 화보, 3면은 소라와 여의두운, 4면은 화보, 5면은 특경과 특종, 6면은 아쟁과 부채, 7면은 전보와 화보, 8면은 여의와 서각, 9면은 호리병과 여의두운, 10면은 원보와 부채이다. 하유

25 『일성록』, 정조 2년 3월 19일(기묘).

26 『일성록』, 정조 2년 5월 7일(병인), 22일(신사), 29일(무자), 6월 2일(경인).

27 『영조실록』, 41년(1765) 7월 11일.

28 『정조실록』, 12년(1788) 12월 26일.

29 『고종실록』, 7년(1870) 1월 2일.

그림 5 연호궁의 목조감실

그림 6 선희궁의 목조감실

음은 1층 10면에도 각 면마다 2종의 보문이 투각되어 있다. 유제(鍮製) 경첩도 여의두운과 서각 등이 투각되어 있다. 이처럼 상유음은 3층의 중첩 구조에 10면 판면에 2종류의 보문을 조합하여 각 면마다 배치했는데, 이것은 1789년 문희묘 감실과 공통되는 요소이다.

(3) 1824년 유빈의 경우궁 감실

유빈 박씨(1770~1823)는 정조의 후궁으로 순조의 생모이며 궁호는 가순궁(嘉順宮)이다. 1787년에 빈이 되어 순조와 숙선옹주를 낳았다. 1822년 유빈의 사후 신주를 모시고자 1824년(순조 24) 북부 광화방에 있던 용호영(龍虎營) 터에 별묘인 현사궁을 영건했고, 그곳으로 신주를 옮기면서 경우궁(景祐宮)이라는 궁호로 개명했다.[30]

현사궁을 영건할 때의 도설을 보면 내부의 감실은 문희묘의 것과 크기와 형태 및 구조가 같음을 알 수 있다.[31] 특히 이러한 크기를 환산하면

30 김경미, 「국립문화재연구소 소장 '경우궁도'에 관한 연구」, 『문화재』 44-1, 2011, 196-221쪽; 신승윤, 「조선 순조대 경우궁 조영에 관한 연구」, 명지대학교 석사학위논문, 2015.

31 『顯思宮建聽謄錄』, 1824(규장각, 奎14260), 龕室, "龕室上流音 長十尺五寸 廣二尺六寸 高三尺 三層雕刻 下流音 長九尺 廣一尺一寸 高二尺五寸 二層雕刻 而下端竝作蓮峯 欌 長九尺 廣二尺一寸 高四尺五寸 廉隅積貼 長十二尺 高七寸 廣三尺 亦皆雕刻施彩 而幷用營造尺 板濃淡漆柱楔唐朱漆 豆錫粧飾綾花內塗."

그림 7 현사궁 감실

그림 8 경우궁 감실

18세기 말 영정조 대부터 19세기 초 순조 대까지 감실의 높이는 240cm에 너비는 210cm로 좁았다(그림 7).

감실의 상유음은 2층에 청판이 각각 10판인데, 상1층에는 모란꽃이, 상2층 10판에는 같은 도상의 보문이 반복되어 새겨져 있다. 중앙의 장에는 중간의 판면에 모란당초가 크고 넓게 배치되어 있고, 그 상하가 각각 2단씩 분할되어 있으면서 상1층 2면에 방승이, 하1층과 2층에 서각과 원보가 각각 부조되어 있다. 하유음의 1층 10면의 판면에는 서각 1쌍이 X자로 교차 반복되어 투각되어 있다.

현존하는 경우궁 소장 감실(그림 8)을 실측한 결과 높이는 3자 3치 + 2자 5치 + 4자 5치인데 현재 238cm이고, 감실의 너비는 10자 5치에 가까운 290.5cm이다. 높이의 경우 장과 상유음 및 하유음이 겹치는 것을 감안하면 제작 당시의 높이였을 것으로 보인다.

경우궁 감실의 상유음에는 도설과 마찬가지로 상1층에는 모란꽃이, 상2층에는 10판에 모두 3종류의 보문, 예컨대 ① 경보·석류·책, ② 원보·호리병·서각, ③ 경과 석류·방승 등이 투각돼 있다. 도설에 의하면 하유음의 하1층에는 10개의 판면에 서각이 투각되어 있고, 전체적으로는 흑칠이 되어 있다.

19세기 후반 고종 대인 1870년이 되자 국왕 사친마다 별도로 건립된 사당을 한곳의 별묘에 합쳐 봉안하는 것이 사리에 부합된다는 의견이 대두되었다. 이에 저경궁·선희궁의 신주는 경우궁에, 대빈궁·연호궁·선희궁·의빈궁의 신주는 육상궁 안 별묘에 모시게 했으나,[32] 인빈을 모신 저경궁은 대왕대비의 반대로 이뤄지지 않았다. 하지만 이후 1887년에 대빈궁은 원래의 자리로,[33] 1897년에 선희궁도 원래의 자리로 이건되었다.[34] 결국 육상궁에는 연호궁만 남게 되었다. 경우궁은 원래 있던 계동에서 1885년에 옥인동으로 이건했는데,[35] 1886년 갑신정변이 일어났을 때 고종이 여기에 이어했으며, 1886년 인왕동에 영건했다.

하지만 1908년 순종황제가 국가의 제사를 전면 개정하는 칙령을 반포하면서 육상궁에 저경궁·대빈궁·연호궁·선희궁·경우궁의 신주를 합사하여 육궁이 되었고, 1929년 5월 30일 영친왕의 사친인 엄비의 덕안궁까지 모셔 칠궁으로 조성되었다.[36]

(4) 1883년 육상궁의 재건과 감실의 복원 배치

1753년 영조는 사친인 숙빈 최씨의 육상묘를 육상궁으로 승격했고, 이때 책인조성소를 설치하여 죽책과 은인 등을 제작했으며 죽책장과 인장을 만들어 육상궁 내에 배치했다. 당시 감실을 만든 기록은 보이지 않지만 함께 조성했을 것으로 여겨진다.

이렇게 별묘에서 궁으로 승격된 육상궁은 고종 대에 발생한 두 번의 화재로 변화된다. 1878년 9월 27일 화재가 일어나[37] 123칸의 건물이 소실

32 『고종실록』, 7년(1870) 1월 2일.

33 『고종실록』, 24년(1887) 4월 30일.

34 『고종실록』, 34년(1897) 6월 19일(양력).

35 『고종실록』, 22년(1885) 12월 26일.

36 송인호·조은주, 「왕실사묘 육상궁의 20세기 변화에 관한 연구」, 대한건축학회논문집 『계획계』 27-10, 2011, 220~221쪽.

37 『고종실록』, 15년(1878) 9월 27일.

되었다.[38] 이듬해 봄부터 육상궁을 복원했지만 경비가 부족하여 육상궁의 규모를 줄이도록 했다. 하지만 4년이 지난 1882년에 다시 화재가 발생했는데, 신주를 받들고 나오지도 못했다.[39] 이로 미루어 볼 때 1753년에 조성한 육상궁의 감실도 불에 소실되었고, 경제적인 이유로 복구가 늦어져 이듬해인 1883년(고종 20)에야 비로소 육상궁이 재건되었다.[40] 따라서 현존하는 육상궁 정당 내 감실(그림 9)은 이때 새로 복원된 것을 알 수 있다.

감실 중앙의 신주를 놓는 곳은 '장'이며 중앙에 놓인 신주함은 귀문 내 주렴을 걸어 가리고, 좌우는 넓은 청판에 상하 2층 2판으로 구획되어 보문이 부조되어 있다. 상유음은 궁궐의 당가와 유사하게 천개로 되어 있고 염우(廉隅)는 투각되었으며 4면 모서리의 적첩도 보문으로 뚫려 있다. 청판은 2층 10판에 보문이 부조되어 있고 아래로 6개의 헛기둥과 5개의 짧은 헛기둥을 늘어뜨리고 연봉이 매달려 있다. 하유음의 청판은 1층 10판에 보문이 부조되어 있고 헛기둥과 연봉이 늘어져 있다. 옆면은 앞면보다 좁으나 헛기둥 3개와 짧은 헛기둥 2개이고, 감실을 받치는 계자각(鷄子脚) 기둥이 뒷부분 양쪽에 있어 벽에 걸어두는 구조로 되어 있다. 중심 문양은 모란꽃이고,[41] 상유음 1층과 하유음 1층의 각각 10판씩 20판에만 보문이 투각으로 배치되어 있다.

연호궁은 사도세자의 사친인 영빈의 신주를 모신 사당인데, 내부에는 육상궁의 서쪽에 대칭으로 감실이 배치되어 있다. 연호궁 정당 내 감실(그림 10)의 구조나 크기 및 형태 그리고 보문이 새겨진 위치 또한 마찬가지이다. 연호궁의 보문은 상유음의 2층 청판 중 1층 10판에 보문이 부조되어

38 『고종실록』, 15년(1878) 9월 28일; 『승정원일기』, 고종 15년(1878) 9월 28일; 『일성록』, 고종 15년 9월 28일.

39 『고종실록』, 19년(1882) 8월 1일.

40 『고종실록』, 20년(1883) 6월 24일.

41 박금진(2018), 앞의 글, 176쪽. 모란문만 언급했고 보문은 분석하지 않았다.

그림 9 육상궁 목조감실

그림 10 연호궁 감실

있고, 1층으로 된 하유음의 청판 10판에 보문이 부조되어 있는 점도 공통된다. 즉 1772년에 제작된 연호궁의 감실은 100년 뒤인 1870년에 육상궁으로 이안되었다가 다시 연호궁으로 갔으며 1908년 합사되었다. 이로 미루어 볼 때 육상궁 감실은 1883년 재건 당시 연호궁의 것을 모본으로 삼아 제작된 것을 알 수 있다.

3. 감실 내 신주 관련 부속구

왕이나 왕비는 사후 2종류의 신주를 만들었다. 왕의 사후 국장도감의 '우주소(虞主所)'에서 뽕나무로 '우주(虞主)'를 만들어 혼전에 모셨다가, 삼년상이 끝난 후 우주는 파묻고 대신 부묘도감(祔廟都監)의 '조주소(造主所)'에서 밤나무로 '연주(練主)'를 만들어 종묘 정전이나 별묘 정당에 부묘했다.[42]

42 이현진, 『왕의 죽음, 정조의 국장』, 글항아리, 2015; 이현진, 『조선 왕실의 상장례』, 신구문화사, 2017.

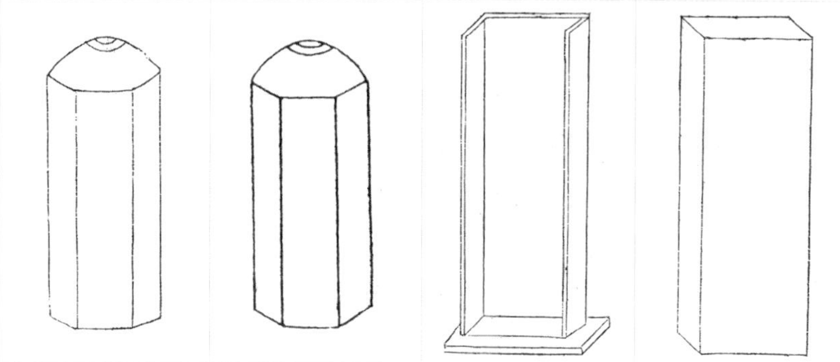

〈虞主, 練主〉 『국조상례보편』, 1758 | 〈虞主, 練主〉 『춘관통고』, 1789 | 〈內櫝〉 『국조상례보편』, 1758 | 〈外櫝〉 『국조상례보편』, 1758

그림 11 조선 후기 전례서에 도설된 우주와 연주 및 내외독

이러한 연주를 만드는 규례는 이미 조선 전기 『국조오례의』에 보인다. 곧 신주의 길이는 1자, 방(方)은 5치, 윗부분 지름은 1치 8푼, '사상(四廂)'은 1치 1푼을 깎고, '사우(四隅)'는 각각 1치를 깎으며, '상하(上下)'와 '사방(四方)'이 통하도록 9푼의 구멍을 낸다고 되어 있다. 이것은 1758년에 편찬된 『국조상례보편』이나 1789년 편찬된 『춘관통고』에서도 동일하며, 도설로 그려져 있어 그 형태나 구조를 확인할 수 있다(그림 11).

그러나 국왕의 사친인 후궁의 신주는 사후 장례도감의 '조주소'에서 제작하여 혼궁에 모셨다가 삼년상이 지난 뒤 별궁에 신주를 모시는 입궁(入宮) 때에도 새로 제작하지 않고 그대로 사용하여 왕(왕비)과 왕실 위계상 차등을 엿볼 수 있다. 왕(왕비)의 우주와 연주는 대체로 둥근 원통형에 가까운 반면 사친의 신주는 앞뒤가 납작하며 '주신(主身)'과 '받침대[趺]'로 구성되어 형태나 구조 면에서 차이를 보인다.

한편 사친의 신주를 넣어두는 독좌(櫝座)와 개(盖)가 내독(內櫝)과 외독(外櫝)으로 구성되는 형식은 세자[小喪用]의 것과 일치한다. 이러한 신주와 독좌의 도설은 『국조오례의』나 『국조상례보편』 및 『춘관통고』에도 그려져 있다. 세자[小喪用]에 해당되는 신주 전체와 뒷면 및 앞면의 방식과 함께 그

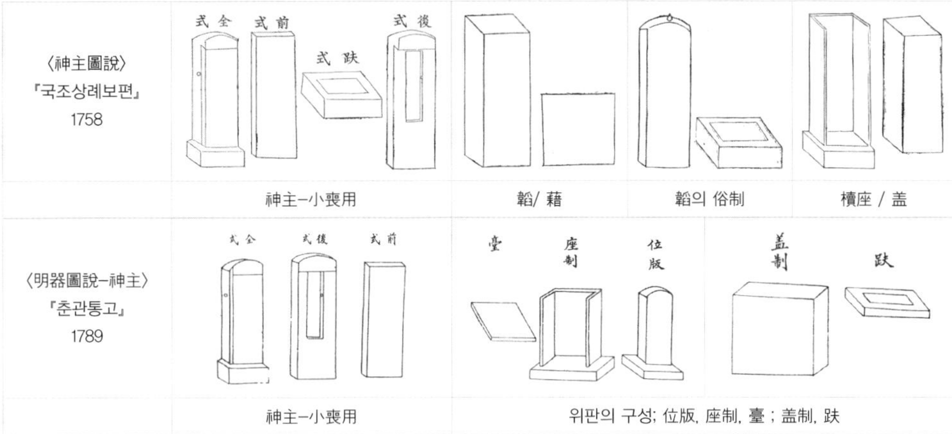

그림 12 조선 후기 전례서에 도설된 소상용(小喪用) 신주와 구성 형식

위판을 넣는 좌(座)와 대(臺), 그리고 덮개[盖]를 덮고 받침다리[趺]의 구멍에 끼우는 방식까지 그려져 있는 것이다(그림 12).

현존하는 칠궁의 신주 유물을 보면 의례서의 도설과 공통된다. 주신은 앞부분의 '전신(前身, 혹은 주면主面)'과 뒷부분의 '후신(後身, 혹은 후면後面)'으로 이루어져 있으며 두 조각의 나무판을 합쳐서 받침대에 끼우는 형태이다. 신주의 전신은 아교에 갠 흰 분칠을 한 '분면(粉面)'으로 되어 있다.[43] '함중(陷中)'은 신주의 후신 쪽이며 분칠이 되어 있지 않고 상하로 긴 네모로 우묵하게 깎아 파낸 부분이다.[44] 예컨대 육상궁에 모셔진 숙빈의 신주를 보면 전면의 분면에는 '和敬徽德安純綏德淑嬪神主', 함중에는 '朝鮮國和敬徽德安純綏德淑嬪崔氏神主'라고 쓰여 있다. 신주의 앞면과 후면에 쓰는 내용이 달랐던 것이다. 어쨌든 왕이나 왕비의 신주는 우제(虞祭)에서는 뽕나무로 만든 우주를, 연제(練祭)에는 밤나무로 만든 연주를 만들어서 종묘

43 『광해군일기』, 광해 1년 1월 28일(신해). 본 신주[本主]의 앞면에 분(粉)을 바르는 것은 주자가례(朱子家禮)의 제도를 따른 것이다.

44 함중(陷中)은 신주의 뒷면으로서 사친의 경우 앞면과 달리 '朝鮮國'과 '성씨(姓氏)'를 표기하는데, 이것은 사대부들의 신주 뒷면에 성명·별호·관직 등을 적는 것과 차이가 있다.

에 봉안했는데, 사친의 신주는 그런 구분 없이 뽕나무로 만든 우주였고 이것을 장례 때 만들어 사당에 모셨다.

1) 신주 유물

칠궁 정당 내 감실 내부에는 현재 7좌의 신주 유물이 배치되어 있다(표 3). 대빈궁의 신주는 경종 대에 조성되었다. 경종은 즉위 후 1722년(경종 2) 1월 사친을 추보(追報)하는 예를 의논하게 했고,[45] 희빈의 사우(祠宇)를 조성하고 추존하여 칭호를 정했기 때문에 신주를 개제(改題)하게 되었다.[46] 이에 10월 10일 옥산부대빈(玉山府大嬪)으로 칭했으며,[47] 현재 신주 유물에는 '玉山府大嬪張氏神主'라고 쓰여 있다. 이 신주에 글씨를 쓴 제주관(題主官)은 육품으로 승직했다.[48]

영조 대에는 숙빈의 육상궁과 인빈의 저경궁에 모실 신주를 개주했다. 영조는 1753년(영조 29) 자신의 사친인 숙빈 최씨에게 '화경(和敬)'이라고 추시(追諡)하고 신주는 친히 썼다.[49] 그런데 1882년(고종 19) 8월 1일 육상궁의 화재 때 영조가 썼던 숙빈의 신주를 들고 나오지 못했다.[50] 이에 고종은 봉상시로 하여금 즉시 숙빈의 신주를 조성토록 하여[51] 8월 9일에 신주를 새로 만들고,[52] 8월 10일 조주서사관(造主書寫官)인 행 부호군 권응선(權膺善, 1835~?)이 글씨를 썼고, 감조관(監造官)은 행 부호군 서상조(徐相祖,

45 『경종실록』, 2년(1722) 1월 18일.
46 『경종실록』, 2년(1722) 10월 5일.
47 『경종실록』, 2년(1722) 10월 10일.
48 『경종실록』, 3년(1723) 8월 29일.
49 『영조실록』, 29년(1753) 6월 25일.
50 『승정원일기』, 고종 19년(1882) 8월 1일.
51 『승정원일기』, 고종 19년(1882) 8월 2일.
52 『승정원일기』, 고종 19년(1882) 8월 7일.

표 3 칠궁 감실 내 배치되어 있는 신주 7좌의 유물

궁호	대빈궁, 1723	저경궁, 1755	육상궁, 1753→1882	
신주 + 독좌 + 부		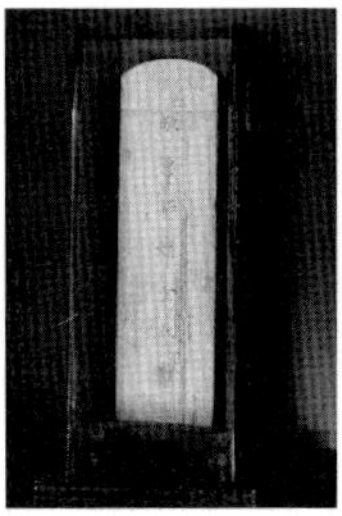	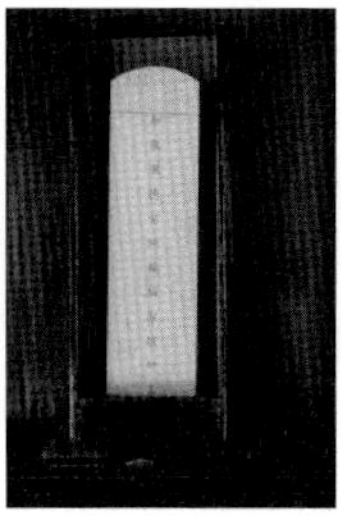	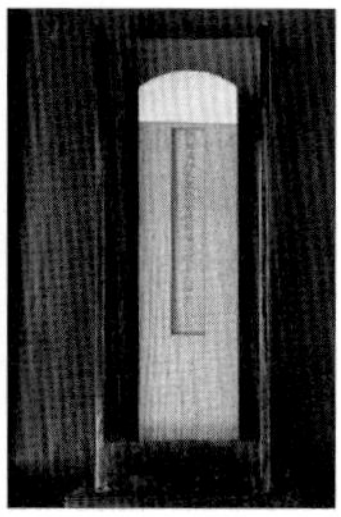
신주	玉山府大嬪張氏神主	敬惠仁嬪金氏神主	和敬徽德安純綏德淑嬪神主	
높이	30.3	31.5	30.5	
넓이	14	13.5	14	
궁호	연호궁, 1778	선희궁, 1778	경우궁, 1823→1899	덕안궁, 1911
신주 + 독좌 + 부	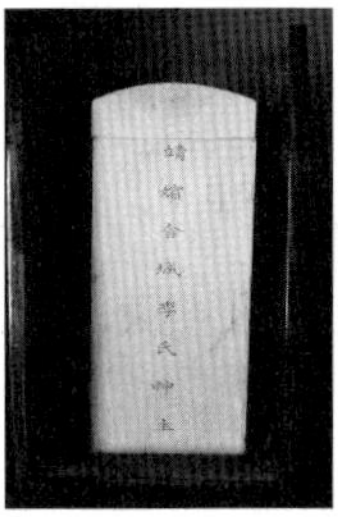	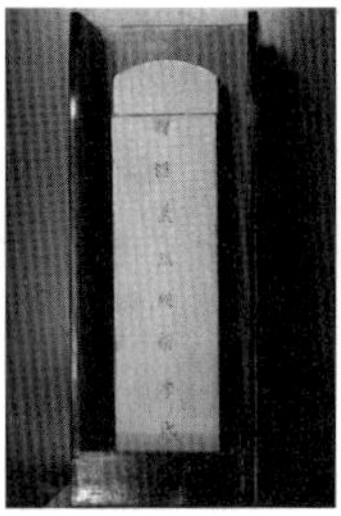	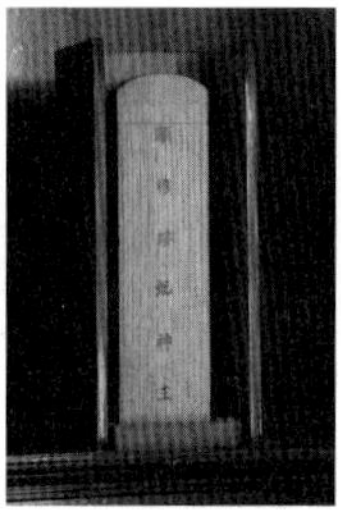	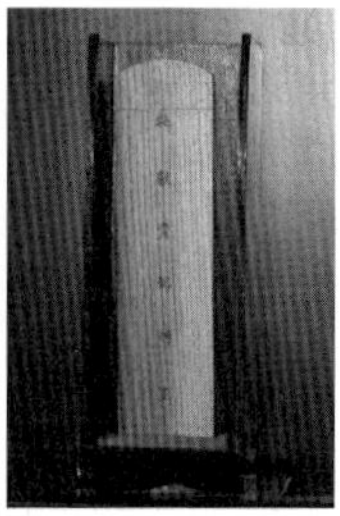
신주	靖嬪含城李氏神主	贈謚義烈暎嬪李氏神主	顯穆綏'妃'神主	純獻貴'妃'神主
높이	31.9	29	31	31
넓이	13	14	15.2	16

1830~1905)였다.[53] 이에 현재 육상궁의 신주 유물에는 '和敬徽德安純綏德淑嬪神主'라고 쓰여 있다.

한편 저경궁은 영조가 1755년(영조 31) 육상궁의 예에 의거해 원종의 사친인 인빈 김씨에게 '경혜(敬惠)'라고 추시한 후 신주를 개조했다. 현재 저경궁의 신주 유물에는 '敬惠仁嬪金氏神主'라고 쓰여 있다.

53 『승정원일기』, 고종 20년(1883) 6월 24일.

정조 대에는 정빈과 영빈의 신주를 개주했다. 1778년(정조 2) 정조가 진종의 사친인 정빈 이씨에게 4월 5일 시호를 올렸고,[54] 5월 13일 신주를 고쳐 쓰자는 논의가 있었지만 이미 시행한 전례가 있다며 신주는 고쳐 쓰지 않았다.[55] 현존하는 연호궁의 신주 유물에는 '靖嬪含城李氏神主'라고 쓰여 있고, 선희궁의 신주 유물에는 '贈謚義烈暎嬪李氏神主'라고 쓰여 있다.

이들 사친의 신주와 달리 순조의 사친인 유빈 박씨의 신주와 영친왕의 사친인 순헌귀비 엄씨의 신주는 사후 장례 때에 조성된 것이 확인된다.

먼저 유빈 박씨의 경우 1822년 사후 장례도감에 설치한 조주소에서 밤나무를 사용해 신주를 높이 1자 2치[周尺], 너비 3치, 두께 1치 2푼, 성(剡)의 위는 5푼으로 제작했다.[56] 이것은 『가례(家禮)』에서 신주를 제작하는 방식이나 치수와 동일했다.

> 몸의 높이는 1자 2치이고 너비는 3치, 두께는 1치 2푼이며 위쪽의 5푼을 깎아내어 머리를 둥글게 만든다. 1치 아래의 앞부분을 깎아 턱을 만들고, 여기를 다시 쪼개서 전신은 4푼, 후신은 8푼으로 한다. 턱 아래의 함중은 길이 6치, 너비 1치, 깊이가 4푼이다. 함중 옆으로 가지런히 구멍을 뚫어 가운데를 관통하게 한다. 이 전신과 후신을 합쳐서 받침대에 세운다.[57]

따라서 신주는 정면에서 보면 하나의 나무토막으로 이루어진 듯하지만, 측면에서 보면 후신의 턱 아래 부분에서 합쳐진 나무판 사이로 가느다란

54 『정조실록』, 2년(1778) 4월 5일.

55 『일성록』, 정조 2년(1778) 5월 13일(임신); 『국조보감(國朝寶鑑)』, 1778.2.

56 『顯穆綏嬪葬禮都監儀軌』 권4, 1822(규장각, 奎13608), 「造主所」, "神主用栗木高一尺二寸 用周尺下竝同 博三寸厚一寸二分剡上五分 爲圓首寸之下勒前爲頷 而判之四分居前八分 居後頷下陷中 長六寸 廣一寸 深四分 合之植於趺下齊 身出趺 上一尺八分 竝趺高一尺二寸 竅其旁以通中 圓徑四分 居三寸六分之下 下距趺面七寸二分○趺方四寸 厚一寸二分 鑿之洞底以受主身"

57 최순권, 「신주고」, 『생활문물연구』 2, 국립민속박물관, 2001; 김미영, 「신주를 통해 본 유교의 영혼관」, 『비교민속학』 32, 2006.

〈神主圖說〉, 『경우궁장례도감의궤』, 1823		〈神主圖說〉, 『순헌귀비예장도감의궤』, 1911, K2-2980	

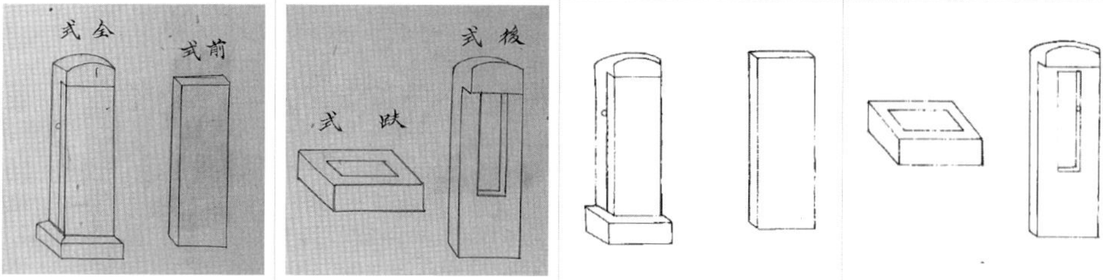

신주 앞면	신주 뒷면	신주 앞면	신주 뒷면

그림 13 의궤에 도설된 신주

실금이 보인다. 신주의 형태는 사람의 형상과 유사하기 때문에 신주의 세부 명칭을 묘사할 때 머리, 몸, 턱 등의 용어를 사용했다. 받침대는 사방 4치, 두께는 1치 2푼이다. 바닥에 구멍을 뚫어 신주의 몸을 끼운다(그림 13).

순조는 1823년 1월 자신의 사친인 가순궁 유빈 박씨의 신주를 조성하는 처소는 을해년(1815, 순조 15)의 예대로 하라고 명하여,[58] 신주조성청을 숭정전(崇政殿)에 설치했다.[59] 신주를 제작하기 위해 1월 20일부터 밤나무를 온돌에서 말리는 데 땔감을 매일 2단씩 10일간 들였다.[60] 당시 신주를 제작한 장인은 소목장 이민행(李民行, 1822~1835년 활동)이었다. 그는 1822년부터 1835년까지 14년간 6곳의 도감에서 활동했다.[61] 무엇보다 주목되는 점은 그가 도감역을 지는 동안 왕이나 왕비의 국장도감에서는 우주소에서 제작한 데 비해 사친의 장례도감에서는 조주소에서 부역했다는 점이

58 『일성록』, 순조 23년(1823) 1월 16일(병술).

59 『顯穆綏嬪葬禮都監儀軌』 권4, 1822(규장각, 奎13608), 「造主所」, 手本, 癸未正月二十日, "今此嘉順宮葬禮敎是時神主造成處以崇政殿."

60 『顯穆綏嬪葬禮都監儀軌』 권4, 1822(규장각, 奎13608), 「造主所」, 手本, 癸未正月二十日, "乾正燒木每日二丹式限十日."

61 소목장 이민행(李民行)은 『孝懿王后國葬都監儀軌』, 1821(규장각, 奎13647), 別單 1등, 「虞主所」; 『顯穆綏嬪禮葬都監儀軌』, 1822(규장각, 奎13928), 別單 1등; 『顯穆綏嬪葬禮都監儀軌』, 권4, 1822(규장각, 奎13608) 「造主所」; 『孝明世子禮葬都監儀軌』, 1830(규장각, 奎13718), 別單 1등, 3방 「造主所」; 『文祖追崇都監儀軌』, 1835(규장각, 奎13396), 3방, 「造主所」 工匠, "小木匠 李民行"; 『純祖大王國葬都監儀軌』, 1835(규장각, 奎13669), 別單, 「虞主所」.

다. 이로 미루어 그는 신주를 만드는 데 장기를 지닌 19세기 초의 대표적 소목장이었던 것으로 추정된다.

소목장 이민행은 1823년 1월 22일부터 숭정전의 신주조성청에서 밤나무를 사용해서 신주를 만들기 시작했는데,[62] 신주는 높이 1자 2치, 너비 3치, 두께 1치 2푼, 섬(剡)의 위는 5푼이었다.[63] 드디어 2월 14일 신주가 완성되어 숭정전에 봉안했다.[64] 신주 위에 글씨를 쓰는 신주서사관으로는 형조참의 김렴(金鐮, 1762~?)이 2월 2일 정해졌다.[65] 제주관 김렴은 2월 27일 탁자 앞으로 나아가 우주의 전면에는 '顯穆綏嬪神主', 함중에는 '朝鮮國顯穆綏嬪朴氏神主'라는 글씨를 쓰고 나서 광칠(光漆)로 거듭 문질렀다. 이후 내시가 신주를 받들어 독에 넣은 다음 영좌(靈座)에 안치했다.[66]

유빈 박씨의 장례를 마친 뒤 1823년 3월 6일 도감역에 참여한 도제조 이하에게 시상을 했는데, 당시 신주서사관 김렴에게 가선대부를 가자했고 조주소 감조관인 봉상시정 유리환(兪理煥)은 승진시켜 서용했다.[67]

당시 경우궁의 신주는 '신주'가 아닌 '우주', '상주(桑主)'라 일컫기도 했다.[68] 1758년에 편찬된 『국조상례보편』에는 소상의 경우에는 우주와 연주의 구별을 두지 않고 '신주'라고 기록되어 있는데,[69] 유빈의 상례에서는

62 『顯穆綏嬪葬禮都監儀軌』 권4, 1822(규장각, 奎13608), 「造主所」, 手本, 癸未正月二十二日, "神主所用栗木今月二十二日爲始使小木匠李民行赴役爲去乎"; 工匠秩, "小木匠 李民行."

63 『顯穆綏嬪葬禮都監儀軌』 권4, 1822(규장각, 奎13608), 「造主所」, "神主用栗木高一尺二寸 用周尺下竝同 博三寸厚一寸二分剡上五分 爲圓首寸之下勒前爲頷而判之四分居前八分 居後頷下陷中 長六寸 廣一寸 深四分 合之植於趺下齊 身出趺 上一尺八分 竝趺高一尺二寸 竅其旁以通中 圓徑四分 居三寸六分之下 下距趺面七寸二分○趺方四寸厚一寸二分鑿之洞底以受主身."

64 『일성록』, 순조 23년(1823) 2월 14일(갑인).

65 『일성록』, 순조 23년(1823) 2월 2일(임인).

66 『綏嬪殯宮魂宮都監儀軌』 권1, 1823(규장각, 奎13934), 禮關 「癸未正月初七日」; 『綏嬪葬禮都監儀軌』 권1, 1823(규장각, 奎13934). 都廳儀軌 禮關 「癸未正月 日」. 立主奠 儀註에는 '某號嬪神主'라고 되어 있는데(『綏嬪葬禮都監儀軌』 권1, 1823(규장각, 奎13927), 都廳儀軌 儀註 「立主奠儀」) 실제는 위와 같이 썼음을 알 수 있다.

67 『일성록』, 순조 23년(1823) 3월 6일(을해)

68 『승정원일기』, 순조 23(1823) 2월 26일(병인).

'신주'와 '우주', '상주'를 함께 썼다. 이것은 기왕의 관례를 따라 기록했기 때문이다.[70]

1823년 12월 26일에 순조가 유빈의 혼궁이었던 현사궁에 가서 연제를 친행했다. 하지만 이때의 의주(儀註)를 보면 신주를 연주로 교체하는 절차가 없었다. 처음 조성한 신주는 혼궁으로 사용하던 곳에 궁호를 올려 현사궁에 모셔졌는데,[71] 이후 1824년 1월부터 별묘를 영건할 위치를 용호영(龍虎營)으로 정했다.[72] 이후 6월 7일이나 8일경에 최종적으로 사당이 영건되어 궁호를 '경우궁'으로 결정했고,[73] 신주는 이곳에 봉안했다.

그런데 현존하는 경우궁의 현목유빈의 신주는 1899년 순조를 황제로 추존했기 때문에 사친인 '유빈'을 승격 추존하여 '유비(綏妃)'로 고쳐서 만들어야 했다. 1899년 경우궁의 신주를 어떻게 만들었는지에 대한 구체적인 기록은 없다. 하지만 현재의 신주 유물을 보면 1823년에 제작된 '현목유빈신주(顯穆綏嬪神主)'와 비슷한 구조와 치수 및 제작 형식을 모두 갖추고 있으나, 분면에 광칠된 것이 아니라 나무판재의 결이 보이는 표면에 '현목유비신주'라고 쓰여 있다. 게다가 현재 경우궁의 신주 유물을 보면 밤나무의 원목 상태 그대로인데, 유물의 표면을 면밀하게 살펴보면 '빈'이 쓰였던 부분의 글씨만 나머지 글자보다 약간 크고 굵게 새겨져 있어, 1823년에 제작하면서 분칠과 광칠한 부분을 깨끗하게 긁어내고 '빈' 부분만 '비'로 고쳐 썼던 것이 아닐까 여겨진다(표 4).[74]

69 『국조상례보편』 권2, 1758(규장각, 奎3940), 發引儀 諸具, "虞主【(註)用桑木 小喪神主 用栗木(奉常寺)】"; 『국조상례보편』 권2, 1758(奎3940), 立主奠 諸具, "虞主【(註) 小喪神主】."

70 이현진, 「조선후기 綏嬪 朴氏의 喪葬 의례와 성격」, 『조선시대사학보』 76, 2016, 182~184쪽.

71 이현진(2016), 위의 글, 190쪽. 세자나 세자빈의 혼궁에는 궁호를 붙이지 않는데 유빈의 경우 궁호를 붙여 이들보다 높인 것이다.

72 『순조실록』, 24년(1824) 1월 27일.

73 『승정원일기』, 순조 24년(1824) 6월 7일; 『순조실록』, 24년(1824) 6월 8일.

74 『영조실록』, 5년(1729) 1월 27일. 효장세자의 사후 혼궁도감에서 신주를 만들 때 제주관(題主官) 함평군(咸平君) 이홍(李泓)이 갑자기 실수로 '孝' 자를 쓸 곳 위에 점을 떨어뜨려 목적(木

표 4 경우궁과 덕안궁 신주의 크기

궁호	경우궁, 1899	덕안궁, 1911			
신주 + 독좌 + 부 + 자	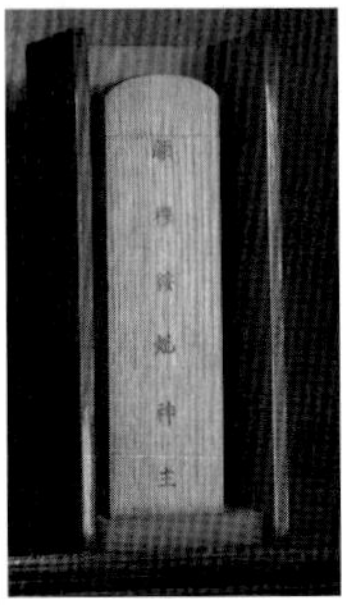	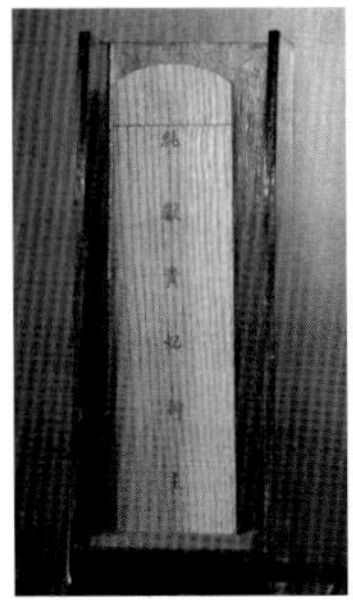			
신주	顯穆綏妃神主	純獻貴妃神主	櫝座[內櫝]	蓋[外櫝]	臺
재료	밤나무	뽕나무	栢子板	栢子板	栢子板
높이	1자 2치(주척)	1자 2치(周尺)	1자 3치	1자 10치 3푼	사방 1자
두께	1치 2푼	1치 2푼	4치 5푼	5치 5푼	3치
剡 위	5푼	5푼		6푼	
漆	黑眞漆	黑眞漆	黑眞漆	內倭朱紅漆 外黑眞漆	黑眞漆

한편 1911년 사망한 순헌귀비의 사후 예장도감에서는 신주를 뽕나무로 만들었다. 귀비의 신주 또한 1899년 이후 조성된 유빈 박씨의 신주 유물과 마찬가지로 분면 위가 아닌 나무판재의 결이 그대로 드러나는 표면에 '순헌귀비(純獻貴妃)'라고 썼다. 신주의 높이나 너비 및 두께 등의 치수와 조성 내용은 유빈 박씨의 것과 일치한다.[75] 내궤인 독좌와 외궤인 개의 경우 신주보다 약간씩 크고 대체로 경우궁의 것과 비슷하다.[76] 두께의 경우 내궤나 외궤 모두 경우궁의 것보다 기록상으로는 3~4배 이상 두껍다고 되어 있어 시대에 따른 차이나 변화가 엿보이나, 실제 유물은 기록과 다르게 보여 이에 대한 판단은 정확한 실측치를 확인한 이후로 미뤄야 할 것 같다.

賊)으로 갈아내도록 한 적이 있다.

75 『純獻貴妃禮葬都監儀軌』, 1911[한국학중앙연구원 장서각(이하 장서각), K2-2980], 「神主造成」.

76 『純獻貴妃禮葬都監儀軌』, 1911(장서각, K2-2980), 「櫝座/蓋」.

『국조상례보편』, 1789		『경우궁장례도감의궤』, 1823	『순헌귀비예장도감의궤』, 1911		

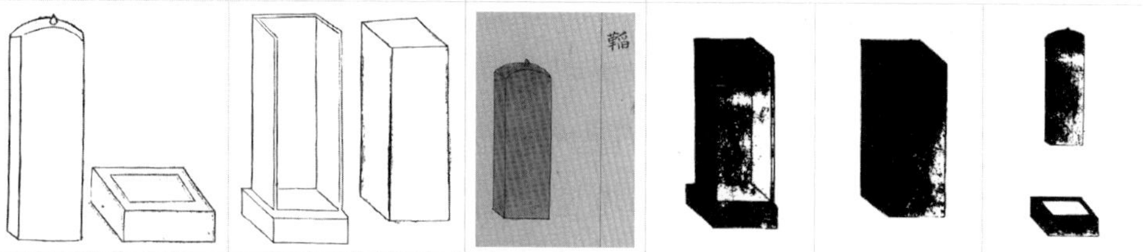

韜의 속제	櫝座 / 盖	韜	櫝座	盖	韜/ 藉韜/ 藉

그림 14 전례서와 의궤의 신주 관련 부속구

2) 신주의 부속구

신주를 칠궁 정당 내에 모시기 위해 싸고 넣고 덮는 부속구는 다음과 같은 5가지 세부 요소로 구성되어 있다. 비단으로 만든 깔개[藉], 두꺼운 종이 위에 비단을 바른 싸개[韜], 신주를 넣어두는 흑진칠한 독좌, 신주독의 뚜껑에 해당되는 흑진칠한 독개, 내주칠과 외흑칠된 창독이 그것이다. 『국조상례보편』에는 자(藉)와 도(韜), 독좌와 독개의 4가지가 도설되어 있다(그림 14).

(1) 비단 깔개[藉]

비단 깔개는 사방 넓이가 신주독의 내부와 동일하게 만든다. 재료는 포(布)를 포개어 두텁게 만든 다음 비단으로 싼 것이다.[77] 유빈 박씨의 자는 홍남광직으로 사방 2치 5푼짜리 한 조각을, 받침다리감으로 홍남광직을 사방 4치짜리 한 조각을 넣는다.[78]

77 『國朝喪禮補編』 권2, 1758(규장각, 奎3940).

78 『顯穆綏嬪葬禮都監儀軌』 권4, 1822(규장각, 奎13608), 「造主所」.

(2) 비단 싸개[韜]

『국조상례보편』에 수록되어 있는 비단 싸개는 얇은 박판(薄板)으로 만든 고제(古制)와 비단으로 만든 속제(俗制)의 2종류로 구분되어 도설되어 있다. '도'의 뒤쪽 솔기와 규(圭)형 머리 부분[圭首]과 4면은 모두 솔기를 교차하여 감치고, 뒤쪽의 솔기는 서쪽의 한편으로 가게 처리한다. 규수 부분의 위쪽에는 연봉매듭으로 만든 볼록한 단추를 만들어 단다.[79]

현재 칠궁의 도는 신주를 넣는 비단 갑(匣)의 일종으로 속제를 따른 것이며 『경우궁장례도감의궤』에 그려져 있는 '도'의 도설에서도 확인된다. 사친 신주의 비단 싸개는 겉감은 비색(緋色)이고 안감은 남색이어서 보편에서 말하는 소내상을 따랐음을 알 수 있다. 이러한 붉은 비단과 남색 비단은 모두 배접하여 사용했고, 받침다리[跗方]의 윗면에서 사방으로 늘어뜨리는 부분은 배접하지 않고 꿰맨 곳의 솔기도 교차하게 한다.

이러한 칠궁의 유물 중 비단 싸개는 겉감은 붉은 비단이고 안감은 남색 비단인 점, 비단을 배접하여 사용하는 점, 규수 부분에 연봉매듭의 단추를 다는 점 등은 공통된다. 하지만 싸개의 형태는 2종류로 구분된다. 대빈궁이나 육상궁의 비단 싸개는 두장(斗帳)과 유사하여 봉합한 곳이 뒤쪽 가운데로 가게 만들고, 뒤쪽의 길이를 앞쪽보다 반 정도 짧게 만들어 신주를 넣었다가 빼기 좋게 만든 것이다. 한편 연호궁의 비단 싸개는 뒤쪽에 트임이 있으나 앞뒤 길이는 같은 편이다(그림 15).

1822년 경우궁에 봉안할 유빈 박씨의 신주를 넣는 '도'의 겉감은 홍광직을 사용하고 안감은 남광직이다. 도의 뒷면을 꿰매고 '규(圭)'형의 머리와 4면 또한 감침질로 꼼꼼하게 꿰매고 뒷면을 꿰맨 서쪽 1변은 규형 머리 위에 매듭단추로 봉긋 솟아나게 되어 있으며 천은 배첩으로 만들지만 사방은 배첩하지 않고 꿰매어 만들었다.[80] 이렇게 신주를 덮는 도와 밑에

79 『國朝喪禮補編』 권2, 1789(규장각, 奎3940), '韜.'

그림 15 칠궁 내 신주 덮개용 '도' 유물

까는 적에 들어갈 다홍진사 3돈, 안감 자문지 1장, 바늘 5개, 전도(剪刀) 1개와 인두 1개를 들이고[81] 상의원의 침선비 화옥(花玉), 김애(金愛) 2명이 작업을 했다.[82]

이처럼 신주를 싸는 도의 경우 직물을 마름질하여 갑의 형태로 만들되, 시기에 따라 형태나 제작 방식에서도 양식적인 변화를 엿볼 수 있다. 더욱이 이러한 직물제 갑 유물들은 초상화를 모은 기사계첩이나 죽책 등을 넣었던 책갑 등과의 유사성이 확인되는데,[83] 이러한 관련 유물에 대한 양식상 비교는 본고의 논지와 무관하여 다음의 과제로 미루고자 한다.

(3) 독좌와 독개

『국조상례보편』에 의하면 독좌와 독개는 백자판을 사용하여 제작하는데, 독좌는 전체적으로 Ⅱ형태로 앞면과 정수리 부분은 비운 것이다. "3면의 높이는 1자 3푼, 사방 4치 5푼이다. 바닥의 뚜껑은 넓고 두텁게 돌출되

80 『顯穆綏嬪葬禮都監儀軌』 권4, 1822(奎13608), 「造主所」.

81 『顯穆綏嬪葬禮都監儀軌』 권4, 1822(奎13608), 「造主所」, 手本. 癸未正月二十九日.

82 『顯穆綏嬪葬禮都監儀軌』 권4, 1822(奎13608),「造主所」 儀軌, 工匠秩, "針線婢 花玉 金愛."

83 장경희, 「조선 후기 포장형태의 구조와 종별 특징 연구」, 『조형디자인연구』 23-2, 2019, 93쪽; 장경희(2021), 앞의 글, 142~145쪽.

어 덮개를 받칠 수 있게 한다. 덮개의 정수리는 편평하며 사면이 수직으로 내려간다. 길이는 1자 3치 3푼, 사방 5치 5푼이다. 네 모퉁이를 각각 6푼씩 깎아 사용한다. 안쪽은 왜주칠을 하고 밖은 흑진칠을 한다."[84]

1824년 경우궁 유빈 박씨의 신주를 넣을 독좌는 내궤에 해당되고 뚜껑은 외궤에 해당되는데, 백자판을 이용하고 좌면과 정수리는 비워두며, 나머지 제작 치수나 형태 및 칠은 『국조상례보편』의 내용과 일치한다.[85] 대는 백자판을 사용하고 사방 1자, 두께 3치에 흑진칠을 했고, 독좌에 안치한다.[86]

경우궁의 것은 유빈의 장례도감 3방에서 만들어 오는 물종은 내궤 1개, 외궤 1개, 대판 1개, 의궤 1개, 황화방석 2개(1개는 대 위에 까는 것이고 1개는 대 아래에 까는 것이다)가 있고, 자주솜좌자 2개 중 1개는 독 내에 깔고 1개는 독 위에 겹쳐 깐다.[87]

(4) 양창독

양창독은 감실 내에 신주를 넣은 신주독을 배치한 전각형 수납장의 일종으로서 앞쪽에 위치한 창문을 양쪽으로 여는 구조로 되어 있다. 양창독이라는 명칭은 유빈 박씨의 신주를 경우궁에 입묘할 때 처음 등장한다(표 5).

여기에는 요 1부와 자리 1부를 배치했다.[88] 감실의 양창독을 제작한 것

84 『國朝喪禮補編』 권2, 1789(규장각, 奎3940), 櫝座, 櫝蓋.

85 『顯穆綏嬪葬禮都監儀軌』 권4, 1823(규장각, 奎13608), "櫝座[內櫝] 蓋[外櫝] 用栢子板 座面頂俱虛 三面高一尺三寸 方四寸五分 底蓋闊厚出令受蓋 蓋頂平 四向直下 長一尺十寸三分 方五寸五分 四隅各刻六分內 倭朱紅漆 外黑眞漆."

86 『顯穆綏嬪葬禮都監儀軌』 권4, 1823(규장각, 奎13608), "櫝座[內櫝] 蓋[外櫝] 用栢子板 座面頂俱虛 三面高一尺三寸 方四寸五分 底蓋闊厚出令受蓋 蓋頂平 四向直下 長一尺十寸三分 方五寸五分 四隅各刻六分內 倭朱紅漆 外黑眞漆"; "臺所以安櫝座者."

87 『顯穆綏嬪葬禮都監儀軌』 권4, 1823(규장각, 奎13608), 「造主所」, "三房造來物種 內櫝一 所以奉安神主者 外櫝一 所以覆內櫝者 臺板一 所以安內外櫝者 倚几一 出主時所以設於主後者 黃花方席二 一臺上所鋪一臺下所鋪 紫紬襦座子二 一櫝內所鋪一臺上重鋪."

88 『顯穆綏嬪入廟都監儀軌』, 1824(규장각, 奎13939), 1824년 12월 16일(갑술), 「承傳」, "改備秩 兩窓櫝內所排褥一"; 『일성록』, 1824년 12월 16일(갑술).

표 5 칠궁 감실 내 양창독 유물

궁호	대빈궁	저경궁	육상궁	연호궁
분합 닫힌 상태				
분합 열린 상태				
높이	64	58.7	62.9	79.1
너비	47	39	42	48.5
궁호	선희궁	경우궁	덕안궁	
분합 닫힌 상태				
분합 열린 상태				
높이	65.8	93	70	
너비	44	54	48.3	

은 입묘도감의 일방이었다. 양창독의 전면은 쌍창으로 여닫게 되어 있고, 초록 운문갑사를 바르는데 길이 1자 2치 5푼의 크기로 자른 2편을 발랐다.[89]

이러한 양창독은 왕과 왕후의 신주를 모신 종묘에는 없고 조선 후기 종택 내 사당 안에 배치되어 있는 감실과 같은 형태이다. 이러한 감실의 상자형과 보전형, 가옥형의 세 가지 형태를 띠고 있다. 세 형태의 감실은 『가례』와 『국조오례의』, 각종 예서에 기술된 독식과 유사한 형태를 취하고 있다. 상자형은 『가례』와 『국조오례의』의 독식과, 보전형은 『사례편람』의 창독형과 유사하다. 칠궁 내 양창독은 이후 사대부 사당 내 감실에 영향을 끼쳐 사대부 신주를 보관하는 주독의 역할과 주독을 보관하는 감실 역할을 병행하게 되었다.[90]

칠궁의 양창독은 감실 내에 신주를 거듭 3중으로 넣는 수납가구의 하나이다. 첫째 신주를 감추고자 천으로 만든 비단갑 형식의 '도'에 넣고, 둘째 내궤에 해당되는 '독'에 넣고, 셋째 외궤에 해당되는 '개'를 덮은 다음 마지막으로 양창독에 넣는 것이다. 양창독의 형태는 마치 건물을 축소한 형태이며 상중하의 3단 구성으로 되어 있다. 상단은 지붕구조처럼 기와골의 덮개로 되어 있고, 중단은 좌우로 여닫는 2분합문의 창호를 배치했으며, 하단은 기단부로서 안상형 다리 위에 문지방이 갖춰져 있다. 전체적인 색상은 전통적인 '내주외흑(內朱外黑)'으로 내부는 주칠, 외부는 진흑칠이 되어 있다. 분합문의 바깥쪽은 고리와 문을 잠그는 꽂이로 된 잠금장치를 배치했고, 분합문을 열면 안쪽 창호에는 얇은 운문사(雲文紗)나 모란문사(牡丹文紗)를 발랐다. 저경궁은 문양이 없는 청색사, 육상궁·선희궁은 청색

89 『顯穆綏嬪入廟都監儀軌』 권1, 1824(규장각, 奎13939), 一房 稟目秩 乙酉正月二十一日, "龕室兩窓櫝塗所入 前面雙窓 塗草綠雲紋甲紗 長一尺二寸五分 廣四寸五分二片."

90 문화재관리국, 『祭具에 나타난 木漆工藝』, 문화재연구소, 1989; 최순권(2001), 앞의 글, 202쪽, 203쪽, 205쪽, 217쪽; 박종민, 「조선시대 유교식 감실(龕室)의 수용과 변용」, 『문화재』 44-4, 2011, 63쪽.

운문사, 대빈궁은 청색 모란문사, 연호궁·덕안궁은 붉은색 운문사이다.

양창독의 크기는 육상궁·연호궁·대빈궁·선희궁은 전체 높이가 30cm 내외이고, 받침은 14cm 내외로 큰 차이가 없었다. 그러나 경우궁의 양창독은 이례적으로 93cm로 매우 높은데, 이것은 문헌 기록과도 부합되지 않아 이후의 과제로 미룬다.

감실 내 양창독이 놓인 바닥에는 육상궁과 대빈궁의 경우 모란문양이 있는 붉은 비단 내공방석이 깔려 있다. 그 밖에 저경궁, 대빈궁, 선희궁, 경우궁, 덕안궁 등에 양창독이 놓인 바닥에는 간단한 꽃무늬나 기하학적인 문양을 넣은 화문석에 푸른 선을 두른 자리가 이중으로 깔려 있다.

4. 사친의 죽책과 은인 의물

국왕의 사친과 관련된 의물에는 후궁으로 책봉하거나 사후 시호를 올릴 때의 교명과 죽책 및 은인 유물이 있다. 먼저 현존하는 교명 유물은 총 31점이다. 교명 유물 31점 중 왕비 책봉 교명은 11점(35.5%), 왕세자 책봉 교명은 7점(22.5%), 왕세자빈 책봉 교명은 7점(25.5%)이다. 이 중 종묘에 소장되었던 교명 29점은 국립고궁박물관에 소장되어 있다. 교명 중 칠궁과 관련된 유물은 1787년(정조 11) 정조가 유빈 박씨를 후궁으로 책봉할 때의 교명이 유일하다.[91] 이 절에서는 사친의 죽책과 은인 위주로 살펴 보기로 한다.

91 칠궁에 소장되어 있던 유빈 박씨의 후궁 책봉 교명 1점(신수 262)은 국립중앙박물관에 소장되어 있다.

1) 죽책

조선시대에 수여된 죽책은 총 76건이고 현존하는 죽책 유물은 총 43개인데, 그중 칠궁과 관련된 죽책은 5개가 현존하고 있다(표 6).[92] 현존하는 죽책은 책봉이 22점으로 64.7%, 시호가 7점으로 20.6%, 존호가 5점으로 14.7%의 순이다. 이 중 왕세자 책봉 9점(26.4%), 왕세자빈 책봉 8점(23.5%)이며 왕세손 책봉 3점(8.8%)을 비롯하여 왕세자 시호 3점, 왕세자빈 존호 3점의 순이다.[93]

표 6 현존하는 국왕 사친의 죽책 유물 5점

궁호	대상	명칭	내용	제작 연도	재료	첩수	유물번호	소장처
저경궁	인빈 김씨	선조후궁 인빈김씨 상시호죽책	상시호	1755년 (영조 20)	대	10첩		서울 공예 박물관
저경궁	인빈 김씨	선조후궁 인빈김씨 상시호죽책	상시호	1776년 (영조 52)	대	8첩	고대1542	고려대 박물관
연호궁	정빈 이씨	영조후궁 정빈이씨 상시호죽책	상시호	1778년 (정조 2)	대	8첩	창덕296	국립 고궁 박물관
경우궁	유빈 박씨	정조후궁 유빈박씨 상시호죽책	상시호	1823년 (순조 23)	대	8첩	고대1541	고려대 박물관
선희궁	영빈 이씨	영조후궁 영빈이씨 상시호죽책	상시호	1899년 (고종 3)	대	8첩	창덕293	국립 고궁 박물관

92 현존하는 죽책 유물 33점의 종묘 소장 유물은 국립고궁박물관에 소장되어 있다. 칠궁에 소장되어 있던 후궁 관련 죽책 유물은 국립고궁박물관 소장 2점을 비롯하여 서울공예박물관에 1점, 고려대박물관에 2점이 소장되어 있다.

93 죽책 유물은 종묘 소장과 칠궁 소장으로 구분된다. 종묘 소장의 죽책 유물은 책봉, 시호, 존호 유물로 구분된다. 종묘 소장 책봉 유물은 왕세자 책봉 9점, 왕세자빈 책봉 8점, 왕세손 책봉 3점, 왕세손빈 책봉 1점, 왕세제 책봉 1점이다. 시호 유물은 왕세자 시호 3점, 왕세자빈 시호 2점, 왕세손 시호 1점이다. 존호 유물은 왕세자 존호 2점, 왕세자빈 존호 3점이다. 한편 칠궁 소장의 죽책 유물은 모두 상시호 유물이며 국립고궁박물관 2점, 고려대박물관 2점, 서울공예박물관 1점이 소장되어 있다.

(1) 1753년 육상궁 〈숙빈최씨 상시호죽책〉

육상궁의 죽책을 만든 기록을 살펴보면 1753년 상시봉원도감에서 죽책을 만들었고 1772년과 1776년에도 숙빈 최씨의 죽책을 만들었다. 이렇게 숙빈 최씨의 죽책을 여러 점 만든 기록이 있지만 육상궁의 숙빈 관련 유물은 현존하지 않는다.

먼저 1753년 영조가 숙빈 최씨에게 '휘덕(徽德)'이라는 시호를 올리고 이를 위해 8첩 죽책을 만들었다. 죽책은 죽간의 길이가 9치, 너비는 1치, 두께는 1치이다. 죽간은 6칸으로 1첩마다 도금장식을 하고, 다홍운문단(多紅雲紋緞)으로 회장을 돌렸으며, 다홍운문단으로 앞뒤에 옷[衣]을 입혔다. 극항은 13자, 평항은 11자, 니금으로 글씨를 메꿨다.[94] 1756년 1월 1일 육상궁에게 '휘덕'이라는 시호를 올리고 임금이 재배(再拜)하고 꿇어앉아 죽책(竹冊)·은보(銀寶)를 올렸다.[95]

1772년에도 육상궁에게 시호를 올리도록 하여,[96] 9월 9일 시책과 시인을 올리고 풍월헌(風月軒)에 봉안했다.[97] 9월 15일 작헌례를 행했다.[98] 1776년 육상궁에게 '수복(綏福)'이라는 존호를 올렸다.[99] 육상궁 죽책문제술관은 예문관 제학 정존겸(鄭存謙, 1722~1794)이고, 예차는 행 사직 조명정(趙明鼎, 1709~1779)이며, 서사관은 창성위(昌城尉) 황인점(黃仁點, ?~1802)이고, 예차는 호조판서 구윤옥이며, 은인전문서사관은 광은부위(光恩副尉) 김두성(金斗性, 1752~1811)이고, 예차는 부사직 윤동섬(尹東暹, 1710~1792)이다.[100]

94 『毓祥宮上謚封園都監儀軌』, 1753(규장각, 奎13495), 1방, "毓祥宮竹册八貼 以上竹簡 長九寸 廣一寸厚從竹 六簡作一貼 鍍金粧飾 多紅雲紋緞繪粧 多紅雲紋緞爲衣 極行十三字 平行十一字 泥金塡字."

95 『영조실록』, 32년(1756) 1월 1일.

96 『영조실록』, 48년(1772) 8월 19일.

97 『영조실록』, 48년(1772) 9월 9일.

98 『영조실록』, 48년(1772) 9월 15일.

99 『영조실록』, 52년(1776) 1월 7일; 『일성록』, 영조 52년(1776) 1월 7일(기묘).

100 『일성록』, 영조 52년(1776) 1월 7일(기묘).

육상궁의 죽책과 은인을 만든 후 왕세손이 나아가 올렸다.[101] 하지만 문헌 기록과 달리 숙빈 최씨의 죽책 유물은 현존하지 않는다.

(2) 1755년 저경궁 〈인빈김씨 상시호죽책〉

현존하는 유물 중 가장 이른 시기의 사친 시호죽책은 서울공예박물관에 소장된 〈인빈김씨 상시호죽책〉이다. 이것은 1755년 영조가 인조의 후궁이자 추존 원종의 사친인 인빈 김씨에게 '경혜(敬惠)'라는 시호를 올리면서 제작하여 저경궁에 봉안했던 〈경혜인빈죽책〉 10첩 유물이다(표 7).[102] 경혜인빈죽책은 6쪽의 대나무 조각에 변철(邊鐵)을 대어 하나의 첩(貼)으로 만들고, 다시 원환 방식으로 첩과 첩을 이어 총 10개의 첩을 연결했다. 저경궁의 것보다 앞서 제작한 1753년 육상궁의 것을 비롯해 대부분의 죽책이 8첩인 데 비해 인빈의 죽책은 10첩으로서 가장 길고 큰 것이 특징이다.

당시 상시봉원도감은 1753년 영조의 사친인 숙빈 최씨 때의 사례를 전례로 삼아 설치 운영되었으며, 14개 제작처로 세분화되었다.[103] 도감의 총책임자인 도제조는 좌의정 김상로(金尙魯, 1702~1766),[104] 제조 3인은 병조판서 홍봉한(洪鳳漢, 1713~1778), 예조판서 이정보(李鼎輔, 1693~1766), 호조판서 이철보(李喆輔, 1691~1770)였다.[105] 책인조성소는 별간역 변이진(卞爾珍, 1731~1759년 활동)과 최진강(崔震崗)의 감독 아래 32종 113명의 장인을 동원하여 죽책과 은인을 제작했다.[106]

〈경혜인빈죽책〉의 죽책문제술관은 행 판중추부사 유척기(兪拓基, 1691~

101 『영조실록』, 52년(1776) 1월 25일.

102 장경희, 「1755년 경혜인빈 김씨의 상시호 죽책(竹冊)과 은인(銀印) 관련 물품의 제작 장인 연구」, 『역사민속학』 61, 2021, 95~149쪽.

103 『敬惠仁嬪上諡封園都監儀軌』 권1, 1755, 目錄.

104 『敬惠仁嬪上諡封園都監儀軌』 권1, 1755, 座目; 『和敬淑嬪上諡封園都監儀軌』 卷1, 座目.

105 『和敬淑嬪上諡封園都監儀軌』 권1, 1755, 座目.

106 『敬惠仁嬪上諡封園都監儀軌』 권1, 1755, 賞典; 都監別單.

표 7 경혜인빈 김씨의 죽책 도설과 관련 유물

죽책	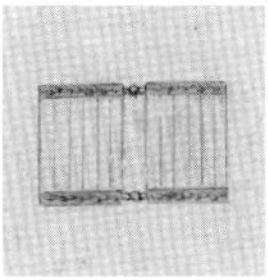	갑	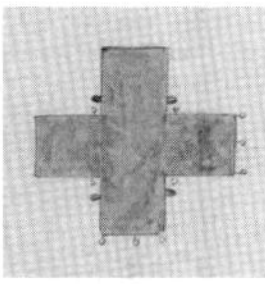	내함	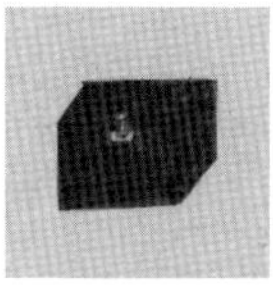	외궤		
길이	9치	外用	多紅雲紋緞	재료	栢子板	재료	栢子板	배안상
너비	1치	內拱	藍雲紋緞	厚	四分內	厚	四分內	
간첩	6간1첩/10첩	褁	草注紙	長	九寸	長	一尺一寸五分	
극항	13자	단추	13개	廣	一尺五分	廣	一尺二寸五分	
중항	12자			高蓋	一尺五分	高蓋	一尺三寸五分	
평항	11자			柒	倭朱紅柒	柒	黑眞柒	
초종첩	多紅雲紋緞							독책상
	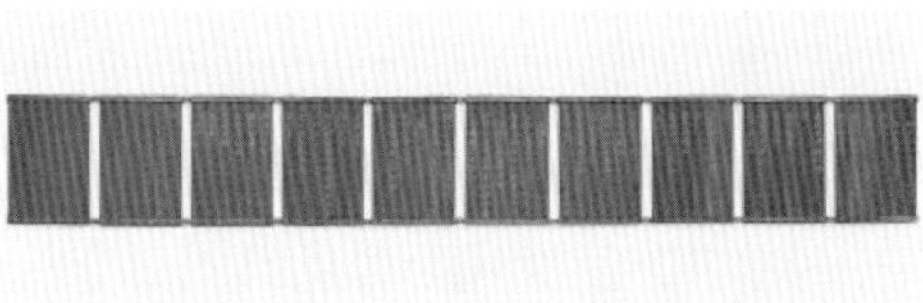 〈경혜인빈죽책〉, 1755년, 서울공예박물관					 〈책갑〉, 1755년		

1767), 예차는 영돈영부사 이천보(李天輔, 1698~1761), 죽책문 서사관은 겸이조판서 신만(申晩, 1703~1765), 예차는 행 부사직 홍계희(洪啓禧, 1703~1771)였다.[107]

이처럼 죽책은 당대의 뛰어난 문장가가 글을 짓고 서예가가 글씨를 쓰고, 각 재료를 다루고 새기고 메꾸고 뚫고 다듬고 꿰매고 감싸서 마무리하는 일은 전문 분야에 숙달된 기술을 지닌 최고의 장인들이 참여했음을 밝혔다. 특히 죽책 1점과 이를 싸는 책갑 1점 및 완충용 솜보 8점까지 유존하고 있다.

죽책은 구성된 재료가 많고 제작 단계도 복잡하여 다양한 장색(匠色)의 장인들이 세부 과정을 거쳐 죽책을 싸는 책갑과 내함 및 외궤 등을 제작

107 『敬惠仁嬪上謚號封園都監儀軌』 권1, 启辭秩. 을해(1755) 6월 초3일.

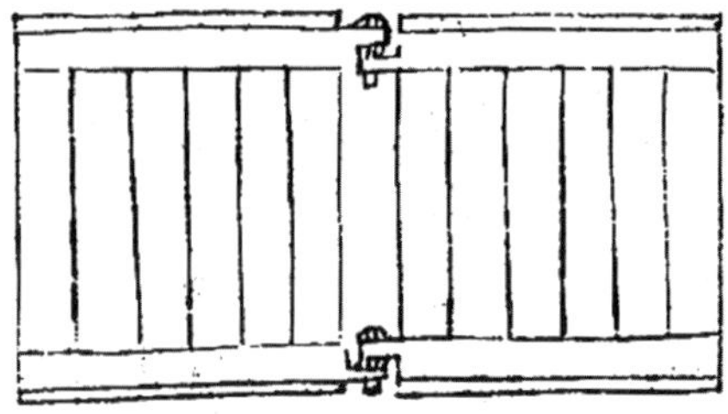

시책, 국조상례보편, 1758년

내함, 국조상례보편, 1758년

그림 16 『국조상례보편』의 시책과 내함 도설

하게 된다. 이것을 만들기 위해 먼저 죽책의 글을 제술관 유척기가 짓고, 서사관 신만이 초도서를 쓰고, 사자관 7명은 정서를 했다.[108] 사립장은 대나무를 잘라 쪼갠 후 뒤틀리지 않게 삶고, 가칠장은 주칠을 했다. 이렇게 대쪽을 일정한 크기로 만드는 작업이 선행된 후 사자관이 정서한 글자를 대나무 편에 붙이면, 각수는 글자를 새기고, 도자장은 그 옆에서 새김칼을 벼리는 일을 했다. 각수가 새긴 글자에 화원은 니금을 새긴 글씨를 채워 넣었다. 여기에 회장장은 비단을 배접하여 잘라 회장을 돌리고 앞뒤 쪽에 옷을 입히고, 두석장이 변철과 원환을 제작해 그것을 대쪽 위 회장에 올린 후 천혈장이 구멍을 뚫고 두정을 박아 마무리했다.

이처럼 1753년 숙빈과 1755년 인빈에게 시호를 올린 것이 1758년에 편찬된 『국조상례보편』에서 확인된다(그림 16). 전례서에 의하면 죽책은 소상(小喪) 때 대나무로 만든 시책으로, 길이는 9치, 넓이는 1치, 두께는 대나무의 두께에 준한다. 격자는 백숙초(白熟綃)를 사용한다. 시책을 담는 내함은 백자판(栢子板)을 쓰고 길이와 넓이는 시책에 준하되 조금 여유 있게 만

108 장경희(2021), 앞의 글.

든다. 소내상에는 흑진칠을 한다. 덮개의 경우 소상에서는 좌우에 난초를, 전후에는 매죽을 그리고, 덮개 위에는 쌍봉을 그린다.[109] 내함 안에는 홍방주를 바르고 소내상의 장식과 자물쇠는 두석을 사용한다.

(3) 1776년 저경궁의 〈인빈김씨 상시호죽책〉

1776년 정조가 인빈 김씨에게 시호를 올리며 제작한 저경궁 죽책은 현재 고려대학교박물관에 소장되어 있다. 죽책문제술관은 대제학 이휘지(李徽之, 1715~1785)이고, 예차는 예문관 제학 정존겸(鄭存謙, 1722~1794)이며, 서사관은 영중추부사 김상복(金相福, 1714~1782)이고, 예차는 판중추부사 신회(申晦, 1706~?)이다.[110] 1776년(영조 52) 정월 25일에 수여했다. 현존 유물의 크기는 세로 25cm, 길이 135cm, 두께 0.5cm, 폭 16cm, 편폭(片幅) 2.6cm, 무게 1,306g이다.

(4) 1778년 연호궁 〈정빈이씨 상시호죽책〉[111]

1778년(정조 2) 6월 2일에 정조가 정빈 이씨에게 '온희(溫僖)'라는 시호를 올린 죽책이다. 정빈은 영조의 후궁으로 진종(효장세자)을 낳았는데 1721년에 사망했다. 영조는 1725년(영조 1) 2월에 정빈이 왕세자(진종)를 낳았다고 하여 소원(昭媛)에서 정빈(靖嬪)으로 추증했고, 1764년(영조 40)에 장차 정빈의 묘소를 봉원(封園)하겠다는 기록을 남겼다.

영조의 삼년상이 끝난 1778년(정조 2) 1월에 김종수(金鍾秀, 1728~1799)가 이 일을 거론하며 봉원할 것을 요청하자,[112] 3월 18일에 정조는 정빈의 궁

109 왕과 왕비의 시책내함의 덮개 위에 쌍룡과 운기를 그리고 좌우에는 해마(海馬), 전후에는 세호(細虎)를 그리는 것과 비교된다.

110 『일성록』, 영조 52년(1776) 1월 7일(기묘).

111 신번호 종묘 13514, 구번호 어책 286. 국립고궁박물관에 소장되어 있는 연호궁 죽책의 유물 번호는 여러 번 바뀌었다.

112 『일성록』, 영조 52년(1776) 1월 7일(기묘).

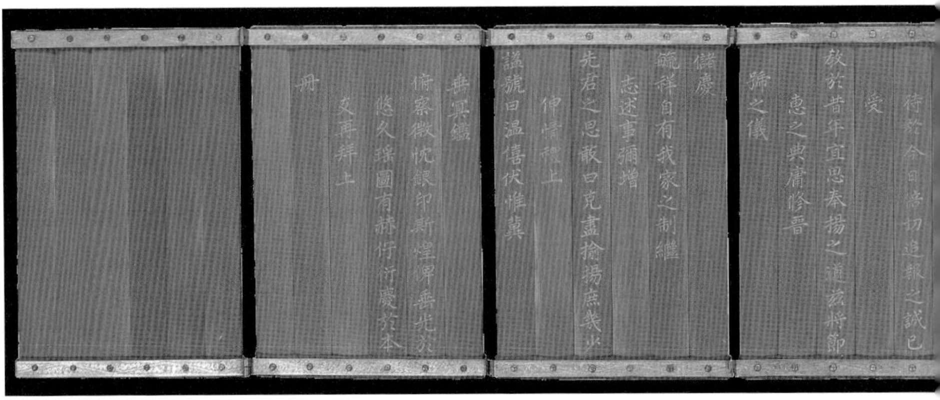

그림 17 〈정빈이씨 상시호죽책〉, 국립고궁박물관

호를 '연호', 원호를 '수길', 시호를 '온희'로 정했으며,[113] 상시봉원도감을 설치하고 시책과 시인을 만들도록 했다.[114] 도제조는 우의정 서명선(徐命善, 1728~1791), 제조 겸 예조판서 이경호(李景祜, 1705~1779), 행 호조판서 구윤옥(具允鈺, 1720~1792), 행 공조판서 홍낙성(洪樂性, 1718~1798), 행 병조판서 이휘지(李徽之, 1715~1785), 도청(都廳) 부사직 안성빈(安聖彬, 1732~?)·유항주(兪恒柱)였다.

당시 죽책문제술관은 이조참판 유언호(兪彦鎬, 1730~1796)였고 서사관은 대사헌 김익(金熤, 1723~1790)이었다. 죽책의 죽간은 6편씩 8첩이고, 극항 13자, 행 41행, 글자 수 304자로 완성했다.[115] 6월 2일에 정조는 직접 연호궁으로 행차하여 새 시호를 새긴 죽책과 은인을 올리고 제사를 지냈다. 정조의 입장에서 볼 때 정빈은 자신이 왕위를 계승한 진종의 생모였기 때문에 각별한 의리가 있었다. 정빈은 진종 이외에 화순옹주(和順翁主)를 낳았다.[116]

113 『일성록』, 영조 52년(1776) 3월 18일(기축).

114 『일성록』, 정조 2년(1778) 4월 5일(을미), 4월 7일(정유), 5월 7일(병인)

115 『조선왕조어책 고명, 죽책, 금책』, 국립고궁박물관, 2017.

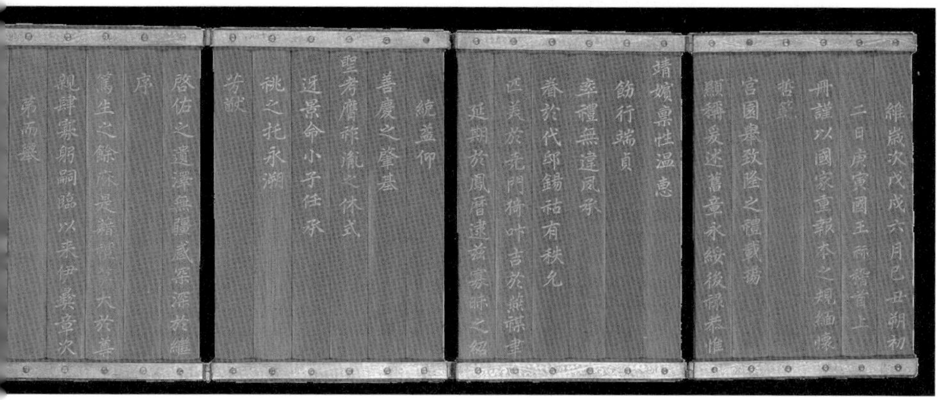

현재 〈정빈이씨 상시호죽책〉은 국립고궁박물관에 소장되어 있다(그림 17).[117] 현존 죽책 유물은 6편 8첩으로 크기는 세로 25cm, 길이 176.5cm, 두께 0.5cm, 폭 17cm, 편폭(片幅) 2.8cm, 무게 2,402g이다.

(5) 1823년 경우궁 〈유빈박씨 상시호죽책〉[118]

1823년 유빈 박씨의 사후 시책의 죽책문제술관은 호조판서 심상규(沈象奎, 1766~1838)이고, 서사관은 행 승정원도승지 박종훈(朴宗薰, 1773~1841)이었다.[119] 시책문의 초도서는 2월 8일 순조가 최종 검토했고,[120] 2월 20일에 수여되었다.

경우궁 죽책 유물은 현재 고려대학교박물관에 소장되어 있다(그림 18). 현존 죽책 유물의 크기는 세로 25cm, 길이 176.5cm, 두께 0.5cm, 폭

116 『정조실록』, 2년(1778) 3월 18일; 『승정원일기』, 정조 2년(1778) 6월 2일; 兪彦鎬, 『燕石册』 4冊, 「延祜宮上謚竹冊文」(戊戌).

117 『조선왕조어책 고명, 죽책, 금책』, 국립고궁박물관, 2017.

118 『조선왕조어책 고명, 죽책, 금책』, 국립고궁박물관, 2017.

119 『顯穆綏嬪葬禮都監儀軌』 권1, 都廳儀軌, 傳敎, 癸未正月11日.

120 『顯穆綏嬪葬禮都監儀軌』 권1, 都廳儀軌, 時日.

유빈박씨 죽책, 고려대학교박물관

그림 18 〈유빈박씨 상시호죽책〉과 초도서

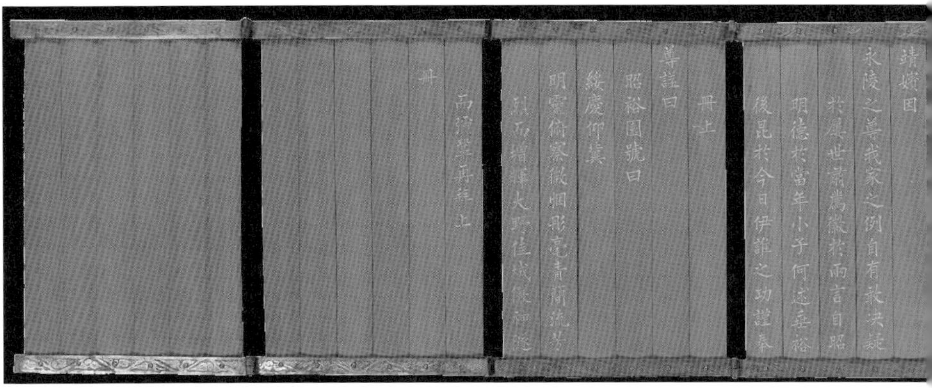

그림 19 〈영빈이씨 상시호죽책〉, 국립고궁박물관

17cm, 편폭(片幅) 2.8cm, 무게 2,402g이다. 죽책의 한자는 세로가 긴 자형으로 날렵하고 정갈한 편이나, 필사본 시책문의 글씨는 가로가 긴 자형으로 비교적 납작하다. 이를 통해 필사본 시책문은 시책문서사관 박종훈이 쓴 것이 아니라고 판단된다.[121]

121 김봉좌, 「綏嬪 朴氏 한글 冊文의 제작 배경과 특성」, 『진단학보』 129, 167~168쪽.

유빈박씨 시책 초도서

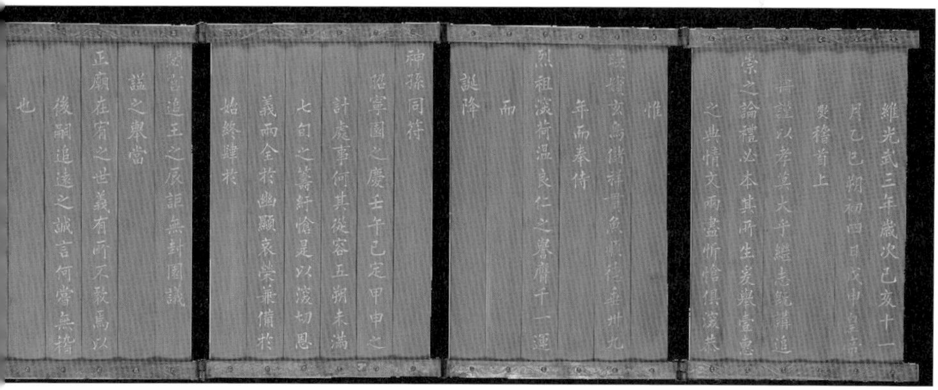

(6) 1899년 선희궁 〈영빈이씨 상시호죽책〉

영빈 이씨(1696~1764)는 영조의 후궁으로 어려서 궁중에 들어가 귀인이 되었고, 1730년(영조 6)에 영빈으로 봉해졌다. 영빈은 4명의 옹주를 낳은 뒤 1735년에 원자(사도세자)를 낳았고, 1762년 사도세자가 폐위당할 때에도 크게 동요하지 않고 자리를 지켰다. 사도세자의 삼년상이 끝나던 1764년에 세상을 떠났으며, 영조는 '의열(義烈)'이란 시호를 추증했다. 1897년에 대한제국 황제로 등극한 고종은 1899년 10월 10일에 사도세자를 국왕으로 추숭하여 장종(莊宗)이란 묘호를 올렸으며, 그의 생모인 영빈 이씨를 추숭했다. 1899년 8월 10일에 영빈에게 '소유(昭裕)'라는 존호와 '수경(綏慶)'이라는 원호를 올렸다. 죽책문제술관은 홍문관학사 김학진(金鶴鎭, 1838~?), 서사관은 학부대신 이건하(李乾夏, 1835~?)였다.

현존하는 〈영빈이씨 상시호죽책〉은 국립고궁박물관에 소장되어 있다(그림 19). 죽간은 6편이고 죽책은 8첩이며,[122] 극항 13자, 행 38행, 글자 수 295자로 완성되었다.[123] 11월 4일(음력)에 시호를 올리는 행사를 거행했다.[124]

2) 은인 제작 기록과 현존 유물

(1) 은인 제작 기록

1753년 영조는 숙빈 최씨에게 '휘덕(徽德)'이라는 시호를 올리고 이를 위해 은인(銀印)을 만들었다(표 8). 의궤에 의하면 당시 은인의 재료는 100% 순은인 천은(天銀)이고, 그 크기는 사방 3치 5푼에 두께 1치로 주성하고, 거북의 높이는 2치 2푼, 거북의 머리는 길이 1치 4푼이며, 인수는 같았다. 인통 1부는 사방 5치 6푼, 높이와 뚜껑은 5치 6푼이고 숙동에 도금했고, 내부는 다홍운문단을 발랐다.[125]

1755년 영조는 원종의 사친인 인빈 김씨에게 시호를 올리고 은인을 제작했는데, 그때 전례로 삼은 것이 1753년 자신의 사친인 숙빈 최씨에게 시호를 올리고 은인을 제작한 것이었다.

122 〈暎嬪李氏上諡號竹冊〉의 신번호는 종묘 13515, 구번호는 어책 293이다. 크기는 세로 25.2cm, 길이 141.8cm이고, 두께 0.5cm, 폭 17.2cm이며, 대쪽의 편폭(片幅)은 2.8cm이다.

123 『조선왕조어책 고명, 죽책, 금책』, 국립고궁박물관, 2017.

124 『고종실록』, 36년(1899) 9월 14일(양력).

125 『毓祥宮上諡封園都監儀軌』, 1753(규장각, 奎13495), 2방, "毓祥宮銀印 天銀 鑄成方三寸五分厚一寸 城郭四分 龜高二寸二分 龜頭長一寸四分 纓子上同 印筒一部 方五寸六分 高蓋幷五寸六分 熟銅鍍金 內塗多紅雲紋緞."

표 8 육상궁 은인 관련 의물의 도설, 1753『上諡封園都監儀軌』*

은인		인통/ 주통	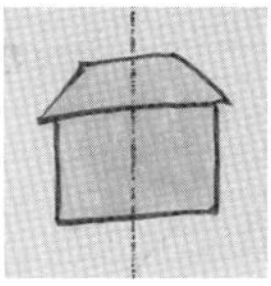	인록/ 주록		호갑	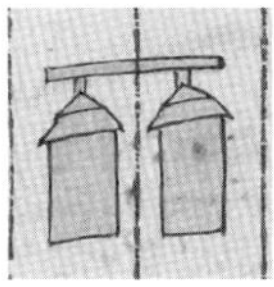	
재료	十星天銀 148냥 8돈 2푼 4리		含錫 19냥 두석 7근					흑칠배안상 전칠 5홉 매칠 2홉
	두석 28근 6냥	크기	5치 6푼	재료	栢子板	재료	黃鹿皮, 白馬皮, 靑黍皮	
	도황금 2돈	內塗	多紅綾 2자	外面	가죽	厚	四分內	
귀뉴	높이 2치 2푼	底	紅毛氈	漆	倭朱紅漆	長	一尺一寸五分	
머리	1치 4푼	內拱	雪綿子	蓋	귀장식	廣	一尺二寸五分	
인면	사방 3치 5푼	재료	동철 합금	鎖鑰				독인상
두께	1치	도금	황금					전칠1홉 매칠1홉

* 『上諡封園都監儀軌』 下, 1753(규장각, 奎14925), 「冊印造成所」.

1776년 정조는 육상궁에게 1월 7일 '수복(綏福)'이라는 존호를 올렸다.[126] 육상궁 죽책문제술관은 예문관 제학 정존겸(鄭存謙, 1722~1794)이며, 예차는 행 사직 조명정(趙明鼎, 1709~1779), 서사관은 창성위(昌城尉) 황인점(黃仁點, ?~1802), 예차는 호조판서 구윤옥(具允鈺, 1720~1792), 은인전문서사관(銀印篆文書寫官)은 광은부위(光恩副尉) 김두성(金箕性, 1752~1811), 예차는 부사직 윤동섬(尹東暹, 1710~1792)이다.[127] 1월 25일 육상궁의 죽책과 은인을 만들었고, 왕세손이 나아가 올렸다.[128] 하지만 1882년 화재로 육상궁의 죽책과 은인 등이 모두 잿더미가 되어버렸는데, 미처 추조(追造)하지 못했다.

1901년 8월 17일 『춘관통고』에 의거하여 죽책은 만들지 않고 임진년

126 『영조실록』, 52년(1776) 1월 7일; 『일성록』, 영조 52년(1776) 1월 7일(기묘).

127 『일성록』, 영조 52년(1776) 1월 7일(기묘).

128 『영조실록』, 52년(1776) 1월 25일.

의 은인만 본떠서 추조하기로 했다.[129] 18일에는 은인을 추조하여 봉안하는 길일을 정하도록 하여,[130] 8월 29일에 추조한 은인을 봉안하고 고유제를 거행하도록 했다.[131] 당시 은인전문서사관은 규장각 직학사 정인승(鄭寅昇, 1859~1938), 은인보획(銀印補劃)은 6품 정훈조(鄭勛朝), 북칠(北漆)은 6품 김성희(金成喜)였다.

1901년 12월 9일 육상궁 은인을 추후에 제작하는 추조비(追造費) 등으로 7,199원 64전 4리의 예산을 지출해달라는 청의서 105호에 의해 육상궁의 은인을 제작한 것을 알 수 있다.[132]

한편 왕의 사친에게 시호를 올리는 의례를 거행할 때 책인을 올려놓기 위한 배안상과 인상이 있다. 육상궁의 배안상은 호조에서 사용하고 보관된 것을 재수리하여 배치했고, 4각에 금전지(金牋紙)로 장식된 5폭의 4겹인 홍세주(紅細紬)로 상을 덮었으며 그 위에 삭(槊)을 넣은 것을 놓았다. 상 아래는 자적방주(紫的方紬)에 백도련주(白搗鍊紬)인 면화피(綿花被)와 솜을 넣은 백정포(白正布)로 싼 요(褥)를 깔았다. 요 위에는 길이 2척 2촌, 세로 1척 4촌의 채화석(綵花席)을 깔아 2겹으로 바닥을 마무리했다. 새로 제작된 인상의 상 위는 상건(床巾)으로 덮었고, 아래 배설은 배안상과 같다. 이는 조선 왕실에서 전해지는 도설을 통하여 양식대로 만들었고 이후로도 비슷하게 제작되었다.

가. 경혜인빈 김씨 상시호은인

1755년 인빈 김씨에게 올릴 시호은인을 만들 당시 은인을 비롯하여 인통과 주통, 인록과 주록, 호갑, 배안상과 독인상 등을 제작해야 했기 때문

129 『승정원일기』, 고종 38년(1901) 8월 17일(양력 9월 29일).

130 『승정원일기』, 고종 38년(1901) 8월 18일(양력 9월 30일).

131 『승정원일기』, 고종 38년(1901) 8월 29일(양력 10월 11일).

132 『各部請議書存案』, 1901(규장각, 奎17715); 『起案』, 1901(규장각, 奎17746).

에 장인 또한 다종다양했다. 곧 은장을 비롯하여 다회장, 인통장, 마경장, 과록장, 호갑장 등이었다. 그중 은인의 형태를 만든 장인인 은장으로는 하유복(河有福, 1725~1756 활동)을 비롯하여 8명이 동원되었다. 그중 하유복, 맹태귀(孟泰貴, 1739~1755 활동), 최대륜(崔大倫, 1748~1762 활동)은 1755년 인빈 김씨의 은인을 만들 때도 순은을 녹여 주물을 뜨는 장인으로 참여했다.[133] 인수(印綬)를 만들 때 다회장은 서태석(徐太石, 1755~1756 활동), 박동걸(朴東傑, 1752~1755년 활동), 김구령(金龜齡, 1755~1784 활동) 3명을 동원했다.[134] 은인을 넣는 인통과 인주를 넣는 주통을 만드는 장인인 인통장으로는 당시에 송룡서(宋龍瑞, 1736~1777 활동)를 동원했다. 인통의 표면을 매끈하게 만드는 마경장은 총 7명이 동원되었는데 그중 우두머리인 엄찬이(嚴贊伊, 1740~1772 활동)와 김대위(金大位, 1752~1755 활동) 및 박명휘(朴明輝, 1752~1755년 활동)는 1755년 인빈 김씨의 은인을 만들 때에도 활동했다.[135] 인록이나 주록을 제작할 때 가죽을 씌우는 과록장(裹盝匠) 오세봉(吳世奉, 1739~1762년 활동),[136] 호갑을 만든 호갑장,[137] 그리고 배안상이나 독인상을 수리할 때 칠을 하는 칠장을 동원했다.[138] 이후 1772년(영조 48) 영조는 숙빈 최씨에게 시호를 올리고 상시도감의 이방에서 은인, 인통, 주통, 인록, 주록, 호갑, 배안상, 독인상을 제작했다.[139] 귀뉴(龜紐)의 높이는 2치 2푼, 귀뉴 머리는 1치 4푼이고, 은주성(銀鑄成)은 사방이 3치 5푼, 두께가 1치의 사각형이다. 거북이 배의 구멍에는 길이가 3자 5치의 붉은 융모사(絨冒絲)가 달린 끈[纓

133 『上諡封園都監儀軌』 下, 1753(규장각, 奎14925), 「工匠秩」.

134 『上諡封園都監儀軌』 下, 1753(규장각, 奎14925), 「工匠秩」.

135 『上諡封園都監儀軌』 下, 1753(규장각, 奎14925), 「工匠秩」.

136 『上諡封園都監儀軌』 下, 1753(규장각, 奎14925), 「工匠秩」.

137 『上諡封園都監儀軌』 下, 1753(규장각, 奎14925), 「工匠秩」.

138 『上諡封園都監儀軌』 下, 1753(규장각, 奎14925), 「工匠秩」.

139 『上諡都監儀軌』, 1772(장서각, K2-3066), 이방; 『영조실록』, 48년(1772) 9월 9일.

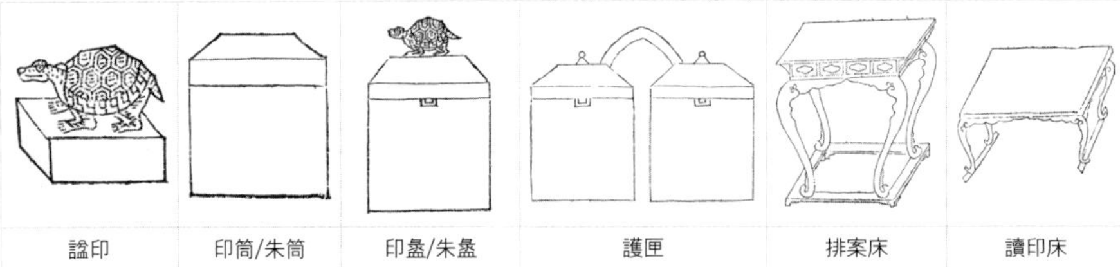

그림 20 『국조상례보편』에 도설된 어보 관련 의물

子]을 넣었다.[140]

영조 대에는 정성왕후를 비롯하여 효장세자와 사도세자 등 왕실의 상장례가 많았고 이에 영조는 『국조오례의』의 상장례를 개편하여 1758년에 『국조상례보편』을 편찬했다. 이에 의하면 왕의 사친과 격이 맞는 세자(소상)나 세자빈(소내상)의 상례 때 제작하는 도장을 왕이나 왕비의 시보와 구분하여 시인으로 불렀고 옥으로 제작했다. 크기는 사방 3치 5푼, 두께는 7푼이다. 위에는 거북이가 있는데 높이는 1치 5푼이며, 홍사로 인수를 만든다. 시인을 담는 인통과 인주를 담는 인통은 두석으로 주조하며, 사방 5치, 높이 3치 4푼, 덮개 높이 1치이다. 안에는 홍방주를 바른다. 인록과 주록은 백자판(柏子板)을 사용하여 사방 7치 7푼, 덮개까지의 높이는 8치이다. 소상의 밖은 흑서피(黑黍皮)에 흑칠을 하고 안에는 홍방주(紅紡紬)를 바른다. 호갑은 소상에 황록피(黃鹿皮)를 쓰고 안에는 백마피(白馬皮)를 쓴다.

이렇게 완성된 인장은 3중의 보자기로 싼 다음 인통과 인록, 호갑 등 3중의 함에 담아 보관했다. 가장 먼저 인장은 금전지로 싼 후 네 귀에 남융사금전지(藍絨絲金牋紙)가 매달린 보자기로 싸고, 결영자(結纓子)를 십자형으로 묶어 인통에 넣었다. 인통은 동과 철의 합금으로 통 상단은 아래통을 완전히 덮는 뚜껑식이고, 통의 크기는 5치 6푼에 황금색으로 도금했다. 통 안에는 다홍운문단을 바르고 아래는 홍모전(紅毛氈)을 깔아 보자기에

140 『毓祥宮上冊印儀』, 1753(장서각, K2-2473).

싼 은인을 넣고 빈 공간에 설면자(雪綿子)를 채워 통이 움직여도 내용물이 고정되어 있도록 했다. 인통은 다시 갑보(甲褓)로 싸서 결영자를 십자형으로 묶어 인록에 넣는다.

인록은 인통을 담는 궤로 잣나무를 사용했고, 사방에 가죽을 붙여 왜주홍칠(倭朱紅漆)을 한 겉뚜껑이다. 뚜껑 상부에는 금으로 도금된 작은 거북이 장식과 좌우에 둥근 고리로 장식했고, 자물쇠를 달아 은인을 넣어 보관했다. 마지막으로 은인을 보호하기 위한 호갑(護匣)은 황록피(黃鹿皮), 백말피(白馬皮), 청서피(青黍皮) 등으로 제작된 두 개의 상자를 연결하여 인록과 주록을 넣어 한 쌍으로 보관했다. 이상의 은인과 보관함은 왕과 왕비에게 올리는 구성과 같을 뿐 아니라 금색의 내함과 붉은색 외함의 크기와 색, 제작 및 겹겹이 쌓아 인장을 보관하는 과정까지 동일했다.

나. 1778년 연호궁 정빈 은인과 1899년 선희궁 영빈 은인

영조의 삼년상이 끝난 1778년(정조 2) 1월에 김종수(金鍾秀, 1728~1799)는 정빈을 추숭하고 이 일을 거론하며 봉원할 것을 요청했다.[141] 3월 18일에 정조는 정빈의 궁호(宮號)를 '연호(延祜)', 원호(園號)를 '수길(綏吉)', 시호(諡號)를 '온희(溫僖)'로 정했다.[142] 이를 위해 상시봉원도감을 설치했고 시책과 시인을 만들도록 했다.[143] 당시 은인전문서사관은 창성위(昌城尉) 황인점(黃仁點, ?~1802)이었다.[144] 5월 22일 연호궁에 책인을 올린 뒤 전배하고 제사를 지내도록 했다.[145] 5월 28일 연호궁의 시책(諡冊)과 시인(諡印)을 들일 때 도청을 갖추도록 했다.[146] 6월 1일 연호궁의 신문 밖 악차에 봉안했고,[147]

141 『일성록』, 정조 2년(1778) 1월 7일(무진).

142 『일성록』, 정조 2년(1778) 3월 18일(임인).

143 『일성록』, 정조 2년(1778) 4월 5일(을미), 4월 7일(정유), 5월 7일(병인).

144 『일성록』, 정조 2년(1778) 6월 2일(경인).

145 『일성록』, 정조 2년(1778) 5월 22일(신사).

6월 2일 상시를 위해 친제를 마친 다음 상시봉원도감의 당상과 낭청 이하를 시상했다.[148]

한편 1899년(고종 36) 8월 11일 선희궁에 시호를 올릴 길일을 11월 5일로 택했다.[149] 8월 30일 선희궁 시책제술관에 홍문관 학사 김학진(金鶴鎭, 1838~1917)을 선택했다.[150] 10월 27일 선희궁 시책 등이 완성되었는지 시책과 시인을 올릴 때 내입하고 내출할 장소를 중화전(中和殿)으로 결정했다.[151] 선희궁에 시책과 시인을 올리는 제사를 친행할지 섭행할지를 논의했다.[152]

(2) 국왕 사친의 인장 유물

어보 중 종묘에 소장되어 있던 현존 유물은 총 316점이다.[153] 그중 칠궁과 관련하여 현존하는 유물은 총 3점이다(표 9). 영빈 이씨의 동인과 유빈 박씨의 금인 및 순비 엄씨의 금인이 그것이다.

표 9 국왕 사친의 인장 유물

궁호	대상	명칭	내용	제작연도	재료	유물번호	소장처
선희궁	영빈 이씨	영조후궁 영빈이씨 상시호은인	상시호	1899.10.4	동인	동원1984	국립중앙박물관
경우궁	유빈 박씨	정조후궁 유빈박씨 존숭금인	존숭	1901	금인	창덕312	국립고궁박물관
덕안궁	순비 엄씨	고종후궁 순비엄씨 책봉금인	봉빈	1901	금인	신수 211	국립중앙박물관

146 『일성록』, 정조 2년(1778) 5월 28일(정해).
147 『일성록』, 정조 2년(1778) 6월 1일(기축).
148 『일성록』, 정조 2년(1778) 6월 2일(경인).
149 『승정원일기』, 고종 36년(1899) 8월 11일(양력 9월 15일).
150 『승정원일기』, 고종 36년(1899) 8월 30일(양력 10월 4일).
151 『승정원일기』, 고종 36년(1899) 10월 27일(양력 11월 29일).
152 『승정원일기』, 고종 36년(1899) 10월 29일(양력 12월 1일), 11월 1일(양력 12월 3일).
153 종묘에 소장되어 있던 어보 316점은 재질별로 금보 139점, 옥보 130점, 금인 8점, 은인 5점, 옥인 33점, 백철인 1점이다. 유물의 성격은 책봉 45점, 상존호 23점, 가상존호 84점, 추상존호 96점, 시호 53점, 휘호 14점, 기타 1점이다. 한편 칠궁에 소장되어 있던 어보는 국립중앙박물관에 2점, 국립고궁박물관에 1점이 소장되어 있으며, 성격별로는 존숭 1점, 책봉 1점, 상시호 1점이고, 재질별로 동인 1점과 금인 2점이다.

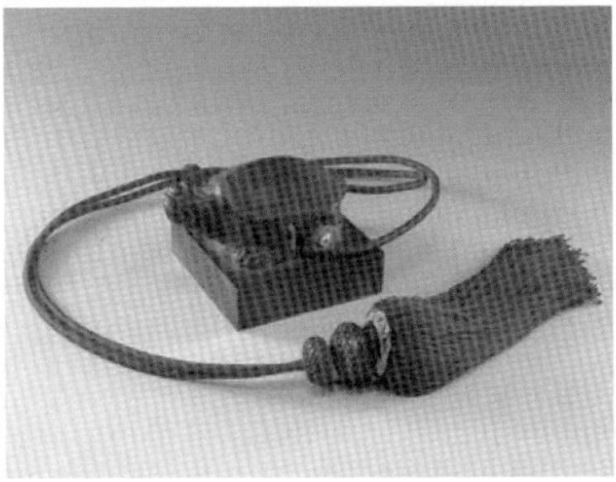

영조후궁 영빈이씨 상시호은인, 국립중앙박물관, 동원 1984

영조후궁 영빈이씨 상시호은인 보문 '昭裕暎嬪之印'

그림 21 영빈이씨 상시호은인

가. 선희궁 1899년 〈영빈이씨 상시호은인〉

영조의 후궁 영빈 이씨는 1701년(숙종 27) 궁녀로 입궁하여 1726년(영조 2) 11월 16일 내명부 종2품 숙의(淑儀)에 책봉되었다. 1728년(영조 4) 내명부 종1품 귀인(貴人)이 되었다가 1730년(영조 6) 11월 27일 내명부 정1품 빈(嬪)의 첩지를 받아 '영빈(暎嬪)'이 되었다. 1764년(영조 40) 영빈 이씨가 사망하자, 1766년(영조 42) '의열(義烈)'이라는 시호를 내렸다. 1899년(광무 3) 영빈의 아들인 사도세자가 장조(莊祖)로 추존되자 묘(墓)가 원(園)으로 승격되어 수경원(綏慶園)의 원호를 받았고, 시호 '소유(昭裕)'를 더하여 인장을 제작하여 올렸다.[154] 현재 〈영빈이씨 상시호은인〉은 국립중앙박물관에 소장되어 있다(그림 21).

나. 덕안궁 1901년 〈순비지인〉

현존하는 칠궁 관련 유물로 순헌황귀비(純獻皇貴妃) 엄씨의 금인이 있다. 귀비는 고종황제의 후궁으로 1897년 대한제국이 성립된 이후 황비로 책봉되었다. 1897년 황자(영왕)를 낳고 이틀 후 10월 22일 '귀인(貴人)',

154 『조선 왕실과 대한제국 황실 어보』, 국립고궁박물관, 2019, 183쪽, 사진 76, 사진 77.

1900년 8월 3일에 '순빈(純嬪)', 1901년 10월 14일에 '순비(純妃)', 1903년 12월 25일에 '황귀비(皇貴妃)'로 책봉되었다.

이 중 현존하는 덕안궁 관련 어보는 1901년(광무 5)의 것이다. 고종은 엄씨를 '순비'로 책봉하면서 그해 8월 12일 금책과 금인을 조성하도록 했다.[155] 8월 13일에 도감에서 시역하여, 8월 15일에 금책문 제술관은 홍문관학사 김영목(金永穆, 1834~1910), 서사관은 규장각직학사 정인승(鄭寅昇, 1859~1938)이었고, '순비지인(淳妃之印)'의 전문(篆文)은 양행배자(兩行排字)였으며, 전문의 서사관인 규장각직학사 정인승[156]이 정·부본을 써서 들였다.[157] 9월 1일 책인을 싸서 안으로 들여 습의를 한 다음, 9월 4일 책봉했다.[158] 〈순비지인〉을 만들 당시 금인을 비롯한 기물 일체의 제작 사양은 의궤의 도설에 의해 확인된다(표 10).

현재 국립중앙박물관에는 금보 귀뉴의 〈순비지인〉 유물이 현존하고 있다.[159] 금인은 천은 위에 황금으로 도금했지만 현재는 도금이 많이 벗겨져 검은색으로 보이며 사방 3치 7푼에 두께 9푼이다. '순비지인'의 글자를 새긴 외곽은 4푼이고, 거북손잡이의 높이는 1치 3푼이며, 거북 머리는 5치 5푼이다. 금인에 매단 인수(印綬)는 홍융사 2냥에 속심으로 홍향사 5돈을 넣고 지금(地金) 1장을 넣어 방울술을 매달아 만들었지만 현재는 남아 있지 않다. 책봉인의 인뉴에 머리를 앞으로 내민 거북 머리의 모습이나 거북 등의 팔각 무늬 등에서 조선시대 보인의 전통이 대한제국기에도 여전히 유지되고 있음을 확인할 수 있다. 순비 엄씨의 책봉인을 담아두었던 인통과 주통, 인록과 주록 및 호갑이나 배안상과 독인상 등 책봉 의례에

155 『淳妃冊封儀軌』, 1901(장서각, K2-2654), 金冊文.

156 『淳妃冊封儀軌』, 1901(장서각, K2-2654), 印式.

157 『淳妃冊封儀軌』, 1901(장서각, K2-2654), 庚子八月十二日.

158 『淳妃冊封儀軌』, 1901(장서각, K2-2654), 時日.

159 『조선 왕실과 대한제국 황실 어보』, 국립고궁박물관, 2019, 183쪽, 사진78, 사진79

표 10 순헌귀비 책봉 당시 〈순비지인〉과 관련 기물 도설

			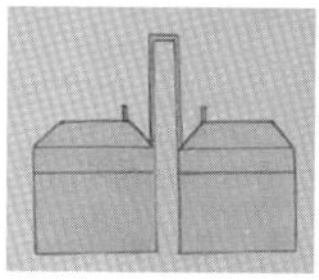		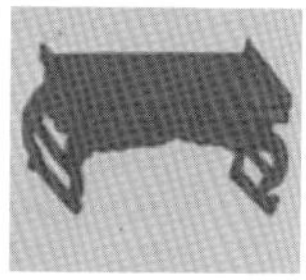
金印	**印筒/朱筒**	**印盝/朱盝**	**護匣**	**紅漆排案床 1좌**	**讀印床 1좌**
방 3치 7푼	방 6치	방 7치 5푼	黑熊皮	장 3자 2치	장 1자 8치
후 9푼	고 4치 8푼	고 7치 2푼	白馬皮	광 1자 4치	고 1자
외곽 4푼	筒外染三甫水	두석染三甫水	靑黍皮	고 2자 7치	광 1자
龜鈕高 1치 3푼	內塗紅方紗紬	시낭	黃鹿皮	唐朱紅漆	唐朱紅漆
龜頭長 5치 5푼	筒底排紅氈一片		紅鹿皮		
全體鍍黃金	豆錫 作四片	椵板 厚 반닙		椵板	椵板
	銀汗音	紫黍皮		楸木	楸木
印綬 홍융사 2냥	設齒[齒高2푼]	朱紅眞漆		椵木	椵木
속 홍향사 5돈		泥金畫雙翟		覆巾 1건/ 床巾 1건	覆巾 1건
蘇兀 地金 1장		蓋上泥金雲紋		褥 1건	褥 1건
		內塗紅方紗紬		席 1건	席 1건

의해 제작되었던 나머지 부속구의 경우 의궤에 관련 물품의 제작에 관한 기록은 남아 있으나 책봉 당시 금보를 제외한 부속물은 현존하지 않는다(그림 22).

순헌귀비 엄씨가 1911년 사망한 후[160] 시책은 금책으로 만들었고 시인(諡印)도 금인으로 만들어 기존의 후궁들과 차이를 보인다. 당시 시책문의 제술원은 남작 이용원(李容元, 1832~1911), 예차는 자작 이용식(李容植), 서사원은 남작 조동희(趙同熙, 1856~1934), 예차는 남작 성기운(成岐運, 1847~1924)이다. 은인의 경우 전문서사원은 윤용구(尹用求, 1853~1939), 예차는 남작 박기양(朴箕陽, 1856~1932)이었다.[161]

160 『純獻貴妃禮葬儀軌』, 1911(장서각, K2-2980).

161 이전까지 제술관, 서사관이었는데 이때에는 제술원, 서사원으로 불러 차이를 보인다.

고종 후궁 순비 엄씨 책봉 금보, 1901, 국립중앙박물관 소장, 신수211	고종 후궁 순비 엄씨 책봉 금보 '淳妃之印'

그림 22 순비 엄씨 책봉 금보 유물

1911년 당시 시인을 만든 내용은 의궤 기록으로 확인된다(표 11). 7월 29일 시인은 '순헌귀비지인'이며, 전문서사원인 윤용구가 정·부본 2본을 작성하여 그중 정본을 정하여 시인을 새겼다. 시인 1과는 순은(천은) 100냥, 도금용 엽금 5돈으로 금도금했으며 사방 3치 8푼, 두께 1치 2푼, 외곽은 4푼이다. 인수는 홍양사 2냥, 속감 홍향사 5돈으로 다회끈을 짜고, 방울솔을 감쌀 지금 1장 등으로 총 길이 5자였다.[162]

이렇게 순헌귀비의 평시 책인은 신축(1901) 금책 1개와 금인 1개, 계묘(1902) 금책 1개와 금인 1점이었고,[163] 1911년 사후 책인은 현존하지 않는다.

162 『純獻貴妃禮葬儀軌』, 1911(장2-2980), 諡印, "諡印一顆 用銀鍍金方三寸八分 厚一寸二分 篆刻外城郭四分 龜高四寸 龜頭長竝五寸二分 用禮器尺 腹下有橫穴 纓子用紅絨冒絲 多繪塑用紅鄉絲 方兀蘇兀具長五尺○篆文式 純獻貴妃之印]所入; 天銀一百兩, 鍍金次葉金五錢, 綬兒次紅絨絲二兩, 塑次紅鄉絲五錢, 蘇兀次紙金一張."

163 『純獻貴妃禮葬儀軌』, 1911(장2-2980), 7월 26일. 同月二六日 平時冊印 辛丑金冊一 金印一 癸卯金冊一 金印一

표 11 순헌귀비의 상시호보인과 부속구

諡印	印筒/朱筒	印盝/朱盝	護匣	紅漆排案床 1좌	讀印床 1좌
방 3치 8푼	방 6치	방 7치 5푼	黑熊皮	장 3자 2치	장 1자 8치
후 1치 2푼	고 4치 8푼	고 7치 2푼	白馬皮	광 1자 4치	고 1자
외곽 4푼	筒外染三甫水	두석染三甫水	靑黍皮	고 2자 7치	광 1자
龜鈕高 4치	內塗紅方紗紬	시낭	黃鹿皮	唐朱紅漆	唐朱紅漆
龜頭長 5치 2푼	筒底排紅氈一片		紅鹿皮		
全體鍍黃金	豆錫 作四片	椴板 厚 반닙		椴板	椴板
	銀汗音	紫黍皮		楸木	楸木
印綬 길이 5자	設齒[齒高2푼]	朱紅眞漆		椴木	椴木
홍융사 2냥		泥金畵雙翟		覆巾 1건/ 床巾 1건	覆巾 1건
속 홍향사 5돈		蓋上泥金雲紋		褥 1건	褥 1건
方兀蘇兀 지금1장		內塗紅方紗紬		席 1건	席 1건

5. 맺음말

이상과 같이 국왕의 사친을 모신 사당인 칠궁을 대상으로 정당 내부에 배치된 감실, 감실 내부에 안치된 신주와 부속구, 그리고 죽책과 교명 및 옥인 등 책인의물에 대해 문헌 기록과 현존 유물을 비교 분석하여, 18세기 말과 19세기 초 및 20세기 초로 시기를 나누어 칠궁의 의물과 기물이 지닌 조형적 특징이 변화해 가는 모습을 밝혀보려고 했다. 그 결과 알게 된 내용을 정리하면 다음과 같다.

첫째, 칠궁 정당 내 감실은 크기와 형태 및 문양에서 시기 구분이 가능했다. 먼저 1755년에 조성된 저경궁은 감실의 너비가 좁고 높이가 낮아 단출하며 2층의 상유음에 보문도 단순하여 가장 앞선 양식을 엿볼 수 있다. 다음 1777년 대빈궁 목조감실은 경우궁의 것처럼 너비가 좁고 높이가 낮으며 상유음은 1층이고 보문과 화문이 투각되어 회화성이 보였다. 1788년 선희궁 목조감실은 규모가 큰 편이고 3층의 상유음에 흑칠로 되어 있으며 1789년 문희묘 감실에 영향을 끼쳤다. 19세기 초 경우궁의 감실은 이전 시기보다 크기가 커지고 청나라의 영향을 받은 보문이나 색채로 채색되어 소박하고 질박한 조선적인 미감과 달리 다양한 문양과 화려한 색채가 특징이었다. 고종 대인 1883년 육상궁과 연호궁은 불에 타 다시 제작됐는데, 이전 시기의 것보다 상유음과 장 및 하유음에 보문이 다채롭고 화려하며 면수도 증가하여 장식성이 두드러졌다. 각면에 투각된 보문은 1면마다 2~3종류가 결합되었으며 전보, 방승, 연환, 금정, 서각, 화보, 특경, 호리병, 애엽, 여의두, 반장 등 가로로 길고 좁은 판면에 투각하기 쉬운 문양이 빈번하게 사용되었다.

둘째, 감실 내부의 신주와 관련된 부속구는 비단 신주도와 신주자, 내궤인 독좌와 외궤인 신주독을 양창독에 넣는 구조였다. 국왕 사친의 신주 형태와 부속구는 왕(왕후)의 것과 다르고 세자(세자빈)의 것과 일치하여 왕실에서 국왕 사친의 위계를 확인할 수 있었다. 특히 신주독과 개를 안치하는 양창독은 경우궁을 조성할 당시부터 보이기 시작한 것으로서 그 명칭과 존재를 확인했고, 이것을 토대로 이후 사대부의 유교식 감실로 유행했음을 밝혔다.

셋째, 국왕 사친의 책인의물은 1753년 숙빈 최씨의 상시호책인을 제작한 이후 이를 전례로 삼아 의궤에 제작의 전말이 기록되어 있다. 그러나 사친의 죽책과 은인들은 칠궁 내 책장과 인장이 아닌 각급 박물관에 산재해 있으며 죽책은 총 5점의 유물이 현존하고 도장은 은인과 금인을 포함해 총 3점이 현존하고 있다. 이것들은 그 크기나 형식에서 세자나 세자빈의 것과 같으나 크기는 약간 컸다. 특히 20세기 초 순비 엄씨의 것들은 금인으로 제작되어 이전의 것들과 재료와 양식 면에서 차이를 엿볼 수 있었다.

영빈 의열에 대한 영조와 정조의 견해

김덕수

1. 머리말

서울 종로구 궁정동에 위치한 칠궁에는 왕이나 추존왕을 낳았으나 정실 왕비에 오르지 못한 후궁 7인의 신위가 모셔져 있다. 이 가운데 선희궁(宣禧宮)은 영빈 이씨(暎嬪李氏)를 배향한 사당으로 원래 영조가 '의열(義烈)'이라 명명했으나 손자 정조의 주도로 1788년 현재 명칭으로 변경되었다. 주지하다시피 영빈은 영조의 후궁이자 사도세자의 생모로서 그녀의 고변이 임오화변의 트리거로 작용했다. 영빈의 의도와 무관하게 임오화변 이후에 사도와 영빈 두 사람은 역사적 평가의 대척점에 서게 되었다. 영조는 그녀의 결단과 충정을 기려 사당과 묘소를 공히 '의열'로 명명하더니 '의열'이란 시호까지 내렸고 서적 간행과 시문 찬술을 통해 그녀의 의열을 현양했다.

반면 사도에 대한 조치는 사뭇 달랐다. 사도 처분을 결심한 영조는 아들이 뒤주에 갇힌 아흐레 동안 사도 사후 조처 방안을 마련하기 위해 장고를 거듭한 끝에 사도 사망 직후에야 세자 위호를 회복시키며 '사도(思悼)'라는 시호를 하사했고 묘소와 사당을 공히 '사도'로 일컫다가 1764년 8월에 '수은(垂恩)'이란 이름을 내렸다. 일견 사도는 '그리워할 사'와 '슬퍼할 도'의 조합으로 읽히지만 기실 예전 잘못을 후회하다가 중년에 요절했다는 의미이고[1] 수은은 패악한 자식을 포용하여 아비로서의 은혜를 베풀

* 이 글은 김덕수, 「영빈 의열에 대한 영조와 정조의 견해」, 『한문학보』 52, 2005를 수정·보완한 것이다.

1 유장원(柳長源), 『상변통고(常變通攷)』 권16, 喪禮, 「贈諡讀誄」, "追悔前過曰思"; "年中蚤夭曰悼."

었다는 뜻이다.[2] 이는 영조가 임오화변을 국가적 차원의 정당한 처분으로 정립하려 했음을 보여준다.

생부 추숭의 의지를 품고 있던 세손 정조는 즉위하자마자 '장헌(莊獻)'이란 시호를 '거듭' 올리더니 묘묘(墓廟)를 영우원과 경모궁으로 승격시키는 한편 영빈의 궁묘(宮墓) 호칭까지 '선희'로 고쳤다. 여러 호칭에 담긴 포폄의 뜻을 불식시키기 위해서다. 한편 세손 정조는 즉위 한 달 전에 영조에게 간청하여 임오화변 관련 기록을 세초하는 데 성공했다.[3] 영조가 당시 세초를 허락한 것은 '임오년윤오월일기(壬午年閏五月日記)', 즉 임오년 윤5월에 작성된 『정원일기』, 혹은 『정원일기』에 수록된 임오화변 관련 기사였다.[4] 하지만 세초는 훨씬 더 광범위하게 이루어졌고[5] 실록 찬수 시 저본이 되는 시정기(時政記) 등의 공적 기록까지 세초되었다. 생부 사도에 관한 부정적 기억이 회자되고 양산되는 것을 원천적으로 봉쇄하고자 즉위를 목전에 둔 시점에 판단력이 흐려진 국왕 영조의 권위를 빌려 공식 기록을 선별적으로 폐기한 것이다. 따라서 정조 즉위 이후에 찬수된 『영조실록』 등에는 사도의 비행과 임오화변 관련 정보가 상당 부분 누락될 수밖에 없었고 이러한 사실은 사도 및 임오화변에 대한 영조의 판단을 재구하는 데 걸림돌로 작용한다.

2 『영조실록』, 40년(1764) 9월 3일.

3 『양조홍륜록(兩朝弘倫錄)』[한국학중앙연구원 장서각(이하 장서각), K2-663], 「王世孫上疏」, 「壬午日記洗草事大朝傳敎」.

4 『승정원일기』, 영조 52년(1776) 2월 4일, 7일.

5 『홍재전서(弘齋全書)』 권18, 行狀, 「顯隆園行狀」【己酉】, "至丙申春, 命政院日記及公家文蹟之自丁丑至壬午, 事關不忍言之文字, 幷洗草, 敎曰, 聞世孫此疏, 特許其請. 此時予心不堪傷惻." 1789년 정조는 「顯隆園行狀」과 「顯隆園誌」에서 세초 대상을 '『정원일기』 및 공가문적(公家文蹟)에 실린 정축년(1757)부터 임오년(1762)까지의 차마 말하지 못할 내용'으로 적었다. 『정원일기』 이외에 공식 기록이 포함되고, 사도세자 관련 부정적 기사의 범위도 5년이나 앞당겨진 1757년부터다. 영조가 내린 전교보다 광범위하게 세초를 진행한 셈이다. 『승정원일기』를 살펴보면 1755년과 1756년 기사 중에서도 세초된 부분이 다수 보이는데, 공히 '丙申因傳敎洗草'라고 적혀 있다. 물론 아무런 표시도 없이 세초한 경우가 훨씬 더 많거니와 세초 기사가 몇 행에 그칠 때도 있지만 10여 장을 상회할 때도 있다.

이 글에서는 영빈에 대한 영조와 정조, 두 임금의 상반된 시선을 살펴보고자 한다. 사도에 관한 부정적 기록이 의도적으로 폐기되거나 왜곡된 경우가 많은 반면, 영빈에 관한 기록은 온전한 형태로 남아 있다. 특히 영조는 임오화변 발생 시점부터 사도의 사망, 세손의 효장세자 입후, 영빈 장례 등을 거치면서 다양한 방식으로 영빈의 성취를 현창했다. 먼저 영빈의 생평을 약술한 뒤 임오화변 시 그녀의 공렬이 영조의 저술 속에서 어떻게 형상화되어 가는지 그 추이를 검토하겠다. 그리고 영빈의 의열을 현양하기 위해 어떠한 조처를 시행했는지를 아울러 고구하겠다. 영조가 추진한 일련의 조치를 바라보는 세손 정조의 마음은 자못 복잡했을 것이고 사도와 영빈에 대한 상반된 처우는 세손 정조가 즉위 이후 생부 추숭을 전격적으로 단행하는 데 적잖은 영향을 끼쳤을 것이다.

2. 영빈의 삶과 임오화변

영빈 이씨도 여느 후궁과 마찬가지로 가문과 계통이 뚜렷하지 않다. 영조의 「영빈이씨 묘지」(1764)와 정조의 「영빈행장」(1770년경)에 따르면 그녀의 본관은 전의(全義)로서 부친은 증 찬성 유번(楡蕃)이고 조부는 통훈 영임(英任)이며 증조부는 학생 정립(正立)이다.[6] 그리고 외조부는 한양김씨 학생

6 영조는 1773년에 영빈의 조부 통덕랑(通德郎) 영임(英任)과 증조부 절충장군(折衝將軍) 정립(正立)에게 각각 이조판서(吏曹判書)와 이조참의(吏曹參議)를 추증했는데 「영빈이씨지문(暎嬪李氏誌文)」에 적힌 품계와 부합하지 않는다. 『승정원일기』, 영조 49년(1773) 5월 12일. 영빈 선계의 추증은 영빈의 후궁 봉작으로 비롯된 것이다. 세손 정조가 찬술한 행장에 "벼슬아치 집안의 여자들도 이 정도 나이에는 어린아이의 습관을 벗기 어렵거늘 여항의 여자가 이렇게 조숙할 수 있는가!"라는 표현이 보이는데 이를 통해 영빈의 출신을 짐작할 수 있다.

우종(佑宗)이다. 영빈의 친정 인물 중에서 영·정조 대에 출사한 자는 영빈의 조카 이인강(李仁康), 이인강의 아들 이성묵(李性默), 이인강의 손자 이종상(李宗祥)과 이정상(李定祥) 등을 꼽을 수 있는데 모두 영빈의 후광을 입은 것이다.[7]

영빈은 1696년(숙종 22) 7월 18일 한양 관광방(觀光坊) 사제에서 태어났다. 1701년 숙종이 궁인 선발을 명했을 때 6세에 응시하여 입궐했으며 1717년 숙종의 온천 행행 시 배종 행렬에 참여하기도 했다. 그러다가 영조 즉위 이후에 그녀의 삶에 큰 변화가 찾아왔다.

> 갑진년(1724) 금상이 대통을 승계했는데 이때 궁중의 사무가 가장 많았다. 인원왕후는 빈의 식견이 빼어나고 총명함이 범상치 않다고 여겨 조서를 내려 상급사(上給事) 반열에 보임하게 했다. 주상께서 말씀하시기를 "왕가의 일에서 후사를 많이 낳는 것이 가장 중요하다. 사대부 여자 중에서 확실히 알지 못하는 사람을 선발하기보다는 궁중의 후덕한 사람을 취하는 편이 낫다"라 하더니 병오년(1726)에 책봉하여 숙의(淑儀)로 삼았다. 예부터 후궁이 처음 받는 벼슬은 숙용(淑容), 소용(昭容), 숙원(淑媛), 소원(昭媛) 등 정해진 등급이 있는데 곧장 숙의로 봉한 것은 영빈(寧嬪)의 전례를 따른 것이다.[8]

새 국왕의 등극 초기에는 궁중의 사무가 번다하기 마련이다. 영조가 즉

7 영조는 영빈이 사망하자마자 그녀의 장례 준비를 위해 삼화부사(三和府使) 이인강을 불러들여 경관직(京官職)에 제수했고 이후 이인강은 경기수사(京畿水使), 부총관(副摠管), 평안병사(平安兵使), 도감중군(都監中軍) 등을 거쳐 정조 연간에 동지중추부사를 역임했다.

8 세손 정조, 「暎嬪行狀」, "甲辰, 今上入承大統. 是時, 宮中事務最多, 仁元聖后以嬪見識過人, 聰慧不凡, 詔補上給事列. 上曰, '王家事莫大乎廣嗣續, 而與其選士夫女之未詳者, 寧取諸宮中厚德之人.' 丙午, 仍封爲淑儀. 自古後宮初授之爵, 淑容·昭容·淑媛·昭媛自有所等級, 而直封淑儀, 卽依寧嬪故事也."

위했을 때 영빈은 인원왕후의 눈에 띄어 궁인 중 가장 높은 반열에 발탁되었다가 31세의 비교적 늦은 나이에 영조의 승은을 입어 영빈 김씨(寧嬪金氏)의 전례에 따라 곧바로 숙의에 봉해졌다. 국정을 새롭게 시작하는 시기인 데다가 경종 삼년상을 마친 지 3개월밖에 지나지 않은 시점이었으므로 대간의 비판을 피할 수 없었다.[9] 더욱이 전례로 삼은 영빈 김씨는 청음 김상헌의 현손이자 영의정 김수항의 종손이다. 영빈 김씨가 당대 최고의 명문가 여식임을 감안한다면 영빈 이씨를 전격적으로 종2품 품계로 발탁한 것은 파격적인 결정이었다. 후사 생산의 중요성을 강조한 뒤 "확실히 알지 못하는 사대부 여자를 선발하기보다는 궁중의 후덕한 사람을 취하는 편이 낫다"라는 영조의 언급에서 영빈에 대한 각별한 애정이 느껴진다.

숙의로 봉해진 이듬해인 1727년에 장녀 화평옹주(1727~1748)를 출산하고 1728년에 둘째 옹주를 낳은 뒤 귀인에 진봉되었으며[10] 1729년에 셋째 옹주를 낳고 나서 그 이듬해 영빈에 책봉되었다. 이때의 영빈 책봉도 경종비 선의왕후의 국상 중에 이루어진 탓에 신료들의 따가운 시선을 피하기 어려웠다.[11] 영빈은 숙의에서 귀인이 되기까지 2년이 걸렸고 귀인에서 빈이 되기까지 2년이 걸렸다. 일개 궁인이 4년 만에 일약 내명부 정1품 빈에 오른 것이다.[12] 1732년과 1733년에도 넷째 옹주와 화협옹주(1733~1752)를 연거푸 출산했다.[13]

화평옹주를 시작으로 내리 딸만 다섯을 낳던 영빈이 1735년 창경궁 집복헌에서 사도세자를 낳았다.[14] 이때 영조의 보령이 42세였다. 손주 볼 나

9 『영조실록』, 2년(1726) 12월 13일.

10 『승정원일기』, 영조 4년(1728) 10월 8일.

11 『영조실록』, 6년(1730) 11월 27일.

12 영조, 「御製暎嬪李氏墓誌」, "丙午初封淑儀, 又封貴人, 伊後進封暎嬪, 女官極品也."

13 『승정원일기』, 영조 8년(1732) 1월 23일; 『영조실록』, 9년(1733) 3월 8일.

14 『영조실록』, 11년(1735) 1월 21일.

이에 아들을 얻은 영조는 사도 출생 직후 원자로 정하고 14개월 만에 왕세자로 책봉했다.[15] 효장세자가 죽은 지 7년이 지나도록 동궁 자리가 비어 있어 조바심을 느끼던 터라[16] 그 감회가 남달랐다. 영조는 대신들을 불러놓고 "삼종 혈맥이 끊어질 뻔하다가 비로소 이어졌다. 이제 다행히 돌아가서 열성조를 뵐 면목이 서게 되었으니 기쁜 마음이 지극하고 감회 또한 깊도다"라 말했다. 영빈은 사도를 출산한 지 3년이 지난 1738년에 마지막 딸인 화완옹주(1738~1808)를 낳았다.[17] 당시 그녀의 나이는 마흔셋이었다.

이처럼 영빈은 1남 6녀를 두었다. 6녀 중에서 장녀 화평옹주, 5녀 화협옹주, 6녀 화완옹주를 제외한 나머지 세 딸은 봉작도 되기 전에 요절했다. 그리고 화평옹주와 화협옹주도 영빈보다 10여 년 앞서 사망했으며 화완옹주는 정조 즉위 직후에 서인으로 강등되어 유배되고 그녀의 양자 정후겸은 사사되었다. 무엇보다 왕세자로서 10여 년 동안 대리청정하던 외아들 사도도 28세의 나이로 비운의 죽음을 맞았다. 더욱이 아들의 죽음에 결정적인 역할을 한 것이 영빈 자신이었다. 영조의 총애를 입어 내관으로서 탄탄대로를 걷게 되었으나 영빈의 삶은 시련과 고난으로 점철되었다.

아들이 태어난 날 원자로 정하고 14개월 만에 세자로 책봉한 것은 사도에 대한 영조의 기대를 여실히 보여준다. 부왕의 기대에 부응이라도 하듯이 어린 사도는 자못 영민한 면모를 보였다. 그러나 영조의 지나친 기대는 어느새 혹독한 교육열로 바뀌었고 어린 사도는 시강원 관원에 둘러싸인 채 무거운 책과 씨름해야 했다. 1735년 4월에 갓 80일 된 아들을 위해 「춘궁육잠(春宮六箴)」을 지어 국왕의 덕목을 훈계하는 것을 시작으로 영조가 사도를 훈도하고자 찬술한 글은 50종을 상회한다.[18] 인내와 독서를 통

15 『영조실록』, 12년(1736) 3월 15일.

16 『영조실록』, 9년(1733) 3월 8일.

17 『승정원일기』, 영조 14년(1738) 2월 12일.

18 『春宮六箴及戒諭集』(장서각, K2-1958).

한 공부가 최선이라고 여겼기에 신교(身教)보다는 언교(言教)에 치중했으며 동궁의 학문에 대한 염려로 밤낮없이 전전긍긍했다.[19]

사도는 13세경 이미 공부에 염증을 느끼며 부왕의 눈치를 보기 시작했다.[20] 9세 무렵부터 지나치게 침묵하는 성향을 보이더니[21] 시강원 관원과의 강학을 진행하기 어려울 만큼 질문이나 답변 없이 침묵으로 일관했으며[22] 어느 순간부터는 한번 폭발하면 제어하기 어려운 다혈질적 기질을 보이기 시작했다.[23] 천성이 민첩하지 못한 사도는 매사에 치밀하고 엄격한 영조의 마음을 충족시키지 못했다. 실례로 식습관의 경우도 그렇다. 영조가 채식과 소식의 실천으로 노년까지 건강을 유지한 반면, 사도는 10세가 되기 전에 소아 비만으로 소변을 참지 못하고 연신 땀을 흘려 영조와 내의원의 근심을 샀고 14세 때 큰 덩치 탓에 영조가 세제 시절에 타던 수레를 타지 못했을 뿐만 아니라 신발을 질질 끌며 걸었고 오십 대 중반의 부왕을 뒤따라 걷는 것조차 힘에 부쳤다.[24] 무엇보다 학문적 성취가 요원해지자 영조의 실망과 분노는 걷잡을 수 없을 만큼 커졌다. 사도는 공부에 싫증을 느낀 나머지 온갖 핑계로 강학을 건너뛰기 일쑤였고 춘방 관원을 대놓고 무시했으며 서연이나 소대 시 침묵으로 일관했다.

영조는 세자의 일거일동이 못마땅했고 사도는 이런 부왕을 두려워했다. 이 악순환의 고리가 반복되면서 부자간의 갈등은 회복 불가능한 단계로 접어들었다. 사도 본인도 인지하고 염려하던 초기 울화병은 어느새 극심한 정신질환으로 이어졌고[25] 광적인 증상과 기행이 잦아지더니 결국 사

19 『영조실록』, 23년(1747) 3월 15일.

20 『영조실록』, 23년(1747) 10월 3일.

21 『승정원일기』, 영조 19년(1743) 9월 5일, 영조 22년(1746) 2월 2일.

22 『승정원일기』, 영조 22년(1746) 9월 21일, 12월 26일.

23 『영조실록』, 24년(1748) 10월 22일; 『승정원일기』 영조 25년(1749) 7월 28일.

24 『승정원일기』, 영조 24년(1748) 2월 26일.

25 『사도세자 예찰첩』(일본 야마구치 현립도서관 소장, 국외소재문화유산재단 제공), "余本人難知

도를 삼켜버렸다. 누차 자살 소동을 벌이고 남몰래 춘화와 음란소설을 탐독하고 옷을 입지 못하는 의대증에 걸리고 아랫사람에게 혹형을 가하고 아랫사람을 100명 넘게 죽이고 궁 밖을 몰래 출입하다가 급기야 평양까지 다녀왔다. 모두 대리청정 기간에 있던 일이다. 사도 주변에는 조정 대신과 시강원 관원이 아닌, 내관과 별감, 군관 등이 포진해 있었었다.[26]

사도의 일탈과 기행이 엽기적으로 변하더니 끝내 부왕의 역린을 건드렸다. 임오화변 20일 전 나경언의 고변으로 사도가 왕손의 어미를 죽이고 비구니를 궁에 들이고 평양에 몰래 다녀온 사실 등이 공론화되었다.[27] 영조는 세자 폐위를 마음먹었으나 차마 입이 떨어지지 않았다. 그러던 차에 1762년 윤5월 13일 이른 아침 사도의 생모 영빈이 경희궁으로 찾아와 아들의 죄상을 고하며 대처분을 요구했다. 사도를 처분하기로 마음먹은 영조는 바로 그날 세자를 뒤주에 가두고 나서 자정이 지났을 무렵 「폐세자반교문(廢世子頒敎文)」을 친히 써서 경향에 반포했다.[28] 다음은 반교문의 전문이다.

> 왕은 말하노라. 세자의 광패(狂悖)함이 지난 역사에도 없던 것이니 종사를 위하여 어찌 한번 효유하고 싶지 않았겠냐마는 지금까지 노심초사한 것은 자애의 뜻이다. ①<u>지금 만고에 없던 윤상(倫常)의 변고에 이르렀기에 오늘 휘령전에 아뢰고 나서 패악한 아들 아무개를 우선 대내에 엄히</u>

鬱火之症", "我一病沈篤, 差愈無期, 但爲撫心悶焉."

26 한국학중앙연구원 장서각, 『사도세자와 두 임금의 시선』, 한국학중앙연구원 출판부, 2024, 57~125쪽.

27 『영조실록』, 38년(1762) 5월 22일.

28 영조가 승하 직전에 세손의 간청으로 『승정원일기』 및 공식 기록물에서 임오화변 관련 기록을 세초함으로써 당시 경향에 반포된 「폐세자반교문」 역시 관찬 기록에서 자취를 감추었다. 다행히 권정침(權正忱)의 『모년기사(某年記事)』, 박종겸(朴宗謙)의 『현구기(玄駒記)』, 박하원(朴夏源)의 『대천록(待闡錄)』 등에 해당 반교문이 실려 있다. 각각의 글들 간에 글자의 출입이 보이는데 자형과 전후 문맥을 감안하여 「폐세자반교문」 정본을 만들어 보았다.

가두고 세자의 직위를 폐하여 서인으로 삼는다는 전교를 내린다. 그 본래의 일에 대해 중외에서 어찌 알겠는가! 한 건을 써서 내리니 일체 반포하라.

또 하교하였다. "아아! 아무개가 광패한 탓에 밤낮으로 종사와 백성을 위해 노심초사했으나 나와는 부자의 인륜이 있거늘 어찌 ②이 지경에 이르렀는가! 오늘 영빈이 눈물을 흘리며 내게 말했다.

③ "세자가 죽인 내관, 나인, 노비 등이 100여 명에 이르고 낙형 등의 참혹한 형상은 이루 말할 수 없는데 그 형구는 모두 내수사 등에 있는 것을 수없이 가져다 썼습니다. 또 장번(長番) 내관을 내쫓고 어린 내관, 별감들과 밤낮으로 함께 지내면서 궁중의 물품을 두루 나눠주었습니다. 이 무리는 기생, 승려들과 밤낮으로 음란한 짓을 일삼았으며 제 시종을 불러다 가두기도 했습니다. 근자에 그릇된 일을 꾸미는 것이 특히 심해져 한번 아뢰고 싶었으나 모자간의 은정 때문에 차마 아뢰지 못했습니다. 최근에는 궁궐 후원에 무덤을 만들더니 감히 말할 수 없는 분[不敢言之地]을 묻고자 했는데 시중드는 사람에게 머리를 풀어헤치고 날카로운 칼을 곁에 두게 하여 불측한 일[不測之事]을 저지르려 했습니다. 지난번 창덕궁에 갔을 때도 거의 죽을 뻔하다가 간신히 모면했습니다. 제 한 몸이야 비록 돌아볼 것이 없다 해도 삼가 주상의 옥체[聖躬]를 생각건대 어찌 감히 아뢰지 않겠습니까. 이러한 이유로 지난번 궐문에서 기우제를 지낼 때 마음속으로 기원하기를 '주상의 옥체가 평안하다면 사흘 안에 비가 내릴 것이고, 패악한 아들이 뜻을 얻게 된다면 비가 내리지 않을 것이다'라고 했습니다. 과연 비가 내렸고 이로부터 마음이 조금 안정되었습니다. 그런데 지금은 옥체의 위기가 호흡지간에 박두해 있으니(聖躬之危, 迫在呼吸) 어찌 감히 사사로운 정에 이끌려 아뢰지 않겠으며 이러한 때 어찌 느긋한 모습으로 궐문에 이를 수 있겠습니까." 영빈은 말을 마치더니 비 오듯 눈물을 흘렸다.

아아! 저 하늘이 나로 하여금 위기에서 벗어나게 하려고 ④이러한 일이 있게 되었다. ⑤이 말을 듣자마자 즉시 어가를 준비시켰으니 일의 기미가 먼저 새 나갈까 봐 염려했기 때문이다. 아아! 말하기 어려운 변고가 있었기 때문에 기우제를 핑계 대고 이곳에 오게 된 일은 이미 선원전에 소상히 아뢰었다. 아아! 백발의 노인이 지난 역사에도 없던 일을 늘그막에 만났으니 무슨 낯으로 절을 하겠는가. 비록 미쳤다고는 하나 종사와 백성을 위해 어찌 처분을 내리지 않겠는가. 친히 이 글을 쓰노라니 눈물이 적삼을 적신다. 휘령전으로 와서 처분한 데에는 정성왕후와 함께 처분한다는 의미도 있다. 대내에 엄히 가둔 것에서 여러 신하들은 낙선(樂善)의 의지를 보지 못했는가. 소중한 것이 무엇인지를 생각하니 마음과 등골이 다 서늘해진다. 아! 대리청정 14년 만에 부득이 정사에 복귀하면서 예전 초심을 돌아보니 눈물을 삼키며 탄식하게 된다. 대리청정을 명했을 때 이미 포고했으므로 지금 다시 알리지 않을 수 없다. 일체의 내용을 포고하여 경향으로 하여금 모두 알게끔 하라."【영빈의 말이 어찌 이와 같은가! 골육을 무고하는 말이 사람의 마음과 등골을 서늘하게 만든다.】[29]

29 권정침(權正沈), 「폐세자반교전지(廢世子頒教傳旨)」(『某年記事』, 국사편찬위원회, 유리필름자료), "王若曰, 世子狂悖, 往牒所無, 爲宗社, 豈不欲一喩, 尙今焦心, 卽慈意也. 今則乃至於萬古所無倫常之變. 故今日已奏徽寧殿, 悖子某爲先自內嚴囚, 仍下廢爲庶人之敎. 其本事, 中外何以知之, 一件書下, 一體頒布. 又下敎曰, 嗚呼! 某之狂悖, 夙夜爲宗社生民焦心, 於予有父子之倫, 豈至於此! 今暎嬪流涕謂予曰, '世子戕殺中官內人奴屬, 將至百餘, 而烙刑等慘忍之狀, 不可勝言, 而其刑具皆在於內司等處, 無限取用. 長番中官逐之, 只小中官·別監, 晝夜同處, 取用遍賜, 此輩, 妓生·僧屬, 淫褻晝夜, 余之侍人, 招來拘囚. 近日飾非忒甚, 欲一奏之, 而以母子之恩, 不忍以奏. 近日, 御苑中造塚欲埋不敢言之地, 令侍人被髮, 傍置利劍, 欲行不測之事. 頃日往彼闕, 幾乎被殺, 僅以身免. 一身雖不可顧, 仰念聖躬, 何敢不奏! 若此之故, 頃日祈雨御門露處之時, 心自祝曰, 聖躬若便, 則三日內雨下, 悖子若得志, 不雨矣. 果雨, 從此心稍定矣. 今則聖躬之危, 迫在呼吸, 何敢牽私不奏, 此時其可雍容臨門!' 言畢, 淚下若雨. 嗚呼! 蒼天使予其能免而有此擧. 聞此言, 卽日命駕, 恐事機先泄. 嗚呼! 有難言之變, 故托祈雨而來此之事已詳奏矣. 嗚呼! 白首暮年遭往牒所無之事, 何顔以拜! 爲宗社爲生民, 雖曰狂, 何不處分! 親寫于此, 涕沾于衫. 往徽寧殿處分, 亦與貞聖同處之意也. 噫! 旣已處分, 則一號令之事也. 自內嚴囚者, 諸臣不見樂善乎! 思所重, 心骨俱冷. 噫! 代理十四年, 不獲已復政, 自顧初心, 飮涕自歎, 而命代理時旣已下

영조는 어제 「폐세자반교문」을 통해 자신의 아들이자 일국의 세자를 처분할 수밖에 없는 근거를 제시했다. 살인, 혹형, 음행, 영빈에 대한 위협 등은 차치하더라도 궁궐 후원에 조성한 영조 무덤과 영조 시해 시도는 패륜을 넘어 대역의 죄다. 일국의 세자일지라도 죽음을 면하기 어려운 사안이다. 영조의 말대로 비록 미쳤다고는 하나 종사와 백성을 위해 처분을 내리지 않을 수 없다. 영조는 서둘러 기우제 설행을 핑계로 창경궁에 행차했다. 일의 기미가 사전에 누설될까 염려했기 때문이다. 비상사태에 준하는 경호경비를 명했다. 궐문과 도성문은 통제되었고 삼군영과 호위청 군사가 즉시 소집되었다.[30] 그리고 선원전에 가서 부왕 숙종에게 그 사유를 고한 뒤 죽은 아내의 혼전인 휘령전에서 세자를 폐하여 서인으로 삼겠다는 명을 구두로 내림으로써 세자와 춘방의 권한을 박탈하더니 자신의 의지를 끝내 관철시켰다. 폭염이 한창일 때 사도는 뒤주에 갇힌 채 아흐레 만에 사망했다.

반교문 서두에서 '만고에 없던 윤상의 변고'로 인해 패악한 사도세자의 직위를 폐하여 서인으로 삼는다는 점과 그 변고의 실체를 중외에 알리기 위해 본 반교문을 작성한다는 점을 언급하더니(①) 영빈이 당일 새벽 자신에게 고했던 말을 직접화법으로 서술하며 변고의 실체를 제시했다.(③) ①

布, 不可不再諭. 一體布諭, 令中外咸使聞知.【暎嬪之言, 豈如是也! 誣人骨肉之言, 令人心骨俱冷.】" 【 】안의 내용은 권정침이 영빈에 대한 불편한 감정을 표출하기 위해 써넣은 것으로 추정된다. 정조 연간에 찬수된 『영조실록』에도 임오화변 당일 영빈의 고변과 영조의 세자 처분을 두고 "갑자기 유언비어가 안에서부터 일어나서 임금의 마음이 놀랐다", "영빈은 바로 세자의 탄생모 이씨로서 임금에게 밀고한 자였다", "전하께서 깊은 궁궐에 있는 한 여자의 말로 인해서 국본을 흔들려 하십니까?"라는 기술이 보인다. 실록 찬수자가 임오화변 당일 기술에 자신의 감정과 판단을 투영한 것이다. 『영조실록』, 38년(1762) 윤5월 13일, "忽有飛語, 從中而起, 上意驚動."; "上敎愈嚴, 微陳暎嬪之所告, 暎嬪卽世子誕生母李氏, 而有所密告於上者也"; "殿下以深宮一女子之言, 動搖國本乎!" 반면 『영조실록』, 38년(1762) 윤5월 28일조에는 "13일의 일은 성상께서 종사를 위해 부득이 했던 일이었다(十三日事, 卽聖上爲宗社不得已之擧)"라는 사신(史臣)의 평이 실려 있는데 영조의 결단을 긍정적으로 평가한 것이다.

30 『호위청등록(扈衛廳謄錄)』; 『훈국집사청등록(訓局執事廳謄錄)』; 『영조실록』, 38년(1762) 윤5월 13일.

에 대한 근거가 ③, 즉 영빈의 고변인 셈이다. ②의 '이 지경'도, ④의 '이러한 일'도, ⑤의 '이 말'도 모두 영빈이 고한 것이다. 본 반교문의 절반 가까이가 영빈의 고변으로 구성되어 있고 사도 처분의 당위성도 모두 영빈의 입론에 근거한다. 사도의 장인 홍봉한은 영조의 사도 처분이 사사로운 감정에 따르지 않고 공적인 의리를 지킨 것이라고 여겼다.[31] 이른바 임오의리다. 임오의리는 영조와 영빈 두 사람에 의해 만들어졌다. 사사로운 감정 대신에 공적인 의리를 선택했기 때문이다. 하지만 위 반교문에서도 기술했듯이 사사로운 정을 끊고 아들의 죄상을 고변함으로써 사도 처분의 전기를 마련한 것은 영빈이다. 영조의 지시대로 어제 반교문은 경향에 반포되었으며 영빈은 국왕 영조의 다양한 현창 활동에 힘입어 임오화변의 주인공으로 각인되었다.

3. 국왕 영조의 영빈 의열 현창

1) 임오화변 직후의 영빈 공적 기술

사도가 아흐레 만에 사망하자 영조는 세손과 대신들을 의식해 세자의 위호를 회복시키고 시호 '사도'를 하사했다.[32] 장례는 정해진 규식을 따르지 않고 최대한 간략히 진행했으며[33] 묘소와 사당도 절용의 원칙에 따라

31 『영조실록』, 38년(1762) 8월 26일, "哀痛自哀痛, 義理自義理, 其不可因其哀痛之私, 掩此義理之公則明矣. 雖使聖人復起, 亦不能易此言矣."

32 『사도세자상등록(思悼世子喪謄錄)』, 「壬午閏五月二十一日」, "其在世, 則爲宗社·爲生民, 不獲已處分, 而旣聞此報之後, 庶人雖無謂, 豈不思也卅載父子之恩乎! 顧世孫之心, 諒大臣之意, 只復其號, 而兼謚以名曰思悼世子."

일반 왕세자보다 낮게 대우했다. 사망 이튿날 영조는 사도를 추모하는 최초의 제문을 지었다. 망자를 애도하는 글임에도 불구하고 부자로서의 인연이 세자의 잘못으로 끝났음을 언급하더니 전편에 걸쳐 세자의 악행과 불효를 꼬집으며 사도에 대한 원망의 뜻을 노골적으로 표출했다.[34] 이러한 경향은 '사도'와 '수은'이란 호칭에도 드러나거니와 두 달 뒤에 찬술한 사도세자 지문(誌文)[35]과 일 년 뒤에 지은 연제(練祭) 제문에서도 분명하게 나타난다.[36]

사도 사망 후 일주일이 지났을 때 홍봉한은 임오화변 시 영조의 결단을 흠앙했고,[37] 영조는 1761년 4월 사도의 평양 잠행 직후에 성균관 유생으로서 상서(上書)하여 세자의 비정상적인 일상과 유람을 경계했던 인물들을 친히 소견하며 벼슬을 내리기도 했다.[38] 사도 장례일에 사도묘(思悼墓)에 거둥한 영조는 친히 신주에 글씨를 쓰며 이렇게 말했다.

> 13일의 일은 종사에 관계된 것이다. 그때 아버지라고 부르는 소리를 처음 들었으니 오늘은 아버지를 부른 마음에 보답하려 한다. 하나는 내가 20년 부자로서의 은혜를 끝맺으려 온 것이고 하나는 내가 친히 제주(題主)하고자 하는 것이다. 내가 친히 제주한다면 훗날 신주를 묻자는 논의

33 『영조실록』, 38년(1762) 윤5월 21일.

34 『제문등초(祭文謄抄)』(국립중앙도서관, 古5213-92), 「英祖祭思悼世子文」.

35 「御製思悼世子墓誌」(국립중앙박물관, 신수3793). 본 지문에서도 세자가 영민한 자질을 지녔으나 소인배들과 어울리며 무도해졌고 안락한 환경에서 자란 탓에 마음을 통제하지 못하다가 결국 광인이 되어 미증유의 일을 저질렀다고 기술했다. 전체적으로 사도세자 처분의 정당성을 기술하는 데 초점을 맞췄다. 사도 사후에 세자 위호를 회복하고 '사도'라는 시호를 내린 것은 세자를 위해서가 아니라 아비로서의 은혜와 의리 때문이고 자신이 손수 지문을 지었으니 세자는 더 이상 유감이 없을 것이라고 적었다.

36 『영종대왕어제(英宗大王御製)』(장서각, K4-5654) 제2책, 「二十一日練祭文」.

37 『영조실록』, 38년(1762) 윤5월 28일.

38 『영조실록』, 38년(1762) 6월 28일; 『승정원일기』, 영조 38년(1762) 7월 22일. 영조는 사도의 비행을 간했던 성균관 유생에게 벼슬을 내리며 "이것은 벼슬아치도 하지 못한 것을 유생이 한 것이다"라 말했다.

가 필시 없을 것이다. 훗날의 일을 비록 경들이라 해도 어찌 알 수 있겠는가![39]

영조가 사도 신주를 손수 쓴 이유는 사도가 뒤주에 갇히던 날에 난생처음 '아버지'라고 부른 것에 보답하기 위해서고 자신이 어필로 신주를 쓰면 추후라도 신주를 묻어버리자는 논의가 없을 것이기 때문이다. 시호 개정이나 존호 추상을 미연에 차단하기 위한 조처인 셈이다.[40]

사도 장례 직후에는 세손을 위해 동궁의 위호를 정하며 삼종의 혈맥이 오직 세손에게 있음을 천명했다.[41] 그리고 사도를 비호하다가 사사된 조재호의 일을 홍봉한의 요청에 따라 책으로 만들도록 명했는데 당시 홍봉한은 이렇게 말했다.

이것에 대해 말하고 싶은 것이 세 단계가 있습니다. 그때 영빈이 아뢴 것은 오로지 주상을 위해서인데 주상께서 결단하여 행한 것이고, 그다음은 신이 주상의 뜻을 받들어 행한 것이고, 그다음은 여러 신하들이 받들어 행한 것입니다. 그러나 장래의 인심이 오늘 전하 목전의 상황과 달라질까 염려되니 의당 사람들이 감히 말할 수 없는 방도를 먼저 마련해야 합니다.[42]

명찬 서적의 간행을 통해 사도 처분의 의리와 조재호 등의 죄상을 공식

39 『영조실록』, 38년(1762) 7월 23일.

40 사도의 대상(大祥)이 끝나기 전에 영조는 세손을 효장세자의 후사로 삼으면서 세손에게 "만일 다시 이 일을 들추어내는 자가 있다면 이는 아비도 없고 임금도 없는 역신이며, 너도 혹 그러한 말에 동요된다면 이 또한 할아비를 잊고 아비를 잊은 불효가 된다", "장례일에 친히 신주에 글씨를 쓴 것도 너의 도리에 어찌 감히 손을 대겠으며 우리나라 신하로서 누가 감히 함부로 논하겠는가!"라 말했다. 『영조실록』, 40년(1764) 2월 23일.

41 『영조실록』, 38년(1762) 7월 24일, 8월 1일.

42 『영조실록』, 38년(1762) 8월 12일.

적으로 천명함으로써 훗날 있을지도 모를 사도 처분에 대한 이견과 반박에 대비하자는 것이다.[43] 홍봉한은 임오화변 과정을 세 단계로 요약하면서 영빈의 고변과 이로 인한 영조의 판단과 결행이 임오화변의 단초가 되었음을 강조했다. 이것이 임오화변 이후 영빈에 관한 첫 번째 공식적인 기술이다. 얼마 뒤 홍봉한은 사도 죽음과 관련된 차자(箚子)를 올리며 영빈의 입장에 대해 적었다.

> 사세가 말하기 어려운 상황에 이르자 부득이 전하를 위해 울면서 고했습니다. 대의 앞에서 사사로운 은혜를 끊는 것은 남자도 하기 어려운 일인데 부인으로서 해낸 것입니다. 성상을 보호하고 종사를 편안케 한 지극한 정성과 통달한 식견은 진실로 후세에도 할 말이 있게 될 것입니다.[44]

영빈이 부득이한 상황에서 '대의를 위해 사사로운 은혜를 끊고(當大義割私恩)' 고변함으로써 '성상을 보호하고 종사를 안정시킨(護聖躬安宗社)' 공로를 강조하면서 그녀의 정성과 식견을 한껏 예찬했다. 이어서 "애통함은 애통함이요 의리는 의리이니 사사로운 애통함 때문에 공적인 의리를 가릴 수 없다는 것은 분명합니다. 비록 성인이 다시 살아난다 해도 이 말은 바꿀 수 없습니다"라 말하며 사도 처분이 공적인 의리였음을 밝히자[45] 영조도 비답에서 '이의제은(以義制恩)'이란 표현을 활용하여 "13일의 일은 종사와 국가를 위한 것이 중요했기 때문에 의리로써 은혜를 절제한 것이다"라고 했다.[46] 그리고 자신이 찬술했던 「폐세자반교문」과 당일 홍봉한의 차자

43 처음에는 책 제목을 '수의록(垂義錄)'으로 정했다가 추후에 '봉교엄변록(奉敎嚴辨錄)'으로 확정했다. 이 책의 성격이 '의리를 드리우다', '전교를 받들어 엄정히 변별하다'라는 서명에서 분명히 드러난다.

44 『영조실록』, 38년(1762) 8월 26일.

45 『영조실록』, 38년(1762) 8월 26일, "哀痛自哀痛, 義理自義理, 其不可因其哀痛之私, 掩此義理之公則明矣. 雖使聖人復起, 亦不能易此言矣."

및 자신의 비답을 사각(史閣)에 간직하여 소인들의 참언을 막고 뒷세상에 의리를 엄하게 할 것을 지시했다.[47]

영조는 사도의 삼년상이 끝나기 전에 세손을 효장의 후사로 삼으며 사도에 대한 일체의 추숭을 금지시켰다. 1764년 선원전을 참배하더니 부왕 숙종에게 "제 모습이 그래도 이만한 것은 재작년 5월 이후로 국가를 위해 마음 졸이던 근심이 다소 풀렸기 때문입니다"라 아뢰었다. 국가의 안녕에 커다란 걸림돌로 작용하던 사도를 처분했으므로 마음속 근심이 해소되었다는 의미다.[48] 이어서 사도가 죽자마자 세손을 효장의 후사로 삼고자 했으나 뜻을 이루지 못하다가 이제 세손으로 효장의 계통을 승계하겠다고 고유했다. 끝으로 홍봉한의 요청으로 이날 고유한 어제문(御製文)을 사각에 보관하고 중외에 반시하도록 했다. 홍봉한이 간청한 까닭은 훗날 세손 정조가 하문할 때를 대비하기 위해서다.

며칠 뒤 영조는 세손을 불러 효장세자 계통 승계의 의미와 동궁으로서 세손의 책무에 대해 권면했다. 영조는 효장세자 계통 승계가 중도에 끊어진 종통을 다시 잇는 조치임을 천명하는 한편 2년 전 사도의 처분과 영빈의 결행이 종국(宗國)을 위한 결정이었음을 재차 강조하면서 추후 임오화변을 들추어내는 자가 있다면 이는 아비도 없고 임금도 없는 역신이니 가차 없이 중률로 처단할 것과 한 글자라도 사도를 높이지 말 것을 신신당부했다.[49] 영조는 이날 세손에게 권면한 말을 청사(青史)에 쓰고 조보에 반포하게 했으며 춘궁으로 하여금 써서 올리게 하여 세손이 조석으로 살필 수 있게 했다.[50]

46 『영조실록』, 38년(1762) 8월 26일, "十三日之事, 所重者爲宗國, 以義制恩."

47 『영조실록』, 38년(1762) 8월 26일, "將十三日下敎及卿箚與批答, 莊于史閣, 杜宵小之讒, 嚴義理於來世."

48 『승정원일기』, 영조 40년(1764) 2월 20일, "神貌猶若此者, 再昨仲夏以後, 爲宗國煎于中者小弛故也."

49 『승정원일기』, 영조 40년(1764) 2월 23일.

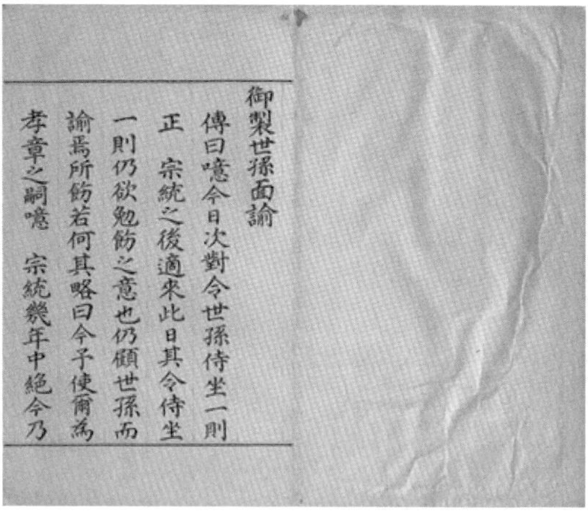
御製世孫面諭
傳曰噫今日次對令世孫侍坐一則
正 宗統之後適來此日其令侍坐
一則仍欲勉飭之意也仍顧世孫而
諭焉所飭若何其略曰今予使爾爲
孝章之嗣噫 宗統幾年中絕今乃

그림 1 『어제세손면유(御製世孫面諭)』(장서각, K4-2705)

영조의 지시로 도성 북부 순화방의 세심궁(洗心宮)을 개건하여 첫 번째 사도묘(思悼廟)를 완공한 것은 1764년 5월 19일이다.[51] 이 소식을 들은 영조는 동월 22일에 '全慈恩於斯廟(이 사당에서 은혜를 온전히 하였다)'라는 여섯 글자를 친히 써서 내린 뒤 현판을 만들어 걸도록 했다.[52] 그리고 "아아! 재작년 일은 나라와 신민을 위한 것이었고 복호(復號)와 건묘(建廟) 역시 그 은혜를 온전히 한 것이다"라고 말했다. 한편 사도 묘소와 사당에 '수은'이란 이름을 내린 것은 동년 8월 21일이다. 인륜을 저버린 자식에게 아비로서 은혜를 베풀었다는 뜻이다. 사도 처분에 대한 영조의 단호한 입장이 두 글자에 담겨 있으므로 훗날 '수은'을 다른 호칭으로 바꾸려는 자가 있다면 해동의 신하가 아니라고 말했다.[53]

50 당시 영조의 명으로 동궁에서 써서 올린 글이 『어제세손면유(御製世孫面諭)』(장서각, K4-2705)이다.

51 세심궁(洗心宮)을 개건하여 사도묘(思悼廟)를 완공했으나 지나치게 크고 화려하다는 이유로 영조가 고쳐 짓기를 명하자 동부 숭교방(崇敎坊)으로 옮겨 지어 동년 7월 7일에 신주를 모셨다.

52 『승정원일기』, 영조 40년(1764) 5월 22일.

53 『영조실록』, 40년(1764) 9월 3일.

2) 영빈 사후의 영빈 의열 현창

1764년(영조 40) 7월 7일 사도의 입묘(入廟)와 담제(禫祭)를 마치고 나서 동월 26일 영빈도 세상을 떠났다. 실록은 그날을 이렇게 기록했다.

> 영빈 이씨가 연서(捐逝)했다. 임금이 임곡(臨哭)하기를 매우 슬프게 했고 후궁 일등의 예로 장사를 치르라고 명했다. 혜빈궁이 『의례경전(儀禮經傳)』의 '서자(庶子)로 아버지의 뒤를 이은 자는 그의 어머니를 위해 시마복(緦麻服)을 입는다'는 글에 의거하여 시마복을 입었다. 영빈이 사도세자를 낳았는데 40여 년간 후궁으로 있으면서 근신하고 침묵했으나 불행한 때를 만나 보호한 공로가 있었다.[54]

실록 찬수자는 영빈이 오랜 세월 근신과 침묵으로 일관하다가 불행한 시국을 만났을 때 보호한 공로를 세웠음을 적시했다. 여기서 보호의 대상은 종사와 영조다. 영빈의 죽음에 관한 짤막한 기사에서 종사와 국왕을 보호했다는 기술을 빠뜨리지 않을 만큼 임오화변 시 영빈의 역할은 그녀의 삶을 정의하는 중요한 사건이다.

임오화변 직후에 사도는 시호 '사도'로 칭해졌고 묘소와 사당도 '사도'로 불렸다. 기록에서도 대화에서도 마찬가지였다. 영조 역시 '사도'라는 두 글자를 볼 때마다 서글픈 마음이 들었으므로 문장 속에 사도를 적을 때는 '고세자(故世子)'라는 표현을 쓰도록 했다.[55] 그러나 그 함의가 모호하여 불편한바 1764년 8월 21일 사당과 묘소에 공히 '수은'이라는 이름을 내렸다. 헷갈릴 염려도 없고 사도에 대한 자신의 속내를 드러낼 수 있기

54 『영조실록』, 40년(1764) 7월 26일.

55 『승정원일기』, 영조 40년(1764) 8월 2일, "上命書曰, 凡諸文字, 見其字心愴, 行用文字, 皆稱故世子事, 分付.【出傳敎】"

때문이었다.[56]

동년 8월 30일 영조가 의소세손 묘소에 거둥했다가 영빈방에 들르려 하자 옥당 관원들이 강하게 만류했다. 영조는 크게 성내면서 "영빈을 어찌 다른 후궁과 똑같이 볼 수 있는가! 이런 말을 입에 담는 자는 나를 따라올 것이 없다"라 말하더니 그녀의 상차에 들러 임곡했다가 밤이 되어서야 환궁했다.[57] 이튿날 영조는 "어제 곡림한 것은 그녀가 종사에 공이 있기 때문이지 어찌 여색을 사모하는 사적인 감정과 같겠는가! 나로 하여금 영빈에게 정성을 다할 수 없게 한다면 임오년의 처분을 부족하다고 여기는 것이다. 이와 같다면 나를 장차 어느 곳에 두려 하는가!"라고 말하기도 했다.[58] 영빈이 다른 후궁과 차별되는 점은 종사에 공이 있다는 것이고 그것은 임오화변 시 고변을 가리킨다.

동년 9월 3일 영조는 희정당에서 『표의록(表義錄)』을 구두로 말하며 받아 적게 한 뒤 영의정 홍봉한과 편차인 조명정 등에게 교정을 맡겼다.[59] 서명에서 알 수 있듯이 영빈의 의열을 표창하기 위해 지은 글이다.

> 나라를 위해 후세에 써서 보여주노라.
>
> 아! **임오년 여름의 일은 그 당시 반교문에서 이미 언급했으니 어찌 차마 재론하겠느냐.** 하물며 지금 저세상의 영빈을 어찌 차마 또 슬프게 만들겠느냐. 비록 그렇지만 지금 내가 다시 말하지 않으면 누가 장차 말할까.
>
> 아! 나는 부덕한 탓에 세자를 제대로 가르치지 못했고 그 어미가 이 때

56 『승정원일기』, 영조 40년(1764) 8월 21일, "又命書曰, 故世子之稱, 日後難便, 廟·墓, 以垂恩爲號事, 分付."

57 『승정원일기』, 영조 40년(1764) 8월 30일.

58 김구주(金龜柱), 『가암유고(可庵遺稿)』 권24, 雜著, 「立朝日錄」, "九月初一日己酉, 參常參, 書講入侍.【是日筵中, 上以昨日請對事, 多下不忍聞之敎曰, '昨日臨哭, 以其有功於宗社也, 豈如慕悅女色之私乎! … 若使予不得盡情於映嬪, 則是以壬午處分爲不足也. 如此而將置予於何地乎!】"

59 『승정원일기』, 영조 40년(1764) 9월 3일.

문에 노심초사했다는 사실을 내가 잘 알고 있다. 그가 어렸을 때 그녀의 힘이 미치지 못하자 내게 가르침을 요청했는데 그 후로 부자간의 은정이 행여 손상될까 봐 다시 말하지 않았다. 근년에 어찌할 수 없는 형세가 되자 더욱 내게 말하지 못하고 혼자 노심초사하다가 끝내 공업을 세우고 여기에 이르렀다.

아! 영빈이 나를 받들던 39년 동안 평소 견지했던 굳은 절조와 원대한 식견은 내가 잘 아는 바이나 이것은 행적을 기록하는 글이 아니므로 일단 적지 않겠다. 그러나 **종사와 관계되는 일은 말하지 않을 수 없다. 이것은 진실로 일국의 존망이 걸린 것이요, 백대의 의리와 관련된 것이니 어찌 후세에 전하지 않을 수 있겠는가.** 옛날 엄연년(嚴延年)의 어미가 중도에 머물며 관아에 들어가지 않은 일과 풍소의(馮昭儀)가 몸으로 곰에게 맞선 일은 비록 천고토록 미담으로 칭해지나 이것은 한 여인의 한 가지 절의에 불과하니 어찌 오늘의 일에 견주겠는가.

아! 아비가 알지 못하고 신하가 논쟁하지 못하고 백성이 감히 따지지 못한 것을 그 어미 된 자가 대의를 견지하고 그 사사로운 정을 잊은 채 그 아비에게 말했다. 비록 사서(士庶)가 그 집을 보전하고 왕공(王公)이 종사를 보전하더라도 그 공이 오히려 적지 않거늘 하물며 나라가 위기일발의 상황에 처했을 경우에야. 이것은 또한 중대한 강령과 같다.

아아! 만약 영빈이 임오년 윤5월 13일 아침에 눈물을 흘리며 내게 고한 일이 없었다면 나에게 어찌 오늘이 있겠는가! 그때 일의 기미가 호흡지간에 박두해 있었으니 그저 나라가 장차 망할 뿐만이 아니었다. 이러한 상황에서 나를 위할 것인가? 아니면 그 아들을 위할 것인가? 이것은 평범한 식견을 가진 여인네가 감당할 수 있는 일이 아니다.

아아! 영빈은 나라가 있는 것만 알아서 나를 위해 사사로운 은혜를 끊었다. 이렇게 하지 않았다면 나라가 망했다. 나라가 망했다면 아아! 21일에 어디에 은혜를 베풀고 어디에 위호를 회복했겠는가! 이를 통해 혜빈

(惠嬪)이 한 글자의 호를 얻어 세손 등 여러 왕손을 이끌고 다시 대내에 들어왔다. 아아! 이 일이 없었다면 은혜를 베풀거나 위호를 회복할 길이 없을 뿐만 아니라 혜빈이 어떻게 혜빈이 되고 세손도 어떻게 세손이 되고 왕손이 지금 어떻게 봉작되었겠는가. 참으로 의리가 바르고 은혜가 지극하다고 말할 만하다.

아아! 당시에 사람들이 모두 두려운 나머지 알지 못하는 척, 듣지 못한 척했지만 신(神)을 속일 수 있겠는가! 백성의 입을 막을 수 있겠는가! 아아! 나라가 다시 안정되고 세신(世臣)이 보존되고 만백성이 편안해졌으니 아! 이것은 누구의 공인가? **진즉에 효유하고 싶었지만 영빈이 여전히 있어서 차마 효유하지 못했다.** 아아! 영빈은 의리를 굳건히 지키며 이것을 행하되 마음속 생각을 낯빛에 드러내지 않았으나 나는 말하지 않는 가운데 헤아렸다. 3년간 상심하며 삼년상을 마치더니 아아! 담제가 든 달에 조용히 세상을 떠났다. 의리와 은혜에 있어서 두 가지를 다 겸전했다고 이를 만하다(於義於恩, 可謂兩全). 시종일관 견지했던 의열은 옛날에 듣지 못하던 일이다. 아아! 내가 나라를 위해 고심하고 영빈이 과인을 위해 의리를 펼친 것을 혜빈이 알고 있고 충자도 알고 있으나 지금 내가 말하지 않는다면 누가 장차 말하겠는가!

수은묘(垂恩廟)에는 '垂慈恩於斯廟(이 사당에 자애로운 은혜를 베푼다)'를 써서 걸었고 오늘 영빈묘(暎嬪廟)에는 '守義保社(의리를 지켜 사직을 보존한다)' 네 글자를 써서 내린다. 이것은 영빈을 위한 것이 아니라 진실로 나라를 위해 후세에게 보이려는 뜻이다.

황조 숭정 무진 기원후 세 번째 갑신년(1764) 9월 3일에 짓다.[60]

이미 「폐세자반교문」에서 사도 처분의 경위와 당위성을 밝힌 바 있으

60 『표의록(表義錄)』(장서각, K4-5253).

나 임오화변과 영빈의 의열은 일국의 존망이 걸린 일이요 백대의 의리와 관련된 사안이거니와 본인이 아니면 말할 수 있는 자가 없으므로 국가를 위해 후세에 알리고자 찬술한 것이다. 진즉부터 영빈의 공로를 공식적으로 현창하고 싶었지만 영빈이 상심 속에서 힘겹게 살아가고 있으므로 차마 말할 수 없었다. 영조는 아비가 알지 못하고 신하가 논쟁하지 못하고 백성이 호소하지 못하던 사도의 악행과 모역을 그 어미 된 자가 대의를 견지하고 사사로운 은혜를 끊어 고변함으로써 조선이 망국을 면하고 본인과 혜빈, 세손을 위시하여 세신과 만백성이 존재할 수 있게 되었음을 누누이 강조했다. 글 후반부에서 사도의 수은묘에 '垂慈恩於斯廟(이 사당에 자애로운 은혜를 베푼다)'라고 쓴 어필 현판을 걸고[61] 영빈묘에 '守義保社(의리를 지켜 종사를 보존한다)' 네 글자를 써서 내린 사실을 적었다.[62] 이즈음에 영빈 사당과 묘소에 '의열'이란 이름을 내렸으며 이듬해 7월에 '의열'이라는 시호를 하사함으로써 영빈의 의리와 충렬을 현창하는 데 진력했다. 영빈의 공로를 가장 압축적으로 표현한 것이 '의열'과 '수의보사'다. 영조는 이 글을 짓고 나서 "오늘날 신하들이 이 의리를 모르고 이 마음을 모른다면 어떻게 나라를 다스릴 수 있겠는가? 그래서 부득이 이 글을 지어 만세에 보이는 것이니 터럭만큼이라도 어긋난다면 의리가 꽉 막힐 것이다"라 말한 뒤 이 글을 간행하여 사고에 보관하게 했다.[63] 국왕의 권위를 실어 임오화변 시 영빈의 의리와 사도 처분의 정당성[64]을 공표하기 위해 『표의록』을

61 당시 수은묘(垂恩廟)에 걸었던 영조 어필 현판이 국립고궁박물관에 소장되어 있는데 여기에는 '垂慈恩於斯廟'라고 새겨져 있다.

62 義烈墓와 義烈廟에는 다수의 영조 어필 현판이 걸려 있었다. 義烈墓에는 '義烈墓', '福綿堂', '望遠舍', '雲月軒' 등 5건의 현판이 있었고 義烈廟에는 '守義保社' 현판과 '義烈廟' 현판이 있었다. 「御筆義烈墓鐫揭」(장서각, RD04359); 「御筆守義保社義烈廟」(장서각, RD04353).

63 『영조실록』, 40년(1764) 9월 3일.

64 영조가 "'垂恩' 두 글자는 나에게 깊은 뜻이 있다. 후일 아첨하는 신하가 다른 호(號)로 고치려고 한다면 나를 어떤 사람으로 만들겠는가? 그런 자는 해동의 신하가 아니다"라고 하교한 것도 이날이다.

그림 2 영조 어필 '全慈恩於斯廟' 현판(위), '守義保社' 현판(아래), 국립고궁박물관

작성한 것이다.

며칠 뒤 영조는 영빈 묘지를 친히 찬술한다. 그녀의 장례일은 1764년 9월 27일이었다. 묘지의 일부는 이렇다.

> 임오년 사건에 이르러서 나라가 능히 안정되고 세신(世臣)과 뭇 백성이 능히 보존되었으니 이것은 진실로 영빈의 공이다. 이것이 어찌 아낙네가 처리할 수 있는 일이랴. 내 어찌 터럭만큼이라도 과장하여 말하겠는가. 이것은 우리나라의 신민이 함께 칭송하는 것이다. 3년을 참고 지내다가 아아! 담제가 든 달에 조용히 세상을 떠났다. 그 충성을 온전히 하면서 그 마음을 깨끗이 하였으니 두 가지를 다 겸전했다고 이를 만하다. […] '守義保社(의리를 지켜 종사를 보존하다)' 네 글자를 써서 내리고 사당과 묘소

에 '의열'이란 이름을 내렸으니 애통과 영예가 지극하다고 이를 만하다.[65]

임오년 영빈의 활약에 힘입어 국가가 안정되고 뭇 백성이 보존되었음을 말하며 그녀의 공적을 치하하더니 사도 담제를 마친 달에 삶을 마침으로써 신하로서의 충정과 어미로서의 은혜를 함께 성취했다고 적었다. 그리고 그녀의 사당에 '수의보사' 현판을 내리고 사당과 묘소에 '의열'이란 이름을 하사한 사실을 빠뜨리지 않았다. 의열이란 호칭은 영빈의 표상이었다. 영조에게 있어 영빈의 공적은 대명의리의 상징적 존재인 관우(關羽)와 최효일(崔孝一)의 성취에 손색이 없었다.[66] 영조가 영빈을 위해 묘지를 짓고 묘표 전·후면 및 명정을 쓰고 신주 안팎의 글씨까지 친히 쓴 것은 그녀가 성취한 의열에 대한 존숭의 표시다.[67] 그뿐만 아니라 영빈 시신이 사흘 동안 궁궐에 머물면서 입관을 마칠 때까지 날마다 친림한 것도 영빈을 위한 파격적인 배려였는데 영조는 이것이 세손 정조를 위한 조처였다고 말했다.[68] 영빈을 예우하고 그녀의 행실을 현창함으로써 임오화변의 정당성을 세손 정조의 뇌리에 각인시키려는 의도였다.

영빈의 장례 하루 전인 9월 26일, 영조는 창경궁 공묵합(恭默閤)에서 세 대신과 세손에게 하교를 내리며 임오년 사도 처분이 종사의 대의를 위해

65 「御製暎嬪李氏墓誌」, "至於壬午年事, 宗國能安, 世臣群民能保者, 寔嬪之功也. 此豈婦人之所能辦者哉! 予豈一毫誇張而言也, 此海東臣民共誦者. 忍過三年, 嗚呼! 禫月從容以歸, 全其忠, 白其心, 可謂兩全矣. [⋯] 書賜守義保社四字, 錫廟墓號曰義烈, 可謂哀榮備至矣."

66 영조는 임오화변 한 해 전에 동관왕묘(東關王廟)에 들러 '萬古忠節, 千秋義烈'이란 어필을 남겼고, 임오화변 직후에는 대명의리(對明義理)를 실천하다가 명나라 의제(義帝) 빈소에서 순절한 의사(義士) 최효일의 의열에 감동한 나머지 「최효일전(崔孝一傳)」에 '樹烈千秋傳'이란 이름을 하사한 바 있다. 영빈의 의열을 관우와 최효일의 성취에 비견한 것이다. 『승정원일기』, 영조 37년(1761) 8월 25일, 영조 38년(1762) 11월 28일.

67 「御製暎嬪李氏墓誌」, "嗚呼! 望八親製嬪墓誌, 親書嬪墓表前後面及壙中銘旌, 而主內外面, 亦皆御筆, 誠是料表."

68 「御製暎嬪李氏墓誌」, "嗚呼! 哀哉! 仍於闕中, 三日親臨, 是夕詣壯洞私第而成殯. 此古未有者, 爲世孫而然也."

불가피한 결정이었음을 재차 천명한다.[69] 다음은 『영조실록』에 수록된 영조의 하교다.

주상께서 말했다. "아! 나날이 더욱 쇠해지고만 있는데 29일이 머지않았으니 어떻게 차마 지나칠 수 있겠는가! 오늘 이 공묵합에 앉아 경들을 부른 것은 이날을 그냥 넘기지 않으려는 뜻이다. 임오년의 대의를 만약 통쾌하게 유시하지 않는다면 윤리가 그때부터 폐지될 것이다. 그의 어미가 만고에 없는 지경을 당하고 그의 아비가 만고에 없는 의리를 행했다. 그러지 않았다면 내가 어찌 오늘이 있겠으며 세손도 어찌 오늘이 있겠는가? 아! 우리나라가 장차 망했을 테니 비록 은혜를 베풀고자 해도 누구에게 은혜를 베풀겠는가? 그때 존망이 호흡지간에 달려 있었다. 너의 할미가 없었다면 어찌 오늘이 있겠으며 너의 할아비가 없었다면 어찌 이것을 분별했겠느냐! 이와 같았기 때문에 너의 아비의 호를 회복시켜 사당을 세워주고 너의 어미가 혜빈이라는 호를 받은 것이다. 너의 할미가 백세에 의리를 세웠으니 일거에 종사가 다시 존재하고 의리가 크게 밝혀졌다고 하겠다. 그러지 않았다면 조선이 어찌 다시 조선이 되었겠느냐! 아! 너의 할미가 살아 있을 때는 차마 말할 수 없었으나 지금은 조용히 의리에 따라 처리한다. 내가 의열로 표시한 것은 너의 할미를 위해서가 아니라 종사의 대의를 위한 것이다. 오늘날 신하가 이 의리를 소홀히 여긴다면 윤리가 폐지될 것이다. 어찌 너의 할미뿐이겠는가! 장차 너를 어느 곳에 두게 되겠는가? 아! 너의 어미도 대의를 알고 있었다. 네가 너의 어미 뜻을 따른 것은 단지 대의의 당연한 것을 보았기 때문이니 이는 천지의 변함없는 떳떳한 법이라고 하겠다. 너의 할미가 대의로 사직을 보호했을 때 너의 어미가 너의 할미에게 털끝만큼이라도 이의가 없었던 것

69 『영조실록』, 40년(1764) 9월 26일.

도 이러한 의리 때문이었다. 후일에 만일 틈을 노려 참소하는 자가 있을 경우 할아비와 손자, 어미와 자식 간은 말할 것도 없거니와 종묘사직은 어떻게 되겠는가? 효경(梟獍)과 같은 무리는 말할 것도 없지만 이러한 무리가 아니라 하더라도 대의를 참으로 알지 못한 자일 경우 쉽게 넘어가기 마련이니 이게 분변하기 더욱 어려운 것이다. 어찌 효경보다 심하지 않겠느냐! 세손에게 앉으라 명하고 대신을 불러 눈물을 삼키며 밝게 유시하니 아아! 충자(沖子)는 명심하여 잊지 말아라."

이날 세손과 대신에게 임오의리를 역설한 것은 이튿날이 영빈 장례이기 때문이다. 영빈의 의리와 본인의 결단 덕분에 종사가 보전되었고 영빈 사당에 '의열'이란 호칭을 내린 것도 종사를 위한 조처였음을 강조한 뒤 어떤 이견과 참소도 용납하지 말 것을 세손 정조에게 면유했다. 전편에 보이는 '너[爾]'는 세손을 지칭한다. 혹여 영조 자신이 승하한 뒤에라도 임오의리가 부정된다면 국왕 영조의 결단뿐만 아니라 영빈의 의열, 혜경궁의 동조, 임오화변 이후 동궁이 된 세손 정조의 위치가 송두리째 흔들리기 때문이다. 이에 20여 일 전 『표의록』을 통해 주장했던 영빈의 의리와 사도 처분의 정당성을 영빈 장례를 맞아 재차 강조한 것이다. 영조는 본 면유를 써서 대내에 들이고 『정원일기』에도 기록하게 했다. 당시 영조가 세손에게 면유한 내용을 옮겨 적은 첩이 『어제공묵합입시시면유(御製恭默閤入侍時面諭)』(장서각, K2-1837)이다.

1765년(영조 41) 7월 11일 영조는 영빈의 소상을 보름 앞두고 영빈에게 '의열'이라 증시하고 교문(敎文)과 제문을 직접 짓고서[70] 영빈 사당에 거둥하여 선시(宣諡)의 예를 행했다.[71] 하루 전날에 "종사가 다시 안정된 것은

70 교서와 제문의 글씨는 영빈의 사위인 금성위(錦城尉) 박명원(朴明源)이 썼다. 당시 제작한 교서(敎書)와 교지(敎旨)가 장서각에 소장되어 있다. 「暎嬪李氏贈諡敎旨」(장서각, RD00113); 「暎嬪李氏贈諡敎文」(장서각, RD00144).

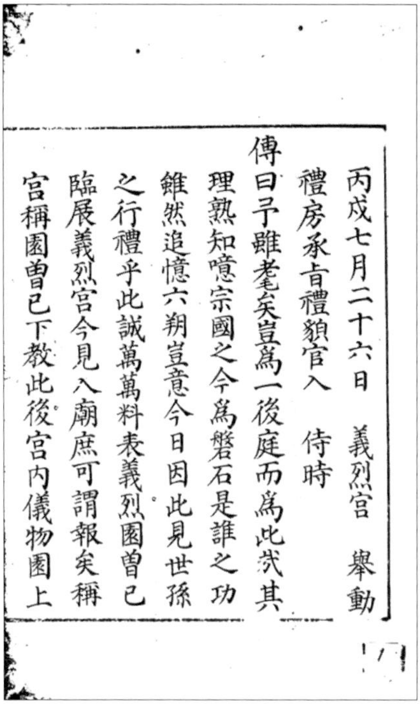

丙戌七月二十六日 義烈宮 擧動
禮房承旨禮貌官入 侍時
傳曰予雖老矣豈爲一後庭而爲此哉其
理孰知噫宗國之今爲磐石是誰之功
雖然追憶六朔豈意今日因此見世孫
之行禮乎此誠萬萬料表義烈園曾已
臨展義烈宮今見入廟庶可謂報矣稱
宮稱園曾已下敎此後宮内儀物園上

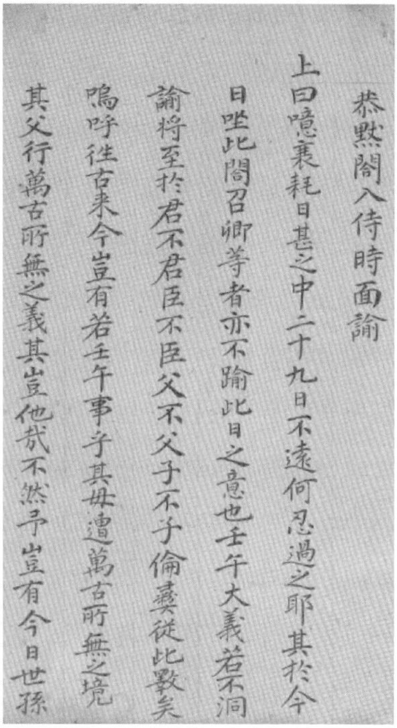

恭默閤入侍時面諭
上曰噫衰耗日甚之中二十九日不遠何忍過之耶其於今
日坐此閤召卿等者亦不踰此日之意也壬午大義若不洞
諭將至於君不君臣不臣父不父子不子倫彝從此斁矣
嗚呼往古來今豈有若壬午事予其母遭萬古所無之境
其父行萬古所無之義其豈他哉不然予豈有今日世孫

그림 3 『의열궁거동시전교(義烈宮擧動時傳敎)』(장서각, K2-2899)와 『어제공묵합입시시면유(御製恭默閤入侍時面諭)』(장서각, K2-1837)

누구의 공인가!", "내가 확연히 깨달은 것은 작년에 『표의록』에서 다 말했으니 나라를 위한 정성을 경들은 필시 알 것이다. 이미 호칭을 정했으므로 표창하는 도리가 있어야 하거늘 끝내 미루는 것은 왕도정치가 아니다. 지금 특별히 시호를 내리고 싶다"라 말하며 전격적으로 사시(賜諡)를 결정했다.[72] 그리고 혜빈과 세손도 동행하되 세손에게 사시제(賜諡祭)를 지내게 했고 영빈 사당과 묘소를 궁(宮)·원(園)으로 부르면서 이례적으로 궁·원에

71 『승정원일기』, 영조 41년(1765) 7월 11일.

72 『승정원일기』, 영조 41년(1765) 7월 10일, "宗社再安, 是誰之功也?"; "予有恍然而覺者, 昨年表義錄, 已盡言之, 而其爲宗國之誠, 卿等, 亦必知之. 旣已定號, 宜又有表章之道, 而終使遷就, 非王者政也, 今特欲賜諡."

걸맞은 격식을 갖추도록 했다.[73] 영조는 증시 교문에서 "의리를 장려하고 공로에 보답하는 것(奬義酬功)은 국가의 책무요, 충렬을 표창하고 시호를 내리는 것(表烈宣謚)은 왕도정치의 급선무다. 아! 나라가 재차 반석처럼 안정되고 신민이 오늘을 맞게 된 것은 누구의 공인가! 누구의 공인가!"라 말하며 선시를 통해 영빈의 의열에 보답하겠다는 뜻을 밝혔다.[74] 특히 영탄의 어조로 "누구의 공인가!(誰之功)"를 반복함으로써 영빈 현창의 당위성에 힘을 실었다.

이듬해인 1766년 7월 26일에는 의열궁에 친림하여 예방승지, 예모관, 상례 등에게 전교를 내렸다. 전교의 내용은 아래와 같다.

> 내가 비록 늙었으나 어찌 후궁 한 명을 위해 이것을 하겠느냐! 그 이치는 내가 잘 알고 있다. 아! 나라가 지금 반석처럼 안정된 것은 누구의 공인가? 비록 그렇더라도 (내가 중병을 앓던) 여섯 달을 돌아보면 어찌 오늘 이 일로 인하여 세손의 행례를 볼 것이라고 생각이나 했겠느냐! 이는 전혀 생각지도 못한 일이다. 의열원은 이미 친림하여 예를 행했고 의열궁은 오늘 입묘(入廟)하는 것을 보았으니 보답했다고 이를 만하다. 궁이라 칭하고 원이라 칭할 것은 이미 하교한 바 있다. 이후에 의열궁 안의 의물(儀物)과 의열원 주변의 정자각과 상설(象設)은 앞으로 사례대로 마련할 것이다. [⋯] 오늘 하교를 한 통 써서 의궤(儀軌)의 경우처럼 예조에 보관할 것을 분부하노라. 아! 여러 조치를 통해 내 깊은 뜻을 알 수 있을 것이다.[75]

73 『승정원일기』, 영조 41년(1765) 7월 10일, "明朝當與惠嬪與世孫, 臨義烈宮, 先見賜諡之儀節, 於賜諡祭, 命世孫爲之, 三嚴以卯正三刻爲之. 若此之後, 禮貌與前轉重, 園所稱義烈, 先定典監二人, 於宮, 先定守僕京鄕各二人, 他餘事, 頃者, 守奉官與守直中官, 旣已下敎."

74 「暎嬪李氏贈諡敎文」, "奬義酬功, 有國之當務, 表烈宣諡, 王政之所先. 噫! 宗國之再安盤石, 臣庶之得有今日, 是誰之功! 是誰之功!"

75 『의열궁거동시전교(義烈宮擧動時傳敎)』(장서각, K2-2899), "予雖耄矣, 豈爲一後庭而爲此哉! 其理熟知. 噫! 宗國之今爲磐石, 是誰之功! 雖然, 追憶六朔, 豈意今日因此見世孫之行禮乎! 此誠萬萬料表. 義烈園曾已臨展, 義烈宮今見入廟, 庶可謂報矣. 稱宮稱園, 曾已下敎. 此後宮內儀

영빈 사당 친림이 일개 후궁에 대한 그리움 때문이 아니라 종사를 반석처럼 안정시킨 그녀의 공 때문이라는 점을 모두에서 강조했다. 본 전교에서도 어김없이 "누구의 공인가!(誰之功)"를 말하며 그녀의 의열을 한껏 천양했다. 이날은 영빈의 대상일이자 영빈 신주가 입묘하는 날이다. 영빈 사당과 묘소를 의열궁과 의열원으로 칭할 것은 이미 하교했으니[76] 추후에 의열궁의 의물과 의열원의 상설을 차례대로 마련하도록 지시하는 한편 수봉관과 수복 등의 차출에 대해서도 언급했다. 영빈이 국왕의 사친이 아님에도 불구하고 그녀의 묘묘(廟墓)는 이미 궁원으로 칭해졌고[77] 훗날 궁원에 걸맞게 의물을 갖출 것을 지시한 것이다. 세손 정조는 1년 전 사시 때와 마찬가지로 영조의 지시로 제례에 참여했다. 영조는 이 전교를 한 통 써서 의궤의 사례처럼 예조에 보관하도록 했다. 영조의 명에 따라 당일 전

物, 園上丁閣·象設, 將來當爲次第事. […] 今日下敎書一通, 若儀軌例, 書置儀曹事, 分付. 噫! 凡諸措置細看予意深焉."

76 영조가 훗날 영빈과 정빈의 사당 및 묘소를 궁(宮)·원(園)으로 승격시키겠다는 뜻을 처음 표명한 것은 영빈이 사망한 해인 1764년(영조 40) 11월 5일이다. 이때 영조는 궁·원 승격의 의지를 친히 종이에 적어 예조판서 남태제(南泰齊)에게 주며 예조에 간직하게 했고 추후 봉원(封園)할 때 해당 어제에 준하여 진행하도록 명했다. 『승정원일기』, 영조 40년(1764) 11월 5일, "上命進草紙一張, 上御筆書下, 仍爲下敎曰, '昔年金鎭圭, 亦受此矣. 今亦依金鎭圭例, 禮判, 藏置於本曹, 可也. 此亦繼述之意也.' 上命編次人進前, 上命承旨書御製, 命編次人讀之. 上曰, '有此御製, 則日後封園之事, 自可按而行之矣'"; 『영조실록』, 40년(1764) 11월 5일, "上以一紙親書之, 使禮曹判書南泰齊, 藏之該曹. 蓋以靖嬪墓·義烈宮, 日後將次第封園之聖意也." 어제의 구체적인 내용은 미상인데 궁에는 배위청(拜位廳)만 두고 원(園)에는 정자각만 둔다는 내용이 포함되었을 것으로 여겨진다. 『승정원일기』, 영조 40년(1764) 11월 6일, "義烈, 其亦合當於此. 故昨日御製, 已諭此意, 亦以宮園二字及之矣. 此亦日後自當按而行之矣. 上曰, 日後靖嬪·義烈兩宮擧行之後, 則於宮, 當只有拜位廳, 於園, 當只有丁字閣, 而今不以此下敎者, 欲於日後, 使之爲此, 以爲展誠之地也, 其亦不欲張大之意也."

77 영조는 1764년 영빈이 죽은 해에 의열묘를 추후 봉원하겠다는 뜻을 밝힌 바 있다. 영빈 사당과 묘소가 공식적으로 궁과 원으로 승격된 것은 장헌세자가 장조(莊祖)로 추존된 1899년(고종 36)이지만 영조 연간 공식적인 문헌에서는 의열궁(義烈宮)이란 표현이 일반적으로 통용되었다. 영조 연간 『승정원일기』 수록 횟수를 살펴보면 義烈廟가 1회, 義烈宮이 61회, 義烈墓가 5회, 義烈園이 2회이고, 정조 연간의 경우는 義烈廟가 1회, 義烈宮이 74회, 義烈墓가 20회, 義烈園이 2회이다. 영조와 정조 조에 사당의 경우는 의열궁, 묘소의 경우는 의열묘라는 호칭을 주로 사용한 것이다. 의열궁으로 칭한 것은 영빈에 대한 관습적 예우이고 의열묘로 칭한 것은 공식적으로 봉원되지 않았기 때문이다. 이러한 현상은 소령묘(昭寧墓)가 봉원되기 이전부터 육상묘(毓祥廟)를 육상궁(毓祥宮)으로 일컬은 것과 그 궤를 함께한다.

교를 정서하여 예조에 보관한 것이 장서각에 소장된 『의열궁거동시전교(義烈宮擧動時傳敎)』이다.

이 밖에 영조는 영빈에 대한 소회와 추모의 정을 드러내기 위해 치제문을 적극 활용했다. 1764년 9월 27일로 예정된 영빈의 발인일과 안장일(安葬日)에 사용하고자 제문을 호사(呼寫)했고[78] 익년 7월 18일과 7월 26일에는 어제어필 제문을 손수 작성하여 추도의 뜻을 적었는데 이날은 영빈의 초도일과 소상일이다. 영조는 개인적 심사를 솔직히 토로하는 한편 사당에 친림하여 시호 의열을 하사함으로써 그녀의 공덕을 영원히 드리웠으므로 더 이상 유감이 없다는 사실을 공히 기술했다.[79] 1766년 7월 26일 영빈 대상일에도 폭염에 거둥하는 것을 우려하는 신하의 만류에도 불구하고 의열궁에 친림하여 치제했는데 세손 정조가 수가(隨駕)하여 재배례를 행했다. 이때 찬술한 치제문에서도 영빈에 대한 그리움, 영빈 손자의 과거 합격, 관례 및 혼례 소식 등을 기술하다가 일 년 전 시호를 하사한 일을 소상히 적었다.[80]

4. 국왕 정조의 딜레마와 영빈 의열 지우기

1776년(영조 52) 3월 5일 영조가 훙서했다. 영조 승하 직후 정조는 생부 사도의 명예 회복에 집중했다. 영조는 임오화변 이후에 세손 정조에게 사

78 『승정원일기』, 영조 40년(1764) 8월 8일.

79 영조 어제어필 「義烈暎嬪李氏致祭文」(장서각, RD02770); 영조 어제어필 「義烈暎嬪李氏致祭文」(장서각, RD02769).

80 영조 어제 「暎嬪李氏大祥日祭文」(장서각, RD02790).

도 추숭을 금하는 전교를 누차 내리고 사도에게 한 글자의 존호조차 올리지 말 것을 신신당부했으나 영조의 바람은 훙서와 동시에 수포로 돌아갔다. 정조는 즉위하자마자 본인이 사도의 아들임을 천명하더니 "예법은 엄정하지 않을 수 없으나 인정 또한 펴지 않을 수 없다"라고 말하며 생부 추숭의 의지를 드러냈다.[81]

세손 정조가 가장 먼저 착수한 부분은 사도세자에 관한 부정적 기록을 지우는 일이다. 세손 정조는 훙서 직전 판단력이 흐려진 영조에게 간청하여 임오화변 관련 기록을 세초함으로써 생부에 대한 부정적 기억이 회자되고 양산되는 것을 원천 봉쇄했다. 공적 기록의 선별적 폐기는 엄연한 역사 왜곡이다. 생부 추숭의 단초를 마련하고자 역사 왜곡까지 서슴지 않은 것이다.[82]

사친에 관한 공식 기록을 세초한 정조는 '장헌'이란 시호를 추상하고 '수은'으로 명명된 묘묘(廟墓)를 '경모궁'과 '영우원'으로 승격했으며 사도에게 시호 및 존호를 네 차례에 걸쳐 올렸고 10여 년 동안 전국의 길지를 물색한 끝에 영우원을 수원부 화산(火山)으로 천장했다. 특히 사도 태실의 가봉, 사도 관련 유적의 추숭, 『선원계보기략』 내 사도 내외 자손록의 작성, 사도 행장의 가공, 사도 시문의 교정과 개작 등은 전례를 찾아보기 어려운 사안이다.

임오화변 직후 세손 정조는 생부가 남긴 동궁 자리에서 조부 영조로부

81 『정조실록』, 즉위년(1776) 3월 20일.

82 1776년 2월 4일에 세손 정조가 세초를 요청하고 국왕 영조가 세초를 수락한 것은 『승정원일기』에 수록된 임오화변 관련 기록이다. 즉 영조가 전교를 내리며 세초를 명한 것은 '임오년 윤5월 일기', '임오년 윤5월 그때의 일기'였다. 하지만 정조 어제 「현륭원행장」에는 '정원일기 및 공가문적(公家文蹟)'에 실린 '정축년부터 임오년까지의 차마 말하지 못할 내용'을 세초했다고 되어 있다. 영조와 세손 정조가 생각하던 세초의 대상과 그 범주가 큰 차이를 보인다. 1776년 2월 이후에 『승정원일기』 이외의 기록까지 세초되었을 뿐만 아니라 『승정원일기』의 실제 세초 범위도 '정축년부터 임오년까지'를 넘어선다. 이제 곧 등극할 세손의 의지가 직간접적으로 작용했을 것으로 보인다.

터 국정 전반에 걸쳐 세심한 가르침을 받으며 군주로서의 소양을 다졌다. 그 과정에서 영조가 영빈의 의열을 현창하는 일련의 조처를 곁에서 무수히 목도했을 뿐만 아니라 영조가 영빈의 고변과 자신의 결단, 사도 처분의 당위성을 공공연히 강조할 때 세손 정조의 속내는 자못 복잡했을 것이다. 정조가 즉위 직후에 사도에게 새 시호를 다시 올리고[83] 묘묘에 새로운 이름을 부여하며 승격시킨 것은 '사도'와 '수은'이란 기존 호칭에 담긴 참담한 의미를 씻어내기 위해서다.

정조가 꺼리던 호칭이 또 있었으니 바로 '의열'이다. 생부의 죽음에 직접적인 원인을 제공한 조모 영빈의 사당과 묘소가 '의열'로 칭해지는 것은 견디기 어려웠다. 영빈의 의리와 충렬이 강조될수록 사도의 불의와 불충이 부각되기 마련이고 의열이란 호칭을 들을 때마다 사도의 불의한 죽음이 연상되기 때문이다. 영빈은 시호도 의열이고 사당과 묘소 호칭도 의열이었다. 하지만 선왕이 내린 호칭인지라 불가역적이므로 시호를 바꾸는 일은 현실적으로 요원했다. 이에 정조가 선택한 대안은 궁호와 묘호라도 바꾸는 것이었다. 그렇게만 되어도 생부에 대한 불편한 심사가 한결 줄어들 터였다. 사당과 묘소 이름만 개정해도 본인뿐만 아니라 조정의 신료가 '의열'이란 글자를 마주치는 횟수가 대폭 줄어들 것이고 각종 서책과 공문서에도 두 글자가 거의 실리지 않을 터였다.[84]

1764년 효장세자의 양자가 된 세손 정조는 1776년 즉위하자마자 효장을 진종으로 추존하고 2년이 지난 뒤 효장의 생모 정빈을 위해 상시봉원(上諡封園)을 시행했는데 그녀에게 온희(溫僖)라는 시호를 추상하는 한편 기존

83 실록에서는 선왕 영조를 의식하여 장헌을 '존호'라고 적고 있지만 당시 등록이나 일기, 영우원 표석 등에는 장헌을 '시호'로 지칭했다. 적어도 조선시대를 통틀어 2개의 시호를 받은 인물은 사도가 유일하다. 기존 시호에 하자가 있을 때 개시(改諡)하는 것이 일반적이다.

84 예컨대 정빈의 시호·궁호·원호가 『승정원일기』에 수록된 횟수를 살펴보면, 정조 재위 기간을 통틀어 시호 '온희(溫僖)'는 3번 나오고 궁호 연호궁(延祜宮)과 원호 수길원(綏吉園)은 각각 128번과 57번 등장한다.

의 사당과 묘소도 연호궁(延祜宮)과 수길원(綏吉園)으로 승격시켰다.[85] 이에 앞서 정빈과 영빈을 함께 봉원하자는 논의가 있었으나 봉원은 국왕의 사친에게만 적용되는 전례라는 규정에 따라 영빈은 그 대상에서 제외되었다.[86]

정조가 즉위한 지 12년이 지났을 무렵 금성위 박명원은 아래와 같은 상소를 올렸다.

> 삼가 우리나라의 고사를 살펴보건대 궁(宮)·원(園)·묘(廟)에 각각 칭호가 있어 서로 통용하지 않은 것은 대개 체모를 존중해서였습니다. 그런데 의열 영빈궁(暎嬪宮)에 있어서만은 의열이란 두 글자의 칭호를 안의 궁과 밖의 묘에 통칭하고 있으니 사리로 헤아려 보아도 구차하고 전례로 상고해 보아도 의거할 만한 것이 없습니다. 근래의 일로 말하더라도 온희 정빈의 궁을 연호라 칭하고 원을 수길이라 칭하여 칭호를 각기 달리하였으니 증거로 삼을 수 있는 전례가 있습니다. 삼가 바라건대 조정에 하문하시어 그 궁과 묘의 칭호를 의논해 정하는 것이 사리에 맞을 듯합니다.[87]

영빈의 사당과 묘소를 의열이란 시호로 통칭하는 것이 전례에 맞지 않다고 주장하면서 궁묘(宮墓) 호칭을 따로 의정할 것을 청했고 정빈 이씨의 사례를 논리적 근거로 제시했다. 박명원은 정조의 고모부로서 정조의 정치적 조력자 역할에 충실했던 인물이다. 따라서 평소 정조가 고심하던 부분을 십분 간파했으며 특정 사안이 요구될 때마다 상소를 통해 공론화시켰다.[88]

85 『승정원일기』, 정조 2년(1778) 5월 28일, "乃於本年六月初二日, 追上靖嬪謚號曰溫僖, 宮曰延祜, 園曰綏吉."

86 『국조보감(國朝寶鑑)』 권69, 正祖朝一, 戊戌二年二月, "封靖嬪墓爲綏吉園, 廟爲延祜宮, 祭禮遵儲慶宮例. 先是, 有靖嬪·暎嬪封園之議, 廷議以爲宮園之禮, 有先大王定制, 但止於大王私親. 今靖嬪封園, 固是應行之典, 暎嬪封園, 與定制不相應, 遂依其議."

87 『정조실록』, 12년(1788) 12월 26일.

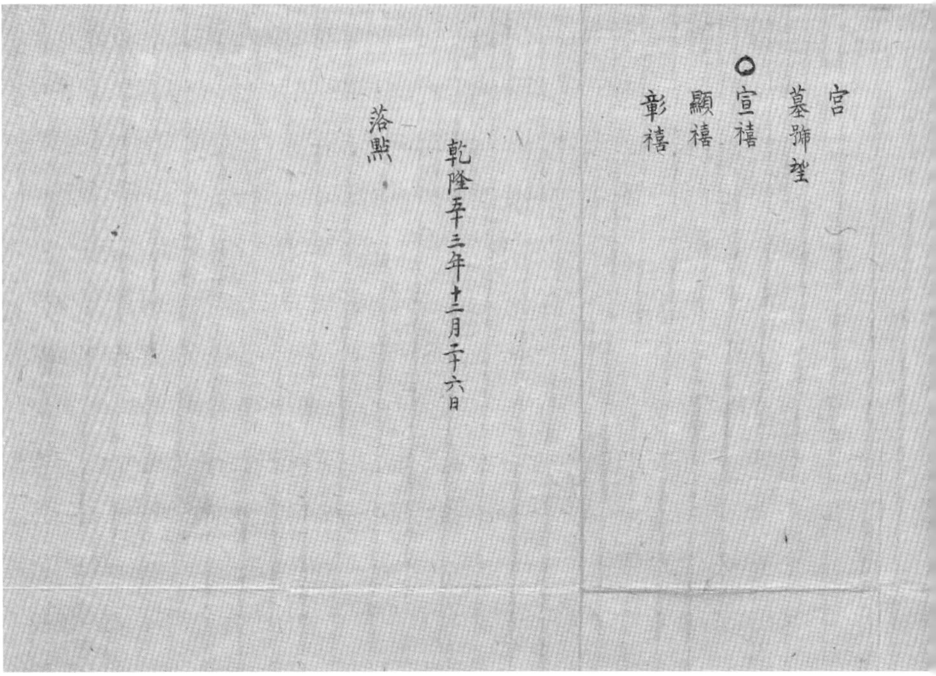

그림 4 「영빈이씨 궁묘호(宮墓號) 망단자」(왼쪽), 『어제공묵합입시시면유(御製恭默閤入侍時面諭)』(오른쪽)(장서각, K2-1837)

정조는 기다렸다는 듯이 시호로써 궁과 묘를 통칭하는 것이 부당하다는 박명원의 요청에 적극 동조하며 대신들에게 이렇게 말했다.

경들은 금성위 박명원이 청한 일을 들었는가? 일전에 도위(都尉)가 입시했을 때 이야기를 주고받은 일이 있었는데 대개 시호를 그대로 궁과 묘의 칭호로 사용한 것은 우리나라에 드물게 있는 일이었다. 무술년(1778)에 이 일을 가지고 백관들에게 수의(收議)했을 적에 김종수(金鍾秀) 혼자

88 이듬해 영우원 천장에 결정적 역할을 수행한 인물도 박명원이다. 1789년 7월 11일 박명원이 상소하여 영우원의 풍수적 문제점을 매거하며 천장을 제안하자, 바로 그날 수의(收議)를 거쳐 천장을 결정했다. 천장 결정과 천장지 확정, 천장 담당관 임명, 소요 비용 마련 방안 등을 확정하는 데 하루밖에 걸리지 않은 것이다. 『승정원일기』, 정조 13년(1789) 7월 11일.

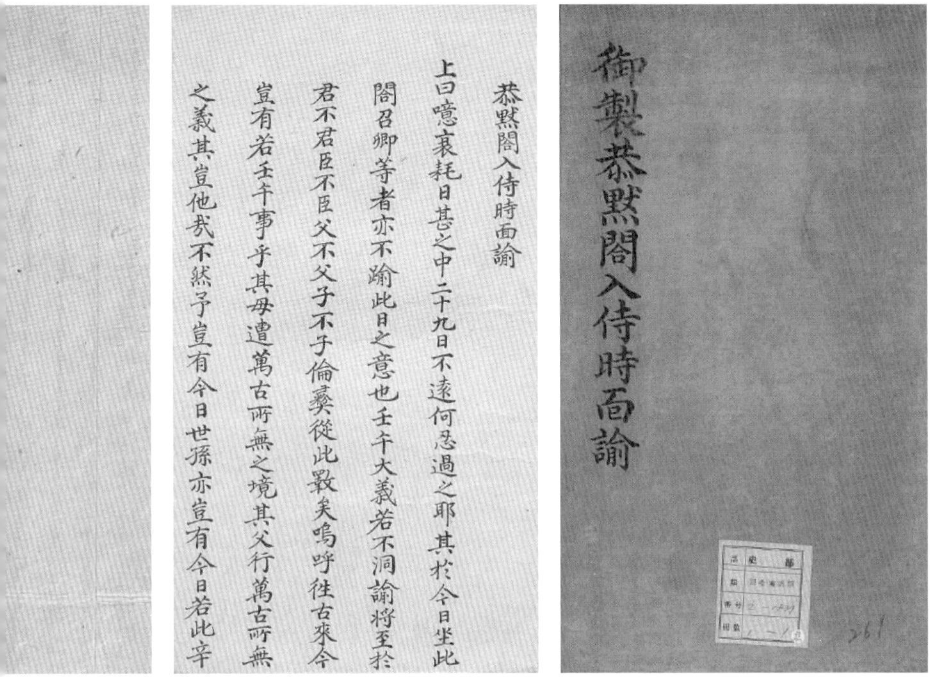

만이 다른 의견을 제기했는데 그의 생각은 대개 '궁과 묘에 같은 칭호를 사용한 것은 선대왕께서 시호를 내리신 성의가 이미 우연한 것이 아니었고 비록 원으로 봉해주라는 유명(遺命)이 계셨지만 오로지 시호 두 글자로써 원으로 봉하는 본의를 삼으셨고 보면 칭호를 고치는 것은 의리에 있어서도 옳지 않고 마음에 있어서도 차마 할 수 없기 때문이다'는 것이었다. 그가 건의한 뜻이 오로지 여기에 있었기 때문에 궁과 묘에 시호를 그대로 칭호로 삼아 오늘에 이르고 있다. 두 글자의 뜻을 생각할 때마다 내 마음은 나도 모르는 사이에 두려워지는데 지금에 미쳐 칭호를 고치는 것이 실로 예에 합당한지 모르겠다.[89]

89 『정조실록』, 12년(1788) 12월 26일.

위 인용문에 따르면 10년 전인 1778년(정조 2)에도 정조가 의열궁과 의열묘의 호칭을 개정할 목적으로 대신의 의견을 수렴한 적이 있었는데 당시 이조판서 김종수의 반대에 부딪혀 뜻을 이루지 못했다. 의열이란 궁묘 호칭에 선왕의 깊은 뜻이 담겨 있다는 김종수의 논리를 반박하기 어려웠기 때문이다. 이에 1788년까지도 영빈의 궁묘가 줄곧 의열로 칭해졌는데 '의열' 두 글자의 의미를 떠올릴 때마다 자신도 모르는 사이에 송연한 마음에 휩싸인다고 솔직히 고백하면서 대신들의 의견을 물은 것이다. 좌의정 이성원, 우의정 채제공을 위시하여 대신들이 이구동성으로 박명원의 견해에 찬동의 뜻을 표하자 박명원 상소가 올라온 바로 그날 전격적으로 궁묘 호칭을 '선희(宣禧)'로 개정했다. 당일에 영빈 궁묘 호칭의 후보로 선희, 현희(顯禧), 창희(彰禧)가 올라왔는데 정조는 '선희'로 낙점했다. 호칭 개정 요청부터 의견 수렴, 실제 개정까지 만 하루도 걸리지 않은 것이다.『정조실록』 해당 기사 말미에 실록 찬수자가 의견을 따로 덧붙였는데 "의열이란 궁호가 처음 정해지자 임오년의 일로 인하여 주상께서 매양 애통한 마음을 품고 있었다. 도위가 상소하여 요청할 때에도 이 때문에 감히 분명하게 말하지 못했다"이다.[90] 이를 통해 임오화변과 '의열'이란 칭호에 대한 정조의 소회를 가늠할 수 있다.

당시 제작된 망단자가 장서각에 소장되어 있는데『어제공묵합입시시면유』 뒷부분에 편차되어 있다. 전술했듯이『어제공묵합입시시면유』는 1764년 영조가 창경궁 공묵합에서 세손에게 내린 하교를 필사한 첩으로 임오화변 시 사도세자 처분이 종사의 대의를 위해 불가피한 결정이었음을 천명한 글이다. 영빈의 의리와 본인의 판단 덕분에 종사가 보전되었고 영빈 사당에 '의열'이란 호칭을 내린 것도 종사를 위한 조처였음을 강조한

90 『정조실록』, 12년(1788) 12월 26일, "義烈宮號之初定也, 蓋因壬午事, 上每含哀茹痛. 都尉之疏請, 以是而不敢明言."

뒤 어떤 이견도 용납하지 말라는 것이 주요 골자다. 1788년 영빈의 궁묘호(宮墓號) 망단자를 본 첩의 뒷부분에 첨부한 것은 정조가 선왕 영조의 제반 조처에 대한 불만을 우회적으로 표출한 것으로 추정된다.

영조가 세손 정조에게 면유했던 내용은 영조의 지시대로 『어제공묵합입시시면유』와 『승정원일기』에도 그대로 수록되었는데, 정조 즉위 이후 『영조실록』을 찬수할 때에는 해당 면유의 상당 부분이 누락되었다.[91] 누락된 사례를 제시하면 아래와 같다.

> **아아!** 그때 **종사의** 존망이 호흡지간에 달려 있었다. 너의 할미가 없었다면 어찌 오늘이 있겠으며 너의 할아비가 없었다면 어찌 이것을 분별했겠느냐! 이와 같았기 때문에 너의 아비의 호를 회복시켜 사당을 세워 **세상에 전했고** 너의 어미가 **①너희를 이끌고 다시 입궐했을 뿐만 아니라** 혜빈이라는 호를 받은 것이다. **②이 때문에 종사가 다시 안정되었고 너의 할아비가 다시 오늘이 있게 되었다.** 너의 할미가 백세에 의리를 세웠으니 일거에 종사가 다시 존재하고 의리가 크게 밝혀졌고 **③윤상이 다시 바로잡혔다고** 하겠다. **④이것이 바로 너의 할아비가 종로에서 백성을 모아 놓고 중흥했다고 자처한 까닭이다. 아! 중흥이란 이름을 어찌 스스로 감당하겠냐마는** 그러지 않았다면 조선이 어찌 다시 조선이 되었겠느냐! **이 뜻은 종사에 있고 이 뜻은 윤상에 있다.**"[92]

볼드와 밑줄로 표시한 부분이 『영조실록』 편차 시 누락된 표현이다. 즉

91 『어제공묵합입시시면유』의 내용은 『승정원일기』와 동일하고 『영조실록』 당일 기사와는 상당한 차이를 보인다.

92 "**嗚呼!** 其時**宗社之**存亡, 迫在呼吸. 無爾祖母, 則何有今日, 若無爾祖, 則何能辨此! 若此之故, 爾父復號而立廟**垂世**, 爾母**非徒率爾等而復入**, 且受惠嬪之號, **以此之故, 宗社復安, 爾祖復有今日.** 爾之祖母, 樹義百世, 可謂一擧而宗社再有, **義理大明, 倫彝復定. 此政爾祖, 其月鍾街之道, 召衆民而自謂中興也. 噫, 中興之名, 豈敢自當? 而若**不然, 則朝鮮豈復爲朝鮮? **此意在宗社, 意在倫彝者.**"

혜빈과 세손 등이 다시 대궐로 들어오고(①) 존망의 기로에 선 종사가 재차 안정되고(②) 무너진 윤리와 강상이 바로잡힌 것(③)이 영빈 덕분이라는 설명이다. 즉 ①, ②, ③이 모두 사도 처분의 긍정적 결과인 셈이다. 더욱이 영조는 종로에서 백성들을 불러 모아 중흥 군주라고 자처했다고 한다(④). 사도 처분을 통해 망국의 위기에서 조선을 구하고 중흥의 대업을 이루었다는 자평이다. 이상의 표현을 선별적으로 산삭한 것은 국왕으로 등극한 정조를 의식했기 때문이다.

> ① 아! 일흔의 늘그막에 14년 동안 고심하며 대리청정을 맡기다가 꿈속에서조차 생각지도 못하게 지난 역사에도 없는 지경을 만나 이렇게 복정(復政)의 조치가 있게 되었다. 비록 부덕하지만 내 중흥의 첫 번째 정사이다. 아! 내가 중흥한 것이 아니라 열성의 은혜이다.[93]

> ② 아! 만고에 없던 일을 만나서 중흥으로 자처한 것은 종사를 위해서다. 비록 그러하나 지금의 이 마음은 열성께서 굽어살피실 테니 의당 위로해야지 하례해서는 안 된다.[94]

> ③ 아! 우주는 하나의 우주이거늘 조선은 재차 조선이 되었다. 아! 임진년에 우리나라를 거듭 세운 것은 명나라의 은혜요 지금 조선이 다시 있게 된 것은 열성의 은혜이니 어찌 일전의 노심초사에 그치겠는가! 한밤중에 생각해 보면 나도 모르게 마음과 등골이 다 서늘해진다. 지난 사적에서 찾아보고 국사에서 살펴보면 중흥은 비일비재했지만 어찌 이번과

93 박하원(朴夏源)·박제대(朴齊大), 『대천록(待闡錄)』, (壬午閏五月十五日), "噫! 七十暮年, 十四年苦心代理, 萬萬夢想之外, 遭此往牒所無之境, 有此復政之擧. 其雖否德, 卽予中興初政也. 噫! 非予中興, 是乃陟降所賜."

94 『승정원일기』, 영조 38년(1762) 윤5월 18일, "噫! 遭萬古所無之事, 而以中興自處者, 爲宗社也. 雖然, 目今此心, 陟降俯照, 當慰而不當賀."

같은 경우가 있었겠는가!《이하 1행이 칼로 도려내짐》.[95]

①은 사도를 뒤주에 가둔 지 이틀 뒤의 전교로서 열성의 은혜 덕분에 중흥하게 되었다고 말하고 있다. 『승정원일기』에 이 기사가 수록되지 않은 것으로 보아 영조가 승하 직전에 세손 정조의 간청으로 『정원일기』를 세초할 때 이것도 세초 대상에 포함된 것으로 여겨진다. ②와 ③에서는 종사를 위해 중흥했다고 천명했으며 사도 처분 후 자신의 복정(復政)을 임진왜란 시 재조지은에 비견하고 있다. 특히 ③의 하단부는 한 행이 칼로 산삭되어 있는데 상단의 기사보다 훨씬 더 노골적인 내용이 실려 있었을 것으로 추정된다. 사도가 죽고 나서 20일도 안된 시점에 영조는 『중흥윤음(中興綸音)』을 찬술하고 나서 누차 교정을 거친 뒤 간행케 했으나[96] 간행본이나 교정본이 한 건도 현전하지 않는다. 한국학중앙연구원 장서각 소장 영조 어제 첩본이 5천 건에 육박한다는 점을 감안했을 때 『중흥윤음』은 필시 정조에 의해 폐기되었을 것이다.

장서각에는 정조가 세손 시절에 찬술한 영빈 친제문과 행장이 소장되어 있다.[97] 「영빈이씨친제문」은 1770년(영조 46) 7월 19일에 세손 정조가 조모 영빈의 영전에 올린 제문이다. 제문에 의하면 전날 7월 18일, 영조가 영빈 생신을 맞아 의열궁에 친림할 때 세손도 수가했다가 이튿날 세손 혼자 제수를 준비하여 제사를 지냈다. 본 제문은 정조가 영빈을 위해 작성한 최초의 제문으로 영빈이 별세한 지 6년이 지나도록 조모를 애도하는 시문

95 『승정원일기』, 영조 38년(1762) 6월 3일, "噫! 宇宙雖一宇宙, 朝鮮卽再朝鮮. 噫! 壬辰再造藩邦, 卽皇朝受恩, 今日復有朝鮮, 卽陟降攸賜, 奚徒前日之焦心! 中夜興思, 不覺心骨俱寒, 求諸往牒, 考諸國乘, 中興非一, 而豈有若今番!"《此下一行刀割》.

96 『승정원일기』, 영조 38년(1762) 6월 17일, "傳于李宜哲曰, 編次人入侍, 禮房承旨及左副承旨, 持中興綸音, 同爲入侍"; 7월 2일, "命具允明, 刪正御製綸音訖. 上曰, 中興綸音, 芸閣刊進時, 令頃者「警世問答」刊進儒臣校正.【出傳敎】"; 7월 9일, "上命麟漢, 奏讀中興綸音校正處."

97 세손 정조, 「暎嬪李氏親祭文」(장서각, RD02767); 세손 정조, 「暎嬪行狀」(장서각, RD02327).

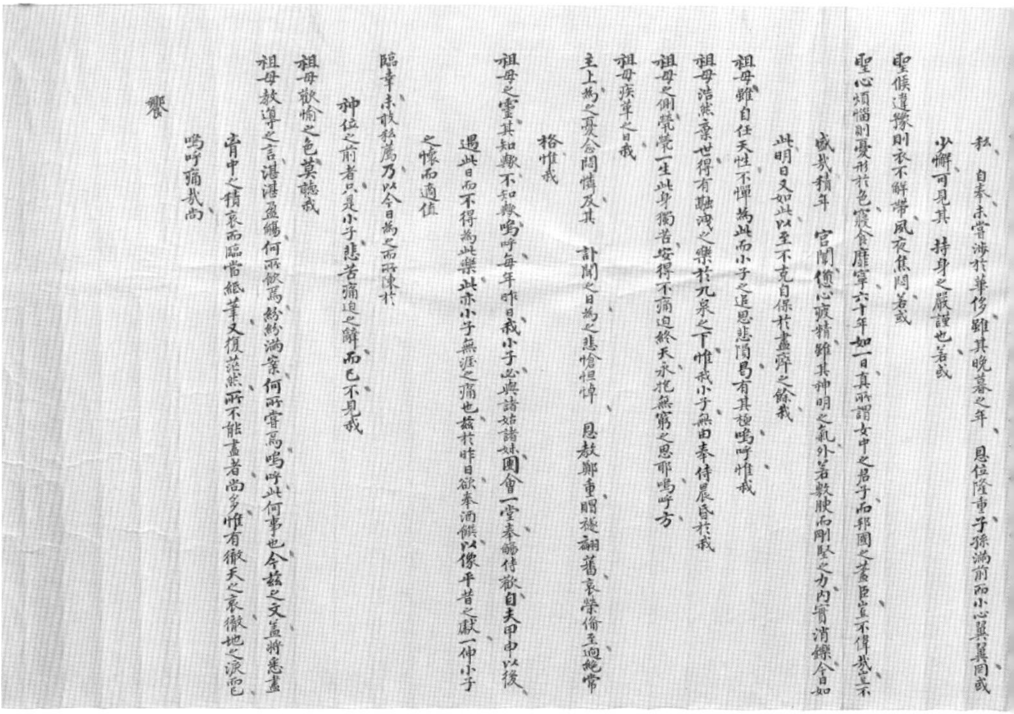

私自奉未嘗游於華侈雖其晚暮之年 息位隆重子孫滿前而小心翼翼罔或
少懈可見其 持身之嚴謹也若或
聖候違豫則衣不解帶夙夜焦悶若或
聖心煩惱則憂形於色廢食靡寧六十年如一日眞所謂女中之君子而邦國之蓋臣豈不偉哉豈不
盛哉積年 宮闈傾心瘁精雖其神明之氣外若敷腴而剛堅之力內實消鑠今日如
此明日又如此以至不克自保於盡瘁之餘哉
祖母雖自任天性不憚為此而小子之追思悲慟曷有其極嗚呼惟我
祖母浩然棄世得有馳滅之樂於九泉之下惟我小子無由奉侍晨昏於我
祖母之側煢煢一生此身獨苦安得不痛迫終天永抱無窮之恩耶嗚呼方
祖母疾革之日我
主上為之憂念問慎及其 訃聞之日為之悲愴怛悼 恩敎鄭重賵襚稠疊哀榮備至迥越常
格惟我
祖母之靈其知歟不知歟嗚呼每年昨日我小子必與諸姑諸妹團會一堂奉觴侍歡自夫甲申以後
遇此日而不得為此樂此亦小子無涯之痛也茲於昨日欲奉酒饌以像平昔之歡一伸小子
之懷而適値
臨幸未敢私薦乃以今日為之而所陳於
神位之前者只是小子悲苦痛迫之辭而已不見我
祖母歡愉之色莫聽我
祖母敎導之言湛湛盈觴何所歆焉紛紛滿案何所嘗焉嗚呼此何事也今茲之文蓋將悉盡
胸中之積哀而臨當紙筆文復茫然所不能盡者尙多惟有徹天之哀徹地之淚□
嗚呼痛哉尙
饗

그림 5 세손 정조, 「暎嬪李氏親祭文」(장서각, RD02767)

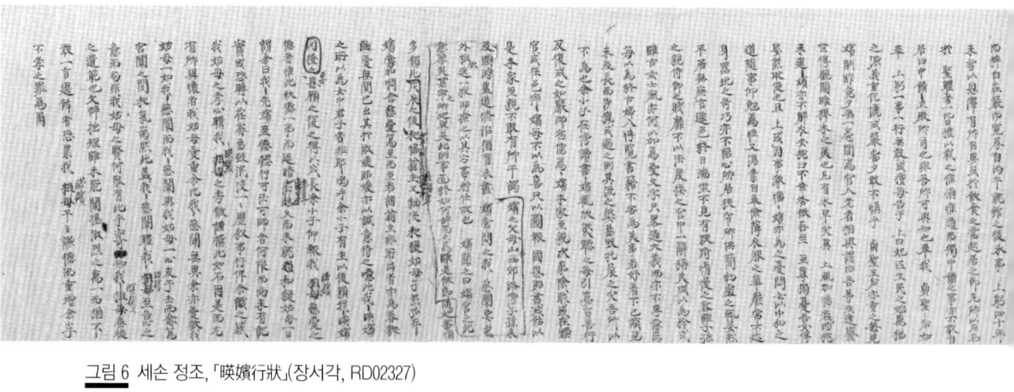

그림 6 세손 정조, 「暎嬪行狀」(장서각, RD02327)

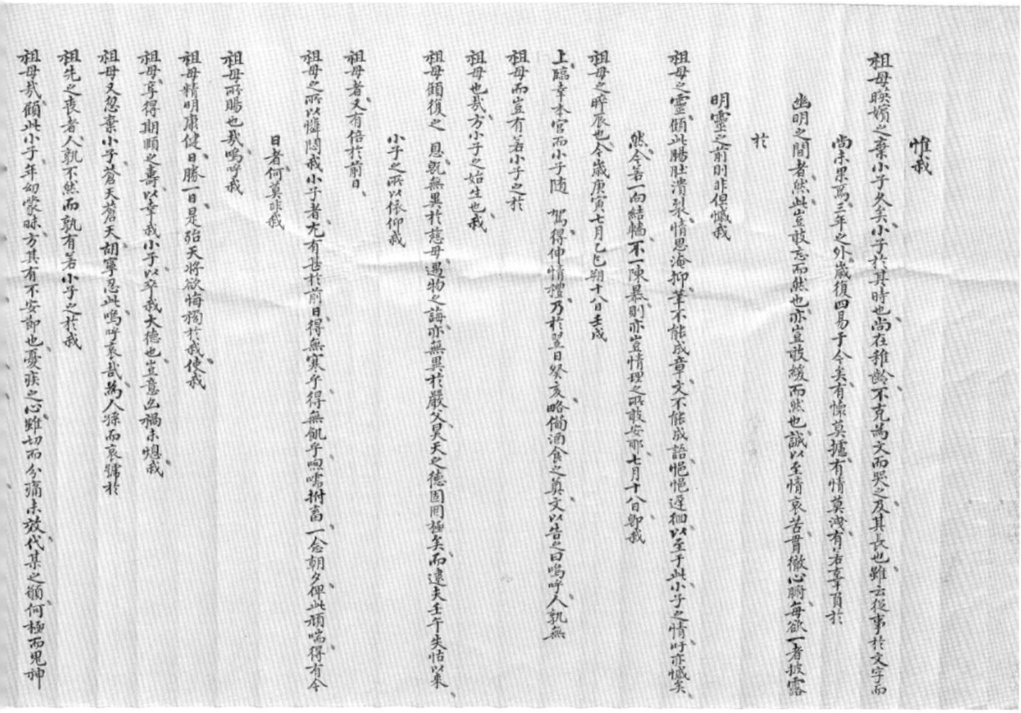

惟我
祖母睽婗之棄小子久矣小子於其時也尚在稚齡不克爲文而哭之及其長也雖云從事於文字而
尚未果焉三年之外歲復四易于今矣有懷莫攄有情莫洩有若辜負於
幽明之間者然此豈敢忘而然也亦豈敢緩而然也誠以至情哀苦貫徹心腑每欲一者披露
於
明靈之前則非但憾我
祖母之靈傾此膓肚潰裂情思淹抑筆不能成章文不能成語悒悒遲徊以至于此小子之情吁亦憾矣
然今著一面結幅不一陳暴則亦豈情理之所敢安耶七月十八日卽我
祖母之晬辰也今歲庚寅七月乙巳朔十八日壬戌
上臨幸本宮而小子隨 駕得伸情禮乃於翌日癸亥略備酒食之奠文以告之曰嗚呼人孰無
祖母而豈有若小子之於
祖母也哉方小子之始生也我
祖母顧復之 恩旣無異於慈母遇物之誨亦無異於嚴父昊天之德固罔極矣而逮夫壬午失怙以來
小子之所以依仰我
祖母者又有倍於前日
祖母之所以憐悶我小子者尤有甚於前日得無寒乎得無飢乎呴噓拊畜一念朝夕俾此殘喘得有今
日者何莫非我
祖母所賜也哉嗚呼我
祖母精明康健日勝一日是殆天將欲悔禍於我使我
祖母享得期頤之壽以幸我小子以卒我大德也豈意凶禍未熄我
祖母又忽棄小子蒼天蒼天胡寧忍此嗚呼哀哉爲人孫而哀歸於
祖先之喪者人孰不然而孰有若小子之於我
祖母哉顧此小子年幼蒙昧方其有不安節也憂疾之心雖切而分痛未效代某之願何極而鬼神

을 지은 적이 없었다. 먼저 영빈이 자신에게 베푼 은혜를 기술하다가 흉악한 화가 그치지 않아 영빈이 죽음을 맞이한 일을 적었고 후반부에서는 아름다운 덕성과 행실의 사례를 적으며 '여자 중의 군자(女中之君子)'요 '나라의 충신(邦國之藎臣)'으로 정의했다.[98] 제문 중간에서 부친 사도세자를 잃던[失怙] 장면을 두 차례 언급했으나 조모와 손자 간의 더 각별해진 관계와 본인의 깊은 상실감을 표현했을 뿐 임오화변이나 조모 영빈에 대한 어떠한 판단도 드러내지 않았다.[99] 본 제문은 영빈을 위해 지은 최초의 작품임에도 불구하고 『홍재전서』에 수록되지 않았거니와 『홍재전서』에 수록된 430여 편의 제문 가운데 영빈에게 올린 제문은 한 편도 존재하지 않는다.

「영빈행장」 역시 정조가 세손 시절에 조모 영빈의 행적과 덕행을 기술한 글로서 1770년경 찬술한 것으로 여겨진다. 궁인 및 후궁 선발 과정, 담박한 성품과 신중한 처신, 빈으로서의 내조와 부덕(婦德), 원자 출산, 며느리 혜경궁에 대한 사랑 등 다양한 일화를 소개했다. 고모 화완옹주의 권유로 지었는데 영빈의 개별 행적들은 화완옹주가 정리해준 것이다.[100] 영빈의 출생으로 서두를 시작했다가 용지 앞 여백에 영빈의 선계를 추가로 써넣었으며 중간에도 보록한 부분이 있다. 세손 정조는 자신을 '여소자(余小子)'로 적었고 영빈과 화완옹주를 '아조모(我祖母)', '아[화완]고모(我[和緩]姑母)'로 적었으며 내외 자손의 경우는 영조 어제 지문에 적혀 있으므로 생략했다. 교정 부호를 활용하여 거침없이 첨삭한 흔적이 도처에 보이는데 정조가 즉위 이후에 직접 수정한 것이다. 정조는 교정 시에 '아조모'를 '아영빈(我暎嬪)'으로 일괄 수정했으며, 모친 혜경궁이 영빈 부모의 산소 정비

98 후궁으로서 영빈의 품성을 기술했을 뿐 임오화변이나 영조의 추숭 등에 관해서는 일절 언급하지 않았다.

99 "逮夫壬午失怙以來, 小子之所以依仰我祖母者, 又有倍於前日, 祖母之所以憐悶我小子者, 尤有甚於前日"; "嗚呼! 小子旣失所怙, 又失我祖母, 此生此世, 更不得瞻依, 崩隕呼天, 此何人哉."

100 "我和緩姑母一日謂余曰, '我先嬪至德懿行可法可師者何限, 而尙未有記實, 或恐轉以荏苒易致泯沒', 一一歷叙事行, 俾余識之. 感我姑母之孝心, 輯我祖母暎嬪之芳徽, 謹撰此如右."

를 도우려 했을 때의 일화 전체를 삭제했다. 작품 속 호칭이나 영빈 행적의 기술 방식이 세손 정조가 1770년 7월에 찬술한 「영빈이씨친제문」과 유사한 점으로 보아 두 작품이 비슷한 시기에 지어졌을 것으로 여겨진다. 본 행장 또한 『홍재전서』에 실리지 않았다. 더군다나 184권 100책이라는 방대한 분량의 『홍재전서』를 통틀어 영빈의 생평과 언행을 기술하거나 추모하는 시문이 한 편도 없다. 박명원 신도비와 사도세자 행장에서 대상 인물의 장모이자 사친으로 언급될 뿐이다.[101] 본 행장에서 화완옹주의 효성과 우애, 자애로움, 현명함이 지나치게 강조된다는 점도 석연치 않다.[102] 고모의 강요로 마지못해 붓을 들었다가 고모의 열람을 의식하며 행장을 지었기 때문일 것이다. 정조 즉위 직후에 화완옹주는 서인으로 강등되어 유배되었고 양자 정후겸은 사사되었다. 본 행장뿐만 아니라 조모 영빈을 대상으로 삼은 시문이 『홍재전서』에 한 편도 실리지 않은 데에는 임오화변과 관련하여 조모 영빈과 고모 화완옹주에게 품고 있던 불편한 심사, 화완옹주에 대한 정치적 불신이 적잖이 작용했을 것이다.

101 『홍재전서』 권15, 碑, 「錦城尉朴明源神道碑銘」【幷序○庚戌】; 권16, 誌, 「顯隆園誌」【己酉】.

102 "我姑母愛重余, 比我慈闈無異, 余亦愛敬我姑母, 一如我慈闈, 而我慈闈與我姑母一心友于", "此盖我慈闈體我~~祖母~~〈暎嬪〉至意之意, 而苟非我姑母之賢, 何能有此乎, 亦可知我~~祖母~~〈暎嬪〉垂後之遺範也."

5. 맺음말

영빈이씨에 대한 영조와 정조의 평가는 동일한 역사적 사건을 대하는 두 국왕의 정치적 입장과 감정이 공식 기록과 제도에 어떻게 반영되는지를 보여주는 대표적 사례다. 영조는 임오화변 당시 영빈의 고변을 '종사를 위한 의리'라고 칭송하며 적극적인 현창 정책을 펼쳤고, 정조는 생부 사도세자의 죽음에 대한 개인적 상처와 현양 의지로 인해 영빈의 공적을 의도적으로 희석시켰다. 두 국왕의 대조적인 태도는 왕실 내부의 갈등이 역사 서술과 국가적 기억 형성에 미치는 영향을 뚜렷이 보여준다. 영조는 영빈의 사도 처분 요청을 충절로 해석하며 '의열'이라는 시호를 통해 그녀의 공적을 공식적으로 기렸다. 또한 그녀의 사당과 묘소를 '의열'로 명명하고 어필 현판을 게시하여 국왕의 공식적 지지를 표명했으며 영빈의 공적을 기록한 공식 문헌을 편찬해 후대에 전하게 했다. 반면 정조는 즉위 후 생부 사도의 명예 회복에 주력하며 영빈의 역할을 의도적으로 축소했다. 먼저 임오화변 관련 기록을 삭제해 사도의 비행을 은폐했고 영빈의 묘소와 사당 호칭을 '선희'로 바꾸어 그녀의 정치적 위상을 감추었다. 또한 사도에게 '장헌'이란 시호를 추상하고 '수은'으로 불리던 묘묘(墓廟)를 영우원과 경모궁으로 승격시켜 생부의 권위를 높였다. 정조의 이러한 정책은 단순한 호칭 개정을 넘어 영조 시대의 공식적 역사 해석을 재편한 것이다. 그는 조부 영조가 확립한 '의열'의 서사를 약화시키며 자신의 정통성을 생부의 복권에서 찾고자 했다. 영빈에 대한 영조와 정조의 상반한 평가는 역사가 단순한 사실의 기록이 아니라 권력자의 정치적 의도에 따라 재해석되고 재정의되는 과정임을 보여준다. 영조는 '의리'를 내세워 왕권의 정당성을 강화했고, 정조는 '효'를 통해 생부의 명예를 회복하며 통치 기반을 다졌다.

칠궁의 시호 관련 의례와 그 상징적 의미

김윤정

1. 머리말

칠궁(七宮)은 왕을 낳은 일곱 후궁의 사당으로, 인빈 김씨의 저경궁(儲慶宮), 희빈 장씨의 대빈궁(大嬪宮), 숙빈 최씨의 육상궁(毓祥宮), 정빈 이씨의 연호궁(延祜宮), 영빈 이씨의 선희궁(宣禧宮), 유빈 박씨의 경우궁(景祐宮), 귀비 엄씨의 덕안궁(德安宮)으로 구성되어 있다. 각 궁은 원래 독립적인 사당으로 존재했으나 1908년 육상궁 영역에 육궁으로 합설되었고, 1929년 덕안궁을 옮겨 칠궁 체제가 완성되었다. 현재는 칠궁으로 통칭되지만, 각 궁의 성립 과정과 연혁은 매우 상이하다.

후궁인 사친(私親)의 사당이 '궁(宮)'으로 제도화된 것은 영조 대 궁원제(宮園制)의 성립을 통해서이다. 궁원제에 대한 연구는 다양하게 진행되었는데, 사친추숭과 관련하여 궁원제의 성립 과정이 분석되었고[1] 그 외 궁원의 건축과 기물, 의례, 시호(諡號) 등에 대한 연구도 축적되었다.[2] 그럼에도 궁

* 이 글은 김윤정, 「七宮의 성립과 上諡冊印儀의 의미」, 『장서각』 53, 2025를 수정·보완한 것이다.

1 정경희, 「조선후기 궁원제(宮園制)의 성립과 변천」, 『서울학연구』 23, 2004; 임민혁, 「조선후기 영조의 효제 논리와 사친추숭」, 『조선시대사학보』 39, 2006; 이왕무, 「영조의 사친궁(私親宮)·원(園) 조성과 신행(辛行)」, 『장서각』 15, 2006; 이현진, 「영·정조대 육상궁의 조성과 운영」, 『진단학보』 107, 2009; 권용란, 『조선시대 왕실 조상신에 대한 연구』, 서울대학교 박사학위논문, 2013; 정해득, 「조선후기 사친추숭과 능원제도」, 『조선시대사학회』 86, 2018; 김윤정, 「영조대 육상궁의 성립과 공사 논의」, 『한국학연구』 74, 2024

2 소현수 외, 「조선시대 사묘(私廟) 칠궁(七宮)의 공간구성 고찰」, 『한국전통조경학회지』 23-4, 2005; 송인호·조은주, 「왕실사묘(王室私廟) 육상궁(毓詳宮)의 20세기 변화(變化)에 관한 연구(硏究)」, 『대한건축학회논문집』 27, 2011; 박금진, 『조선후기 왕의 사친(私親) 궁원(宮園) 연구: 칠궁과 원소를 중심으로』, 한서대학교 박사학위논문, 2018; 문은희, 「영조대 육상궁식례(毓祥宮式例)·소령원식례(昭寧園式例)의 제정(制定)과 의미」, 숙명여자대학교 석사학위논문, 2020; 김윤정, 「대빈궁(大嬪宮)의 연혁과 의례적 변화 양상」, 『한국문화』 103, 2023a; 김윤정, 「저경궁(儲慶宮)의 성립과 의례적 변화 양상」, 『서울과 역사』 113, 2023b; 우정, 「영조대 숙빈 최씨 추숭과

원제 시행의 근거가 되는 시호 관련 의례의 특징과 의미에 주목한 연구는 이루어지지 못했다.

칠궁의 시호 관련 의례는 영조가 육상궁에서 행한 '상시책인의(上諡冊印儀)'에서 비롯되었다. 1753년(영조 29) 영조는 생모인 숙빈 최씨를 위해 시호 '화경(和敬)'을 정하고, 시책(諡冊)과 시인(諡印)을 올리는[上] 최초의 상시책인의를 거행했다. 영조가 숙빈 최씨의 추시(追諡)를 위해 창안한 상시책인의는 궁원제의 성립과 그 정당성을 확보하기 위한 의례로서 중요한 의미를 지닌다. 그러나 후궁은 본래 시책과 시인을 받을 수 없는 신분이었으며, 왕이 직접 시호를 올리는 대상에도 해당하지 않았다. 이로 인해 상시책인의는 후궁 사친 의례의 제도적 난점과 궁원제의 착종된 위상을 그대로 반영하고 있다.

왕이 시호를 올릴 수 있는 대상은 선대의 왕과 왕후로, 이들에게는 옥책(玉冊)과 금보(金寶)라는 의물을 제작하여 시호를 올리는 '상시책보의(上諡冊寶儀)'가 거행되었다. 왕의 생존 중 왕비가 사망한 경우(內喪在先)에는 왕비의 의물인 옥책과 금보를 제작하되, 남편인 왕이 직접 시호를 올리는 것이 아니므로 '상(上)'이 아닌 '증(贈)'을 사용한 '증시책보의(贈諡冊寶儀)'로 구분했다. 시책·시인은 세자와 세자빈의 의물로서 죽책(竹冊)·옥인(玉印)으로 제작되었고, 왕이 시호를 내려주는[賜] '사시책인의(賜諡冊印儀)'에서 사용되었다.

국가례에서 '보(寶)'와 '인(印)'은 용어 자체로 왕·왕비와 세자·세자빈의 신분을 특정했다. 후궁은 '인'을 받는 대상이 아니었지만, 영조는 숙빈을 위해 옥인보다 위상을 낮춘 은인(銀印)을 시인으로 제작했다. 죽책·은인을 시책·시인으로 갖추었음에도 생모에게 올린다는 의미의 '상' 자를 사용함

가상시호(加上諡號)의 의의」, 『국학연구』 51, 2023; 장경희, 「조선후기 칠궁(七宮) 소장 목조감실과 왕실공예품의 보문(寶文) 연구」, 『인문과학연구』 38, 2024.

표 1 시호 관련 의례의 차등

전거		대상	행위	의물(재료)		의례
춘관통고	국조상례보편	大喪·內喪	上	시책(옥)	시보(금)	상시책보의
춘관통고	국조상례보편	內喪在先	贈	시책(옥)	시보(금)	증시책보의
춘관통고	국조상례보편	小喪·小內喪	賜	시책(죽)	시인(옥)	사시책인의
춘관통고		저경궁·육상궁	上	시책(죽)	시인(은)	상시책인의

으로써 시책과 시인을 올리는 모순적인 의례가 탄생했다.

이 글은 칠궁의 시호 관련 의례를 중심으로 궁원제의 성립과 확대 과정을 고찰함으로써, 칠궁의 성립과 그 의례적 위상을 검토하고자 한다. 먼저 영조가 궁원제의 근거로 제시한 시호의 의미와 상시책인의의 제도적 확립 과정을 살펴보았다. 영조는 생모 숙빈 최씨에게 시호를 정하고 궁원제를 선포했으며, 상시책인의와 함께 고묘(告廟)-반교(頒教)-진하(進賀)로 완결되는 추상시호(追上諡號) 의례를 시행했다. 이를 위해 효제(孝悌)와 공사(公私)의 논리를 강조하고 선위(禪位)를 전략적으로 활용하는 등 정치적 역량을 총동원했다. 이후 인빈 김씨에게도 궁원제를 적용하고 상시책인의를 거행했으며, 육상궁과 저경궁에 시호를 추가하는 가상시호(加上諡號)를 반복 시행함으로써 후궁 사친의 위상을 제고하고자 했다.

다음으로 정조 대 이후 궁원제의 확대에 따른 연호궁, 경우궁, 선희궁, 덕안궁의 성립과 시호 관련 의례의 시행 양상을 검토했다. 정조는 궁원제의 대상을 왕의 사친으로 한정하면서, 사도세자의 사친인 영빈 이씨를 제외하고 진종의 사친인 정빈 이씨에게만 궁원제를 적용했다. 순조 대에는 사친인 유빈 박씨의 사망으로 시신이 안치된 빈궁(殯宮)에서 상시책인의가 처음 거행되었고, 담제(禫祭) 후 경우궁에 신주가 봉안되었다. 대한제국 시기에는 궁원제에 따라 선희궁·수경원이 정비되었으며, 이후 영친왕의 사친인 귀비 엄씨를 위한 덕안궁이 조성되었다.

일제강점기에 이왕직은 이상의 궁들과 대빈궁을 합쳐 칠궁으로 관리했다. 칠궁의 탄생은 후궁 사친을 위한 궁원제의 굴절과 궤를 같이한다. 상시책인의는 칠궁으로 통칭되기 이전 각 궁의 역사와 의례적 위상을 검토하는 중요한 단서가 된다. 각 궁의 원형에 대한 철저한 고찰을 토대로 그 변화의 과정과 의미에 주목할 필요가 있다.

2. 궁원제의 성립과 시호의 의미

1) 영조 대 궁원제의 성립과 상시책인의

영조는 사친인 숙빈의 사당으로 1725년(영조 1)에 숙빈묘를 건립했고, 1744년(영조 20)에 '육상(毓祥)'이라는 묘호를 정해 '육상묘(毓祥廟)'로 칭했다. 1753년(영조 29) 궁원제가 성립되면서 육상묘는 '육상궁', 소령묘는 '소령원'으로 승격되었다. 영조는 궁원제 성립의 명분으로 시호를 내세우면서, 과융하지 않고 효를 다하기 위한 의기(義起)의 방식임을 강조했다. 왕후의 지위를 넘지 않는 선에서 사친을 추숭하기 위한 방안으로 시호를 적극 활용한 것이다.[3] 그러나 시호의 추상(追上)과 상시책인의의 완성을 위해 영조는 선위 전교와 국정 파행을 단행하는 노회한 정치력을 발휘해야 했다.

이 과정에서 중요한 계기가 된 것은 이세희(李世熙, 1709~1755) 상소 사건이었다. 1752년(영조 28) 12월 28일 생원 이세희가 숙빈의 왕후 추숭을 주장하는 상소를 올리자, 영조는 왕의 뜻을 억측한 죄로 처벌했다.[4] 다음 해

3 우정(2023), 앞의 글, 179쪽. 단, "시호를 올리는 행위에 대해서는 반대하는 견해가 나타나지 않는다"(189쪽)는 입장에서 상시책인의 시행 과정에는 주목하지 않았다.

4 이세희 상소 사건은 김윤정(2024), 앞의 글, 19~23쪽 참조.

6월 3일 영조는 가뭄으로 인한 소결(疏決)에서 이세희의 상소를 소환했다. 『시경(詩經)』「육아(蓼莪)」 편을 외우며 효를 다하지 못함을 슬퍼했고 자신을 모욕한 '명류(名流)'들을 일일이 거론하며 신하들의 불충을 비판했다. 당황한 신하들이 구체적인 하교를 거듭 요청하자, 결국 영조는 숙빈의 시호를 요구했다. 이에 신하들은 "인정과 예문에 합당"하고 "천리와 인정에 당연"하다고 칭송하며 즉시 분부를 받들겠다고 앞장섰다.[5]

영조는 신하들의 동의를 얻은 후, "이것은 나의 털끝만큼도 사사로운 뜻이 아니고 터럭 하나만큼도 과융의 뜻이 아니다"라고 천명했다. 이어 "시호가 정해지면 궁과 원으로 칭해야 한다"고 단언하며 궁원제를 선포했다.[6] 영조는 "우리나라의 가법이 엄하여 내가 사친에게 시호 2자를 올리는 것 외에 달리 보답할 방법이 없다"라고 강조했다. 시호를 올리는 별도의 의절은 없고 다음 날인 6월 26일에 친히 고유제를 지내고 신주를 다시 쓰겠다고 밝혔다.[7] 이처럼 6월 25일 사시에 시호의 추상이 결정된 후, 신시에 신하들이 영조 앞에서 '화경'을 시호로 의정(議定)했다. 시호의 추상과 궁원제 시행이 하루 만에 결정된 것이다.

6월 27일에 영조는 궁원제와 왕후 추숭의 구분을 명확히 하면서, 시호의 정당성을 다시 한번 강조했다. 영조는 '여사(餘事)가 있다'는 왕후 추숭의 의심을 제거하기 위해 노력했다. 국가전례는 고례를 따라야 하지만 마땅한 전례가 없어 의기의 방식으로 시호를 정한 것이라고 설명했다. 한

5 『승정원일기』, 영조 29년(1753) 6월 25일, "乾隆十八年癸酉六月二十五日巳時, 上御涵仁亭. [···] 予卽阼三十年以來, 受十六字尊號, 而未能上一字於私親, 此豈事理乎? 前冬世熙之疏, 巧且惡矣. [···] 天輔曰, 臣等今承下敎, 可謂允合於情文, 臣等當奉承矣. 旣已議諡, 則自奉常寺官祭, 永爲不遷之位, 然後無歉於聖上追報之心, 而雖以典例言之, 可以得當矣."

6 『승정원일기』, 영조 29년(1753) 6월 25일, "上曰, 此非予毫分私意, 亦無一毫過隆之意, [···] 上曰, 今旣定議諡, 毓祥廟當稱宮, 昭寧墓當稱園, 以今日典監, 爲守園官好矣."

7 『승정원일기』, 영조 29년(1753) 6월 25일, "乾隆十八年癸酉六月二十五日申時, 上御涵仁亭. [···] 上曰, 我朝家法嚴矣. 予於私親, 二字加諡外, 無他可報之道矣. [···] 和敬儘叶予意, 今日後予無憾矣. 明日當親往毓祥宮, 行告由祭, 親自題主, 依此擧行也, 若魯曰, 今旣定諡, 親臨告由, 則似無上諡一節矣. 上曰, 然矣."

(漢)·당(唐)의 왕후 추숭 전례나 경종 대에 대(大) 자를 더하는 대빈(大嬪)의 방식을 따를 의사가 없음을 명확히 했다. 영조는 자신이 이미 16자의 존호는 받았고 중전도 2차례 받았는데 사친은 홀로 시호가 없어 불안했던 마음을 토로했다. 현빈도 '효순'이라는 시호가 있고 신하들도 시호를 받는다는 점에서 추시(追諡)를 생각해냈다고 해명했다.[8]

그런데 약 한 달 뒤인 7월 27일 영조는 선위를 주장하며 상시(上諡) 의례의 거행을 추진했다. 신하들을 입시하게 하고 승지에게 명하여 술회시(述懷詩)를 쓰게 한 후, 인원왕후에게 고하고 세자에게 선위할 것을 하명했다. 갑작스러운 상황에 이천보, 김상로 등은 거듭 연유를 여쭈었고, 영조는 "내가 사친을 위하여 감히 옥인(玉印)을 바랄 수는 없더라도 어찌 은인(銀印)을 만들 수 없겠는가?"라며 불만을 토로했다. 선위를 주장하는 영조가 어좌에서 내려와 집서문으로 걸어 들어가자 승지와 사관들이 따라가 어좌로 돌아갈 것을 간청했다. 이천보는 우매한 자신들에게 벌을 내려달라 아뢰었고, 김상로는 눈물을 흘리며 죄를 청했다.[9]

그럼에도 영조는 "경들이 나를 임금으로 보기는 하는가"라고 분노했다. 김상로는 "우리나라의 일은 모두 전례(前例)대로 하는데, 이는 전례가 없기 때문에 신들이 미처 생각하지 못했습니다"라고 해명하며 예관을 소환할

8 『승정원일기』, 영조 29년(1753) 6월 27일, "我朝家法甚嚴, 予亦受昔年敎訓, 心實不濫, 昨日下敎之後, 外人必以爲尙有餘事, 而國家典禮, 當用古例, 中國則自漢·唐以來, 皆有前例, 而我朝則無之, 在前二次, 前例則雖有之, 予亦不欲追用, 至於一大字, 亦欲避之, 故依昔年所封之號爲之事, 頃已下敎矣, 前例旣無可引, 則義起之外, 更無他道, 予何處得例而爲大於此之擧乎? 今世人, 百爾揣度, 至以昨冬苦心, 亦爲有意, 豈不怪乎? 予其日夜臥無寐, 忽然思之, 予旣受十六字尊號, 坤殿亦受二次, 而私親則獨無諡, 於心不安, 又思之, 賢嬪尙有孝純字, 臣下亦有爲其父祖延諡之擧, 今番二字諡號, 因此思得矣."

9 『승정원일기』, 영조 29년(1753) 7월 27일, "命書述懷詩, 左右大臣遂入侍, 上曰, 予將告于大妃殿, 遂下退軒跪告曰臣請命, 天輔·尙魯俱曰, 殿下以何事而爲此過擧乎? 上示述懷詩曰, 大臣·諸臣皆無狀矣, 天輔曰, 何事也? 上曰, 予爲私親, 雖不敢望玉印, 豈不可爲銀印乎? […] 上遂步入集瑞門, 承·史隨之, 上曰, 何以隨來? 珣曰, 何爲若是耶? 上曰, 從容, 分付, 其亦幸矣, 臣煒曰, 當此之時, 豈以出位爲嫌乎? 仍力請還御, 承旨·兼史更請殿坐, 上遂還御, […] 天輔曰, 臣等一則愚迷, 二則愚迷, 請誅臣等焉, 尙魯泣曰, 殿下使之上來, 臣雖上來, 卽死無恨矣."

것을 청했다. 예관들 역시 전례가 없어 알지 못한다는 입장을 반복하면서 영조가 하교해줄 것을 요청했다. 영조는 한·당의 고사가 있다고 말하면서도 원하는 바를 명확히 밝히지 않은 채 세자에게 선위할 것을 주장했다. 신하들이 거듭 전교를 요청하자, 영조는 8월 6일 시책·시인을 올리는 의식을 거행하겠다고 하명했다.[10]

영조는 상시책인의의 정당성을 강조하면서 상시(上諡)를 봉원(封園)의 필수 조건으로 규정했다. "상시도감이 있고서야 봉원도감이 있을 수 있는데, 여러 신하들은 이 일에 대하여 다 벙어리와 같다"라고 비판했다. 시호를 올린 이후에 원으로 봉한다는 점에서, 6월 28에 마련된 봉원도감을 상시봉원도감으로 변경하여 상시책인의를 담당하게 했다. 영조는 상시봉원도감의 사체(事體)가 더욱 무겁다고 강조하면서 도제조와 도청감조관을 새로 임명했다.[11]

영조는 신하들에게 내려주는 '사시(賜諡)'와 구분하여 숙빈의 시호를 '상시(上諡)'로 규정하고, 시책·시인을 갖춘 의례를 요구했다. 그러나 시책과 시보·인의 제작 및 의례는 왕·왕비와 세자·세자빈에 한정되는 것이었으므로, 대제학 조관빈은 죽책문 작성을 거부하는 상소를 올렸다. 시호를 올리는 일은 근본에 보답하는 효성에서 나온 것임을 인정하면서도, "책문(冊文)은 승통(承統)한 비빈(妃嬪)이 아니면 일찍이 이런 일이 없었다"는 점에서 책문을 짓는 것이 국가를 저버리는 행위라고 비판했다. 영조는 조관빈을

10 『승정원일기』, 영조 29년(1753) 7월 27일, "上曰, 卿等以君視予乎? 尙魯曰, 臣下若如此, 則乃逆臣也. [···] 尙魯曰, 我國之事, 皆依前例爲之, 此則無前例, 故臣等未及思之矣, 仍請召禮官, 上曰, 禮官召之. [···] 榮國曰, 我國之人, 不識典章故如是, 非有意思也, 大臣若昏迷不覺, 則殿下當敎之矣, 上曰, 人之所以爲人, 以其有五倫也, 尙魯曰, 無前例故不覺矣, 上曰, 漢唐宋故事, 皆有之矣."

11 『승정원일기』, 영조 29년(1753) 7월 27일, "上曰, 物有本末, 事有終始, 封園何自而出? 有上諡都監, 然後可有封園都監也, 而人無開口者矣, [···] 上曰, 事有終始, 先告上諡, 然後次爲封園都監, 可也, 今則外本內末, 事則倒置, 而諸臣於此事, 皆如啞者矣. [···] 命書傳敎曰, 旣上諡號之後, 宜有竹冊銀印, 而未及擧行, 其令都監, 依孝純宮例擧行, 封園都監, 稱上諡封園都監今則事體比前尤重, 差出都提調都廳監造官."

친국한 후 유배형에 처하고 이천보로 하여금 죽책문을 짓게 했다.[12]

상시책인의에 이어 9월 4일에는 종묘에 고하는 고묘와 반교-진하를 거행했다. 고묘의 결정은 9월 1일 진행된 소령원 원행 의주(儀註)의 배례(拜禮) 논쟁에서 비롯되었다. 영조는 소령원 원행 의주에 신하들의 배례 절차가 없음을 확인한 후, 대신 이하 백관은 호종할 필요가 없다고 하명했다. "시호를 올리고 원으로 봉했으면 사체(事體)가 중하거니와, 군부(君父)가 제사 지내는데 신자(臣子)는 절하지 않으니 어찌 이런 도리가 있는가?"라고 분노하자, 신하들은 의주에 따른 것일 뿐이라고 해명했다. 그러나 영조는 잘못된 의주를 고치지 않은 잘못을 질책하면서, 지난 거둥 시 절하지 않은 신하들과 의주를 잘못 만든 예관들을 모두 파직시켰다. 그 결과는 "조정을 비우는 것"이라고 할 만큼 대규모 파직으로 이어졌다.[13]

9월 1일 미시(未時)에 시작된 배례 문제는 한밤중을 지난 4경 1점까지 이어졌다. 영조는 배례의 정당성에 이어 고묘의 필요성을 제기했다. "이른바 고묘라는 것은 일이 있으면 고한다는 의리인데 상시와 봉원이 일이 아닌 것인가"라고 반문했다. 원손으로 정호(定號)할 때도 고묘하는데 상시와 봉원을 위한 고묘를 청하지 않은 신하들을 비판했다.[14]

또한 영조는 '상시'를 신하에게 내려주는 '사시(賜諡)'와 구분하여, "이번 일은 마땅히 '청시(請諡)'하여 '상시'해야 하기에 '사시'라고 말할 수 없다"고 규정했다. 더 나아가 처음부터 종묘에 청시하지 않아서 지금 이와 같은 문제가 생긴 것이라고 주장했다. 청시는 왕·왕비의 대상·내상에서 상시책보의에 앞서 거행되는 절차이다. 내상재선(內喪在先)의 증시책보의와 소

12 『영조실록』, 29년(1753) 7월 29일.

13 『영조실록』, 29년(1753) 9월 1일, 2일.

14 『승정원일기』, 영조 29년(1753) 9월 1일, "癸酉九月初一日夜四更一點, 上御涵仁亭. […] 且旣上謚封園之後, 告廟一節, 自在應行, 所謂告廟者, 卽有事則告之義也, 上謚封園, 而猶謂之無事乎? 旣告則必有頒, 旣頒則必有賀, 擧措雖大, 前日元孫定號時, 亦已告廟."

상·소내상의 사시책인의의 경우는 '청시'와 구분하여 '고묘'를 행했다.[15] 숙빈은 결코 청시의 대상이 될 수 없지만, 영조는 '상시'를 명분으로 '청시'와의 연계성을 주장한 것이다. 신하들은 영조의 무리한 '청시' 주장을 무마하기 위해 '고묘'의 정당성을 강조해야 하는 상황이었다. 영조가 사시책인의의 경우도 미리 고묘한다는 점에서 너무 늦었다는 문제를 지적하자, 신하들은 고묘란 일을 거행한 후에 해도 늦지 않다고 영조를 설득했다.[16]

이 과정에서 영조는 "공자는 노담(老聃)에게 예를 물었는데, 나는 신하들에게 예를 구걸한다"라고 탄식하면서 신하들을 압박했다.

> 시호를 의정한 뒤에 책인(冊印)을 규례대로 이행해야 하는데 한 번도 하교할 것을 일깨우지 않았다. 상시하여 봉원한 뒤에는 체모가 무거운데도 그 임금이 예를 행할 때 예관이 구례(舊例)를 잘못 인용하여 백관이 차례로 늘어서서 멍하니 절을 하지 않았다. 한 번은 비록 혼매하지만 어찌 두 번 혼매할 수 있겠는가? […] 이번의 예는 나의 사적인 것이 아니다. 상시하여 봉원하고 이미 관제(官祭)를 지냈으니 나라의 막중한 예이다. 그런데 고묘하고 반교하는 일이 지금까지 지연되고 있으니, 구구절절 한심한 것이 이보다 심한 것이 없다. 한 모퉁이 우리나라에 임금이 있는가? 신하가 있는가?[17]

15 『국조상례보편』 권1, 「請諡宗廟儀」, "內喪請諡, 宗廟儀同,(內喪在先及小喪, 則無請諡. …)儀軌. 前一日, 遣大臣【小喪, 則一品重臣】, 告宗廟, 如常告儀."

16 『승정원일기』, 영조 29년(1753) 9월 1일, "大凡諡號, 加於君上, 則例有請諡之節, 頒於臣下, 則有賜諡之擧, 今番事, 固宜請諡上諡, 而不可謂賜諡, 則告廟頒敎, 斷不可已, 而當初不爲請諡, 故今亦如此矣, 在魯曰, 卽今洪鳳漢爲禮判, 故思得告廟一節, 而他人則皆悠泛未及思得, 亦非怪事矣, 上曰, 今雖告廟, 予則以爲晩矣, 晩曰, 若名之曰, 上諡封園, 禮畢後告廟, 則亦不晩矣."

17 『승정원일기』, 영조 29년(1753) 9월 1일, "議諡之後, 冊印循例擧行者, 而一不提醒思敎, 旣上諡封園之後, 體貌重也, 而其君行禮, 禮官誤引舊例, 百官序立, 而凝然不拜, 一雖昏, 再豈昏也, 再亦雖昏, 稟服色之時, 其何昏也? 而亦欲不拜, 今者之禮, 非我私也, 上諡封園旣官祭, 邦國莫重之禮, 而告廟頒敎應行之節, 尙今遲延, 節節寒心, 莫甚於此. 一隅靑丘, 有君乎? 有臣乎?"

영조는 상시하여 봉원하고 국가 차원에서 관제(官祭)를 지낸다는 점에서 궁원 의례는 자신의 사적인 예가 아닌 나라의 막중한 예라고 천명했다. 그럼에도 신하들이 마땅히 행해야 하는 상시책인의와 고묘 의례를 청하지 않았기 때문에 자신이 예를 구걸하는 상황이 되었음을 비판했다.[18] 영조는 지난 7월 상시책인의를 준비할 때 육상궁에만 고유할 것을 직접 하교했음에도,[19] 신하들이 먼저 고묘를 제안했어야 한다는 속내를 드러냈다.

결국 고묘가 결정되면서 영조는 친히 종묘와 영녕전의 고유제 및 소령원 안원제(安園祭)의 축문을 지었다.[20] 9월 4일 상시와 봉원을 종묘에 고유하고 이어 진하와 반교를 거행했다. 영조는 육순인 만년에 사친을 위하여 예를 다했다고 기뻐하며 경과(慶科)의 시행과 사면을 하명했다.[21]

이처럼 숙빈의 시호는 봉원의 근거가 되었고, 상시책인의와 고묘를 통해 궁원제 성립 의례가 마무리되었다. 이어 1755년(영조 31) 원종의 사친인 인빈 김씨에게 궁원제를 적용하여 인빈의 묘(廟)·묘(墓)를 저경궁·순강원으로 승격시켰다.[22] 육상궁의 의례와 동일하게 상시봉원도감을 설치하고 상시책인의를 거행했다. 1755년 6월 2일 시호를 '경혜(敬惠)'로 정하고, 친히 시호에 따라 신주를 고쳐 썼다.[23] 6월 22일에 상시책인의를 거행하고, 다음 날인 23일에는 고묘-진하-반교-반사의 절차를 행했다.[24]

18 『승정원일기』, 영조 29년(1753) 9월 1일, "上曰, 孔子問禮於老聃, 予則乞禮於諸臣, 此則往牒所無之事也. […] 上曰, 頃於上諡之日, 告廟請諡, 可也, 而諸臣無一人發口者, 豈是乎?"

19 『승정원일기』, 영조 29년(1753) 7월 27일, "又命書之曰, 毓祥宮上冊印時, 只行告由於本宮事, 分付."

20 『승정원일기』, 영조 29년(1753) 9월 1일, "癸酉九月初一日未時, 上御崇文堂. […] 人君拜而人臣則序立, 豈人臣之禮乎? 予若强使之, 則又有如趙觀彬云, 古於妃嬪, 無此禮, 則豈不爲辱乎? […] 癸酉九月初一日夜四更一點 […] 上命取香室告由祭文謄錄, 親覽訖, 仍卽親製太廟·永寧殿告由祭祝文及昭寧園安園祭祝文, 命承旨讀之."

21 『영조실록』, 29년(1753) 9월 4일.

22 인빈 김씨 인빈묘의 이건과 봉사자의 교체 및 저경궁으로 승격되는 과정은 김윤정(2023b), 앞의 글에 자세하다.

23 『저경궁순강원식례(儲慶宮順康園式例)』[한국학중앙연구원 장서각(이하 장서각), K2-2484], 「儲慶宮順康園式例」, "一. 乙亥, 六月初二日, 議諡, 六月初二日, 改題主【御筆親書】."

이후 육상궁과 저경궁에서는 시호를 추가로 올리는 가상시호(加上諡號)를 위한 상시책인의가 거행되었다. 1756년(영조 32) 1월 1일, 영조와 대왕대비 인원왕후, 왕비 정성왕후에게 존호를 올리면서 육상궁에 '휘덕(徽德)'이라는 시호를 가상했다. 영조는 육상궁의 시호 가상이 인원왕후의 하교에 따른 것임을 강조했다. 이를 계기로 시책과 축문에 처음으로 '자(子)-선비(先妣)'라는 자칭-호칭이 사용되었다.[25]

이후 1772년(영조 48) 9월 15일에는 '안순(安純)'의 시호를 가상했다. 1776년(영조 52) 1월 25일에는 세손인 정조가 육상궁에 '수복(綏福)', 저경궁에 '유덕(裕德)'을 시호로 가상했다.[26] 이렇게 육상궁에서 세 차례, 저경궁에서 한 차례의 시호 가상이 이루어지면서, 숙빈은 화경휘덕안순수복(和敬徽德安純綏福)이라는 8자의 시호를, 인빈은 '경혜유덕(敬惠裕德)'이라는 4자의 시호를 받게 되었다.[27] 이처럼 영조 대에는 육상궁과 저경궁을 합쳐 두 차례의 추상시호와 네 차례의 가상시호가 이루어지면서 총 6회의 상시책인의가 거행되었다.

2) 상시책인의의 구조와 의미

1753년 8월 6일 육상궁에서 최초의 상시책인의가 거행되면서 새로운 의절이 마련되었다. 전례가 없으니 전교를 내려달라는 신하들의 요청에

24 김윤정(2023b), 앞의 글, 118쪽.

25 숙빈의 호칭은 '사친(私親)-선자친(先慈親)-선비(先妣)'로 변경되었다. 1753년에는 정통과 관계된 '고비(考妣)'의 '비(妣)'를 숙빈에게 사용할 수 없다는 주장에 따라 '선자친'을 사용했는데, 1756년에 영조는 『주례』 등을 근거로 '선비'의 호칭을 강행했다. 그러나 종묘 제사에서 선대 왕후는 '선비'가 아닌 '황비(皇妣)'로 칭해졌고, 제사를 올리는 왕은 '효자사왕신휘(孝子嗣王臣諱)'라는 자칭을 사용했다. 결국 육상궁의 축식은 '정통과의 구분'이라는 원칙에 따라 정비되었다. 김윤정(2024), 앞의 글, 519~520쪽.

26 『영조실록』, 52년(1776) 1월 7일, 15일.

27 가상시호의 과정과 의의는 우정(2023), 앞의 글, 192~210쪽에 자세하다.

영조는 '고유제-상시책인의-제향'의 절차를 하명했다. 하루 전인 8월 5일 친히 육상궁에 거둥하여 6일 새벽에 속절제(俗節祭)[28] 의식대로 고유제(告由祭)를 지내고, 이어 효순현빈의 전례에 따라 상시책인의를 거행한 후 시제(時祭)의 의식대로 제향을 친행토록 했다.[29] 또한 8월 5일에 도감이 시책·시인을 대내(大內)에 내입(內入)하여 영조의 확인을 거친 후 내출(內出)하여 육상궁에 임시로 안치하는 절차를 거행하도록 했다.[30]

7월 27일 상시책인의가 결정된 후 8월 6일의 의례를 위한 준비가 급박하게 진행되었다. 상시책인의는 효순현빈의 사시책인의를 기준으로, 상시책보의와 구분되는 의례적 차등이 강조되었다. 먼저 사시책인의에 따른 의물의 제작이 이루어졌다. 물론 사시책인의의 옥인과 달리 은인을 사용했지만 그 규격은 동일했다.[31] 죽책과 은인을 보관하는 인장(印欌)과 궤자(櫃子) 등의 크기와 장식 등도 효순현빈과 효장세자의 사당을 기준으로 삼았다.[32]

다음으로 상시책인의의 상시관(上諡官)으로 의정부 종1품 찬성이 임명되었다.[33] 내상·대상의 상시책보의에서는 영의정이 상시관으로서 왕명을 받들어 의례를 주관하는 반면, 소상·소내상의 사시책인의에서는 찬성이 사시관(賜諡官)을 담당했다. 소내상에서 찬성은 영의정과 달리 자칭으로

28 『영조실록』과 『승정원일기』 모두 '속제의(俗祭儀)'에 따른다고 되어 있으나, 『육상궁소령원식례(毓祥宮昭寧園式例)』(장서각, K2-2474)에는 '속제의'가 없다. 「毓祥宮上諡冊印儀」(장서각, K2-3080) '上冊印日酌獻告由御製祝文'에서 "의식은 속절의(俗節儀)와 같다"라고 했으므로, '속제의'는 '속절의' 즉 『육상궁소령원식례』의 「毓祥宮節祭親祭儀」에 따른 것으로 볼 수 있다.

29 『영조실록』, 29년(1753) 7월 27일.

30 『승정원일기』, 영조 29년(1753) 8월 2일, "命書傳敎曰, 禮宜正冊印, 初五日內入內出後, 依例近侍傳于參贊先詣後, 隨而動駕.其日先行酌獻告由, 子時上冊印, 丑時如儀行祭."

31 『승정원일기』, 영조 29년(1753) 8월 1일, "益輔曰, 銀印長短, 與孝純時同之乎? 上曰, 唯."

32 『승정원일기』, 영조 29년(1753) 7월 27일, "又命書之曰, 既有銀印, 宜有印欌, 印欌及官敎粧, 一依孝章宮例造成, 櫃子貳部, 一依竹冊外櫃長廣造成, 而漆及欌飾, 亦依竹冊外櫃例擧行, 欌朱漆事, 分付都監."

33 『승정원일기』, 영조 29년(1753) 7월 28일, "又命書之曰, 上冊印官, 以贊成爲之, 而若無其人, 參贊代行, 已有前例, 今亦依此擧行事, 分付."

'신(臣)' 자를 사용하지 않는데, 상시책인의에도 그대로 적용되었다. 마지막으로 의례 대상의 위상에 맞게 사배(四拜)가 아닌 재배(再拜)를 하고, 집사자의 자리를 시위(侍位)가 아닌 배위(陪位)로 구분했다.

차등의 구현이라는 점에서 상시책인의는 효순현빈의 소내상 사시책인의를 따랐으나, 실제 절차에서는 많은 차이를 보인다. 가장 근본적인 문제는 의례의 공간과 성격의 차이다. 소내상 사시책인의는 상례 절차 중 하나로 빈궁(殯宮)에서 거행되었고, '흉례(凶禮)'로 분류되었다. 장례 전 시신이 모셔져 있는 빈궁은 '상생(象生)', 즉 아직 살아 있는 것과 같이 여기는 공간이다. 세자빈의 여성성이 강조되면서 빈궁 안에는 남성인 예관(禮官)들이 출입하지 못했다. 이러한 내외 구분의 원칙은 빈전(殯殿)에서 거행되는 내상의 상시책보의, 내상재선의 증시책보의도 마찬가지였다.

반면 신주를 모신 사당인 육상궁의 상시책인의는 추상시호를 위한 '길례(吉禮)'에 해당된다. 종묘의 추상존호(追上尊號)와 복위를 위한 추상시호, 사도세자의 사당인 경모궁의 '친상책인의(親上冊印儀)'는 모두 길례로 분류되고 있다.[34] 신(神)의 공간인 사당에서 행하는 길례는 신도(神道)를 중심으로 제사 대상의 여성성을 축소시킨다. 따라서 사시책인의와 달리 독책관·독인관 등이 육상궁 안에 들어가 의례를 행할 수 있었다.

이러한 이질적 성격은 집사자의 구성과 의례 동선의 차이를 통해 확인할 수 있다. 사시책인의에서 사시관인 찬성의 의례 공간은 중문 밖으로 제한되었다. 찬성의 차(次, ②〈표 2〉)는 대문 밖에 설치되었고, 찬성의 자리(③)는 중문 밖 동쪽에 서향으로, 책안(冊案, 시책을 놓는 안)을 드는 거책안자(擧冊案者)와 인안(印案, 시인을 놓는 안)을 드는 거인안자(擧印案者)의 자리(④)가 그 남쪽으로 조금 물러나 서향으로 마련되었다. 내관인 상전(尙傳)의 자리(⑤)

34 『춘관통고(春官通考)』 권5, 「吉禮·宗廟·上尊號【附廟號·皇朝賜謚】」; 권6, 「吉禮·宗廟·復位」; 권15, 「吉禮·景慕宮·景慕宮親上冊印儀【今儀】」.

표 2 『국조상례보편』 사시책인의의 절차와 공간

진설(陳設)					
시간	주체	자리	위치	공간	
1일 전	전설사(典設司)	① 권치책보악(權置冊寶幄)	빈궁대문(殯宮大門) 밖 동쪽(서향)	A빈궁 대문	빈궁개념도 ㉠찬궁 ㉡영침 ㉢영좌 ㉣제상과 향안 ■: 시책 ●: 시인 —: 시책·시인의 동선
		② 찬성차(贊成次)	①의 남쪽으로 동쪽 가까이(서향)		
당일	전의(典儀)	③ 찬성위(贊成位)	중문(中門) 밖 동쪽(서향)	B중문	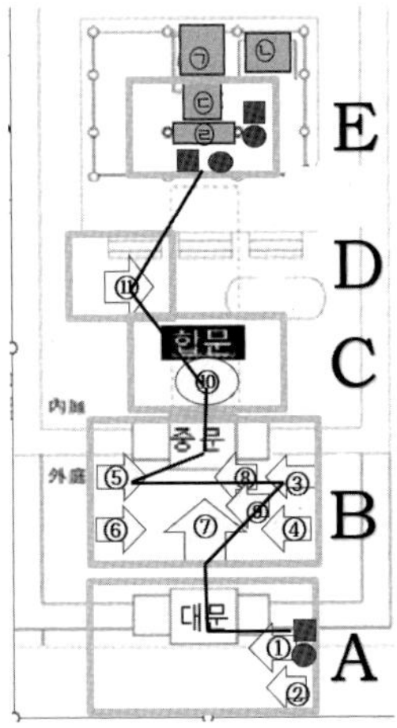
		④ 거책안자(擧冊案者)·거인안자(擧印案者)	③의 남쪽으로 조금 물러나(서향)		
		⑤ 상전위(尙傳位)	③의 서쪽(동향)		
		⑥ 내시(內侍)·알자(謁者)	⑤의 남쪽		
		⑦ 찬성배위(贊成拜位)	중문 밖(북향)		
		⑧ 전의위(典儀位)	⑦의 동북쪽(서향)		
		⑨ 찬의(贊儀)·인의(引儀)	⑧의 남쪽으로 조금 물러나		
	내시	⑩ 권치책인안(權置冊印案)	합문(閤門) 밖 조금 물러나	C합문	
		⑪ 권치책인욕위(權置冊印褥位)	빈궁서계(西階) 아래(동향)	D빈궁 서계	

행례(行禮)			
시간	절차	내용	공간
당일	입장	찬성: ①에 책·인 봉안→②→③ 거책안자·거인안자: ④ 상전: ⑤	A→B
	책·인 이동	찬성: 교지 읽음	B
		책합(冊函)(찬성→상전→내시) ⑩으로 이동 인록(印盝)(찬성→상전→내시) ⑩으로 이동	B→C
		책안(冊案)(거책안자→내시) ⑪로 이동 인안(印案)(거인안자→내시) ⑪로 이동	B→D
		수규(守閨): 책함을 ⑪로 옮김(책안 위) 장봉(掌縫): 인록을 ⑪로 옮김(인안 위)	C→D
2각 전	진찬(進饌)	유사(攸司): 예찬(禮饌) 올림 장찬(掌饌): 예찬을 영좌 앞에 진설, 그 앞에 향로·향합·초 진설. 문 밖 왼쪽에 존(尊) 설치(盞3개)	E 빈궁 안

행례(行禮)			
시간	절차	내용	공간
1각 전	배례(拜禮)	찬성: ⑦에서 재배(再拜)하고 꿇어앉음	B
	전례(奠禮)	장찬: 삼상향(三上香), 전주(奠酒) 장서(掌書): 축문 읽음	E
	책·인 이동	상전: 장서에게 합문 밖에서 傳告(교지)	C
		장서: 영좌 앞에 아룀	E
		수규: 책함을 ⑪→중계(中階)→향안(香案) 앞으로 옮김(책안 위) 장봉: 인록을 ⑪→중계→향안 앞으로 옮김(인안 위) 장서·장정(掌正): 책안·인안을 ⑪→중계→향안 앞으로 옮김	D→E
	독책(讀冊)	수규: 책함 열고 읽기→책함에 넣기→책함 들고 물러남 장서: 책안을 영좌 앞 동쪽으로 옮김 수규: 책함을 책안에 놓음	E
	독인(讀印)	장봉: 인록 열고 읽기→인록에 넣기→인록 들고 물러남 장정: 인안을 책안의 남쪽으로 옮김 장봉: 인록을 인안에 놓음	E
	배례	찬성: ⑦에서 재배	B
	퇴장	찬성: 복명(復命)	A→대궐

※『국조상례보편(國朝喪禮補編)』「上謚冊寶儀」를 토대로 소내상의 규정을 적용35

는 찬성의 서쪽에 동향으로, 내시와 알자(謁者)의 자리(⑥)가 그 남쪽에 마련되었다. 찬성은 자리(③)에 나아가 "찬성 아무개가 교지를 받들어 삼가 시책과 시인을 받들어 올립니다"라고 말한 후, 상전에게 시책·시인을 담은 책함·인록을 차례로 건넸다.

상전이 책함·인록을 내시에게 주면, 내시가 합문 밖에 임시로 마련된 책안·인안(⑩)으로 옮겼다. 거책안자·거인안자가 내시에게 책안·인안을 건네면, 내시는 빈전의 서계(西階) 아래 임시로 마련된 책·인욕위(⑪)에 옮

35 『국조상례보편』(1758년본)은 권1 「上謚冊寶儀」에서 세주로 소내상을 규정했다. 여관의 경우는 권4 「수교분류」에서 상궁을 수칙(守則)으로 변경하도록 규정했다(『국조상례보편』 권4, 「受敎分類【上】」, "傳曰, 賜謚殯宮儀註, 一如上謚殯殿儀註, 而尙傳之稱同, 領議政稱左贊成, 無贊成則以參贊代, 尙宮稱守則"). 실제로 소내상의 사시책인의를 별도로 수록한 1752년본 『국조상례보편』에서는 세자궁의 여관으로 규정되어 있으므로 이에 따랐다. 「수교분류」와 달리 상궁은 수칙이 아닌 수규(守閨)로 되어 있지만, 모두 세자궁의 종6품 궁인인 만큼 혼용이 가능한 것으로 보인다.

겨 두었다. 여관인 수규(守閨)와 장봉(掌縫)이 합문 밖에(⑩) 나아가서 수규는 책함을, 장봉은 인록을 받들어 빈전 서계 아래의 책안·인안(⑪)에 올렸다. 이렇게 내시와 여관이 중문 안쪽 공간인 C와 D로 책함·인록을 옮기는 역할을 담당했다

예찬이 진설된 후 찬성은 중문 밖 배위(⑦)에서 재배했다. 빈궁 안에서는 여관인 장찬(掌饌)이 세 번 향을 올리고 술을 따라 영좌 앞에 진상한 뒤, 장서(掌書)가 축문을 읽었다. 상전이 합문 밖에서 장서에게 교지를 전하면, 장서가 영좌 앞에 나아가 고했다. 이어 수규와 장봉이 책함과 인록을 받들고 중계(中階)로 올라가면, 장서와 장정(掌正)이 책안과 인안을 받들고 따랐다. 향안 앞에 먼저 책안·인안을 놓고 그 위에 책함·인록을 올렸다. 수규와 장봉이 차례로 책과 인을 꺼내어 읽은 후 다시 책함·인록에 모셨다. 이후 영좌 앞으로 옮긴 책안·인안에 책함·인록을 올린 후 배위로 물러났다.

이처럼 수규는 봉책관·독책관, 장봉은 봉인관·독인관의 역할을 하고, 장서는 거책안자, 장정은 거인안자의 역할을 수행했다. 의례가 끝난 뒤 찬성은 중문 밖 배위(⑦)에서 재배하고 퇴장하여 왕에게 복명했다. 결국 빈궁 내부에서 책과 인을 받드는 의례는 모두 여관이 담당했다. 따라서 소내상 사시책인의에는 봉책관·독책관, 봉인관·독인관이 별도로 임명되지 않았고, 사시관인 찬성과 거책안자·거인안자의 의례 공간은 빈궁의 대문(A)과 중문(B)으로 한정되었다.

반면, 1753년 육상궁 상시책인의는 신주를 모신 정당 안에서 거행되었다. 찬성의 자리가 서계 아래, 독책관·독인관과 봉책관·봉인관의 자리가 찬성의 오른쪽으로 남쪽 가까이에 마련되었다. 사시책인의에서 여관이 담당했던 시책·시인을 받들고 읽는 역할을 봉책관·봉인관과 독책관·독인관이 거행한 것이다. 단, 독책관·독인관은 의빈, 봉책관·봉인관은 숙빈의 아버지인 최효원의 손자 중에서 정하도록 했다.[36] 이러한 결정은 제관을 차정하는 원칙에 어긋난다는 신하들의 반대에도 불구하고 신령을 편안케

표 3 의례별 담당 관원의 차이

대상	여성					남성		
	내상	내상재선	소내상	육상궁		대상	소상	경모궁
성격	흉례	길례	흉례	길례				
의례	상시책보의	증시책보의	사시책인의	상시책인의		상시책보의	사시책인의	친상책인의
				추상시호	가상시호			
상·증·사시관	영의정	영의정	찬성	찬성	×	영의정	찬성	×
시책	×	×	×	讀冊官	×	讀冊官	좌동	좌동
	×	×	×	奉冊官	좌동	捧冊官	좌동	좌동
시보·인	×	×	×	讀印官	×	讀寶官	讀印官	좌동
	×	×	×	奉印官	좌동	捧寶官	奉印官	좌동
안	擧冊案者	좌동	좌동	좌동	좌동	擧冊案者	좌동	좌동
	擧寶案者	좌동	擧印案者	좌동	좌동	擧寶案者	擧印案者	좌동

※ 『춘관통고』 참조. 육상궁 추상시호는 「毓祥宮上諡冊印儀」(장서각, K2-2473)에 따름

하기 위한 것이었다.[37] 육상궁은 유밀과를 사용하는 속제(俗祭)의 공간으로 효를 다하는 제사의 의미가 강조되었다.[38] 신도를 중시하는 사당이지만 영조는 인정의 차원에서 구분을 둔 것으로 보인다.

육상궁 상시책인의는 소내상의 사시책인의를 토대로 하되, 길례의 공간인 사당의 특징에 따라 변용될 수밖에 없었다. 실제로 추상시호·가상시호, 상존호 의례 등을 수록한 『존숭도감의궤』가 참고의 대상이 되었다.[39]

36 『상시봉원도감의궤(上諡封園都監儀軌)』(장서각, K2-3069), "讀冊官一【儀賓】, 讀印官一【儀賓】, 捧冊官二【堂下近宗, 贈領相孫有職者將爲王外孫者眞差, 後依此.】 捧印官二, 擧冊案者二, 擧印案者二, 執事者各二【忠贊衛】."

37 『승정원일기』, 영조 29년(1753) 7월 3일, "宮園祭官, 只以儀賓及宗臣塡差定式, 事體似不然矣, 外朝諸臣中, 亦豈可不差乎? 上曰, 園祭則差朝臣矣, 孝純宮獻官, 不欲以面生人塡差, 前有下敎, 使孝純而有知, 必謂予有意矣, 宮園祭官, 若以外朝差送, 而或不擇差, 則其爲不安當如何? 允明曰, 此下敎, 臣則以爲過矣, 若飭該曹, 則自當極擇以差, 卽今事體甚重, 一依典禮爲之, 然後允合情禮, 更以此改書於式例中, 似宜矣."

38 이욱, 『조선 왕실의 제향 공간: 정제와 속제의 변용』, 한국학중앙연구원 출판부, 2015, 15~16쪽.

39 『승정원일기』, 영조 29년(1753) 7월 28일, "尙魯曰, 日子甚迫, 擧行之事, 不可不急急爲之矣, 上

이에 길례뿐만 아니라 생시에 존호를 올리는 가례(嘉禮)가 아울러 검토되면서 각 의례 간의 괴리가 지적되었고, 상시책인의의 기준에 대한 다음과 같은 논의가 진행되었다.

첫째, 상시책인의의 거행 시간이 논의되었다. 영조는 1740년(영조 16) 효종 가상시호는 어둑새벽인 4경 1점에, 1713년(숙종 39) 숙종·인원왕후 등의 상존호(上尊號)는 낮에 거행했는데, 어느 시간으로 정할지를 하문했다. 원경하(元景夏)는 이미 고유제를 지냈으므로 상시책인의는 낮에 하면 된다고 답했다. 영조는 시호를 올리는 의례는 반드시 밤에 해야 한다는 원칙을 내세우면서, "상시(上謚)라고 하지 않고 어째서 상존호라고 하는가"라며 불쾌감을 드러냈다. 존호라고 여겨서 낮에 의식을 행하고자 하는 것인지 의심하자 신하들은 그런 뜻이 아니라고 해명했다. 결국 영조는 사직의 대제(大祭)와 상치된다는 이유를 들어, 시호를 올리고 제사 지내는 시간을 새벽으로 결정했다.[40]

둘째, 상시책인의의 복색이 논의되었다. 8월 4일에 예조는 등록을 참고하는 과정에서 각 의례 간의 차이를 지적했다. 상시책보의와 사시책인의에서는 책·보와 책·인의 내입·내출 시 도감당상과 낭청 및 제집사 이하가 모두 흑단령(黑團領)을 착용했다. 반면, 추상시호와 상존호 시 및 책빈 시에는 조복(朝服)을 착용했다. 이에 대해 영조는 흑단령을 착용하도록 했는데,[41] 흉례를 따른 것이 아니라 복식의 위상을 맞추기 위한 것으로 보인

曰, 都監儀軌存耶? 仍命前年尊崇都監儀軌持入, 上曰, 寧陵追上謚號, 近爲之矣."

40 『승정원일기』, 영조 29년(1753) 8월 5일, "上曰, 用庚申年例, 則行祭於四更一點, 可也, 用癸巳年例, 則以晝爲之, 可也, 未知今番則何用以得中耶? 景夏曰, 旣行告由祭, 則上謚當於晝行之, 似不必於夜行之矣, [···] 上曰, 不曰上謚, 曰何必曰上尊號耶? 其時壓尊故然耶? 謂之尊號故, 於晝行之耶? [···] 尙魯曰, 殿下若無心而下語, 則景夏之言, 亦無心聽之, 可也, 景夏曰, 臣辭不達意, 以致聖心激惱, 更無所達矣, [···] 命書傳敎曰, 曾前上謚, 或夜或晝, 今取覽儀軌, 難以裁定, 且今夜與社稷大祭相値, 用中, 上謚行祭, 質明爲之事, 分付."

41 『승정원일기』, 영조 29년(1753) 8월 4일, "金文行, 以禮曹言啓曰, 取考謄錄, 則上謚冊寶時及賜謚冊印時, 冊寶·冊印, 自都監內入內出行禮時, 都監堂上·郎廳以下諸執事, 皆以黑團領擧行, 而追上謚號時及上尊號時, 冊嬪時, 則以朝服擧行矣, 今此毓祥宮上謚·冊印行禮時服色, 以何服

다.[42] 육상궁 제사에서 영조는 면복이 아닌 곤룡포를 입는 만큼, 신하들의 복색은 조복이 아닌 흑단령이 합당하기 때문이다.[43]

1755년(영조 31) 저경궁의 상시책인의는 육상궁의 의례와 동일하게 거행되었다.[44] 그런데 다음 해 육상궁의 가상시호를 위한 상시책인의는 영조의 친제 방식으로 대폭 변경되었다. 친행이므로 별도의 상시관을 임명하지 않았고 교지를 읽는 절차도 불필요했다. 또한 시책·시인을 읽는 절차를 없애면서 독책관·독인관을 정하지 않았다. 영조가 묘내(廟內) 판위(版位)[45]에서 재배한 후 봉책관이 책함을 근시에게 주면 근시가 영조에게 바치고, 영조가 받아서 다시 근시에게 주면 근시가 서문을 통해 들어가 서쪽의 책안에 올렸다. 이어 봉인관이 인록을 근시에게 전달하고 동일한 절차를 거친 후 근시가 동문을 통해 들어가 동쪽의 인안에 올렸다. 모두 부복했다가 일어나 몸을 폈고, 이후 영조가 제향을 거행하고 나서 내시가 시책·시인을 책장·인장에 봉안했다.

이러한 상시책인의의 변화는 가상시호가 상존호 의례와 함께 거행되면서 의식의 결을 맞추었기 때문으로 추정된다. 1756년(영조 32) 1차 가상시호를 위한 상시책인의는 숙종, 인원왕후 등의 『존숭도감의궤』에 「육상궁 친상시책인의(毓祥宮親上謚册印儀)」로 수록되었고, 의례의 준비가 동시에 진

색學行乎? 敢稟, 傳曰, 以黑團領擧行."

42 정조 대 경모궁의 상시책인의에서 왕은 면복, 집사관들은 조복을 착용했는데, 정조는 육상궁의 상시책인의와의 차이를 강조했다(『춘관통고』 권14, 「景慕宮·追上尊號」, "十四日, 傳曰, [···] 有異壬辰·丙申, 執事朝服, 亦皆申飭矣. 依禮文, 執事官, 皆朝服之意, 知悉"). 사도세자는 후궁 사친들과 달리 세자로서 대리청정을 행했다는 점에서 차등적인 궁원제가 정비되었다.

43 『전율통보(典律通補)』, 「禮典·儀章」, "陪從·朝賀服色, 從上服【御冕服絳紗袍, 則朝臣朝服, 御冕服, 加方心曲領, 則朝臣朝服, 祭官祭服, 御衮龍袍·無揚黑圓領袍, 則朝臣黑團領. ··· 】."

44 『승정원일기』, 영조 31년(1755) 6월 5일, "上曰, 儲慶宮上謚告由祭及奉安祭, 當親行, 而讀册·讀印官, 宗臣中擧行, 習儀置之."

45 육상궁 의례에서 전하 판위는 묘문외전각의 중앙에 마련되었다. 묘문외전각은 현재 육상궁 정당 앞 건물로 남아 있고, 『현사궁별묘영건도감의궤』에는 배위청(拜位廳)으로 기록되어 있다. 조재모(2025), 앞의 글, 165쪽.

행되었다.[46] 영조는 인원왕후를 위한 상존호 의식을 친행하면서 책·보를 읽지 않고 단지 올리기만 했음을 근거로 육상궁에도 읽는 절차를 제외했다. 제문을 지어 고했으므로 책·인을 읽을 필요 없이 올리기만 하면 된다고 보았다. 중궁전의 책·보도 읽는 절차를 제외하는 것으로 정했다.[47] 또한 근시가 봉책관·봉인관이 건넨 책함·인록을 왕에게 올리는 방식은 대왕대비 상존호 의례와 동일했다. 물론 대왕대비 상존호 시에는 책·보가 사용되었고 사당에 봉안하는 것과는 많은 차이가 있지만, 근시의 역할에 주목할 필요가 있다.[48]

1772년 2차 가상시호 역시 영조가 친행하고 독책·독인 절차가 없는 것은 동일하지만, 의주의 정비와 변화가 이루어졌다. 도감도제조 이하와 봉책관·봉인관·집사자들의 자리가 서계 아래 마련되었다. 왕의 의례라는 점에서 종친과 문무백관도 흑단령 차림으로 자리에 나아가 재배하는 절차가 수록되었다.[49] 봉책관·봉인관이 건넨 책함·인록을 도제조가 왕에게 올리면 왕이 받아서 내시에게 주었다. 내시가 정문을 통해 들어가 육상궁 정당 안 서쪽·동쪽에 각각 준비된 책안·인안에 올렸다. 재배한 후 도제조 이하 백관들은 모두 물러나고 왕과 세손이 제향을 거행했다.[50] 이 의주는

46 『[肅宗]존숭도감의궤(尊崇都監儀軌)』(서울대학교 규장각한국학연구원, 奎13269) 권1, 「儀註秩·毓祥宮親上諡冊印儀」.

47 『승정원일기』, 영조 31년(1755) 12월 4일, "予於慈殿上號, 旣不讀冊, 自內上之, 則毓祥宮上諡時, 亦當自爲祭文以告, 不必出讀冊官也. […] 傳曰, 慈殿加上 尊號後, 諸太廟行展謁禮, 仍詣毓祥宮, 行望廟禮, 具三獻行祭, 親上諡冊, 祭文當製下, 慈殿旣只上, 毓祥宮當亦只上, 命使之節, 讀冊讀印官置之, 陳賀頒敎, 翌日擧行. […] 只受冊寶, 而今番, 勿爲讀冊讀印, 中宮殿冊寶, 亦依慈殿例."

48 『춘관통고』 권56, 「嘉禮·大王大妃上尊號冊寶儀【續儀】」, "捧冊官·捧寶官, 各捧冊·寶, 以次跪授近侍, 近侍, 傳捧跪進, 殿下, 受之以授使者."

49 1차 가상시호 의례인 「육상궁친상시책인의」에는 백관의 배례가 수록되어 있지 않다. 그러나 의궤의 예관질에 따르면 상시책인의에 앞선 망묘례 시 백관들은 외신문 밖에서 배례를 행했다(『[肅宗]존숭도감의궤』 권1, 「禮關秩」, "一, 望廟禮時, 殿下仍具袞龍袍, 詣內神門外版位北向立, 宗親文武百官, 仍以黑團領先就外神門外,【儀賓就外神門內】 行再拜禮"). 상시책인의에서 영조가 배례하면 백관들은 외신문 밖에서 배례했을 것으로 추정된다.

50 『상시도감의궤(上諡都監儀軌)』(장서각, K2-3065), 「儀註·毓祥宮上冊印儀」.

『춘관통고』의 「저경궁상시책인의」로 수록되었다.

1차 가상시호 의주와 비교해 몇 가지 차이점을 지적할 수 있다. 첫째, 근시가 아닌 도제조가 책함·인록을 왕에게 올린다는 점이다. 이러한 도제조의 역할은 종묘에 존호를 친상할 때와 동일한데,[51] 왕의 '친상'이라는 행위의 동질성에서 기인한 것으로 볼 수 있다. 둘째, 근시가 아닌 내시가 정문을 통해 들어가 책함·인록을 사당 안에 봉안한다는 점이다. 이러한 절차는 상시책보의와 사시책인의에서 봉책관 등이 중계(中階)로 이동하는 것과 유사한데, 신도(神道)에 따르는 시책·시인의 위상을 강조한 것으로 볼 수 있다.

이처럼 육상궁의 가상시호가 현종, 숙종, 인경왕후, 정성왕후 등의 상존호 의례와 함께 이루어진 것은 숙빈의 위상을 높이는 의미가 있었다.[52] 또한 의식의 준비가 동시에 이루어지면서 의례 정비에도 영향을 미쳤다. 독책·독인 절차를 없앤 것뿐만 아니라 고묘를 기일에 앞서 거행하게 되었다. 육상궁의 추상시호 시 고묘 절차는 사후에 이루어졌지만, 가상시호 시에는 다른 의례들과 함께 고묘가 이루어졌기 때문이다.[53] 이러한 의례적 변화는 후궁 사친의 위상을 높이는 매우 가시적이고 효과적인 방안이 되었다.

51 『국조오례통편(國朝五禮通編)』 권2, 「吉禮·宗廟追上尊號親上冊寶儀增」, "捧冊官·捧寶官, 各捧冊寶函, 以次跪授都提調.先受先王冊寶, 次受先后冊寶. 都提調, 以次受冊寶函跪進.殿下, 受以次授都承旨, 都承旨·禮房承旨, 對擧以授捧冊寶官."

52 우정(2023), 앞의 글, 208쪽.

53 『승정원일기』, 영조 31년(1755) 12월 4일, "上命李喆輔, 讀太廟止朝告由文, [···] 上命注書招入, 禮曹參判金善行, 參議尹東度入侍奏曰, 今者有加上謚號之慶, 向日下政院箋文頭辭, 只單擧東朝加上尊號, 此文中, 當添入加謚稱慶一節矣, 上曰, 此則然矣, 而追後當有下敎."

표 4 육상궁 상시책인의의 변화

		추상시호	가상시호	
		육상궁상시책인의(1753)	1차: 육상궁친상시책인의(1755)	2차:육상궁상책인의(1772)
전 1 일	陳設	宮司: – 權置冊印案(묘東廡중앙) – 贊成位(西階 아래) – 讀冊官·讀印官·奉冊官·奉印官 位(찬성위 오른쪽 近南)		궁사: – 권안책인안(權安廳) – 都提調以下位(西階아래) – 捧冊官·捧印官·諸執事位 (都監堂上位 오른쪽 近南)
당일	就位	贊成·讀冊·讀印官·諸執事: 재배	전하: 재배(廟內版位)	전하: 재배(판위) 세자: 재배(위) 종친문무백관: 재배(배위)
		모두 꿇어앉음	모두 꿇어앉음	모두 꿇어앉음
	교지 읽기	引儀: 교지 읽고 俯伏·興·平身 찬성·독책관·독인관·제집사: 부복·흥·평신		
	上冊	거책안자: 冊案(中階→廟門외近西) 讀案(중계→묘문외중앙) 봉책관: 책함(중계→책안) 독책관: 서계→독안 앞 북향 봉책관: 책함 열고 책을 꺼내 독 안 위에 둠. 책을 펼침 독책관: 책 읽음 봉책관: 책을 책함에 넣고 廟內 서쪽 案에 놓음	봉책관→近侍→전하→근시(서문으로 들어가 묘내 서쪽 책안에 놓음)	봉책관→도제조→전하→근시→내시(정문으로 들어가 묘내 서쪽 책안에 놓음)
	上印	거인안자: 印案(中階→廟門외近西) 讀案(중계→묘문외중앙) 독인관: 서계→ 독안 앞 북향 봉인관: 인록을 받들어 독안 위에 둠. 인록을 열고 인을 듬 독인관: 인 읽음 봉인관: 인을 인록에 넣고 廟內 서쪽 案에 놓음	봉인관→근시→전하→근시(동문으로 들어가 묘내 동쪽 인안에 놓음)	봉인관→도제조→전하→근시→내시(정문으로 들어가 묘내 동쪽 인안에 놓음
	復位	찬성·독책관·독인관 이하: 재배	전하: 俯伏	전하: 재배 왕세손·종친·문무백관:재배
	제향	전하: 行祭	전하: 행제	전하·왕세손: 행제
	봉안		내시가 책·인을 冊欌·印欌에 봉안	

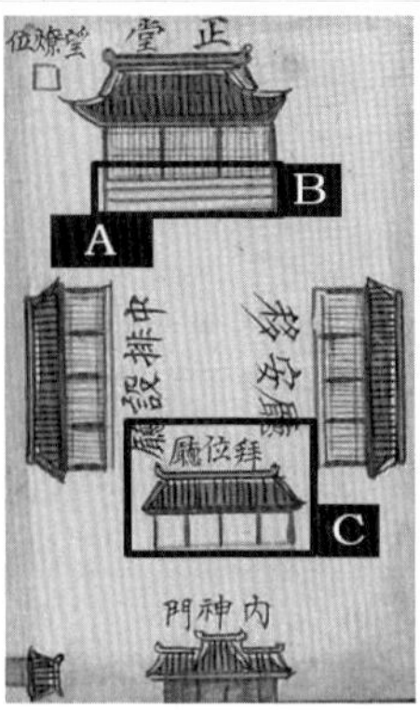

◀ 순조의 사친인 유빈 박씨의 경우궁을 대상으로 표시한 행례 공간(『현사궁별묘영건도감의궤(顯思宮別廟營建都監儀軌)』(외규 259), 「正堂以下諸處」)

A: 집사관 자리
B: 독책·독인의 공간
C: 전하 판위, 친행의 공간

3. 시호 관련 의례의 확대와 변용

1) 정조·순조 대 상시책인의와 궁원의 확대

정조는 영조의 명에 따라 효장세자의 후사가 되었고, 즉위 직후인 1776년 3월 19일에 효장세자를 진종으로 추숭했다. 8월 9일 영조의 졸곡을 마친 후, 8월 12일 효장묘(孝章廟)에 나아가 진종과 효순왕후에게 책·보를 올렸다. 이로써 정빈은 추숭왕 진종의 사친으로서 궁원제의 대상이 되었다.

상시책인의는 1778년(정조 2) 5월 2일로 정해진 영조·정성왕후 및 진종·효순왕후의 부묘(祔廟)와 이후 진행되는 대비의 존숭 절차 등과 함께 준비되었다. 3월 5일에 부묘·존숭·책례·진호 4도감을 합설하고 서명선(徐命善)을 도제조로 삼았는데,[54] 3월 15일에는 연호궁의 상시봉원도감을 겸하도록 했다.[55] 영조 대 가상시호의 상시책인의가 상존호 의례 등과 함께 진행되던 방식을 계승한 것이라고 할 수 있다

3월 18일에 정빈의 궁호를 연호(延祜), 원호를 수길(綏吉), 시호를 온희(溫僖)로 정했다. 다음 날 연호궁·수길원의 제도를 정했는데, 정빈은 추숭왕의 사친이라는 점에서 육상궁과의 의례적 차등이 강조되었다. 또한 정조는 사도세자의 경모궁(景慕宮)·영우원(永祐園)을 후궁 사친의 궁원제보다 높은 위격으로 정비하면서 차등적 궁원제를 규정했다.[56] 4대가 지나 조천

54 『정조실록』, 2년(1778) 3월 5일.

55 『승정원일기』, 정조 2년(1778) 3월 15일, "景祜曰, 上謚封園, 曾有下敎矣, 今此設都監時, 同爲擧行, 則可以省弊, 同爲擧行之地, 何如? 上曰, 依爲之."

56 김윤정(2023b), 앞의 글, 130~133쪽.

(祧遷)한 신위인 저경궁의 의례를 축소했고, 연호궁에는 저경궁보다 높고 육상궁보다 낮은 위상의 의례를 적용했다.[57]

6월 2일에 상시책인의를 거행했는데, 1753년 육상궁과 1755년 저경궁의 추상시호 의례를 기준으로 삼았다. 가상시호와 달리 친행하지 않았던 추상시호의 전례에 따라 상시관과 독책관·독인관을 임명했다. 하루 전에 시책·시인의 내입과 내출을 행하고 당일에 연호궁에서 고유제-상시책인의-제향을 거행했는데, 정조는 상시책인의 이후 제향만을 친행했다.[58]

그럼에도 연호궁의 상시책인의는 기존의 추상시호 의례와 다른 특징을 갖고 있다. 첫째, 영조가 육상궁 추상시호에서 주장했던 바와 같이 고묘를 기일에 앞서 거행했다. 6월 1일 종묘 삭제 시에 상시와 봉원을 고했고, 반교와 진하는 상시책인의를 마친 당일에 거행했다.[59] 이러한 변화는 상존호 의례 등과 함께 거행되었던 가상시호의 고묘 방식이 적용된 것으로 볼 수 있다.

둘째, 육상궁과 저경궁의 독책관·독인관을 의빈이나 종친으로 정했던 것과 달리 이조에서 차정하도록 했다. 이미 "제관을 모두 외조(外朝)에서 임명했으니, 독책관만 꼭 종친으로 할 것은 없다"는 주장에 따른 것이다.[60] 전술했듯이 영조는 신하들의 반대를 무릅쓰고 추상시호의 헌관을 종친으로 임명했고 가상시호 시에도 자신의 원칙을 고수했다.[61] 반면 정조는 국

57 『정조실록』, 2년(1778) 3월 19일.

58 『일성록』, 정조 2년(1778) 6월 2일.

59 『승정원일기』, 정조 2년(1778) 4월 10일, "又以禮曹言啓曰, 取考謄錄, 則癸酉·乙亥年上諡封園後, 有告廟頒教之例矣, 今此溫僖靖嬪上諡封園告廟, 初一日朔祭兼告, 初三日辰時頒教京外, 進箋陳賀事, 知委擧行, 何如? 傳曰, 知道." 이 기사에는 6월 3일 진시에 반교하고 진하하는 것으로 되어 있지만, 『승정원일기』와 『일성록』의 반교, 진하 기사는 상시책인의 당일인 6월 2일에 수록되어 있다.

60 『승정원일기』, 정조 2년(1778) 5월 22일, "景祜曰, [···] 讀冊讀印官, 以宗親爲之, 而今則至於祭官, 皆以外朝塡差, 則獨於讀冊官, 不必以宗親爲之, 自吏曹, 依祭官塡差例爲之乎? 上曰, 依爲之, 上冊印後, 當展拜行祭, 伊日曉頭, 趁動駕前, 上冊印, 可也."

61 『승정원일기』, 영조 31년(1755) 12월 4일, "上曰, 毓祥宮親祭時, 獻官實差, 俱以都尉塡差, 諸執

가의례에서 예관을 임명하는 기준을 상시책인의에 그대로 적용했다. 이러한 연호궁 상시책인의는 이후 추상시호의 새로운 기준이 되었다.

연호궁의 상시책인의를 앞두고 사도세자의 생모인 영빈 이씨에 대한 궁원제 적용 문제가 논의되었다. 1764년(영조 40) 7월 26일 영빈 이씨가 사망한 후 영조는 『표의록(表義錄)』을 친히 저술하여 임오화변에서 드러난 영빈의 충심을 '의열(義烈)'로 강조하면서 영빈의 사당·묘소를 의열궁·의열묘로 칭했다.[62] 영빈의 소상(小祥)을 앞둔 1765년(영조 41) 7월 11일에는 '의열'을 시호로 내렸는데, 영조가 친히 교서와 제문을 지었다. 영조는 당일 의열궁에 거둥하여 시호를 내리는 예를 행했고, 혜빈과 세손인 정조도 참석했다.[63] 장서각에 소장된 영빈의 증시 교지는 신하들에게 내리는 교지와 동일한 형태로서,[64] '상시(上謚)'를 위한 시책·시인은 제작되지 않았다.

대신 영조는 세손이 즉위하면 효장세자를 추숭하고 정빈과 영빈에게 궁원제를 적용하라는 유교를 남겼다.[65] 이에 정조 즉위 후 홍국영은 영조의 유교에 따라 의열궁의 의물과 의열묘의 정자각을 마련하고 의열묘 전감을 수봉관으로 변경하는 등의 절차를 진행해야 한다고 주장했다. 그러나 정조는 부묘 후에 거행하도록 명했다.[66]

부묘에 앞서 1778년 1월 30일에 이조판서 김종수는 영빈에게 궁원제를 적용할 수 없다는 차자를 올렸다. 궁원제는 "대왕의 사친에게만 적용되

事, 以宗臣及近族中擧行事"; 『승정원일기』, 영조 52년(1776) 1월 27일, "毓祥宮獻官, 昌城尉爲之."

62 『영조실록』, 40년(1764) 9월 3일; 『승정원일기』, 영조 40년(1764) 11월 6일.

63 『영조실록』, 41년(1765) 7월 11일.

64 「영빈이씨증시교지」(장서각, RD00113), "敎旨. 暎嬪李氏贈謚義烈嬪者. 乾隆三十年七月十一日."

65 『승정원일기』, 영조 42년(1766) 7월 26일, "稱宮稱園, 曾已下敎, 此後宮內儀物, 園上丁字閣象設, 將來當爲次第事, 此與靖嬪宮."

66 『승정원일기』, 영조 52년(1776) 3월 21일, "洪國榮, 以禮曹言啓曰, 靖嬪·暎嬪封園定式遺敎, 令該曹奉考稟處事, 命下矣, 依傳敎, 奉考丙戌七月二十六日義烈宮擧動時所下傳敎, […] 大行大王傳敎旣如此, 靖嬪·暎嬪封園等節, 事當竝爲擧行, 依例磨鍊, 何如? 傳曰, 允, […] 設都監一節, 待附廟後擧行."

는 예"라는 원칙을 강조했다. 효장세자는 진종으로 추숭되었지만, 사도세자는 장헌(莊獻)의 시호를 받았을 뿐 여전히 세자의 신분이었다. 그러나 영빈을 위한 궁원제는 영조의 유교로서 정당성을 갖는 만큼 김종수 역시 "성상께서 선왕의 하교 때문에 의논하는 것을 어렵게 여기시는 것"임을 인정했다. 그러나 "만세토록 지키려고 정한 제도를 삼가 지켜야지 일시적으로 내리신 하교 때문에 이미 정한 제도를 바꾸어서는 안 된다"고 주장했다.[67] 영조의 유교는 '말년의 하교'로 폄하되면서 궁원제의 원칙이 강조되었다.

정조는 신하들에게 의논하게 했는데, 영의정 김상철 등은 모두 궁원제의 원칙에 따라야 한다는 김종수의 의견에 동의했다. 정조는 송덕상, 김종후 등의 유신에게 문의하게 했는데 역시 동일한 입장이었다.[68] 결국 영빈은 궁원제의 대상이 되지 못했고, 의열궁에서는 상시책인의가 거행되지 않았다.

1788년(정조 12)에 의열궁은 선희궁(宣禧宮)으로 개칭되었다. 금성위 박명원은 '의열'이 궁(宮)과 묘(墓)에 통칭되는 문제를 지적하면서 궁·원 등은 각각의 칭호가 있어야 한다는 상소를 올렸다. 좌의정 이성원과 우의정 채제공 역시 시호를 궁호로 사용하는 것은 전례가 없으므로 새로운 칭호를 정해야 한다고 보았다. 정조는 임오화변과 관련된 '의열'이라는 시호를 불편하게 여겼던 만큼 칭호의 변경에 동의했다. 단, 박명원의 주장과는 달리 "묘호와 궁호를 공용했던 것은 대체로 의리에 어긋남이 없다"는 점에서 '선희'를 궁호·묘호로 사용하게 했다.[69] '선희'는 시호가 아니었으므로 상시책인의는 거행되지 않았다.

정조 대 궁원제는 왕의 사친을 대상으로 한다는 원칙이 강조되었고, 궁

67 『정조실록』, 2년(1778) 1월 30일.

68 『정조실록』, 2년(1778) 2월 1일.

69 『정조실록』, 12년(1788) 12월 26일.

원제와 상시책인의의 정비가 이루어졌다. 그런데 순조의 사친인 유빈 박씨가 1822년(순조 22) 12월 26일에 창덕궁 보경당에서 사망하면서 새로운 형태의 상시책인의가 거행되었다. 유빈은 아들의 재위 중에 사망한 유일한 후궁 사친으로서 그 위상에 합당한 상례의 시행이 강조되었다. 유빈의 상례는 세자빈의 소내상을 기준으로 위격을 낮추되 정1품 후궁상보다는 높여서 진행되었는데, 순조가 후궁의 신분을 넘어서는 유례(踰禮)를 사용하는 것이 문제로 지적되었다.[70]

유빈의 상시책인의는 상례 절차에 따라 시신이 안치된 빈궁에서 거행된 최초의 사례가 되었다. 1822년 12월 29일에 원호(園號)를 휘경(徽慶), 시호(諡號)를 현목(顯穆)으로 정했고,[71] 1823년 2월 15일에는 종묘·영녕전 등에 망제(望祭)를 지내면서 상시호를 고묘했다.[72] 2월 20일 빈궁에서 상시책인의를 거행했는데,[73] 흉례로서의 상시책인의인 만큼 『국조상례보편』의 사시책인의와 동일하게 거행되었다.[74] 빈궁은 여성의 공간으로서 여관들이 독책관·독인관, 봉책관·봉인관, 거책안자·거인안자의 역할을 수행했다.

빈궁에 안치된 시책과 시인은 장례를 위한 발인 시 요여(腰轝)에 봉안되어 휘경원 정자각에 모셔졌다. 장례 후 반우하면서 시책과 시인은 신주와

70 이현진, 「조선후기 수빈 박씨(綏嬪朴氏)의 상장(喪葬) 의례와 성격」, 『조선시대사학보』 76, 2016, 192~193쪽.

71 『순조실록』, 22년(1822) 12월 29일.

72 『승정원일기』, 순조 23년(1823) 1월 29일, "洪命周, 以禮曹言啓曰, 殯宮上諡, 以來二月二十日擇吉, 而宗廟·永寧殿·孝禧殿·景慕宮, 當前期告由矣. 朔望祭享, 兼告事由, 已有前例, 同月十五日望祭祝文中嘉順宮卒逝後上諡之由, 令藝文館, 竝措辭添入事, 分付, 何如? 傳曰, 允."

73 『순조실록』, 23년(1823) 2월 20일.

74 『가순궁현목유빈상례의주등록(嘉順宮顯穆綏嬪喪禮儀註謄錄)』(장서각, K2-2912), 「상시책인의」, "尙宮取冊函, 尙服取印盝, 由中階陞, 典言尙記等, 各擧案從之, 詣香案前跪, 先置案, 次置冊印於案, 少退北向跪東上. 尙宮開冊函, 讀冊訖, 以冊還置於函, 擧冊函少退跪, 典言進跪, 擧冊案跪, 置於靈座前稍東, 俯伏興." 담당 여관은 내상의 상시책보의와 동일하다. 소내상의 사시책인의에서 세자궁의 여관이 대행하는 규정과 차이를 보인다.

함께 혼궁인 현사궁(顯思宮)에 안치되었다.[75] 유빈의 사당인 경우궁의 영건은 연제(練祭) 이후인 1824년(순조 24) 1월부터 시작되었다. 1월 26일 용호영(龍虎營)을 터로 정했고, 27일에 영건도감 관원을 임명했다. 6월 8일에 별묘가 완성되었고, 12월 1일에는 궁호를 경우궁으로 정했다. 12월 7일에는 영건도감의 당상과 낭청이 입묘도감의 일을 그대로 담당하게 했다.[76]

12월 27일에는 입묘를 위한 의절로서 순조의 지송(祗送)과 배종(陪從) 의절을 마련했고, 예고제(預告祭)와 고동련제(告動輦祭)를 담제(禫祭)와 겸하도록 했다. 입묘를 위한 습의는 1825년(순조 25) 1월 25일, 27일, 29일에 걸쳐 3차로 거행되었다.[77] 2월 3일 현사궁에서 담제를 지낸 후 순조는 『국조상례보편』의 「소상입묘의(小喪入廟儀)」를 토대로 입묘봉안제(入廟奉安祭)를 친행했다.[78] 이로써 유빈의 신주와 교명 및 시책·시인이 경우궁에 봉안되었다.

경우궁은 상시책인의가 아닌 입묘의가 거행된 궁으로서 특징을 갖는다. 이전의 후궁 사친의 경우 상시책인의를 통해 시책과 시인이 새로 제작되었고 묘묘가 궁원으로 승격되었다. 반면, 경우궁·휘령원은 처음부터 궁원제에 따라 건립되었고, 경우궁의 시책과 시인은 빈궁-원-혼궁을 거쳐 사당인 궁에 봉안되었다.

75 『가순궁현목유빈상례의주등록』(장서각, K2-2912), 「발인의」, "內侍以敎命諡冊印哀冊, 授執事者, 各置於腰轝."; 「반우의」 "贊請官, 前導至魂宮階上, 贊請官俯伏跪, 贊請降轝陞座, 俯伏興退. 內侍捧神主櫝安於靈座, 神帛函置其後, 執事者捧敎命諡冊印, 置於靈座前稍東."

76 『승정원일기』, 순조 24년(1824) 1월 26일; 『순조실록』, 24년(1824) 1월 27일, 6월 8일, 12월 1일, 7일.

77 『일성록』, 순조 24년(1824) 12월 27일, 25년 1월 1일, 18일.

78 『일성록』, 순조 25년(1825) 2월 4일. 순조의 유빈을 위한 상복은 시마삼월에 불과했지만, 삼년상을 기준으로 상례 절차가 진행되면서 27개월에 담제를 거행했음을 알 수 있다.

2) 대한제국 이후의 황제례 적용과 변용

대한제국 성립으로 인한 황제례의 적용은 상시책인의에도 영향을 미쳤다. 1899년(광무 3) 7월 27일에 고종은 사도세자를 장종(莊宗)으로 추숭했고, 11월 1일에는 태조와 자신의 4대조인 장종-정종-순조-익종의 황제 추존을 결정했다.[79] 사도세자가 왕으로 추숭되면서 영빈은 왕의 사친으로서 궁원제의 대상이 되었다. 7월 27일에 상시봉원도감을 사도세자 존숭도감과 합설했고, 소령원·휘경원의 규례대로 원소의 의물을 갖추도록 했다. 8월 10일에는 '소유(昭裕)'를 시호로, '수경(綏慶)'을 원호로 정했는데, 궁호는 '선희'를 그대로 사용했다.[80]

추상시호를 위한 상시책인의는 11월 4일 축시에 거행되었다. 11월 3일 손시(巽時)에 중화전으로 시책과 시인을 내입했다가 신시에 내출했다.[81] 의례에 앞서 종묘와 경효전에 고유제를 지냈는데 11월 1일 삭제와 겸행했고, 선희궁의 고유제는 상시책인의 당일인 11월 4일 새벽에 지냈다.[82] 고종은 제문을 직접 짓고 상시책인 후의 제향을 친행하겠다고 주장했지만, 추운 날씨로 인해 섭행하는 것으로 변경했다.[83] 상시책인의에 이어 중화전

79 사도세자 추숭 과정은 정해득, 「사도세자 현창의 전개과정」, 『역사문화논총』 8, 2014, 97~100쪽 참조. 장종 추숭 결정에 따라 영빈에게 궁원제를 적용했지만, 장종 추숭 자체가 황제 추존을 염두에 두고 진행되었다고 할 수 있다. 10월 23일 장종·헌경왕후의 부묘례를 행한 후, 11월 1일 황제 추존을 결정했고 11월 5일 제호(帝號)를 정했으며 11월 17일 종묘에 책보를 올리는 의례를 행했다. 이러한 황제 추존의 과정에서 영빈의 상시책인의가 거행된 것은 황제례를 강조하기 위한 일환으로 볼 수 있다.

80 『승정원일기』, 고종 36년(1899) 7월 27일(9월 1일), 8월 10일(9월 14일). 본문의 날짜는 음력을 기준으로 했다. 『승정원일기』의 날짜는 음력이므로 양력을 ( )로 병기했고, 실록의 날짜는 '(양력)'으로 양력임을 표기했다.

81 『장례원일기(掌禮院日記)』(장서각, K2-2138), 十二月一日【十月二十九日】, "院單子, 今此宣禧宮諡冊印, 自都監內入 內出及上諡冊印吉時, 令日官推擇, 則內入陰曆十一月初三日巽時, 內出同日申時, 上諡冊印同月初四日丑時爲吉云, 以此時擧行何如啓. ○詔曰, 宣禧宮上諡冊印祭, 親行磨鍊."

82 『승정원일기』, 고종 36년(1899) 10월 27일(11월 29일).

83 『고종실록』, 36년(1899) 12월 3일(양력).

에서 조문(詔文)을 반포한 후 진하를 권정례(權停例)로 행하고 사령(赦令)을 내렸다.

선희궁 상시책인의는 왕이 친행하지 않는 추상시호 의례를 기준으로 하여 상시관과 독책관·독인관이 임명되었다.[84] 연호궁의 사례에 따라 독책관·독인관은 이조에서 차정했는데, 대한제국의 변경된 관제가 반영되었다. 상시관은 찬성(贊成)에서 의정부 참정(參政)으로, 통례원 종6품 '인의(引儀)'는 장례원 여창과(臚唱課) 소속의 '주사(主事)'로 변경되었다.[85]

이후 황제례에 따라 황제의 후궁을 '비(妃)'로 승격시키는 문제가 논의되었다. 1901년(고종 38) 7월 30일에 윤용선은 정조가 선황제(宣皇帝)로 추존되었으므로 천자의 후궁을 '비'라고 칭하는 예를 적용하여 유빈을 유비로 승격시켜야 한다고 주장했다. 고종은 이에 따라 유비로 존봉(尊封)하는 제반 의절을 장례원(掌禮院)에서 택일하여 거행하게 했다.[86]

8월 29일에 거행된 경우궁의 존봉의례는 '경우궁상인의(景祐宮上印儀)'로 불렸다.[87] 시호가상은 없었으므로 시책을 만들지 않았고, 존봉을 위해 '현목유비지인(顯穆綏妃之印)'을 전서로 새긴 금인(金印)을 올렸다. 기일에 앞서 종묘와 경효전에 고유제를 지냈는데, 8월 15일 추석제와 겸행했다. 29일 당일 새벽에 경우궁에 고유제를 지내고 의식을 거행한 후 제향을 지냈다.[88]

경우궁상인의는 선희궁 추상시호 의례를 기준으로 거행되었다. 단, 시책이 없으므로 시책 관련 절차가 빠졌다. 또한 신주를 '현목유비신주'로 고쳐 쓰는 '개제주의(改題主儀)'가 이어지면서, 추상시호 의례의 마지막에

84 『승정원일기』, 고종 36년(1899) 11월 4일(12월 6일).

85 『의주등록』(장서각, K2-2134) 6책, 「宣禧宮上謚冊印儀」, "主事【掌禮院臚唱課, 下同】引參政·讀冊官·讀印官·諸執事入就."

86 『승정원일기』, 고종 38년(1901) 7월 30일(9월 12일).

87 『의주등록』 9책, 「景祐宮上印儀」.

88 『승정원일기』, 고종 38년(1901) 8월 12일(9월 24일).

해당되는 복명과 제사 시행 절차가 「개제주의」에 수록되었다.[89] 이렇게 경우궁에서 유일하게 거행된 상인의를 통해 유빈은 유비로 존봉되었다.[90]

이러한 경우궁의 존봉은 순빈 엄씨를 순비로 책봉하기 위한 정치적 의도를 갖고 있었다. 유비로의 존봉을 결정한 지 이틀 만인 1901년 8월 2일에 윤용선과 조병식은 유비의 사례를 근거로 순빈을 순비로 승격시켜야 한다는 상소를 올렸다. 고종은 이를 받아들여 순비로 책봉하는 의절을 장례원에서 거행하게 했다. 9월 4일에는 순빈을 순비로 책봉하면서 금책과 금인을 내렸다.[91] 2년 후인 1903년 11월 7일에 순비는 다시 '황귀비'에 책봉되었다.[92]

귀비는 1911년 7월 20일 오전 3시 덕수궁 즉조당에서 사망했다.[93] 황제례를 기준으로 고종의 후궁이었던 순빈은 황귀비의 지위까지 올랐고, 영친왕의 사친으로서 궁원제의 대상이 되었다. 물론 1910년 8월 29일 대한제국이 멸망하면서 고종은 이태왕(덕수궁전하), 순종은 이왕(창덕궁전하), 영친왕은 왕세자로 격하되었지만, 귀비의 호칭은 유지되었다.

고종이 생존해 있다는 점에서 귀비의 사망은 숙종 대 숙빈, 영조 대 영빈의 사례와 동일했다. 그러나 숙빈과 영빈은 후궁 예장으로 궁궐 밖에서 거행된 반면, 귀비의 상례는 유빈과 마찬가지로 국상의 절차에 따라 궁궐 안에서 진행되었다. 이에 빈궁(殯宮)은 흥덕전(興德殿), 혼궁은 영복당(永福

89 육상궁과 저경궁의 추상시호 시에는 상시책인의 전에 별도로 개제주(改題主)가 이루어졌고, 이후 가상시호와 연호궁 추상시호에서는 개제주를 하지 않았다[『승정원일기』, 영조 31년(1755) 12월 4일, 고종 36년(1899) 10월 27일(11월 29일)]. 시인을 올린 후 이어서 개제주의를 행한 사례는 경우궁이 유일하다.

90 '육상궁은인내출예본궁봉안의(毓祥宮銀印內出詣本宮奉安儀)'가 경우궁상인의와 같은 날에 거행되었다. 육상궁의 화재로 시책과 시인이 소실되었는데, 시인만 다시 만들어 봉안한 것이다. 단, 숙종이 황제로 추존되지 않은 만큼 숙빈의 존봉은 거론되지 않았고 은인을 다시 만들어 봉안하는 의례로 거행되었다.

91 『승정원일기』, 고종 38년(1901) 8월 2일(9월 14일), 8월 8일(9월 20일), 9월 4일(10월 15일).

92 『승정원일기』, 고종 40년(1903) 11월 7일(12월 25일).

93 1910년 이후는 양력으로 표기했다.

堂)으로 정해졌다.[94] 고종과 영친왕은 가장 가벼운 상복인 시마복을 입었지만, 자최장기(齊衰杖朞)에 따라 15개월에 담제가 거행되었다.[95]

유빈의 경우와 같이 상례 절차에 따라 빈궁에 시책·시인을 봉안하는 의례가 거행되었다. 그러나 귀비의 경우 남편인 고종이 살아 있고 순종의 생모가 아니라는 점에서 유빈의 상시책인의를 그대로 적용하기는 어려웠다. 왕인 남편의 생존 시 왕비가 사망하면 내상재선으로 구분되어 별도의 의절이 시행되었지만, 후궁의 경우는 전례가 없었다. 그럼에도 내상재선의 '증시책보의'에 근거하여, 빈궁에 시책·시인을 올리는 상시(上謚)가 아닌 '증시(贈謚)' 의례를 거행했다.[96]

7월 27일에 이왕직장관 민병석(閔丙奭)이 시호를 순헌(純獻), 궁호(宮號)를 덕안(德安), 원호(園號)를 영휘(永徽)로 아뢰었다.[97] 이에 7월 30일 오후 4시 시책·시인을 내입했다가 31일 오전 9시 내출하여 오전 11시에 빈궁에서 증시를 거행했다.[98] 새벽에 거행된 기존의 상시책인의와 달리 낮에 의례가 시행되었음을 알 수 있다. 빈궁에서 거행되는 만큼 빈궁 안에서 행해지는 모든 절차는 여관들이 담당했다. 그러나 '여관'으로 통칭될 뿐 직명이 구분되지 않았고 의절도 단순화되는 경향을 보여준다.[99] 또한 귀비는 순비와 황귀비 책봉 시 이미 금인을 받았으므로, 시인 역시 금인으로 제작되었다.

94 『순헌귀비빈궁혼궁의궤(純獻貴妃殯宮魂宮儀軌)』(장서각, K2-2979) 「下敎及上啓」, "下敎及上啓, 明治四十四年七月二十日陰辛亥六月二十五日. 今日午前三時寅時, 貴妃薨于慶運宮之卽作堂, 同日(七月二十日)下敎曰, 殯宮以興德殿爲之 魂宮以永福堂爲之."

95 『순종실록부록』, 4년 7월 25일(양력), 5년 9월 15일(양력).

96 『순헌귀비빈궁혼궁의궤』에는 '謚冊印奉詣殯宮行禮儀', 『순헌귀비예장등록』(장서각, K2-2980)에는 '贈謚殯宮', 『순종실록부록』에는 '贈謚'로 기록되어 있다.

97 『순종실록부록』, 4년 7월 31일(양력).

98 『순헌귀비빈궁혼궁의궤』, 「下敎及上啓」, "今七月二十九日午前七時, [⋯] 謚冊印內入七月三十日午後四時, 謚冊印內出七月三十一日午前九時, 贈謚殯宮三十一日午前十一時."

99 『순헌귀비빈궁혼궁의궤』, 「儀註」, "謚冊印奉詣殯宮行禮儀. [⋯] 女官二人俱詣冊印案前, 西向跪, 一人取冊函, 一人取印盝, 由中階陞, 女官各擧案從之. 詣香案前跪, 先置案, 次置冊印於案, 少退北向跪東上. 女官開冊函, 讀訖, 置於函擧冊函, 少退跪."

그러나 시책은 책봉 시 금책을 받았던 것과 달리 옥책으로 제작되었다.[100]

발인 전까지 옥책·금인으로 제작된 귀비의 시책·시인은 빈궁에 봉안되었다. 8월 2일 영휘원(永徽園)으로 발인하여 장례 후 술시에 혼궁으로 반우하면서, 시책·시인은 신주와 함께 혼궁인 덕안궁에 봉안되었다. 1912년 9월 15일에 담제를 지내는 것으로 15개월의 상례를 마쳤다.[101] 1913년 11월 태평로 경선궁 터에 신축한 덕안궁으로 입묘하면서 신주와 책·인 등을 이안했다.[102] 15개월의 담제를 마친 후가 아닌 삼년상 이후에 사당인 덕안궁으로 입묘가 이루어진 것으로 보인다. 덕안궁은 귀비의 혼궁과 사당의 이름으로 혼용되었다.

귀비에게 궁원제를 적용한 것은 궁원제의 굴절과 변용을 의미한다. 영친왕은 조선의 왕과는 위상이 달랐고, 1911년에는 왕세자에 불과했다. 고종과 순종이 모두 살아 있는 상황에서 귀비를 위한 '상시책인의'는 성립될 수 없었다. 귀비의 의례적 위상은 복잡한 예학적 검토가 필요한 문제였지만 관련 논의는 확인되지 않는다. 일제강점기에 유교 이념을 구현하는 조선의 국가의례는 그 역사적 가치를 상실했기 때문이다. 이왕직은 정치적 필요에 따라 간략하고 편리한 방식으로 조선의 국가의례를 유지시켰다. 1929년 5월 29일 덕안궁이 육상궁의 영역으로 이전되면서 이왕직이 관리하는 칠궁이 완성되었다.

100 『순헌귀비예장의궤(純獻貴妃禮葬儀軌)』(장서각, K2-2980), "諡冊一件【用南陽靑玉, 全幅二面. [···]】 [···] 諡印一顆【用銀, 鍍金, 方三寸八分, 厚一寸二分. [···]】."

101 영친왕의 상복은 시마에 불과했지만, 부재위모복(父在爲母服)인 자최장기를 기준으로 15개월에 담제를 거행한 것으로 보인다. 담제 후에도 25개월까지 혼궁이 유지되었다.

102 「昌德宮宗廟璿源殿德壽宮七宮沿革概要」(장서각, RD00373), "第七, 德安宮 [···] 大正二年新宮ヲ京城府太平通(舊慶善宮址)ニ移建セシガ"; 『덕안궁제문(德安宮祭文)』(장서각, K2-2438), "德安宮移奉先告由祭文【大正二年十一月八日陰癸丑十月十一日】."

표 5 칠궁의 시책·인 관련 의례

	궁	일시	공간	시호	종류	성격	의례
1	육상궁	1753년(영조 29) 8월 6일	육상궁	和敬	죽책/은인 和敬淑嬪之印	추상시	상시책인의
		1756년(영조 32) 1월 1일		徽德	죽책/은인 和敬徽德淑嬪之印	가상시	
		1772년(영조 48) 9월 15일		安純	죽책/은인 和敬徽德安純淑嬪之印		
		1776년(영조 52) 1월 7일		綏福	죽책/은인 和敬徽德安純綏福淑嬪之印		
		1901년(고종 38) 8월 29일		–	은인 和敬徽德安純綏福淑嬪之印	복원	봉안의
2	저경궁	1755년(영조 31) 6월 23일	저경궁	敬惠	죽책/은인 敬惠仁嬪之印	추상시	상시책인의
		1776년(영조 52) 1월 15일		裕德	죽책/은인 敬惠裕德仁嬪之印	가상시	
3	연호궁	1778년(정조 2) 6월 2일	연호궁	溫僖	죽책/은인 溫僖靖嬪之印	추상시	상시책인의
4	경우궁	1823년(순조 23) 2월 20일	殯宮	顯穆	죽책/은인 顯穆綏嬪之印	상시	상시책인의
		1901년(고종 38) 8월 29일	경우궁	–	금인 顯穆綏妃之印	존봉	상인의
5	선희궁	1899년(고종 36) 11월 4일	선희궁	昭裕	죽책/은인 昭裕暎嬪之印	추상시	상시책인의
6	덕안궁	1911년 7월 31일 오전 11시	殯宮	純獻	옥책/금인 純獻貴妃之印	상시	증시책인의
7	대빈궁	없음					

4. 맺음말

칠궁은 왕을 낳은 후궁의 사당이라는 동질성을 갖지만, 다양한 역사적 연혁에 따른 개별성을 지닌다. 궁원제에 기반한 최초의 궁인 육상궁은 상시책인의가 처음으로 거행된 공간이었다. 영조는 자신의 논리와 정치력을 총동원하여 숙빈을 위한 시호를 정했고, 이를 근거로 궁원제 성립과 상시책인의의 시행을 이루어냈다. 곧이어 원종의 사친인 인빈에게 궁원제를 적용하여 저경궁에서 상시책인의를 거행했다. 이후 육상궁과 저경궁에서는 가상시호를 위한 4차례의 상시책인의가 추가로 거행되었다.

영조가 창안한 상시책인의는 소내상의 사시책인의를 기준으로 하되, 옥인이 아닌 은인을 사용하는 것으로 위상을 낮추었다. 또한 흉례인 사시책인의와 길례인 상시책인의의 근본적인 차이에 따라 의례의 공간과 참여자가 구분되었다. 더 나아가 가상시호를 위한 상시책인의가 상존호 의례 등과 함께 거행되면서 왕의 친행으로 변화되고 의례적 위상을 높이는 방식으로 정비되었다.

정조는 추숭왕 진종의 사친인 정빈에게 궁원제를 적용하여 정빈의 연호궁에서 상시책인의를 거행했다. 왕의 사친을 대상으로 한다는 궁원제의 원칙을 강조하며 영조의 유교를 어기면서까지 영빈에게 궁원제를 적용하지 않았다. 한편, 순조 재위 시 사친인 유빈이 사망하면서 빈궁에서 상시책인의가 최초로 거행되었다. 여관들이 의례를 담당하면서 기존의 상시책인의와 차별성을 보인다. 또한 유빈의 시책·시인은 빈궁-원-혼궁을 거쳐 사당인 궁에 안치되었고, 경우궁은 상시책인의가 아닌 입묘의가 거행된 궁으로서 특징을 갖는다.

대한제국 성립 이후 사도세자가 장종-장조로 추존되면서, 선희궁에서 영빈을 위한 상시책인의가 거행되었다. 한편, 황제례의 적용에 따라 황제의 후궁을 '비'로 높이면서 경우궁에서 유빈을 유비로 존봉하는 상인의가 거행되었다. 또한 고종황제의 후궁인 순빈이 순비-황귀비로 승격되었고, 사후 궁원제의 대상이 되었다. 대한제국 멸망 이후 거행된 귀비의 상례에서는 증시책인의가 빈궁에서 거행되었다. 시책·시인은 옥책·금인으로 제작되었고, 빈궁-원-혼궁을 거쳐 사당인 덕안궁에 봉안되었다.

이상의 궁들과 달리 희빈의 대빈궁에서는 시책·시인 관련 의례가 거행되지 않았다. 따라서 궁원제에 따른 시호와 궁호가 없었고, '대빈(大嬪)'이라는 칭호에 '궁'을 덧붙인 대빈궁으로 명명되었다. 대빈궁이 칠궁의 하나로서, 궁원제가 적용된 궁들과 동등한 의례적 위상을 확보하게 된 것은 일제강점기부터였다.[103]

칠궁은 일제강점기에 정치적 필요와 관리의 편의를 위해 대상화되었다. 이왕직의 칠궁 관련 기록은 모두 신위의 생몰 순으로 정리되었다. 그러나 시책·시인의 봉안에 따른 궁의 성립 순서를 기준으로 한다면, 육상궁-저경궁-연호궁-경우궁-선희궁-덕안궁으로 새롭게 배열할 수 있다. 이러한 접근을 통해 칠궁의 다양성과 개별성에 주목함으로써 칠궁은 더 풍부한 내러티브의 공간으로 확장될 수 있을 것이다

103 김윤정(2023a), 앞의 글, 331~336쪽.

조선 후기 속제의 분화와 칠궁 제향 음식의 특징

김해인

1. 머리말

칠궁(七宮)은 후궁으로서 왕의 어머니가 된 일곱 명의 사당이다. 선조의 후궁이며 추존왕 원종(元宗, 인조의 생부)의 생모인 인빈 김씨(仁嬪 金氏, 1555~1613)를 모신 저경궁(儲慶宮), 숙종의 후궁이며 경종의 생모인 희빈 장씨(禧嬪 張氏, ?~1701)를 모신 대빈궁(大嬪宮), 숙종의 후궁이자 영조의 생모인 숙빈 최씨(淑嬪 崔氏, 1670~1718)를 모신 육상궁(毓祥宮), 영조의 후궁이며 추존왕 진종(眞宗, 효장세자)의 생모 정빈 이씨(靖嬪 李氏, ?~1721)를 모신 연호궁(延祜宮), 영조의 후궁이자 추존왕(황제) 장조(莊祖, 사도제자)의 생모인 영빈 이씨(暎嬪 李氏, 1696~1764)를 모신 선희궁(宣禧宮), 정조의 후궁이자 순조의 생모 유빈 박씨(綏嬪 朴氏, 1770~1822)를 모신 경우궁(景祐宮), 영친왕의 생모 순헌귀비 엄씨(純獻貴妃 嚴氏, 1854~1911)를 모신 덕안궁 (德安宮)이 칠궁에 속한다.

칠궁에 모셔진 후궁들의 사당은 영조 대 확립된 궁원제(宮園制)와 관련이 깊다. 칠궁은 처음부터 일곱 후궁의 사당을 모아 건립한 장소는 아니었고, 원래는 1725년(영조 1) 영조의 생모인 숙빈 최씨의 신위를 모신 숙빈묘(淑嬪廟)에서 시작했다. 이곳을 영조가 사친 추숭을 추진하며 1753년(영조 29) 육상궁(毓祥宮)으로 개칭했는데, 이는 효제(孝悌)의 논리를 통해 왕권의 정통성 확립과 안정을 도모하고자 숙빈 최씨의 묘묘(廟墓)를 각각 육상궁과 소령원(昭寧園)으로 승격시킨 궁원제의 결과였다.[1] 이후 국왕의 사친을

* 이 글은 김해인, 「조선 후기 속제의 분화와 칠궁 제향 음식의 특징」, 『장서각』 53, 2025를 수정·보완한 것이다.

1 임민혁, 「조선후기 영조의 효제(孝悌) 논리와 사친추숭(私親追崇)」, 『조선시대사학보』 39, 2006, 116쪽.

표 1 칠궁의 대상

대상	지위	생몰	사당	무덤	궁원제 적용(음력)
인빈 김씨	추존왕 원종(인조 父)의 생모	1555~1613	저경궁	순강원	1755
희빈 장씨	경종의 생모	?~1701	대빈궁	대빈묘	–
숙빈 최씨	영조의 생모	1670~1718	육상궁	소령원	1753
정빈 이씨	추존왕 진종(효장세자)의 생모	?~1721	연호궁	수길원	1778
영빈 이씨	추존왕 장조(사도세자)의 생모	1696~1764	선희궁	수경원	1788 궁, 1899 원
유빈 박씨	순조의 생모	1770~1822	경우궁	휘경원	1824
순헌귀비 엄씨	영친왕의 생모	1854~1911	덕안궁	영휘원	1911

모신 사당과 무덤은 조선 말까지 지속적으로 궁(宮)·원(園)으로 승격되었다. 도성 내에 흩어져 있던 사친인 후궁들의 사당 저경궁·대빈궁·연호궁·선희궁·경우궁을 1908년 합설하여 육궁(六宮)이라 하다가 1929년 마지막으로 덕안궁을 옮겨와서 칠궁이라 하게 되었다.

칠궁에 대한 제사는 속제(俗祭)에 속한다. 조선시대 국가제사는 경전의 형식에 근거한 정법(正法)의 대·중·소사(大祀·中祀·小祀) 체계, 즉 정제(正祭)를 중심으로 이루어졌지만, 종묘와 영녕전 이외의 왕실 조상에 대한 제사는 별도로 속제로 규정하고 조선의 관습을 반영하여 제사를 지냈다.

정제와 속제는 진설되는 음식에서 명확한 차이를 보인다.[2] 정제에 바치는 제물은 평소 먹는 음식과는 다소 멀어진 형태로, 신과의 교감을 중시하기 위한 상징적 제물이다. 희생으로서 소·양·돼지의 날고기를 올리는 것이 대표적이다. 그리고 중국 예서에서 규정해온 진설 법식을 따른다. 하지만 속제는 중국 예서에서 규정한 제수가 아닌 '조선의 음식'을 진설했다. 특히 『태상지(太常志)』(1873)에서 "밀과(蜜果)를 쓰고 희생[牲], 포(脯), 젓

2 이욱, 『조선 왕실의 제향 공간: 정제와 속제의 변용』, 한국학중앙연구원 출판부, 2015; 김해인, 「『대한예전』「찬실준뢰도설」의 찬품 연구」, 한국학중앙연구원 한국학대학원 석사학위논문, 2016; 김해인, 「명대(明代) 의례(儀禮)와의 비교를 통해 본 조선시대 속제(俗祭)의 성격」, 『동아시아고대학』 64, 2021a.

갈[醯]을 쓰지 않는 제사를 속제라 한다"라고 했듯이, 속제의 가장 큰 특징은 유밀과(油蜜果)를 쓴다는 데에 있다. 그리고 여기에 더해 왕실의 일상이나 연향(宴享)에 올라가는 식사류의 찬품이 더해진다. 희생과 비일상식을 진설하는 정제와 달리 속제 음식이 일상이나 연향에서 먹는 찬품으로 이루어져 있는 것은 생시에 먹던 음식을 진설한다는 의미를 가지고 있다. 이는 속제의 대상인 왕실 조상을 살아 있는 사람처럼 모셔서 효를 다하고자 함이었다.[3]

그런데 속제 안에서도 시대별·대상별로 진설하는 음식에 차이가 있다. 기존 속제 음식 연구에서는 시대별로 달라지는 속제 음식에 주목하기보다는 정제와 속제의 찬품 차이에 초점이 맞춰졌고, 속제 안에서는 조선 초기 『국조오례의』를 중심으로 진전(眞殿)·원묘(原廟)·산릉(山陵) 사이의 차이를 파악하는 데 집중되었다. 속제 음식을 진전·궁(宮)·묘(廟)의 사당과 능(陵)·원(園)·묘(墓)의 무덤으로 나눠 유형별로 파악하고자 하는 시도가 있었지만[4] 시대적 변화에는 상대적으로 소홀했다. 조선 후기에는 속제의 대상이 추가되면서 새로운 진설 법식이 등장했기에 이에 따른 새로운 규정의 생성과 변화 과정에 대해 파악할 필요가 있다.

칠궁과 같은 궁묘(宮廟)의 제향 음식은 조선 후기 새롭게 등장하는 진설로서, 다른 대상과 구분되는 독특한 특징을 지니고 있다. 칠궁의 음식에 관해서는 칠궁의 성립과 의례의 변화 과정에 대한 연구[5]와 속제 연구에서 주로 언급되었다.[6] 최근에는 속제에 사용되는 유밀과와 칠궁 각 궁의 의례

3 김해인, 「조선시대 국가제사 음식의 정(正)·속(俗) 이분구조와 정제(正祭) 음식의 성격」, 『역사민속학』 65, 2023, 106~107쪽.

4 김해인(2021a), 앞의 글; 김해인, 『조선시대 국가의례의 음식문화 연구: 길·가례 음식구조를 중심으로』, 한국학중앙연구원 한국학대학원 박사학위논문, 2021b.

5 정경희, 「조선후기 궁원제(宮園制)의 성립과 변천」, 『서울학연구』 23, 2004; 임민혁(2006), 앞의 글; 이현진, 「영·정조 대 육상궁의 조성과 운영」, 『진단학보』 107, 2009; 권용란, 『조선시대 왕실 조상신에 대한 연구』, 서울대학교 박사학위논문, 2013.

6 이욱, 「조선시대 왕실제사와 제물의 상징」, 『종교문화비평』 20, 2011; 강제훈, 「조선 초기 속제

의 성립 과정에 대해 분석한 연구[7]에서 칠궁 의례와 음식에 대해 가장 자세히 다루었다. 이를 바탕으로 음식 관점의 본격적인 연구가 이루어질 필요가 있다.

이 글에서는 먼저 조선 후기 속제 대상이 추가, 확대되는 과정을 살펴보면서 장소와 시일에 따른 속제 음식의 특징을 파악할 것이다. 특히 칠궁 제향 음식의 기준으로서 궁묘(宮廟)의 진설 규정이 어떻게 성립되었는지를 집중해서 다루고자 한다. 이후 칠궁에 속하는 각 궁의 제향 음식 변천에 대해 구체적으로 분석할 것이다. 이를 통해 조선 후기 속제의 분화와 칠궁 제향 음식의 특징에 대해 더욱 심도 있는 이해가 가능할 것이다.

2. 속제 음식의 특징과 조선 후기 속제 범위의 확대

선행연구에서 제시했듯이, 일상이나 연향에서 먹는 찬품으로 구성된 속제 음식은 크게 두 종류로 나눌 수 있다. 첫째는 과물류(果物類)로 유밀과와 과실이 해당하고, 둘째는 찬물류(饌物類)로 식사나 요리류의 음식이다. 구체적인 품목은 〈표 2〉와 같다.[8]

(俗祭) 제사상(祭祀床)의 구성과 그 특징」, 『한국사학보』 60, 2015; 이욱(2015), 앞의 책; 김해인, 「『대한예전』 「찬실준뢰도설」의 찬품 연구」, 한국학중앙연구원 한국학대학원 석사학위논문, 2016; 김해인(2021), 앞의 글.

7 김윤정, 「대빈궁(大嬪宮)의 연혁과 의례적 변화 양상」, 『한국문화』 103, 2023a; 김윤정, 「저경궁(儲慶宮)의 성립과 의례적 변화 양상」, 『서울과 역사』 113, 2023b; 김윤정, 「조선시대 유밀과(油蜜果)의 의례적 상징과 제도화」, 『민속학연구』 52, 2023c; 김윤정, 「영조대 육상궁(毓祥宮)의 성립과 공사(公私) 논의」, 『한국학연구』 74, 2024.

8 김해인(2021a), 앞의 글, 218쪽. '과물류'와 '찬물류'를 구분하여 제시한 것은 상을 두 개로 나누어 차리는 형식을 반영한 것이다. 아래에 서술했듯이, 규모가 큰 제사에서는 유밀과와 과실을 섞어 차린 '찬탁(유밀과 사주상)'과 그 외의 식사류 찬물을 차린 '협탁'이 함께 차려졌다. 여기에

표 2 속제에 진설되는 찬품

종류	내용
과물류	실과(實果), 중박계(中朴桂), 산자(散子), 다식(茶食), 약과(藥果)
찬물류	탕(湯), 병(餠, 떡), 반(飯), 면(麵), 갱(羹, 국), 차(茶), 적(炙), 편육(片肉), 전어(煎魚, 저냐), 채(菜), 개장(芥醬, 겨자장), 초강(醋薑, 초생강) 등

제물의 규모와 종류는 제사의 위계와 성격에 따라 달라졌다. 위계에 따라 달라지는 대표적인 것이 바로 유밀과상의 규모이다. 제사상을 성대하게 차리는 경우에는 과실과 유밀과를 섞어 네 줄로 차리는 '유밀과 사주상(四注床)[혹은 四行床]'을 별도로 더했다. 찬물류는 시대에 따라 새로운 품목이 등장하거나 구성이 달라졌다.

1) 『국조오례의』의 속제 음식

『국조오례서례』(1474)에서는 속제 진설로 ①문소전·의묘의 사시·속절(文昭殿懿廟四時俗節), ②문소전·의묘의 삭망·선고사유·이환안(文昭殿懿廟朔望先告事由移還安), ③산릉의 친향 및 사시·속절(山陵親享及四時俗節), ④산릉의 삭망 및 선고사유·이환안(山陵朔望及先告事由移還安)의 총 네 가지 도설이 수록되어 있고, 진전은 문소전·의묘와 유사한 진설임이 부기되어 있다.

①문소전·의묘의 사시·속절과 ②삭망·선고사유·이환안, 그리고 ③산릉의 친향 및 사시·속절은 상이 2개로서 찬탁과 협탁으로 이루어진 상차림이고, ④산릉의 삭망 및 선고사유·이환안만 한 상에 음식이 함께 차려진 모습이다. 상의 명칭으로만 보면 '찬탁(饌卓)'에 '찬(饌)'이 진설될 것이라고 생각할 수 있지만, 실제로는 유밀과 3행과 실과 1행 등 총 4행으로

서는 찬탁에 차려지는 유밀과와 과실만을 과물류라고 지칭했다. 현대의 관점에서 보면 떡이나 차를 과물류와 묶어야 한다고 일견 생각될 수 있지만, 이들은 유밀과 사주상에 포함되지 않으며 다른 식사류 음식과 함께 협탁에 차려지기에 찬물류로 구분했다.

표 3 『국조오례서례』 수록 속제 도설

	1. 문소전·의묘의 사시·속절(=기신 및 진전의 속절. 단 진전은 병6, 탕3)	2. 문소전·의묘의 삭망·선고사유·이환안(=진전. 단 병6, 탕3)	3. 산릉의 친향 및 사시·속절	4. 산릉의 삭망 및 선고사유·이환안
				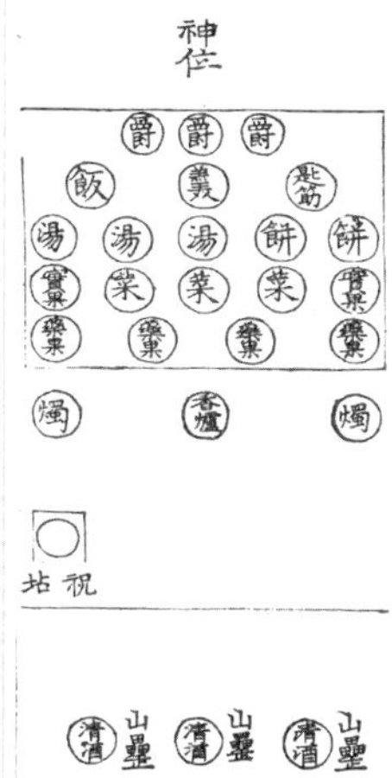
협탁	병6, 탕6[兼用肉膳, 無定數], 잔3	상화1, 탕6[無定數], 잔3	병6, 병+탕6[素膳], 작3	약과4, 실과+채소5, 탕+병5, 반1, 갱1, 시저1, 작3
찬탁	중박계4, 산자5, 다식5, 실과6	소박계4, 산자5, 다식5, 실과6	중박계4, 산자5, 다식5, 실과6	

구성된 과상(果床)이며 앞서 언급했던 '유밀과 사주상'이 바로 이 상이다. 협탁의 경우 좌·우 협탁은 없이 앞쪽으로 면협탁만 있다. 면협탁에는 술잔과 함께 탕(湯)과 병(餅, 떡) 등의 음식이 놓인다. 탕에 대하여 문소전·의묘에는 육선(肉膳)을 겸용하고, 산릉에는 소선(素膳)을 사용한다고 부기되어 있다.

한편 정제(正祭)와 구분되는 속제 진설의 또 다른 특징 중 하나는 술잔인 작(爵)의 위치이다. 정제에서는 작이 가장 남쪽에 놓이는 반면, 속제에서는 대체로 신위 앞인 북쪽 끝에 놓인다. 술잔의 이러한 위치에 대하여 1771년(영조 47)에 종묘·사직 이하 제사의 찬품은 작이 남쪽에 있는데 영희전과 산릉만 작이 북쪽에 있다는 의문이 제기된 바 있다. 『대명집례(大明集禮)』에서는 남쪽, 『대명회전(大明會典)』에서는 북쪽, 『고려사』에서는 남쪽으로 각각 다르게 규정하고 있음을 들면서 어디에 따를지에 대해 여쭈었는데, 이때 영조는 이미 시행하고 있는 『국조오례의』 규정을 따라 준행할 것을 명한 바 있다.[9] 종묘 제향 시 필요한 의절에 대해 풀이한 『매사문(每事問)』(1796)에서는 속제의 이러한 규정에 대해 속례(俗禮)를 따랐기 때문이라고 설명한다. 제사에 진설하는 품목 중에서 작이 가장 귀하기 때문에 가장 남쪽에 위치하도록 규정되어 『의례』의 특생궤식례, 『개원례』, 송나라 태묘 제의, 『국조오례의』 등에서도 남쪽을 위로 여기고 작을 남쪽에 놓지만, 오직 산릉 제향 및 문소전, 영희전 제향에서 작이 북쪽에 위치하는 것은 사가(私家)의 제례와 같이 속례를 따르기 때문이라는 것이다.[10]

선행연구에서는 속제 대상 중 『국조오례의』에 수록된 원묘(原廟), 즉 문소전·의묘와 왕릉에 올리는 음식을 중심으로 자세한 연구가 이루어졌다. 원묘와 왕릉은 모두 속제에 포함되므로 유밀과를 중심으로 진설하는 유사한 형태이지만 세부적으로 들어가면 음식에도 차이가 있다. 음식의 그릇 수도 다르지만 중요한 차이는 육선(肉膳)과 소선(素膳)으로 구분된다는 것이다. 원묘에서는 고기류를 사용하는 '상식(常食)' 진설의 특징이 있지만, 왕릉의 제향에서는 희생 외에도 일체의 고기류를 사용하지 않는 '소식(素食)'의 특징을 보인다.[11] 이는 위의 『국조오례서례』 기록에서 탕에 육선과 소선을 사용한다고 부기되어 있는 것에서 확인할 수 있다.

9 『춘관통고(春官通考)』 권24, 「吉禮·眞殿·永禧殿」, "英祖四十七年辛卯正月, 禮曹啓, 五禮儀, 宗·社以下祀享饌品陳設圖, 爵在床南端, 而只永禧殿·山陵, 爵在床北端. 大明集禮, 祭天地·宗·社以下, 爵在床南端, 大明會典, 則爵在床北端, 高麗史, 凡祭享儀註, 爵在籩豆之南, 未知將何從乎? 命依五禮儀遵行."

10 이범직·최순권 역주, 『정조대 종묘서 관리들의 종묘제향 학습서, 역주 매사문』, 민속원, 2017, 172~173쪽. 그러나 조선 후기의 일부 궁·묘 제향에서는 작이 남쪽에 놓이는 경우도 있다.

11 이욱(2015), 앞의 책, 185쪽.

2) 조선 후기 속제 범위의 확대

조선 전기에는 『국조오례서례』에 속제 대상으로 진전·원묘·산릉의 경우만 존재했다. 속제 진설도가 4개만 수록된 것에서 알 수 있듯이 속제 대상도 많지 않았을뿐더러 사시제와 속절제가 구별되지 않고 동일한 찬품을 쓰는 등 진설하는 법식도 상대적으로 다양하지 않았다. 하지만 조선 후기로 가며 속제의 제사 대상이 증가하고 각 대상에 맞는 음식 진설이 추가되면서 예서에 수록되는 진설도도 증가하고 진설되는 양상도 다양하게 나타난다.

다음은 시대별 전례서에 기록된 속제의 대상이다.[12] 조선의 국가전례서 중 가장 기본이 되는 『국조오례의』(1474), 그 이후의 변화와 새롭게 추가된 전례를 정리한 영조 대의 『국조속오례의』(1744)와 함께, 활자나 목판으로 간행되지는 않고 필사본만 있지만 매우 중요한 내용을 담고 있는 전례서로 『국조오례통편』(1788), 『춘관통고』(1788), 『대한예전』(1898)을 함께 비교해서 보고자 한다. 『국조오례통편』은 『국조오례의』부터 영조 대 편찬된 국가전례서까지의 내용을 종합한 책이고, 『춘관통고』는 국가전례의 의주(儀註)와 함께 연혁을 종합적으로 정리한 것이며, 『대한예전』은 1897년 대한제국의 건설로 황제국의 위상에 맞는 국가전례를 실행하기 위해 편찬된 책이다.[13]

『국조오례의』에는 '원묘(原廟)'인 문소전과 의묘, 그리고 어진을 모신 '진전'과 능침인 '산릉'이 속제에 속했다. 이때 진전에는 전국의 다섯 곳에 건립한 태조(太祖)의 진전인 목청전(개성)·준원전(영흥)·영숭전(평양)·경기전

12 주로 「변사(辨祀)」와 「찬실준뢰도설(饌實尊罍圖說)」을 참고했다. 『춘관통고』는 변사가 따로 정리되어 있지 않으므로, 권12~27의 내용 중 속제에 해당하는 대상을 정리했다.

13 각 전례서에 대한 설명은 김문식, 「조선시대 국가전례서(國家典禮書)의 편찬 양상」, 『장서각』 21, 2009 참고.

표 4 시대별 속제 대상의 변화

	서명	속제 대상	범주
1	국조오례의 (1474)	文昭殿, 懿廟, 眞殿(穆淸殿·濬源殿·永崇殿·慶基殿·集慶殿·奉先殿), 山陵	원묘·진전·산릉
2	국조속오례의 (1744)	眞殿(濬源殿·慶基殿, **永禧殿·長寧殿**), **世子墓**(順懷墓·昭顯墓·愍懷墓·孝章墓), 山陵*	진전·산릉·**세자묘(世子墓)**
3	국조오례통편 (1788)	眞殿(濬源殿·慶基殿, 永禧殿·長寧殿), **肇慶廟**, 山陵, 世子墓, **孝昌墓**, **懿昭墓**, **顯隆園**, **順康園**, **昭寧園**, **綏吉園** **※中祀: 儲慶宮, 毓祥宮, 延祜宮/小祀: 懿昭廟, 文禧廟**	진전·**묘(廟)**·산릉·**원(園)**·세자묘
4	춘관통고 (1788)	眞殿(濬源殿·慶基殿, **璿源殿**, 永禧殿·長寧殿), 宮廟(肇慶廟, **大院君廟**, **儲慶宮**, **毓祥宮**, **延祜宮**, **順懷廟**, **昭顯廟**, 懿昭廟, 文禧廟), 山陵, 園(永祐園·順康園·昭寧園·綏吉園), 墓(順懷墓·昭顯墓·愍懷墓·懿昭墓·孝昌墓)	진전·**궁(宮)**·묘(廟)·산릉·원·묘(墓)
5	대한예전 (1898)	眞殿(濬源殿·慶基殿, 璿源殿, 永禧殿, **華寧殿**), 山陵(諸陵), 各宮園廟墓(宮: 儲慶宮·延祜宮·毓祥宮·**大嬪宮**·**景祐宮**·**宜嬪宮**·**宣禧宮**/園: 顯隆園·昭慶園·永懷園·順昌園·懿寧園·孝昌園·昭寧園·**徽慶園**·順康園·綏吉園/廟: 永昭廟·文禧廟·肇慶廟/墓: **宣禧墓·宜嬪墓****)	진전·궁(宮)·묘(廟)·산릉·원·묘(墓)

굵은 글씨는 새로 추가된 대상으로, 명칭만 변경된 경우에는 표시하지 않았음.

* 「변사(辨祀)」 규정에는 속제에 영희전(永禧殿), 장령전(長寧殿), 세자묘(世子墓)만 수록되어 있으나, 이는 『국조속오례의』가 『국조오례의』에서 변화가 있거나 새롭게 추가된 전례를 정리한 의례서이기 때문으로 여전히 속제의 대상인 산릉은 따로 기록되지 않은 것이다. 「찬실준뢰도설」에는 산릉의 진설도가 기록되어 있다.

** 묘(墓)는 「단묘도설(壇廟圖說)」에 기록되어 있지 않지만 「시일(時日)」 규정에서 기신제를 지내는 것으로 기록되어 있으므로 포함시켰다(『대한예전』 권2, 「序例吉禮·時日」).

(전주)·집경전(경주)과 세조의 진전인 봉선전이 있었다.[14]

『국조속오례의』 단계에서는 문소전과 의묘가 없어지고 진전에도 변화가 있으며, 새롭게 세자묘(世子墓)가 속제의 대상이 된 것이 특징이다. 문소전은 임진왜란 때 소실된 후 다시 건립되지 않았으며, 의묘는 의경세자가 덕종(德宗)으로 추숭된 후 폐지되었다. 진전 중 목청전·영숭전·집경전·봉선전은 화재로 소실되어 없어졌고,[15] 대신 역대 왕들의 어진을 모신 영희

14 『국조오례서례(國朝五禮序例)』 권1, 「吉禮·壇廟圖說·眞殿」.

15 목청전의 경우 『국조속오례의』와 『국조오례통편』에서는 폐지되었다는 언급이 따로 없으나, 『춘관통고』 기록에 따르면 임진왜란 때 영정이 불타 없어졌고, 현종 대에 목청전이 이미 극히 황폐화되었다고 했다(『춘관통고』 권26 「吉禮·舊眞殿·穆淸殿」). 따라서 『국조속오례의』와 『국조오례통편』의 진전 항목 중 목청전은 잘못 기록된 것으로 판단되어 이 표의 속제 대상에서 제외했다.

전과 숙종의 어진을 모신 장녕전이 추가되었다.

이때 추가된 세자묘로는 명종의 아들 순회세자(1551~1563)와 공회빈(?~1592)의 묘인 순회묘, 인조의 아들 소현세자(1612~1645)의 묘인 소현묘, 소현세자빈인 민회빈(1611~1646)의 민회묘, 영조의 아들 효장세자(1719~1728)의 효장묘가 있다. 그런데 변사(辨祀) 규정에는 세자의 묘묘(廟墓)가 아닌 묘(墓)만 기록되어 있으나, 축판 규정에는 "순회묘(順懷墓), 소현궁·묘(昭顯宮·墓), 민회묘(愍懷墓), 효장묘·묘(孝章廟·墓)에 '국왕은 삼가 신(臣) 구관(具官) 모(某)를 보냅니다'라고 칭한다"라고 되어 있으므로 실제로는 세자의 사당(昭顯宮·孝章廟)에도 제사를 지낸 것으로 보인다.[16]

『국조오례통편』 단계에서는 묘(廟)와 원(園)이 새롭게 속제의 대상에 포함된 것이 특징이다. 조경묘(肇慶廟)는 전주이씨의 시조 이한(李翰) 부부의 위패를 봉안하고자 1771년(영조47) 창건된 사당으로, 묘(廟)가 처음으로 속제에 공식적으로 포함됐다는 의미가 있다. 묘소의 경우 기존의 산릉과 세자묘에 더하여 현륭원·순강원·소령원·수길원의 원(園)이 추가되었다. 원의 제도가 처음 창안된 것은 인조 사친의 무덤인 흥경원(興慶園)과 육경원(毓慶園)이었지만 이 원은 능으로 추숭되며 곧 사라졌고, 영조가 생모 숙빈 최씨(1670~1718)의 무덤을 소령원으로 봉하면서 원제가 부활했다. 세자묘로서는 사도세자의 큰아들로 세손에 책봉된 의소세손(1750~1752)의 묘인 효창묘(孝昌墓)와 정조의 장남 문효세자(1782~1786)의 묘인 의소묘(懿昭墓)가 추가되었다.

그런데 이 책에서는 사친이나 세자의 사당인 궁(宮)과 묘(廟) 중 일부가 중사(中祀)와 소사(小祀)로 등재된 점도 주목된다. 대표적으로 사도세자와 혜경궁의 사당인 경모궁(景慕宮)이 중사로 등재되었는데, 친향(親享)의 경우 대사(大祀)였다. 또 저경궁(인빈 김씨), 육상궁(숙빈 최씨), 연호궁(정빈 이씨)은 중

16 『국조속오례의서례(國朝續五禮儀序例)』 권1, 「吉禮·祝板」.

사로, 사도세자의 요절한 맏아들 의소세손과 정조의 아들 문효세자의 사당인 의소묘와 문희묘는 소사로 등재되었다.[17] 속제가 아니라 정제(正祭)인 중사와 소사에 포함된 것은 정조와의 관계에 따라 제사의 성격이 차별화되었던 것이다.[18] 그리하여 경모궁의 제수는 정제 형식으로 규정되었다.[19] 그러나 경모궁을 제외한 궁묘가 과연 위 규정대로 정제 형식으로 제향이 이루어졌는가에 대해서는 의문이 있다. 『국조오례의』 등에 수록된 의주에서 제향 절차 중 진찬(進饌)은 대체로 정제에서는 '진찬(進饌)'이라 표현되고 속제에서는 '진선(進膳)'이라 기록되는데, 『국조오례통편』의 '궁묘에 시향하는 의절(時享宮廟儀)'에서는 '진선(進膳)'이라 표현되고 있기 때문이다.[20] 따라서 사친과 세자의 사당인 궁과 묘는 경모궁을 제외하면 변사로는 중사·소사에 속했지만 실제 제향은 속제식으로 이루어졌을 가능성이 있다.

같은 시기에 편찬된 『춘관통고』에서는 위 궁묘들이 중사가 아닌 속제로 구분된다. 정식으로 사친과 세자의 궁과 묘(廟)가 속제에 포함되었다는 점이 주목된다. 단 경모궁만이 예외로, 여전히 중사에 속했으며, 찬품 역시 정제 형식으로 규정되었다.[21] 이 밖에 진전으로 선원전(璿源殿)이 추가되고, 궁(宮)·원(園)·묘(廟)·묘(墓)의 명칭이나 대상에서 약간의 차이가 보인다.

『대한예전』에서는 『춘관통고』에서 규정한 범위와 크게 다르지 않은 가운데 정조의 어진을 모신 화령전이 추가되었고, 궁·원·묘·묘로는 순조의 생모 유빈 박씨의 사당 경우궁과 무덤 휘경원, 그리고 경종의 생모 희빈

17 『국조오례통편서례(國朝五禮通編序例)』 권1, 「吉禮·辨祀」.

18 이에 관한 자세한 내용은 한형주, 『종묘와 궁묘: 조선 왕실의 조상제사』, 민속원, 2016, 226쪽 참고.

19 『국조오례통편서례』 권2, 「吉禮·饌實尊罍圖說·景慕宮四時及臘」.

20 『국조오례통편』 권3, 「吉禮·時享宮廟儀」.

21 『춘관통고』 권15, 「吉禮·景慕宮·今儀景慕宮時享」.

장씨의 대빈궁, 문효세자의 모 의빈 성씨의 사당 의빈궁, 사도세자의 생모 영빈 이씨의 사당 선희궁이 추가되었다. 그 밖에 소현세자의 무덤 소현묘(昭顯墓)가 소경원으로 변화하는 등 명칭과 격이 달라지는 경우가 있다.

『대한예전』에서는 속제의 대상을 '진전, 산릉, 각 궁·원·묘·묘(各宮園廟墓)'라고 했다.[22] 원묘·진전·산릉이 대상이었던 『국조오례의』 시기 이후 추가된 여러 대상들이 이와 같이 정리된 것이다. 이 대상들은 크게 왕실의 사당과 무덤으로 구분될 수 있는데, 진전(眞殿)·궁(宮)·묘(廟)는 사당이고 능(陵)·원(園)·묘(墓)는 무덤이다. 이와 같이 속제의 대상이 확대됨에 따라 제향 음식도 그에 맞게 규정되었다.

3. 조선 후기 속제 대상별 진설과 궁묘 진설의 특징

1) 『대한예전』「찬실준뢰도설」의 진설

이 글에서 주목하고자 하는 칠궁 제향 음식의 특징을 파악하기 위해서는 속제의 대상별·시일별로 어떤 특징이 있는지에 대한 구분이 선행되어야 한다. 이에 전통적 체계를 갖춘 마지막 국가전례서라고 할 수 있는 『대한예전』의 「찬실준뢰도설(饌實尊罍圖說)」을 중심으로 제사 대상별 특징을 살펴보고, 그중에서도 칠궁이 속한 범주인 궁묘(宮廟) 진설에 대해 자세히 살펴보고자 한다. 물론 『대한예전』은 대내외에 반포하지 못한 비공인의 전례서이며 황제국으로서의 의례를 제정하고자 편찬된 예서로서 조선시

22 『대한예전(大韓禮典)』 권2, 「序例吉禮·辨祀」.

대의 국가전례서와 성격이 다른 점이 있다. 하지만 『대한예전』에 기록된 속제 제향 음식은 『태상지』(1873)에 기록된 음식 종류와 비교했을 때 큰 차이가 없으므로 이를 통해 조선 말 속제 제향 음식의 체계를 보는 데에 무리가 없으리라 생각된다. 또한 『대한예전』 「찬실준뢰도설」에는 속제의 진설로 다른 전례서보다 많은 15가지의 도설이 수록되어 있어 속제의 다양한 대상과 시일에 따른 차이를 살펴볼 수 있다.

〈표 5〉는 『대한예전』에 기록된 속제의 대상과 제사 시일을 정리한 표이다. 「시일(時日)」 규정에서 속제에 해당하는 부분을 보면 납일에는 영희전과 화령전에, 설·한식·단오·추석·동지의 속절에는 각 궁(宮)·능(陵)·원(園)·묘(廟)·묘(墓)에, 춘분과 추분에는 저경궁·연호궁·대빈궁에, 춘분·추분·하지·동지의 이지이분(二至二分)에는 육상궁·선희궁·경우궁·영소묘(廟)·의빈궁·문희묘(廟)에, 탄일(誕日)에는 선원전·화령전에, 기신에는 각 능과 현륭원·효창원·소령원·휘경원·선희묘(墓)·의빈묘(墓)에, 춘·추 중월(仲月)의 상순(上旬)에는 조경묘(肇慶廟)에 제향한다고 규정되어 있다.[23]

이 제향들에 올린 찬품은 「찬실준뢰도설」에 그림과 설명이 수록되어 있다. 〈표 6〉은 도설을 바탕으로 진설되는 음식의 종류와 수량을 표시한 것이다. 「찬실준뢰도설」에는 총 15개의 도(圖)가 있으며, 찬실도 없이 주석으로 기록된 영희전 별제와 제릉 기신까지 합치면 속제 음식으로 총 17가지의 상차림이 기록된 셈이다.

대상에 따라 상차림이 모두 다르거나 반대로 같은 분류(宮·園 등) 안에서는 모두 같은 진설을 하는 것이 아니라, 장소와 시일에 따라 몇 가지 종류로 나뉜다. 대상별로 살펴보면, ①진전(眞殿), ②궁(宮), ③능(陵), ④원(園)으로 나뉘어 있다. ①진전의 경우 영희전으로 대표되는데, 경기전이나 준원전 등 다른 진전의 상차림은 영희전과 같다고 했으므로 영희전의

23 『대한예전』 권2, 「序例吉禮·時日」.

표 5 『대한예전』에 기록된 속제 대상과 제사 시일

구분	장소	설명	시일
진전(眞殿)	영희전	태조·세조·원종·숙종·영조·순조의 어진(御眞)을 모신 진전	속절·납일
	경기전	전라도 전주에 있던 태조의 진전	속절
	준원전	함경도 영흥에 있던 태조의 진전	속절
	선원전	숙종 이하 역대 왕들의 어진을 모신 궁궐 내에 있던 진전	속절, 탄일
	화령전	정조의 진전	속절·납일, 탄일
궁(宮)	저경궁	선조의 후궁이자 인조의 조모인 인빈 김씨의 사당	속절, 춘·추분
	대빈궁	숙종의 후궁이자 경종의 생모 희빈 장씨의 사당	속절, 춘·추분
	육상궁	숙종의 후궁이자 영조의 생모인 숙빈 최씨의 사당	속절, 이지이분
	연호궁	영조의 후궁이자 추존왕 진종(효장세자)의 생모인 정빈 이씨의 사당	속절, 춘·추분
	선희궁	영조의 후궁이자 사도세자의 생모 영빈 이씨의 사당	속절, 이지이분
	의빈궁	정조의 후궁이자 문효세자의 생모 의빈 성씨의 사당	속절, 이지이분
	경우궁	정조의 후궁이자 순조의 생모인 유빈 박씨의 사당	속절, 이지이분
묘(廟)	영소묘	사도세자의 아들인 의소세손의 사당	속절, 이지이분
	문희묘	정조의 아들 문효세자의 사당	속절, 이지이분
	조경묘	전주이씨의 시조 이한(李翰) 부부의 위패를 봉안한 사당	속절, 춘·추 二仲上旬
능(陵)	산릉	역대 왕과 왕비의 능	속절(祧位陵은 한식에만), 기신
원(園)	순창원	명종의 아들 순회세자와 공회빈 윤씨의 무덤	속절
	소경원	인조의 아들인 소현세자의 무덤	속절
	영회원	소현세자빈인 민회빈 강씨의 무덤	속절
	현륭원	영조의 아들 사도세자와 혜빈 홍씨의 무덤	속절, 기신
	의령원	의소세손의 무덤	속절
	효창원	문효세자의 무덤	속절, 기신
	순강원	인빈 김씨의 무덤	속절
	소령원	숙빈 최씨의 무덤	속절, 기신
	수길원	정빈 이씨의 무덤	속절
	휘경원	유빈 박씨의 무덤	속절, 기신
묘(墓)	선희묘	영빈 이씨의 무덤	속절, 기신
	의빈묘	의빈 성씨의 무덤	속절, 기신

표 6 『대한예전』「찬실준뢰도설」의 속제 음식 구성표

도설번호	장소	제사종류	구성	中朴桂	散子	茶食	藥果	實果	芥醬	醋薑	菜	炙	片肉	煎魚	湯	餠	飯	麪	羹	匙楪	爵	작위치	기타	폐백	술항아리
1	영희전 =선원전 작헌, 경기전·준원전·화령전	절향	찬탁 4行, 협탁 3행	4	5	5		6							素湯 2	9		1		1	3	북	茶1	X	산뢰(청주)
	영희전	별제	찬탁 4行, 협탁 3행	小 4	5	5		6							素湯 2	9		1		1	1	북	茶1	X	산뢰(청주)
2	저경궁 =연호궁	춘추향	찬탁 5행	1	2			3				1	1	1	4			1		1	3	남		폐비	①
3	육상궁 =경우궁, 영소묘·문희묘(춘추향)	춘추(사시제)	찬탁 5행	3	3	2		4		1		3	2	1	2	3		1		1	3	남		폐비	②
4	육상궁 =경우궁·문희묘	절향	찬탁 4행	3	3	2		4		1					2	3		1		1	1	남		X	③
5	각궁묘	고유제	찬탁 3행	1				2							4			1		1	1	남		X	④
	제릉	기신	찬탁 4行, 협탁 3행	4	5	5		6							素湯 2	9		1			3	북		X	산뢰(청주)
6	제릉	절향	찬탁 4행				2	4	芥子 1		3	1			2	3	1	1	1	1	3	북		X	산뢰(청주)
7	제릉	고유	찬탁 4행				4	2			3				3	2	1		1	1	1	북		X	산뢰(청주)
8	현륭원	기신	찬탁 6행	4	4	4		5							2	6		1		1	3	북		X	산뢰(청주)
9	현륭원	절향	찬탁 5행				4	4	1		2	1			3	3	1	1		1	3	북		X	산뢰(청주)
10	현륭원	고유	찬탁 4행				4	2	1		2				3	2	1		1	1	1	북		X	산뢰(청주)
11	소경원 =영회원	절향	찬탁 4행				2	4	1		3				2	3		1			3	북		X	산뢰(청주)
12	순창원 =의령원·효창원·소령원·휘경원	절향	찬탁 4행				2	4	1		3	1			3	3	1	1		1	3	북		X	산뢰(청주)

도설 번호	장소	제사 종류	구성	中朴桂	散子	茶食	藥果	實果	芥醬	醋薑	菜	炙	片肉	煎魚	湯	餠	飯	麪	羹	匙楪	爵	작위치	기타	폐백	술항아리
13	효창원 =소령원·휘경원	기신	찬탁 4행	3	3			4	1		3	1			3	3	1	1		1	3	북		X	산뢰(청주)
14	순강원 =수길원	절향	찬탁 4행				2	3	1		2	1			3	1	1	1		1	1	북		X	산뢰(청주)
15	각원	고유	찬탁 4행				2	2	1		2				2	1	1		1	1	1	북		X	산뢰(청주)

산뢰(청주)의 개수는 작의 개수와 동일.

① 춘: 조이(울창), 계이(청주)/추:황이(울창), 가이(청주)

② 춘: 조이(울창), 희준(예제), 상준(앙제), 산뢰(청주)/계이(명수), 희준(명수), 상준(명수), 산뢰(현주)
하: 계이(울창), 이하 상동/계이(명수), 이하 상동
추: 황이(울창), 착준(예제), 호준(앙제), 산뢰(청주)/가이(명수), 착준(명수), 호준(명수), 산뢰(현주)
동: 가이(울창), 이하 상동/황이(명수), 이하 상동

③ 춘하: 착준(예제), 산뢰(청주)/착준(명수), 산뢰(현주)
한식,단오: 희준(예제), 산뢰(청주)/희준(명수),산뢰(현주)

④ 가이(청주), 계이(청주)

진설도는 진전에 대한 진설로 보아도 무방하다. ②궁으로는 인빈 김씨의 저경궁과 숙빈 최씨의 육상궁이 대표적으로 기록되었다. 무덤으로 기록된 ③능과 ④원에서 원은 사도세자의 현릉원, 소현세자의 소경원, 순회세자의 순창원, 문효세자의 효창원, 인빈 김씨의 순강원의 경우가 기록되었다.

궁에 대한 진설로 제시된 저경궁과 육상궁은 각각 조천(祧遷) 대상인 궁과 조천하지 않은 궁에 대한 진설이라고 할 수 있다. 이때 정빈 이씨의 연호궁은 저경궁과 같으며, 유빈 박씨의 경우궁, 의소세손의 영소묘, 문효세자의 문희묘는 육상궁과 같은 진설을 한다고 부기되어 있다. 육상궁·경우궁·영소묘·문희묘의 진설이 같다는 점은 이 당시 사친의 궁(宮)과 세자의 묘(廟)의 위계를 동일시했음을 짐작케 하며, 궁원제를 시작할 때 많은 부분에서 세자 의례를 기준 삼았던 것과 관련된다. 다만 연호궁은 저경궁과 달리 조천의 대상은 아니었지만 저경궁과 같은 진설을 한다고 기록되었는데, 이는 처음 연호궁의 의절을 논할 때 정빈 이씨가 현 왕의 사친이 아

니라 추숭한 왕의 사친이었으므로 육상궁의 찬품보다 감하도록 한 것과 관련된다.[24] 자세한 내용은 다음 장에서 다루고자 한다.

무덤 중 소현세자빈의 영회원은 소현세자의 소경원과 진설이 같다. 의소세손과 문효세자의 무덤인 의령원·효창원, 그리고 숙빈 최씨와 유빈 박씨의 무덤인 소령원과 휘경원에 대한 절향은 순회세자의 무덤인 순창원 절향과 같아 역시 사친과 세자의 의례가 공통성이 있음을 알 수 있다. 사당인 연호궁과 저경궁의 진설이 같았던 것처럼, 정빈 이씨의 무덤인 수길원의 진설은 인빈 김씨의 순강원과 같다. 조천하지 않은 원에는 기신제를 지내는데 문효세자의 효창원과 숙빈 최씨의 소령원, 유빈 박씨의 휘경원이 같다. 다만 대빈궁·선희궁·의빈궁과 선희묘(墓)·의빈묘(墓), 그리고 조경묘에 대한 진설은 이 자료를 통해서는 알 수 없다.

시일별로는 ①계절마다 지내는 시향(時享)으로서 봄·가을로 행했던 춘추향(春秋享), ②설·한식·단오·추석·동지의 속절에 행했던 절향(節享), ③기일에 지내는 기신제(忌晨祭), ④특별한 일이 있을 때 이를 알리기 위해 비정기적으로 지냈던 고유제(告由祭)로 구분되어 있다. 다만 육상궁의 경우 '육상궁 춘추(春秋)'라고 기록되어 있어 봄·가을에만 지내는 시향으로 여겨질 수 있지만 시일 규정상 육상궁에는 춘·추분과 하·동지의 이지이분(二至二分)에 제사를 지내므로 봄·가을로 지내는 춘추향이라기보다는 사계절에 지내는 사시제(四時祭)라고 해야 정확할 것이다. 저경궁은 이미 대수가 오래되어 조천의 대상이었으므로 사계절이 아닌 춘·추분에만 제사를 지냈다.

궁(宮) 중에서 대빈궁·선희궁·의빈궁과 묘소인 선희묘·의빈묘는 「찬실준뢰도설」에 별도의 언급이 없어 진설을 알 수는 없지만, 제사 시일 규정을 통해 대빈궁은 저경궁·연호궁과 같이 조천한 사당으로, 선희궁·의빈

24 『정조실록』, 2년(1778) 3월 19일.

궁은 육상궁이나 경우궁과 함께 사시제를 지내는 사당으로 분류하여 제사 지냈음을 볼 수 있다.

2) 속제 대상별 진설과 궁묘 제향 음식

(1) 진전

〈표 6〉에서 영희전 절향은 선원전 작헌(酌獻), 경기전·준원전·화령전(절향)과 같다고 했으므로 여러 진전의 절향은 같은 진설을 갖는다. 영희전 절향으로 대표되는 진전의 절향은 '찬탁'과 '협탁'으로 나뉘어 차려지는 큰 규모의 진설이 특징이다. 앞서 살펴보았듯이, 유밀과와 과실이 4행으로 차려진 이 '찬탁'은 성대한 제향에 더해지는 '유밀과 사주상'이다. 사당과 산릉의 상차림을 통틀어 유밀과 사주상이 따로 차려진 제향은 진전이 유일하다. 영희전은 태조 이하 국가에 공이 큰 왕들의 어진을 모신 진전이다. 같은 상차림을 갖는 다른 진전인 선원전, 경기전, 준원전, 화령전 또한 선왕의 영정을 모셨다는 점에서 사친과 세자를 모신 궁·묘보다 위계가 높다. 찬탁과 협탁으로 나뉘어 차려지는 상차림은 이와 같은 높은 지위를 반영하는 것이다.

유밀과 사주상인 '찬탁'에는 중박계 4기, 산자 5기, 다식 5기, 실과 6기가 차려졌는데, 이는 『국조오례서례』에서 문소전과 산릉에 차려졌던 유밀과 사주상과 동일한 형태이다. '협탁'에는 병(餠, 떡) 9기와 소탕(素湯) 2기, 시접 1기, 차(茶) 1기가 놓인다. 궁(宮)인 육상궁 절향과는 차려지는 찬품의 종류가 같지만, 찬탁에 차려진 유밀과의 수가 중박계 1기, 산자 2기, 다식 3기, 실과는 2기 더 많으며, 협탁의 찬물도 병이 6기 더 많다.

진전 절향의 또 다른 특징은 고기가 없는 소선(素膳)으로 구성되었다는 점이다. 그래서 탕에는 고기가 들어가지 않은 소탕(素湯)을 사용한다고 명시했다. 여기에 더하여 차가 진설되는 점도 특징인데, 다른 장소의 제향에서는 찾아볼 수 없다. 차는 작설차를 사기로 만든 다종(茶鍾)이라는 잔에 올렸다.[25] 진전 제향에 유독 소찬(素饌)을 쓰도록 한 까닭은 진전이 가지는 불교적 전통과 관련된다. 초상화를 모신 진전의 의례는 고려시대에 사원에 속한 진전에서 주관하는 불교의 예제에서 계승되었고, 이에 따라 제례도 불교식 소찬을 진설했던 것이다.[26] 『국조오례서례』에서는 진전 제향이 문소전·의묘의 사시·속절 제향과 같으나 다만 올리는 음식의 개수가 병 6기, 탕 3기라고만 기록되어 있어 특별히 차를 올린다거나 소찬을 올린다는 언급은 없다. 그러나 언제부터인지 진전 제향은 소선과 차를 올리는 것으로 규정되었고[27] 『대한예전』에서 그러한 특징을 잘 살펴볼 수 있다.

(2) 능·원

무덤인 능(陵)·원(園)의 찬품은 절향, 기신, 고유로 나누어볼 수 있다. 임진왜란으로 소실된 문소전이 재건되지 않으면서 문소전에서 지내던 기신제가 왕릉으로 옮겨졌다. 조선 후기 각 능묘(陵墓)의 기신은 영희전의 오명일(五名日)·납향(臘享)과 함께 대제(大祭)였고, 각 능의 명일(名日)과 고제(告祭)는 소제(小祭)였다.[28]

먼저 대제인 기신제의 찬품은 왕릉, 현륭원, 나머지 원으로 나눠볼 수 있다. 능과 현륭원의 경우 대체로 유밀과는 중박계·산자·다식으로, 찬물류는 탕, 병, 면으로 구성된다. 제릉(諸陵) 기신은 영희전 절향과 같은 대제여서, 시접과 차가 없는 것만 제외하면 영희전과 같은 진설을 한다.[29] 능보

25 『영희전지(永禧殿誌)』 坤, 「儀物祭器」. 그러나 정조 대 『태상지(太常誌)』(1766)와 고종 대 『태상지(太常志)』(1873) 제물 단자에는 차가 확인되지 않아 확인이 필요하다.

26 허흥식, 『고려의 문화전통과 사회사상』, 집문당, 2004, 399쪽.

27 손명희, 「세조 어진의 두 봉안처 영창전과 봉선전의 성격과 제향의 의미」, 『한국문화』 93, 2021 참고.

28 『태상지』(1766) 권2, 「祀典」.

29 『대한예전』 권3, 「饌實尊罍圖說·永禧殿節享」.

다 위계가 낮은 원(園)의 기신제는 진설되는 찬품의 종류가 능과 유사하나 수량에서 차등을 두었다. 사도세자의 묘인 현륭원의 기신제에 쓰인 찬품은 초강이나 차가 진설되지 않았다는 점만 제외하고는 영희전·육상궁 절향과 쓰인 찬품이 같다. 다만 영희전 절향보다는 산자·다식·실과의 개수가 하나씩 적고, 병은 3기가 적다. 육상궁 절향과 비교하면 중박계·산자·실과는 1기씩 더 많고 다식은 2기, 병은 3기 더 많다. 현륭원의 위계가 영희전보다는 낮고 육상궁보다는 높은 위치로 자리 잡았음을 볼 수 있다. 문효세자의 묘인 효창원의 기신제는 현륭원 기신과 기본적인 찬품은 비슷하지만, 과물류로 다식이 진설되지 않고 찬물류로 개장·채·적·반이 추가된다는 차이점이 있다. 이는 왕릉이나 현륭원보다 격이 낮음을 보여준다. 이 진설은 소령원·휘경원도 동일했다.

소제인 절향이나 고유에서 가장 주목되는 특징은 밥의 진설이다. 기신제의 찬품과 비교하면, 밥[飯]과 함께 갱(羹, 국)·채(菜, 나물)·개장(芥醬, 겨자장)·시접(匙楪) 등이 추가된 구성이다.[30] 제시된 묘소 제사 중 소경원 절향을 제외하고는 모두 밥이 진설되었다. 갱은 제릉 절향과 현륭원 고유, 각 원 고유, 제릉 고유에 진설되었다. 채는 묘소의 모든 절향 및 고유제에 진설되었고, 개장은 제릉 고유를 제외하고는 모두 진설되었다.

그런데 보통 밥과 국은 국가의 여러 제사 중 주변적이거나 격이 낮은 제사에서 찾을 수 있다. 그런데 산릉의 절향에서 반과 갱[31]이 찬품으로 등장한 것은 『가례』의 영향을 받은 것으로, 왕릉제 제향에 '정저(正箸)' 절차가 도입된 것과 관련된다. 산릉에서는 원래 정저의 절차가 없었는데 임진왜란 이후 언제부터인가 반이 제상에 올라왔고, 1748년 영조는 제상에 수

30 왕릉 속절제 진설의 변화는 이욱(2015), 앞의 책, 216쪽 참고.

31 속절제의 찬품에서 반과 갱, 또는 반과 면이 쓰였는데, 반과 면이 같이 올라간 것에 대해서 당시 교서관 교리 여광세는 반과 갱의 오류라고 보았다. 『승정원일기』, 영조 24년(1748) 5월 8일; 이욱(2015), 앞의 책, 210쪽.

저가 있지만 정저의 절차가 없음을 지적하며 정저의 의식을 행하도록 했다. 이는 왕실 의례에 사대부의 의식이 수용된 것이다.[32]

과물류 부분에도 차이가 있다. 유밀과로 중박계·산자·다식을 올렸던 기신제와 달리 절향과 고유에는 약과만 진설된다. 즉, 과물류로 약과와 실과만 올라가는 것이다. 『국조속오례의』에서 산릉의 제향에 대해 설명하면서 "속절에는 옛날에 중박계를 썼으나 지금은 약과를 사용한다"[33]라는 구절을 통해 산릉의 찬품이 시간이 흐르며 바뀌었음을 알 수 있다.

기신과 절향, 고유를 아우르는 능·원 제사의 특징은 선행연구에서도 이미 지적되었듯이 고기가 없는 소선(素膳) 차림이라는 것이다. 이는 사당에서는 일상식을 진설한다는 개념으로 육선을 진설했지만 산릉은 신도(神道)를 따르기 때문에 소찬을 진설한다는 조선시대의 논의[34]와 관계가 있다. 그래서 산릉의 찬품을 보면 육선이 쓰이지 않은 것을 볼 수 있다. 『태상지(太常誌)』에는 현륭원 진설에서 탕 3기는 잡탕(雜湯), 전증(煎蒸), 백증(白蒸)이라고 했다.[35] 이 탕들은 두부로 만드는 소탕(素湯)으로, 고기가 들어가지 않는 소선 차림을 잘 확인할 수 있다.

(3) 궁·묘

무덤이 아닌 사당 제사라는 점에서는 영희전과 공통점이 있지만, 궁(宮)·묘(廟) 제향은 앞서 살펴본 영희전과는 달리 협탁이 없이 찬탁 하나에 모든 음식을 진설한다. 유밀과의 수량도 영희전 절향보다 적을뿐더러, 4행이 아닌 2행으로 놓아 영희전보다 위계가 낮음을 확인할 수 있다.

32 이욱(2015), 앞의 책, 210쪽.

33 『국조속오례의서례(國朝續五禮儀序例)』 권1, 「吉禮·饌實尊罍圖說」, "俗節, 舊用中朴桂, 今用藥果."

34 『세종실록』, 10년(1428) 8월 7일.

35 『태상지』(1873) 권5, 「蒸湯」. 번역은 김상보, 『조선왕조의 제사음식문화』, 수학사, 2004, 256쪽 참고.

영희전은 종묘와 중복되어 사계절에 지내는 시향을 지내지 않기 때문에 정조·한식·단오·추석·동지의 오명일(五名日)과 납일에 지내는 절향이 대제(大祭)였다. 하지만 궁·묘 제사는 시향[36]과 절향을 모두 지내는데, 이 중 시향이 더 컸다. 이는 찬품의 규모에 반영되었고, 절향보다 시향(춘추향)이 찬품의 종류와 개수, 그리고 올리는 작(爵)의 수가 더 많았다. 이때 시향인 저경궁과 육상궁의 춘추향의 찬품을 〈표 6〉에서 다른 제향과 비교해 보면 궁묘 시향에서 크게 세 가지 특징이 주목된다.

첫째, 유일하게 궁묘의 절향에서만 편육(片肉)과 전어(煎魚)가 진설되었다. 이는 조선 초 문소전과 같은 원묘 제향에서 육선을 포함한 상식(常食)을 올렸다는 특징[37]과 유사하다. 앞서 언급했던 『국조오례의』「문소전·의묘의 사시·속절」 찬실도에서는 '탕에 육선을 겸해서 쓴다'는 규정에서 육선의 특징이 드러났다. 궁묘의 진설에서는 단지 탕을 육선으로 쓰는 것에 그치지 않고 편육과 전어라는 대표적인 육선 찬품을 규정한 것이 특징이다.

둘째, 술을 담는 주기(酒器)와 올리는 술이 정제(正祭) 형식을 따른다. 다른 제향에서는 청주(淸酒)를 담은 산뢰(山罍)만을 진설하는 데 반해, 궁묘 시향에서는 술항아리로 이(彝)·준(尊)·뢰(罍)를, 술잔으로는 작(爵)을 놓고, 술은 울창주(鬱鬯酒)와 삼주(三酒) 오제(五齊)를 사용한다. 울창주는 강신(降神)을 위한 술이고, 삼주는 사주(事酒)·석주(昔酒)·청주(淸酒)이며, 오제는 범제(泛齊)·예제(醴齊)·앙제(盎齊)·체제(緹齊)·침제(沈齊)를 말한다. 이 술들은 고대 예서에서부터 규정되어온 것으로, 종묘 제향 등 정제(正祭)에 올리는 술이다.

36 『대한예전』에서는 저경궁은 '춘추향', 육상궁은 '춘추'라고 기록하고 있으나 위에 언급했던 대로 육상궁에는 봄·가을이 아닌 사계절에 제사를 지내므로 사시제라고 해야 정확하다. 따라서 저경궁 춘추향과 육상궁의 사시제를 합칭할 때에는 시향(時享)이라고 지칭하겠다.

37 이욱(2015), 앞의 책, 267~276쪽.

특히 육상궁 시향에서는 춘하추동의 사계절에 따라 조이(鳥彝)·계이(鷄彝)·황이(黃彝)·가이(斝彝)의 '4이(彝)'와 희준(犧尊)·상준(象尊)·착준(著尊)·호준(壺尊)의 '4준(尊)' 및 산뢰(山罍)의 '1뢰(罍)'를 사용했고, 여기에 강신주인 울창(鬱鬯)과 삼헌을 위한 예제·앙제·청주, 그리고 술과 함께 명수(明水)와 현주(玄酒)를 놓았는데, 이는 종묘 제향과 거의 같은 정제의 형식이다.[38] 진전에서는 술항아리와 술잔으로 사준(沙尊)과 잔(盞)을,[39] 왕릉은 산뢰와 작을 사용하도록 규정하여 왕릉이 보다 공적인 제향에 가깝다는 특징이 있었는데, 이·준·뢰와 작을 쓰는 궁묘의 주기(酒器)는 산릉의 산뢰와 작보다 더 정제 형식에 가까운 것이다. 이때 잔을 쓰는 것은 생시의 모습처럼 모시는 제사, 작을 쓰는 것은 더 높거나 큰 제사, 혹은 길례(吉禮)에 가까운 제사로 여겨졌다. 『국조상례보편』에는 "우제·졸곡·연제·상제·담제·사시제와 납제는 대제(大祭)이기 때문에 길례(吉禮)에 의거해 작을 쓰지만, 속절과 삭망은 대제와 차이가 있기 때문에 이뢰(彝罍) 따위를 진설하지 않았고, 또 관지(灌地)와 전폐(奠幣)의 예(禮)가 없으므로 잔(盞)을 쓴다"라고 했고, 살아 있는 사람보다는 신으로서 모시는 방식이었기에 "산릉의 경우에는 삼 년 내에는 잔을 쓰고 삼 년 후에 비로소 길례에 의거해 작을 쓴다"라고 했다.[40]

선행연구에서는 궁묘에서 제수는 속제식으로 차리고 술은 정제식으로 차려 속제용 제기[祭需]와 정제용 제기[酒器]를 혼용하는 이유에 대해 속제이지만 주기를 통해 종묘의 의례도 일부 갖추고자 하는 의도로 해석할 수

38 봄·가을의 진설은 종묘와 같다. 다만 육상궁 춘추에서는 여름 제사에서 울창을 담는 조이 대신 계이를 쓴다고 했고, 겨울 제사에서는 울창을 담는 황이 대신 가이를 쓴다고 한 점만 다르다. 육상궁 춘추향에 진설되는 술항아리에 대해서는 〈표 6〉 참고.

39 단, 『대한예전』에서는 영희전 절향 또한 산뢰와 작을 쓰는 것으로 규정되었다. 영희전 및 진전의 제향은 향온을 담은 사준과 잔을 쓰는 것으로 내내 규정되어 왔으나 『대한예전』에서는 산뢰와 작으로 바뀌어 수록되었다.

40 『국조상례보편(國朝喪禮補編)』 권5, 「受敎分類 下·魂殿俗節朔望祭」.

있다고 설명한 바 있다. 경모궁과 육상궁 이하 대부분의 궁묘는 속제에서 출발했으나 추숭 작업으로 인해 경모궁 친향의 경우 거의 종묘급에 해당하는 정제(正祭)의 형식으로 제사를 지냈고, 이에 편입되지 않은 궁의 경우 음식은 속제 형식으로 준비하면서도 주기는 정제처럼 이·준·뢰와 작을 사용하는 복합적인 성격을 갖도록 규정되었다는 것이다.[41]

술잔의 위치가 여타의 속제처럼 북쪽 끝(신위 바로 앞)이 아닌 남쪽 끝(신위 반대편)에 놓이는 점 또한 궁묘 제향의 독특한 특징이다. 남쪽에 술잔이 놓이는 방식은 종묘 제사 같은 정제의 진설 방식이다. 술항아리가 정제의 형식을 따르는 것과 같은 맥락으로 볼 수 있다.

셋째, 폐백(幣帛)을 올린다. 폐백을 올리는 경우도 육상궁과 저경궁으로 대표되는 궁묘의 시향이 유일하다. 이는 '속제에는 폐백을 올리지 않는다'는 규정[42]과 배치된다. 이때 폐백의 색은 『국조오례통편』에서는 조경묘(肇慶廟)·경모궁·저경궁·육상궁·연호궁·의소묘(懿昭廟)·문희묘(文禧廟)에 각 백폐(白幣) 하나를 올린다고 했으므로[43] 백색이다.

폐백을 올리는 것은 위의 술 관련 규정과 마찬가지로 정제의 형식이다. 또한 정제의 형식을 차용했다는 것은 상대적으로 위계를 높이기 위한 장치라고 생각된다. 일례로 1789년(정조 13) 문희묘(文禧廟)의 고동련제(告動輦祭)에 정조가 친림하기로 했는데, 『상례보편』의 규정으로는 고동련제에는 단헌(單獻)하는 것으로 나와 있지만 왕이 친림하기 때문에 삼헌(三獻)으로 바꾸고 폐백도 있어야 한다고 전교했다.[44] 폐백이 있는 경우는 위계가 더 높음을 볼 수 있는 것이다. 따라서 육상궁·저경궁의 춘추향에서 술의 진

41 구혜인, 『조선시대 왕실 제기(祭器) 연구』, 이화여자대학교 박사학위논문, 2019, 261~267쪽.

42 『육전조례(六典條例)』 권5, 「禮典·奉常寺·祀典」, "大祀·中祀, 用幣, 小祀, 惟告祭用幣, 俗祭無幣"; 『대한예전』 권3, 「序例吉禮·饌實尊罍圖說」, "俗祭用蜜果, 不用牲·脯·醢, 無幣."

43 『국조오례통편(國朝五禮通編)』, 「國朝五禮通編序例」 권2, 吉禮·饌實尊罍圖說·幣帛.

44 『승정원일기』, 정조 13년(1789) 4월 7일.

설 방식과 폐백의 진설이 정제 형식을 따르는 것은 종묘로 올리지는 못했지만 그와 최대한 가까워지기 위한 형식의 변주일 것이다.

이와 같은 특징 속에서 육상궁과 저경궁의 차이가 있다면 저경궁 춘추향의 경우 과물류로 중박계·산자·실과가 쓰여 육상궁 춘추와는 달리 다식이 진설되지 않고, 찬물류로는 육상궁에 진설되는 초강(醋薑)과 병(餠)이 빠져 있고 적이나 편육, 전어의 개수가 육상궁보다 적다는 점이다. 대신 탕은 4기로 2기인 육상궁 춘추보다 많다. 대체로 육상궁보다는 조금 규모가 작다고 할 수 있는데, 이는 저경궁이 이미 조천의 대상이 된 궁이기 때문이다. 찬물류로 육선인 편육이나 전어가 진설되는 특징은 공유하고 있다.

다음으로 속절에 지내는 절향의 경우 춘추향에서 육선인 적·편육·전어가 빠진 형태이다. 즉 소선(素膳) 상차림이라는 특징이 있다. 이는 1765년(영조 41) 궁묘의 사중삭 제사, 즉 시향 외에는 진전의 예에 따라 소선을 쓰도록 했기 때문이다.[45] 절향에서는 작(爵)도 1개만 진설된 것으로 보아 삼헌이 아닌 간략히 단헌만 한다. 각 궁묘 고유제는 더욱 간략해서 유밀과도 산자도 다식도 없이 중박계만 올라가고, 찬물도 병이나 적·편육·전어가 없다. 음식의 수량도 적다.

45 『춘관통고』 권24, 「吉禮·眞殿·永禧殿親享」.

4. 궁묘 제향 음식의 형성과 칠궁 제향 음식

1) 궁묘 제향 음식의 형성

앞서 살펴본 궁묘 시향의 진설 특징은 흉례에서 우제(虞祭) 이하 상차림 구성과 거의 동일하다는 점이 주목된다. 〈표 7〉은 『대한예전』의 저경궁 춘추향과 육상궁 춘추 진설도를 『국조상례보편』(1758)의 우제(虞祭) 찬도(饌圖)와 비교한 표이다. 이 진설은 졸곡(卒哭), 사시제(四時祭) 및 납제(臘祭), 분황(焚黃), 연제(練祭), 상제(祥祭), 담제(禫祭)에서도 동일하다.[46]

위 진설도를 비교해 보면, 찬품의 그릇 수는 차이가 있으나 종류는 거의 같다. 특히 궁묘의 찬품 특징으로 지적한 편육(片肉)과 전어(煎魚)가 공통되는데, 『국조상례보편』에는 숙육(熟肉)과 어전(魚煎)으로 기록되어 용어는 조금 다르지만 같은 찬품으로 보아야 한다. 주기(酒器)와 술은 정제식의 이·준·뢰와 삼주 오제를 사용한다는 점에서 거의 비슷하다. 사소한 차이는 찬품 종류에서 우제 진설도에는 약과가 있는데 저경궁과 육상궁의 진설도에는 없다는 점과, 육상궁 춘추에는 다른 두 진설도에 없는 다식과 초강이 있다는 점, 우제에는 시접이 없다는 점, 그리고 육상궁의 여름·겨울 주기(酒器)가 봄·가을과 다르게 규정되었다는 점뿐이다. 따라서 궁의 시향은 우제 이하 흉제(凶祭)의 진설을 따르는 방향이며 찬품의 수만 줄이는 정도로 규정되었음을 확인할 수 있다.

그렇다면 이처럼 흉제의 진설 법식을 따르는 궁 진설의 특징은 어디에서 유래했을까? 1753년(영조 29) 궁원제가 시작된 이후 최초로 궁원으로

46 『국조상례보편(國朝喪禮補編)』, 「國朝喪禮補編圖說·返虞·虞祭饌圖」.

표 7 궁묘 시향과 흉례 우제 진설도 비교

『대한예전』 저경궁 춘추향	『대한예전』 육상궁 춘추	『국조상례보편』 우제찬도
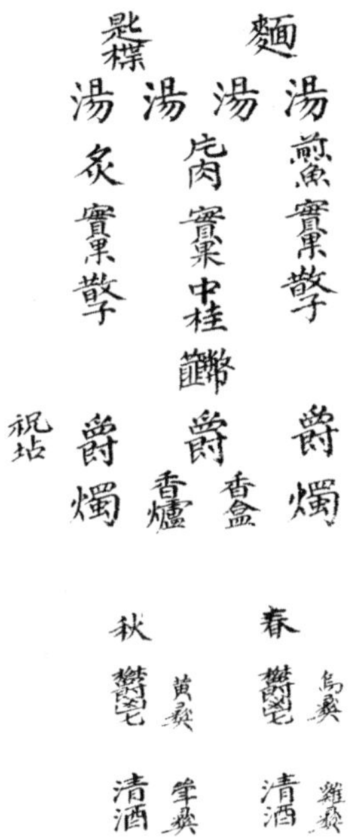	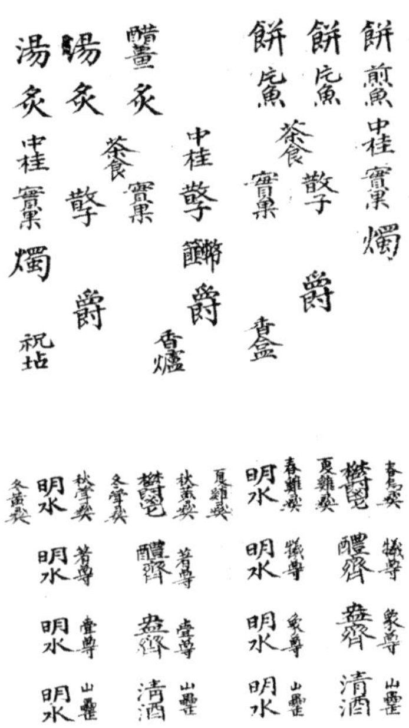	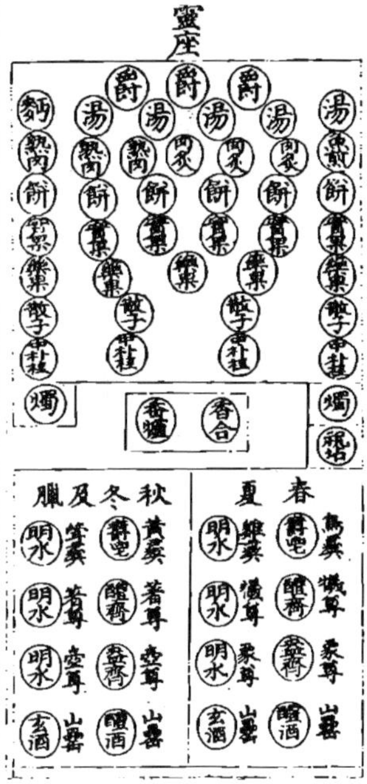
홍백산자2, 중계1, 각색실과3, 적1, 편육1, 전어1, 탕4, 면1, 시접1, 작3 – 幣篚	각색실과4, 홍백산자3, 중계(중박계)3, 다식2, 편육2, 전어1, 적3, 병3, 초강1, 탕2, 면1, 시접1, 작3 – 幣篚	중박계4, 홍백산자4, 약과5, 실과6, 병6, 어전1, 숙육(熟肉)3, 육적(肉炙)3, 탕5, 면1, 작3 – 幣篚: 그림에 없지만 의주에 있음
• 春: 조이(울창)·계이(청주) • 秋: 황이(울창)·가이(청주)	• 春: 계이(명수)·조이(울창)/희준(명수)·희준(예제)/상준(명수)·상준(앙제)/산뢰(현주)·산뢰(청주) • 夏: 계이(명수)·계이(울창) 이하 상동 • 秋: 가이(명수)·황이(울창)/착준(명수)·착준(예제)/호준(명수)·호준(앙제)/산뢰(현주)·산뢰(청주) • 冬: 황이(명수)·가이(울창) 이하 상동	• 春夏: 계이(명수)·조이(울창)/희준(명수)·희준(예제)/상준(명수)·상준(앙제)/산뢰(현주)·산뢰(예주) • 秋冬及臘: 가이(명수)·황이(울창)/착준(명수)·착준(예제)/호준(명수)·호준(앙제)/산뢰(현주)·산뢰(醴酒)

격상된 육상궁과 소령원, 저경궁과 순강원의 제반 규식에 대해 『육상궁소령원식례(毓祥宮昭寧園式例)』(1753)와 『궁원식례(宮園式例)』(1756)가 편찬되었다. 여기에는 〈육상궁 시제·절사·고유제 제물진설도(毓祥宮時祭節祀告由祭祭物陳設圖)〉와 〈소령원 기신제·절사·고유제 제물진설도(昭寧園忌辰祭節祀告由祭

祭物陳設圖)〉,[47] 그리고 〈저경궁 시제·절사·고유제 제물진설도〉와 〈순강원 기신제·절사·고유제 제물진설도〉가 실려 있다.[48] 앞서 『대한예전』에서 제사를 지내는 시일에 따라 춘추향과 절향, 고유가 나뉘어 수록되고 찬품도 다르게 규정된 것과는 달리 이 시기에는 모두 같은 찬품으로 하나의 진설도만 규정되었다. 다만 육상궁과 저경궁의 경우 절사(절향)와 고유는 1작(爵)만 올리고, 소령원과 순강원에서는 고유제에 1작만 올린다는 차이만 두었다.

육상궁과 저경궁의 시제·절사·고유제에 올리는 음식은 동일하게 규정되었으나 술의 규정만이 달랐다. 즉 과물류는 산자 4기와 각색실과 4기, 약과 4기, 찬물류로는 적 3기와 전유어·목살편육[項片肉]·머리고기편육[頭片肉] 각 1기, 탕 2기와 초강(醋薑) 1기, 병(餠) 3기, 면 1기, 시접 1좌로 같았다. 하지만 육상궁의 경우 청주를 담은 은호(銀壺)와 은잔 3개를 썼고, 시제의 경우만 울창주를 추가했다. 정제식의 이·준·뢰나 산릉식의 산뢰도 아닌 은호와 은잔으로 규정했다는 점이 주목된다. 이는 생시처럼 모시는 형태로서 사준(沙尊)을 놓도록 한 진전이나 원묘 제향과 유사한 측면이 있다.

반면 저경궁 식례의 경우 정제식의 4준 4이 1뢰에 울창주·청주로 규정되었고 폐백도 있었다.[49] 소령원과 순강원의 기신제·절사·고유제의 제물진설도 역시 음식은 같고 술은 달랐는데, 과물류로 약과 4기와 실과 3기, 찬물류로 채(菜) 3기, 소탕(素湯) 3기, 병(餠) 3기, 반(飯) 1기, 면 1기, 적 1기, 시접 1좌였고, 술은 소령원에는 청주를 담은 은호와 작 3좌, 순강원에는

47 『육상궁소령원식례(毓祥宮昭寧園式例)』(장서각, K2-2474).

48 『궁원식례(宮園式例)』(장서각, K2-2425).

49 자세한 술항아리와 술의 쓰임은 다음과 같다. • 춘하: 조이(울창), 희준(청주), 상준(청주), 산뢰(청주)/계이(명수), 희준(명수), 상준(명수), 산뢰(현주) • 추동: 황이(울창), 저준(청주), 호준(청주), 산뢰(청주)/가이(명수), 착준(명수), 호준(명수), 산뢰(현주).

표 8 『육상궁소령원식례』와 『궁원식례』의 찬품 비교

제사	구성	中朴桂	散子	茶食	藥果	實果	芥醬	醋薑	菜	炙	片肉	煎魚	湯	餠	飯	麪	羹	匙楪	爵	작위치	기타	폐백	술항아리
참고 『국조속오례의』(1744) 세자묘 속절	1탁 5행				4	4			3	1			소탕3	2	1	1		1	3	북		X	산뢰 3(청주)
『육상궁소령원식례』(1753) 육상궁 시제·절사·고유제	1탁 6행		4		4	4		1		3	2	1	2	3		1		1	잔3	북		X	①
『육상궁소령원식례』 소령원 기신·절사·고유	1탁 5행				4	4			3	1			소탕3	3	1	1		1	잔3	북		X	②
『궁원식례』(1756) 저경궁 시제·절사·고유제	1탁 6행		4		4	4		1		3	2	1	2	3		1		1	3	북		폐비	③
『궁원식례』 순강원 기신제·절사·고유제	1탁 5행				4	4			3	1			소탕3	3	1	1		1	3	북		X	④

① 銀壺(청주)/시제에는 鬱鬯彝를 더한다.
② 銀壺(청주)
③ • 춘하: 조이(울창), 희준(청주), 상준(청주), 산뢰(청주)/계이(명수), 희준(명수), 상준(명수), 산뢰(현주)
• 추동: 황이(울창), 저준(청주), 호준(청주), 산뢰(청주)/가이(명수), 착준(명수), 호준(명수), 산뢰(현주)
④ 산뢰3(청주)

청주를 담은 산뢰와 작 3좌를 썼다. 이처럼 『육상궁소령원식례』에는 술항아리의 규정도 후대와 다르고 폐백도 규정되어 있지 않다. 하지만 앞서 『대한예전』에서 확인했듯이 후대의 궁 시제는 『궁원식례』의 저경궁 규정처럼 이·준·뢰와 폐백을 쓰도록 규정되었다. 이를 볼때 이 시기 육상궁과 저경궁의 찬품 차이는 대상에 따른 구분이라기보다는 시간이 흐르며 궁원 제향의 특징적 형식이 정립된 것으로 보인다.

그렇다면 이러한 진설 규정은 어디에서 유래되었을까? 이에 속제의 대상이 확대되는 과정을 다시 상기해 볼 필요가 있다. 앞서 살펴보았던 속제 대상의 변화 과정을 정리하면, 원묘와 진전, 산릉으로 구성되던 속제의 대상은 세자의 무덤과 사당에 대한 제사가 추가되며 그 범위가 확장되기 시작했고, 이후 사친의 궁원(宮園)과 세자·세손의 묘원(墓園)이 추가되어 온 것이었다. 칠궁의 대상으로서 궁은 『국조오례통편』에서부터 기록되는데, 이에 앞서 『국조속오례의』 단계에서 세자묘에 대한 제사가 규정되었다는 점에 주목할 필요가 있다.

『육상궁소령원식례』에는 육상궁과 소령원의 진설 규정과 관련되어 다음과 같은 기록이 보인다.

> ○ 육상궁 사중삭 시제는 춘분·추분과 하지·동지에 한결같이 본궁 구례(舊例)에 따라 거행한다.
>
> ○ 원의 기신제, 궁원의 사명일제와 삭망 분향은 한결같이 효장묘·묘(孝章廟墓)의 예에 따라 거행한다.[50]

이에 따르면 육상궁·소령원에서 기준한 전례는 두 가지로, 하나는 본궁(육상궁)에서 원래 행하던 옛 의례[舊例]이고, 하나는 효장묘묘(孝章廟墓)의 예이다. 즉 육상궁의 사중삭 시제는 본궁 구례에 따라, 사명일 절향과 삭망 분향은 효장묘묘의 예에 따라 거행하고, 소령원은 기신·절향·삭망 모두 효장묘묘의 예에 따른다는 것이다. 효장묘(孝章廟)는 국가의례로 명시된 첫 세자 의례였다.[51] 실제로 위에서 살펴본 식례(式例)의 소령원과 순강원의 진설은 『국조속오례의』(1744)에 수록된 세자묘(世子墓)의 속절·기신 진설과 거의 같으므로, 소령원과 순강원의 제수는 세자묘에 기준했음을 알 수 있다.[52] 그런데 '본궁의 구례'는 확실하지 않다. 영조 즉위 직후 숙빈 최씨

50 『육상궁소령원식례』(장서각, K2-2474) 「毓祥宮式例」, "四仲朔時祭, 以春分·秋分·夏至·冬至, 一遵本宮舊例擧行"; "園忌晨祭·宮園四名日祭·朔望焚香, 一依孝章廟墓例擧行."

51 세자묘(世子廟)에 대한 의례는 앞서 순회세자·소현세자 등의 의례가 있었으나 국가의 공식적인 의례는 아니었고, 효장묘(孝章廟)가 국가의례로 명시된 첫 세자 의례였다. 권용란, 「조선 왕실 효장묘(孝章廟) 의례의 형성과 특징」, 『종교와 문화』 46, 2024, 69쪽.

52 임민혁, 「조선후기 영조의 孝悌 논리와 私親追崇」, 『조선시대사학보』 39, 2006, 145~146쪽도

의 사당을 세우고 인빈의 예를 따르도록 했는데,[53] 이때 정한 예를 말하는지, 그 뒤에 변화된 예가 있었는지 알 수 없다. 하지만 진설도상으로는 올리는 잔 수를 제외하고는 시제도 절사·고유제와 같은 제물을 차린다는 점에서 전체적으로 효장묘묘의 진설 법칙을 따라 규정되었으리라 짐작된다.

참고되는 것은 육상궁과 소령원의 기준이 되었던 세자묘묘(효장묘묘)의 의례가 휘령전(徽寧殿)과 함께 언급된다는 것이다. 휘령전은 영조의 비인 정성왕후(1693~1757)의 혼전(魂殿)이었다. 왕의 경우 삼년상이 끝날 때까지만 혼전에 모시지만 왕비의 경우 왕이 죽어 종묘에 함께 배향될 때까지 혼전에 모셨기 때문에 휘령전에서는 영조의 재위 동안 혼전으로서 의례가 치러졌다. 『태상지』(1766)에는 휘령전의 의례로 오향대제와 삭망(朔望)·명일(明日)·고제(告祭)·작헌례(酌獻禮)가 기록되어 있다. 이 의례에 진설한 찬품의 종류를 정확히 알 수는 없으나, 전례서의 흉례 중 우제 이하 제사 형식을 따랐을 가능성이 높다.

1760년(영조 36) 영조는 '중박계가 중하고 약과는 경하다'는 예관의 말에 따라 중박계보다 낮추는 의미에서 휘령전에 약과를 쓰게 했다가, 이것이 예관의 착오였음을 말하며 다시 중박계로 대체하도록 했다.[54] 그런데 효장묘(廟)와 의소묘(廟)에도 차이를 두어서는 안 된다고 하며 똑같이 거행하도록 분부했다.[55] 세자묘(廟)의 제물을 휘령전과 같은 선상에서 바라보고 있었던 것이다. 이는 세자묘 또한 혼전의 제물 차림과 크게 다르지 않았을 것임을 짐작케 한다.

참고.

53 『영조실록』, 즉위년(1724) 11월 20일; 김윤정, 「저경궁(儲慶宮)의 성립과 의례적 변화 양상」, 『서울과 역사』 113, 2023b, 112쪽.

54 『승정원일기』, 영조 36년(1760) 11월 26일.

55 『승정원일기』, 영조 36년(1760) 12월 2일.

정리하면, 효장묘묘의 예를 따랐다고 한 육상궁의 제례는 처음 규정될 때는 폐백도 없고 주기(酒器)도 은호와 은잔이었다. 그렇다면 세자묘 또한 이러한 형태였을 수 있다. 세자묘 진설 법식의 초기 형성 과정을 명확히 파악할 수는 없어 정확한 형태는 알 수 없다. 하지만, 세자묘는 혼전인 휘령전과 유사한 제사로 묶이게 되고, 그에 따라 제물도 혼전의 제물 차림과 크게 다르지 않은 선에서 마련되었을 것으로 보인다. 세자묘의 진설과 혼전인 휘령전의 진설이 유사했고 궁원제의 시작인 육상궁의 의례는 세자묘의 의례를 기준으로 만들어졌기에, 궁 시제의 진설이 흉례의 우제 이하 제사와 공통적 형식을 가지는 것은 이러한 맥락에서 이해해 볼 수 있다.

2) 칠궁 음식의 특징과 변화

다음으로 칠궁에 집중하여 음식 진설의 특징과 변화를 살펴보도록 하겠다.

(1) 저경궁·육상궁

『육상궁소령원식례』(1753)와 『궁원식례』(1756)로 규정되었던 육상궁과 저경궁 의례는 1763년(영조 39)에 '계미이정(癸未釐正)'으로 국가 사전을 재정비하면서 변화를 맞는다. 이때 속제의 위계를 음식의 차이를 통해 구분하고자 했다. 계미이정의 결과는 『태상지』에 수록되어 있는데, 유밀과를 담는 제기인 우리(于里)의 높이, 음식의 종류, 음식의 기수를 달리하여 제향을 차등화했다. 궁·묘의 경우 진전인 영희전보다 위계를 낮추기 위해 유밀과 기수를 조절했다. 『태상지』에 기록된 육상궁과 저경궁의 사시·속절·고유제는 중박계 3, 산자 4, 다식 4, 실과 4기와 적 3, 편육 2, 어전(魚煎) 1, 탕 2, 병 3, 면 1, 초장 1기인 『궁원식례』를 편찬했을 때와 찬물류는 동일하지만 유밀과가 산자 4기, 약과 4기에서 중박계 3, 산자 4, 다식 4기로

표 9 육상궁·소령원 관련 진설도

	제사	구성	과물류					찬물류											爵*	기타
			中朴桂	散子	茶食	藥果	實果	芥醬	菜	炙	片肉	煎魚	湯	餠	飯	麪	羹	匙楪		
1	『육상궁소령원식례』(1753) 육상궁 시제·절사·고유제	1탁 6행		4		4	4			3	2	1	2	3		1		1	3	폐비, 醋薑1
2	『태상지』(1766) 육상궁 사향사명일 고제 친제		3	4	4		4			3	2	魚煎1	2	3		1			?	백폐 醋薑1
3	『춘관통고』(1788) 금의 육상궁 시향 (친향 同. 속절 작3, 고유 작1, 편육, 전유어, 적 없고 전증1 있고 탕 1기)	1탁 6행	3	4	4		4			3	2	1	2	3		1			3	醋薑1
4	『제물등록』(1797) 육상궁 사향제		3	4	4		4			3	2	1	2	3		1				백폐 醋薑1
5	『제물등록』 육상궁·선희궁·의빈궁 명일제, 고제		3	4	4		4						2	3		1				醋薑1
6	『태상지』(1873) 문희묘 절향 (경우궁·육상궁 동. 선희궁·의빈궁 동. 단 無 울창·폐)	1탁 4행	3	3	2		4			3	2	1	2	3		1		1	3	醋薑1
7	『태상지』 각 궁묘 고유제	1탁 4행	1				2						4			1		1	1	
8	『대한예전』(1898) 육상궁 춘추	찬탁 5행	3	3	2		4			3	2	1	2	3		1		1	3	醋薑1
9	『대한예전』 육상궁 절향	찬탁 4행	3	3	2		4						2	3		1		1	1	醋薑1
10	『대한예전』 각 궁묘 고유제	찬탁 3행	1				2						4			1		1	1	
11	『홀기진설도』(1937) 육상궁 경우궁 덕안궁 춘분추분제 및 작헌례		2	2	2		3			3	2	어전1	2	3		1		1	3	폐비 醋薑1 백청1
1	『육상궁소령원식례』(1753) 소령원 기신·절사·고유	1탁 5행				4	4		3	1			소탕3	3	1	1		1	잔 3	
2	『태상지』(1766) 순강원 기신제(친제 동) (=소령원)		3	4	4		4	1	3	1			3	3	1	1				
3	『태상지』 순강원 명일제(고제 동) (=소령원)					3	4	1	3	1			3	3	1	1				
4	『춘관통고』(1788) 금의 소령원 기신 (속절·고유는 중계·산자·다식 없고 약과만 3기)	1탁 7행	3	4	4		4	1	3	1			소탕3	3	1	1	1	1	3	
5	『대한예전』(1898) 순창원 절향 (=소령원)	찬탁 4행				2	4	1	3	1			3	3	1	1		1	3	

*문헌에 따라 시접과 작에 대한 언급 없이 음식만 기록되기도 했으므로, 이 표에서 빈칸이라 하더라도 실제로는 시접이 차려졌을 수 있음. 작 역시 해당 문헌에 언급이 없었더라도 단헌 혹은 삼헌으로 진행했음(이하 표 동일).

표 10 저경궁·순강원 관련 진설도

	제사	구성	과물류					찬물류											爵	기타
			中朴桂	散子	茶食	藥果	實果	芥醬	菜	炙	片肉	煎魚	湯	餠	飯	麪	羹	匙楪		
1	『궁원식례』(1756) 저경궁 시제·절사·고유제	1탁 6행		4		4	4			3	2	1	2	3		1		1	3	폐비, 초강1
2	『태상지』(1766) 저경궁 사향·사명일제(친제, 고제 동)		3	4	4		4			3	2	魚煎1	2	3		1				백폐1 단, 초강1
3	『춘관통고』(1788) 금의 저경궁 시향(친향 同, 고유: 편육·전유어·적 없고 전증·백증 1기씩 있고 1작)(=연호궁)	1탁 5행	小1	2			3			1	1	1	2	1		1		1	3	醋薑1
4	『제물등록』(1797) 저경궁 춘추향		소1	2			3			1	1	1	2	1		1				초강1 백폐
5	『제물등록』 저경궁 고제		소1	2			3						2	1		1				초강1
6	『태상지』(1873) 저경궁 춘추향(=연호궁)	1탁 6행	1	2			3			1	1	1	4			1		1	3	폐비
7	『태상지』 각 궁묘 고유제	1탁 4행	1				2						4			1		1	1	
8	『대한예전』(1898) 저경궁 춘추향	찬탁 5행	1	2			3			1	1	1	4			1		1	3	
9	『홀기진설도』(1937) 저경궁 대빈궁 연호궁 선희궁 춘분 추 분제 및 작헌례		1	2			3			3	2	어전1	3	1		1		1	3	초강1 백청1 폐비
1	『궁원식례』(1756) 순강원 기신제·절사·고유제	1탁 5행				4	4		3	1			소탕3	3	1	1		1	3	
2	『태상지』(1766) 순강원 기신제 (친제 동)		3	4	4		4	1	3	1			3	3	1	1				
3	『태상지』 순강원 명일제 (고제 동)					3	4	1	3	1			3	3	1	1				
4	『춘관통고』(1788) 금의 순강원 속절 (한식에만, 고유 동)	1탁 5행				2	4	1	2	1			소탕3	1	1	1		1	1	
5	『태상지』(1873) 순강원 절향	1탁 5행				2	3	1	2	1			3	1	1	1		1	1	
6	『태상지』 각원소 고유제	1탁 5행				2	2	1	2				2	1	1		1	1	1	
7	『대한예전』(1898) 순강원 절향	찬탁 4행				2	3	1	2	1			3	1	1	1		1	1	

바뀌었다. 영조는 '중박계가 중하고 약과는 경하다'는 인식에 따라 중박계보다 낮추는 의미에서 약과를 쓰게 했는데, 중박계가 약과보다 중하다는 인식은 예관이 착오하여 아뢴 것이었고,[56] 약과는 유밀과 중에서 꿀과 기름을 가장 많이 소비했으므로 궁·묘의 약과를 중박계로 변경한 것이다. 유밀과의 개수는 영희전 속절제의 유밀과가 『국조오례의』 원묘의 기준에 따라 중박계 4, 산자 5, 다식 5기 등 총 14기였기에, 그보다 한 그릇씩 낮춘 3·4·4기를 사용하도록 규정한 것이다.[57]

소령원과 순강원의 기신제의 경우, 유밀과는 육상궁·저경궁과 같았지만 찬물류는 개장 1, 채 3, 적 1, 탕 3, 병 3, 반 1, 면 1기가 진설되어 차이가 있었다. 앞서 원의 기신제 진설의 특징으로 살펴보았던 구성이다. 속절제의 경우 기신제와 찬물류는 같지만 유밀과로 중박계·산자·다식 대신 약과만 3기를 써서 위계를 낮추었다.

이때 정해진 육상궁 제향의 찬품 수는 큰 변화 없이 이어진다. 다만 저경궁은 『춘관통고』부터는 중박계가 소박계로 바뀌고 제물의 수도 대폭 줄어든다. 이는 4대가 지난 사당에 조천(祧遷)의 원칙이 적용되었기 때문이다. 이때 정해진 제물의 규모는 큰 변화 없이 후대까지 이어지나, 고종 대에 약간의 변화를 겪는다. 고종은 1871년(고종 8) 신미이정(辛未釐正)을 통해 세자·세자빈의 묘(墓)를 원(園)으로 승격시키는 새로운 묘원(廟園) 제도를 확립했다. 이 결과가 1873년(고종 10) 중간된 『태상지』에 수록된다.[58] 이때 육상궁·경우궁은 문효세자의 문희묘(文禧廟)와 절충되어 제품이 통일되는데, 찬품이 약간 줄어든다. 저경궁과 연호궁은 소박계가 중박계로 변경되고 탕의 수가 2기에서 4기로 늘어난다. 앞에서 살펴보았듯이, 『대한예전』

56 『승정원일기』, 영조 36년(1760) 11월 26일.

57 김윤정, 「조선시대 유밀과(油蜜果)의 의례적 상징과 제도화」, 『민속학연구』 52, 2023c, 150~154쪽.

58 김윤정, 「대빈궁(大嬪宮)의 연혁과 의례적 변화 양상」, 『한국문화』 103, 2023a, 332쪽.

에서 육상궁 춘추향은 경우궁(춘추향), 영소묘(永昭廟) 춘추향, 문희묘 춘추향과 같고, 육상궁 절향은 경우궁 절향, 문희묘 절향과 같다고 했다. 또 저경궁 춘추향은 연호궁(춘추향)과 같다고 했다. 즉 이 시기에는 궁과 묘의 차이보다는 조천한 궁인지 여부에 따라 음식 진설이 결정되어 보다 간략하게 차등화되었다.

(2) 연호궁·선희궁·경우궁

연호궁과 선희궁은 1778년, 경우궁은 1824년에 궁으로 승격된다. 연호궁은 정조가 즉위한 뒤 효장세자를 왕으로 추존하는 과정에서 사당을 세우고 연호궁이라 했는데, 그 제향 의절을 논할 때 정빈 이씨는 현 왕의 사친이 아니라 추숭한 왕의 사친이므로 육상궁의 경우와는 달라야 한다고 했다. 그리하여 연호궁은 마땅히 저경궁의 예를 따르는 게 옳다고 여겼다. 그러나 저경궁은 조천의 대상이었으므로 새로 궁원으로 봉한 연호궁·수길원의 경우와는 차이가 있다는 대신들의 의견에 따라, 육상궁과 소령원을 기준으로 짐작하여 증감하는 것으로 결정했다. 그리하여 연호궁은 사중삭 제사에는 삼헌(三獻)하고 고제(告祭)에는 단헌(單獻)만 하며, 수길원은 기신 및 사명일(四名日) 제사에 단헌만 하도록 했다. 저경궁과 순강원은 조위(祧位) 한 궁이므로 단헌만 하되, 찬품은 연호궁에 비하여 병(餠)은 2그릇을 감하고 육(肉)은 1그릇을 감하며, 원(園)의 기신제 찬품의 경우 수길원보다 병은 2그릇을 감하고 탕은 1그릇을 감하고 잔은 하나만 사용하도록 결정했다.[59] 경우궁의 경우 의례를 진행할 때 육상궁 『궁원식례』를 기준으로 의례를 진행했다.[60]

선희궁의 경우에도 『제물등록』(1797)에 육상궁과 제물이 같다고 기록되

59 『정조실록』, 2년(1778) 3월 19일.

60 『순조실록』, 25년(1825) 8월 20일.

표 11 경우궁·연호궁·선희궁 관련 진설도

	제사	구성	과물류					찬물류										匙楪	爵	기타
			中朴桂	散子	茶食	藥果	實果	芥醬	菜	炙	片肉	煎魚	湯	餠	飯	麪	羹			
1	『춘관통고』(1788) 금의 저경궁 시향 (=연호궁)	1탁 5행	小1	2			3			1	1	1	2	1		1		1	3	醋薑1
2	『제물등록』(1797) 육상궁·선희궁·의빈궁 명일제, 고제		3	4	4		4						2	3		1				醋薑1
3	『태상지』(1873) 문희묘 절향 (경우궁· 육상궁 同. 선희궁·의빈 궁 동. 단 無 울창·폐)	1탁 4행	3	3	2		4			3	2	1	2	3		1		1	3	醋薑1
4	『태상지』 저경궁 춘추향 (=연호궁)	1탁 6행	1	2			3			1	1	1	4			1		1	3	폐비
5	『태상지』 각 궁묘 고유제	1탁 4행	1				2						4			1		1	1	
6	『대한예전』(1898) 육상궁 춘추 (=경우궁)	찬탁 5행	3	3	2		4			3	2	1	2	3		1		1	3	醋薑1
7	『대한예전』 저경궁 춘추 향 (=연호궁)	찬탁 5행	1	2			3			1	1	1	4			1		1	3	
8	『대한예전』 육상궁 절향 (=경우궁)	찬탁 4행	3	3	2		4						2	3		1		1	1	醋薑1
9	『대한예전』 각 궁묘 고유제	찬탁 3행	1				2						4			1		1	1	
10	『홀기진설도』(1937) 저경궁·대빈궁·연호궁· 선희궁 춘분 추분제 및 작헌례		1	2			3			3	2	어전1	3	1		1		1	3	초강1 백청1 폐비
11	『홀기진설도』 육상궁·경우궁·덕안궁 춘분추분제 및 작헌례		2	2	2		3			3	2	어전1	2	3		1		1	3	폐비 醋薑1 백청1

었고, 『태상지』(1873)에 경우궁, 육상궁, 문희묘, 선희묘, 의빈궁의 절향이 같은 차림이라고 했다. 단 선희궁과 의빈궁은 울창주와 폐백을 쓰지 않는 점만 달랐다. 『대한예전』 시기에는 저경궁 춘추향은 연호궁 춘추향과 같고, 육상궁 춘추향은 경우궁(춘추향), 영소묘(永昭廟) 춘추향, 문희묘 춘추향

과 같고, 육상궁 절향은 경우궁 절향, 문희묘 절향과 같다고 했으므로 경우궁은 조천하지 않은 육상궁과, 연호궁은 조천한 저경궁과 같은 찬품 구성으로 묶이게 된다. 1937년 『홀기진설도』에서는 저경궁, 대빈궁, 연호궁, 선희궁의 춘·추분 및 작헌례가 동일한 찬품으로 진행된다.

이때 장서각 자료 중 『향수건기(享需件記)』(1867)(K2-2500)에는 경우궁의 절기별 제사에 사용하던 음식과 수량이 한글로 표기되어 있어 진설한 음식의 자세한 품목을 알 수 있다. 이 기록에 따르면 정조(正朝)에는 35기, 상원(上元)에는 27기, 한식(寒食)에는 27기, 3월 다례(茶禮)에는 25기, 5월 단오에는 28기이다. 탄일에는 40기가 올려져 가장 많은 그릇이 올려졌다. 이외에 6월 유두(流頭), 7월 칠석과 백중(伯仲), 8월 추석, 9월 9일, 동지, 납향(臘享) 등의 제사 품목이 기재되어 있어서 1년의 절기 동안 지냈던 제사와 그에 따른 제수를 보다 자세히 파악할 수 있다. 그런데 이 자료에서 규정한 찬품은 국가전례서에서 규정하고 있는 찬품보다 품목이 훨씬 다양하여 상당히 차이가 있다. 또 이 자료에서는 상원, 3월 다례, 유두, 칠석과 백중에 지낸 제사까지 기록되어 있다. 실제로 이와 같이 다양한 날짜에 전례서의 기록보다 훨씬 많은 품목을 차려 제향을 지냈는지에 대한 자세한 사정은 더 연구가 필요할 것이다.

(3) 대빈궁

희빈 장씨의 대빈궁은 선행연구에 그 의례의 변화 양상이 잘 정리되어 있다.[61] 대빈궁은 사우가 만들어진 이후 인빈(仁嬪)과 신비(愼妃) 등의 전례를 따라 사가례와 왕실례를 절충한 형태로 제향이 이루어졌다. 제사의 진행은 내시가 축문 없이 제사하는 방식을 취하여 세자·세자빈 의례보다 격을 낮춘 형태로 설행되었다. 처음에는 숙빈 최씨의 사우와 큰 차이가 없

61 김윤정(2023a), 앞의 글. 아래 대빈궁에 대하여서는 이 논문을 참고하여 정리했다.

었지만, 1753년 궁원제 성립으로 육상궁과 저경궁이 국가 사전에 포함되면서 대빈궁은 이질적인 형태로 남았다. 사시제(시향)와 절일제(절향)는 사당인 육상궁에서 육선(肉膳)으로, 기신제와 절일제는 묘소인 소령원에서 소선(素膳)으로 지내는 육상궁·소령원과는 달리, 대빈의 기신제는 사가례처럼 사우에서 육선으로 거행했고 절일제는 묘소에서만 지냈다. 하지만 이 시기의 대빈 사우 제사의 음식 품목은 자세히 알기 어렵다. 대빈 사우는 『태상지』(1766)에 각궁(各宮)으로 분류되어 대빈궁으로 실렸지만 이때의 대빈궁은 궁원제의 '궁'이 아닌 '궁방'의 의미로서 '궁'이었기 때문에 대빈궁의 제사 음식은 궁원제의 다른 제사처럼 구체적으로 기록되지 않았다.

이후 정조 대에 제사 규정을 정비하면서 대빈궁의 제수도 새롭게 마련했다. 1791년(정조 15) 마련한 대빈궁 사시제의 음식은 소박계 1, 산자 2, 실과 3, 병 2, 탕 2, 편육 1, 적 1, 초강 1, 면 1기였다. 구체적으로는 병은 절병(切餠, 절편)과 빈자(賓煮, 빈대떡), 탕은 두부와 생선으로 만든 탕, 편육은 돼지고기 편육, 면은 세면을 올렸다. 사명일제는 약과 1, 병 1, 반 1, 면 1, 탕 3, 채 2, 적 1, 개장 1, 실과 3기였다. 병은 상화병, 탕은 볶기(卜只)·전증(煎蒸)·백증(白蒸), 채는 표고버섯과 도라지, 적은 두부였다. 기신제는 소박계 1, 산자 2, 병 2(절병, 빈자), 반 1, 세면 1, 탕 3(볶기, 전증, 두부), 채 3[표고버섯, 도라지, 가사리(加士里)], 적 1(두부), 개장 1, 실과 3기였다.[62] 이 찬품은 육상궁과 비교하면 훨씬 적은 규모였다. 『춘관통고』의 육상궁 시향과 비교해 보면, 과물만 하더라도 육상궁은 중박계 3, 산자 4, 다식 4, 실과 4기로, 대빈궁의 소박계 1, 산자 2, 실과 3기보다 훨씬 많았다. 4대가 지나 조천의 대상이라는 이유로 제품을 줄인 저경궁이나 추존왕 진종(眞宗)의 사친인 연호궁의 경우가 가장 비슷했다. 저경궁·연호궁 시향과 비교하면 과물류는 같은 종류와 수량이 진설되었다. 하지만 저경궁·연호궁에는 전어(煎魚)가

62 『승정원일기』, 정조 15년(1791) 6월 27일.

표 12 대빈궁 관련 진설도

	제사	구성	과물류					찬물류											爵	기타
			中朴桂	散子	茶食	藥果	實果	芥醬	菜	炙	片肉	煎魚	湯	餠	飯	麪	羹	匙楪		
1	『승정원일기』(1791) 대빈궁 사시제		소1	2			3			1	1		2	2		1				초강1 백폐
2	『승정원일기』 대빈궁 사명일제					1	3	1	2	1			3	1	1	1				
3	『승정원일기』 대빈궁 기신제		소1	2			3	1	3	1			3	2	1	1				
4	『제물등록』(1797) 대빈궁 사중삭제		소1	2			3			1	1		2	2		1				초강1
5	『태상지』(1873) 대빈궁 춘추향		소1	2			3			1	1		2	2		1				초강1
6	『태상지』 각 궁묘 고유제	1탁 4행	1				2						4			1		1	1	
7	『제물등록』(1908) 저경궁 연호궁 대빈궁 춘추중삭		1	2			3			1	1	1	2	1		1			1	초강1 폐백x
8	『홀기진설도』(1937) 저경궁 대빈궁 연호궁 선희궁 춘분 추분제 및 작헌례		1	2			3			3	2	어전1	3	1		1		1	3	초강1 백청1 폐비

있으나 대빈궁에는 없고, 대신 저경궁·연호궁은 병이 1기이나 대빈궁은 2기를 올렸다는 차이가 있다.

1870년(고종 7)에 대빈궁은 육상궁의 별묘로 이봉되어 육상궁·연호궁·선희궁과 같은 공간에 위치하게 되었다. 이때 제사를 지내는 시일은 저경궁이나 연호궁의 전례대로 하는 것이 사리에 부합할 것이라고 했다.[63] 그러나 대빈궁은 왕이 친행하는 전배례의 대상이 되지 못했기에 같은 공간에 위치하고 있더라도 위상은 전혀 달랐다. 하지만 이때의 중요한 변화로,

63 『고종실록』, 7년(1870) 1월 3일.

『태상지』(1873)에서 대빈궁이 궁의 범주에 포함되어 저경궁-육상궁-경우궁 다음에 수록되었다. 다만 여전히 궁원제의 궁과 비교하면 찬품이 소략했다. 중박계 대신 소박계를 사용했고, 저경궁의 경우와 비교해도 전어(煎魚)가 없고 탕이 2기 더 적었다. 『대한예전』에서 처음으로 대빈궁의 제사 시일과 축판이 기록되었으나, 「찬실준뢰도설」에서 대빈궁의 진설도는 빠져 있다.

이후 1908년 칙령 60호 '향사이정(享祀釐正)'이 반포되며 의례가 간소화되어, 궁에는 1년에 2번, 원에는 1번의 제사와 기신제를 지내는 것으로 통일되었다. 이러한 변화는 1908년(융희 2) 편찬된 『제물등록』(장서각, K2-2556·K2-2558)을 통해 확인할 수 있는데, 찬품은 저경궁·연호궁·대빈궁과 육상궁·선희궁·경우궁으로 구분되었다. 저경궁·연호궁·대빈궁에는 중박계 1, 홍산자 1, 백산자 1, 상화병 1, 탕 2(포탕·저육탕), 저육적 1, 저육숙편 1, 생선전유어 1, 세면 1, 초장 1, 실과 3기가 진설되었다. 다만 저경궁과 연호궁에는 폐백을 사용하지만 대빈궁에는 폐백이 없는 것으로 볼 때 대빈궁이 여전히 다른 궁과 동등한 위치에 있지 않은 것을 알 수 있다. 1910년 일제강점으로 대한제국 황실은 이왕가로 격하되고, 이왕직에서 왕실의 제향을 담당했다. 『홀기진설도』(1937)[64]를 통해 일제강점기 제향 음식을 알 수 있는데, 대빈궁의 경우 중박계 1, 산자 2[紅白], 실과 3(건율, 대추, 호도), 적 3(저육적, 계적, 생선적), 초장, 편육 2(저육숙편, 저두숙편), 어전(魚煎) 1, 탕 3(저육탕, 생선탕, 포탕), 백청(白淸), 병 1(상화병), 면 1기였다. 이는 저경궁·연호궁·선희궁과 동일하고 육상궁·경우궁·덕안궁보다는 소략한 것이었다. 저경궁 등과 동일한 찬품으로 제향을 지낸다는 점에서, 궁원제의 대상이 아니었던 대빈궁이 이 시기에는 칠궁의 하나로서 의례적 위상을 나란히 했다는 것을 알 수 있다.

64 『홀기진설도(笏記陳設圖)』(장서각, K2-2587).

(4) 덕안궁

영친왕의 사친 순헌귀비 엄씨(1854~1911)의 사당인 덕안궁은 1929년 칠궁에 포함되었으며, 1937년 『홀기진설도』(표 11)에 따르면 육상궁·경우궁·덕안궁의 춘분·추분제 및 작헌례가 동일한 찬품으로 차려진다. 과물류로 중박계 2, 산자 2, 다식 2, 실과 3기가, 찬물류로 적 3, 편육 2, 어전 1, 탕 2, 병 3, 면 1, 시접 1, 백청 1에 작 3개가 놓이고 폐백을 올리는 구성이다. 조천하지 않은 육상궁과 경우궁의 예를 따른 것을 볼 수 있다.

사실 순헌귀비 엄씨의 경우, 영친왕이 1907년 황태자로 책봉되었지만 일제의 강점으로 인하여 국왕이 되지는 못했으므로 순헌귀비의 위상이 다른 사친과 같은가에 대해서는 논란의 여지가 있다. 그러나 당시 자작 조중응(趙重應, 1860~1919)은 "엄비는 내명부로서 상궁, 귀인, 순비를 거쳐 황귀비로 승차되었고 한때는 정식 왕후로 승차한다는 설까지 있었으며 순종께는 서모(庶母)로 이강공(李堈公)께는 제모(諸母)이며 더욱 황태자께는 생모인 까닭에 본래는 병세가 위독하면 사궁(私宮)으로 나아가 서거해야 함에도 불구하고 정궁(正宮)에서 서거했고 빈소도 정궁에 설치했으며, 묘(墓)라고 해야 하나 이를 원(園)[영우원(永徽園)]으로 칭하게 되었다. 묘소는 처음에는 동구릉 내의 옛 숭릉(崇陵) 앞으로 정했던 것이나 25일 홍릉(洪陵) 내(內)로 개정한 것이다. 세태도 변천하고 또 황태자의 생모인 까닭에 장식(葬式)을 파격 우우(優遇)하게 된 것이다"라고 해명했다.[65]

65 『매일신보(每日申報)』, 1911년 8월 2일: 김이순, 「조선왕실 무덤, 園의 창안과 전개」, 『미술사논단』 41, 2015, 96쪽에서 재인용.

5. 맺음말

조선 후기 속제의 분화와 칠궁 제향 음식의 특징을 분석한 이 글은 속제 대상이 확대됨에 따라 음식의 구성 또한 새롭게 규정되었음을 살펴보았다. 초기 속제는 문소전과 의묘를 중심으로 이루어졌으나, 시간이 지나면서 사친과 세자 등의 사당과 무덤이 추가되었다. 그런데 이들을 위한 음식은 기존 속제 규정을 그대로 적용한 것이 아니었다. 위계에 따라, 또 성격에 따라 제향 음식의 형식과 내용도 조정되었다. 이는 속제의 대상이 확대됨에 따라 국가제사로 새로 편입된 대상들의 지위를 알맞게 정하려는 시도로 볼 수 있다.

이에 전통적 체계를 갖춘 마지막 국가전례서라고 할 수 있는 『대한예전』「찬실준뢰도설」을 중심으로 제사 대상별 음식의 특징을 살펴보았다. 크게 진전, 능원, 궁묘로 나누어 그 특징을 파악했다. 이때 궁묘 진설의 특징은 육선(肉膳), 주기(酒器), 폐백(幣帛)의 측면에서 다른 대상과 확연히 구분되었다. 즉 육선으로서 편육과 전어의 진설, 주기로서 삼주(三酒) 오제(五齊)와 울창주를 담은 이·준·뢰의 사용, 폐백으로서 백폐(白幣)를 올리는 특징이 있었다. 궁묘 진설 규정은 세자묘묘(世子廟墓) 의례를 기준으로 삼았는데 이와 같은 진설은 흉례의 우제 이하 제향과 공통되는 것이어서 세자묘 의례의 형성이 흉제(凶祭)와 연관성이 있을 가능성을 제기했다.

또한 이 글은 칠궁 제향의 변천 과정을 통해 사친을 위한 사당 의례가 어떻게 규정되고 변화되어갔는지를 살폈다. 이는 조선 전기를 중심으로 이루어졌던 속제 음식 연구를 보완하며, 다양한 대상이 가지는 음식 특징을 밝혀냈다는 점에서 의의가 있다. 비록 궁묘 제사 진설 규정이 정확히 어떤 기준으로 정해졌는지는 미처 다 밝히지 못했지만 앞으로 이러한 문제의식을 가지고 속제 음식 연구에 접근한다면 조선 후기 속제의 대상 변화가 진설 방식에 어떻게 반영되었는지를 보다 구체적으로 규명할 수 있을 것이다.

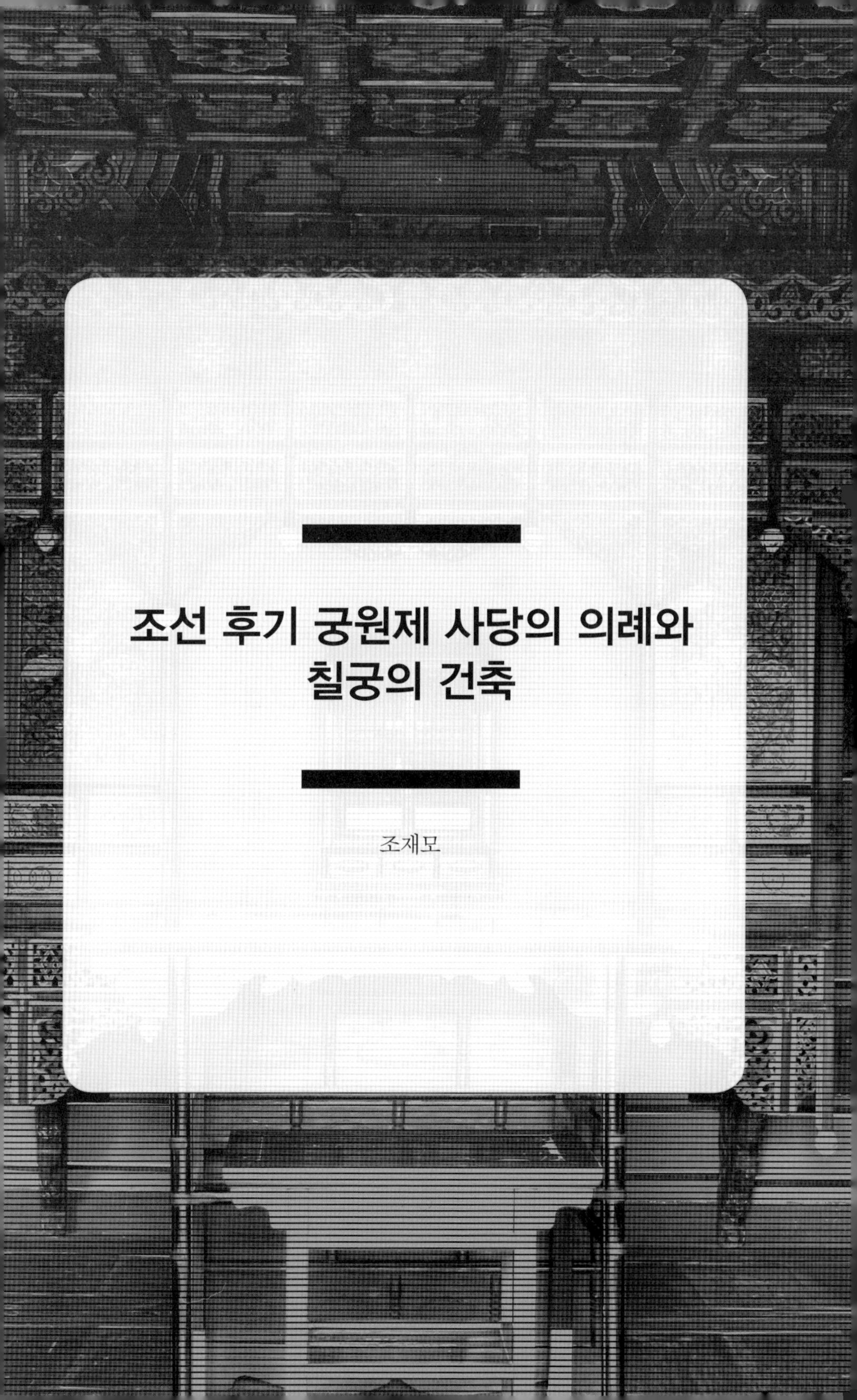

조선 후기 궁원제 사당의 의례와 칠궁의 건축

조재모

1. 머리말

칠궁(七宮)은 그 이름부터 복잡한 역사를 함의하고 있다. 왕실의 사당들은 보통 의소묘, 영희전, 경모궁 등 묘호, 전호 혹은 궁호를 붙여왔고,[1] 그 이름에서 배향된 인물과 어떤 식으로든 연관성을 가지게 마련이다. 그런데 칠궁은 일곱 개의 궁, 즉 사당을 통합했다는 뜻을 가지고 있다.

칠궁이라는 이름은 조선 초 기록에도 등장하나 지금의 칠궁과는 그 의미가 다르다. 우리가 현재 사용하고 있는 칠궁이라는 명칭은 1898년(광무 2)의 『향수조사책(享需調查冊)』[한국학중앙연구원 장서각(이하 장서각), K2-2583]에서 확인된다. 이 책 권8의 '칠궁이묘(七宮二廟)'로 기재된 시설은 저경궁, 육상궁, 연호궁, 경우궁, 영소묘, 문희묘, 대빈궁, 선희궁, 의빈궁 등 9곳이다.[2] 또한 『대한예전(大韓禮典)』의 각궁묘(各宮廟)에는 저경궁, 육상궁, 대빈궁, 연호궁, 경우궁, 의빈궁, 선희궁의 7개 궁을 나열했고, 이어 영소묘, 문희묘, 조경묘 등 3묘를 기술했는데 지금의 칠궁이 저경궁, 대빈궁, 육상궁, 연호궁, 경우궁, 선희궁, 덕안궁 등 7궁인 것과는 상이하다. 이는 1908년(융희 2) 제사제도 개정으로 의빈궁이 매안되고 1929년 덕안궁이 칠궁에 편입

* 이 글은 조재모, 「七宮의 건축적 원형과 廟門外前閣」, 『대한건축학회논문집』 41-1, 2025를 수정·보완한 것이다.

1 19세기 전반기 편찬된 『한경지략(漢京識略)』은 묘, 전, 궁이라는 항목을 별도로 분류하고 있다. 여기에 속한 시설들은 종묘, 영녕전, 영희전, 선원전, 저경궁, 육상궁, 경모궁, 영경전, 의소묘, 장보각, 문희묘, 연호궁, 대빈궁, 선희궁, 경우궁, 어의궁, 수진궁, 명례궁, 창의궁, 용동궁, 이현궁 등이다. 목록에서 알 수 있듯이, 창의궁 등 잠저에 해당하는 시설들도 포함되어 있다.

2 이보다 이른 시점에 『태상지(太常志)』(1873)에서 저경궁, 대빈궁, 육상궁, 연호궁, 경우궁, 선희궁, 의빈궁을 언급한 바 있으나 이를 묶어 지칭하지는 않았다.

되었기 때문에 생긴 차이이다. '칠궁'이라는 명칭이 고유명사화된 것은 일제강점기를 거치면서 관리를 위해 막연히 이들을 묶어서 부르면서 고착화된 것으로 판단된다.

이 글은 지금의 칠궁을 대상으로 이 시설이 어떤 변화를 거쳐 지금에 이르렀는지를 살펴보고자 하는 것이다. 물론 물리적 시설로서 칠궁이 어떤 연혁을 거쳐왔는지, 필지의 변화와 시설의 통폐합의 과정은 어떠했는지, 각 건물의 형태는 서로 어떻게 다른지 등에 대해서는 여러 연구를 통해 이미 정리된 바 있다.[3] 또한 궁원제의 입장에서 국가 사전으로서 칠궁을 구성하는 궁묘 각각의 위상이 형성되는 과정이나, 각 궁묘의 위계 등에 대해서도 연구되어 있으며, 의례의 세부적인 차이도 문헌사적으로 밝혀졌다.[4] 이 글이 주목하는 바는 통폐합의 과정에서 칠궁 합사 이전의 구성 특징 및 합사 전후의 건축 구성 사이에 존재하는 차이와 의례의 변통에 관한 것이다.

저경궁 이하 덕안궁까지 칠궁을 구성하는 모든 궁묘들은 신위를 모신 사당, 이안청 및 여타의 부속시설을 포함하고 있던 독립적인 건축군이었다. 이들 사이에는 일종의 공통적인 건축 구성의 방식이 존재하고 있었고, 이는 궁묘에서 행해진 의례 행위를 충실히 반영하고 있었음에 틀림없다.

3 조재모·심우갑, 「영정조대의 왕실사묘 건립과 영향」, 『대한건축학회논문집(계획계)』 18-7, 2002; 소현수 외, 「조선시대 사묘 칠궁의 공간구성 고찰」, 『한국전통조경학회지』 23-4, 2005; 송인호·조은주, 「왕실사묘 육상궁의 20세기 변화에 관한 연구」, 『대한건축학회논문집(계획계)』 27-10, 2011; 조은주, 「경우궁 행행의 변화와 19세기 한성부 도시구조」, 『대한건축학회논문집(계획계)』 28-8, 2012 등이다.

4 곽희원, 「조선후기 궁원제와 명문기명」, 『미술사학』 32, 2016; 권용란, 「조선후기 칠궁의례와 국가조상신」, 『서울학연구』 38, 2010; 김윤정, 「저경궁의 성립과 의례적 변화양상」, 『서울과 역사』 113, 2023; 김윤정, 「대빈궁의 연혁과 의례적 변화양상」, 『한국문화』 103, 2023; 김윤정, 「영조대 육상궁의 성립과 공사 논의」, 『한국학연구』 74, 2024; 박금진, 「조선후기 칠궁과 내부 의장물 비교연구」, 『조형디자인연구』 21-4, 2018; 이현진, 「역사: 조선왕실의 후궁 사당, 칠궁」, 『선비문화』 16, 2009; 장경희, 「조선후기 칠궁 소장 목조감실과 왕실공예품의 보문 연구」, 『인문과학연구』 38, 2024; 정경희, 「조선후기 궁원제의 성립과 변천」, 『서울학연구』 23, 2004; 정해득, 「조선후기 사친추숭과 능원제도」, 『조선시대사학보』 86, 2018 등이다.

그런데 칠궁 합사에 의해 육상궁과 연호궁, 선희궁과 경우궁은 각각 하나의 건물에 2위의 신위를 합사하고 있고, 이안청 등 필요한 부속시설은 잘 남아 있지 않기도 한 상황이다. 건축물의 배치에 있어서도 육상궁은 별도의 영역으로 구성되었고 부속시설도 충실하게 갖추어져 있는 것과 달리, 여타의 궁묘들은 하나의 마당을 공유하고 있으며 그중에서도 덕안궁은 가장 나중에 합사되면서 애매한 위치에 놓여 있다. 즉, 현재 칠궁의 구성은 조선 후기의 왕실 사당 의례 공간과는 형태적으로 같지 않으며, 이 차이는 기존 의례의 축약적 변동을 가져올 수밖에 없었을 것이다. 이는 근대사회로의 진입과 왕조의 패망 과정에서 궁묘의 위상이 축소된 것과 연결된다.

이러한 관점에서 본고는 우선 조선 후기 왕실 사당의 건립 과정을 살펴보고, 이를 지도 자료와 의궤를 통해 도시적·건축적으로 분석하는 것으로부터 시작한다. 이어서 의주를 확인할 수 있는 사례를 대상으로 조선 후기 왕실 사당의 의례 형태를 공간적으로 분석할 것이다. 이 두 과정은 칠궁 이전에 개별적으로 존재했던 궁묘들의 존재 양상을 파악하려는 것이다. 이를 바탕에 놓고 지금의 칠궁이 형성되는 과정과 도시적 변모에 대해 살펴보고, 현재 칠궁을 구성하는 각각의 건물에 대해 서로 비교할 것이다. 이를 통해 칠궁의 합사 과정과 이건 행위의 실질적인 양상을 추론해 보고자 한다. 또한 각 단계별로 이전 시기의 의례 행위가 지속될 수 있을지에 대해 검토해 볼 것이다. 특히 육상궁 영역에만 존재하고 있는 3칸의 '배각(拜閣)'[5]의 성격에 대해서 주목하고자 한다.

5 '배각'이라는 명칭은 국가유산청에서 제공하고 있는 칠궁배치도에 기재된 바를 따랐다. 사적_서울육상궁_칠궁 내 시설물 보수정비공사_칠궁배치도(현황). 후술하겠으나, 배각은 묘문외전각(廟門外前閣)으로 지칭된다.

2. 왕실 사당의 필요성과 건립

왕실의 조상 제례는 종묘로 대표된다. 종묘는 오랜 연원을 갖고 있는 예제건축으로서, 군주 정통성의 기반이기도 하고 선대에 대한 제례의 모범으로 존재하는 것이기도 하다. 종묘 외에도 궁궐 내에 문소전, 연은전, 선원전 등을 건립해 왔는데, 문소전은 경복궁 내에 태조비 신의왕후 한씨를 모신 묘전으로 처음에는 인소전이라 불렸다. 1408년(태종 8)에 문소전으로 이름을 고쳤고 태조의 영정도 함께 봉안했다. 세종 대에는 광효전에 있던 태종과 모후의 위패를 합사한 바 있다. 연은전 또한 경복궁 내에 있던 시설로, 처음에는 덕종의 위패를 봉안했고 인종의 위패 또한 일시적으로 모신 바 있었다. 선원전은 선원록과 역대 임금 및 왕후의 어진을 보관하던 곳이었고, 숙종 어진을 봉안하면서 차차 영조, 정조, 순조, 익종, 헌종의 어진을 모셨던 시설이다.[6] 지방에도 전주 경기전,[7] 영흥 준원전, 경주 집경전, 평양 영숭전, 개성 목청전 등 5개소에 태조의 어진을 봉안하는 진전을 운영했다. 이들 시설은 모두 선대 임금의 사당이라는 공통점을 가지고 있다.

이와 달리 사묘(私廟) 혹은 별묘(別廟)로 분류할 수 있는 사당들이 도성 내 곳곳에 건립되었다. 『한경지략』, 『궁궐지』의 도성지, 『동국여지비고』의

6 이는 사당(祠堂)과 영당(影堂) 제도의 문제와도 관련되어 있다.

7 영조 대에는 경기전 뒤쪽으로 조경묘를 건립했다. 조경묘 제사는 경기전과 함께 속례로 분류되어 있고 제향은 역대 시조묘를 따라 춘추의 중월에 거행했다. 조경묘에 대해서는 『위판조성도감의궤(位版造成都監儀軌)』(1771)를 비롯하여 『조경묘묘지급소배의물구별성책(肇慶廟廟誌及所排儀物區別成冊)』(1782), 『조경묘의(肇慶廟儀)』(연대 미상), 『조경묘경기전대수리등록(肇慶廟慶基殿大修理謄錄)』(1872) 등의 사료를 통해 파악할 수 있고, 이욱, 「조선시대 왕실의 시조와 조경묘 건립」, 『조선시대사학보』 38, 2006에 소상하다.

경도단묘(京都壇廟) 등의 문헌에 기재되어 있는 왕실의 사당은 약 30곳이며, 그중 종묘, 계성전, 문소전, 연은전, 영경전 등 개념이 상이하거나 궁궐 내에 설치했던 것을 제외하더라도 의경묘, 효사묘, 숭은전, 영희전, 천한전, 신비사, 저경궁, 육상궁, 경모궁, 대빈궁, 연호궁, 선희궁, 경우궁, 순회묘, 소현묘, 의소묘, 문희묘, 문우묘, 덕흥대원군묘, 전계대원군묘, 연산군묘, 광해군묘 등 그 수가 상당히 많았다. 때로는 묘호를, 때로는 궁호나 전호를 사용했던 이들 시설은 왕실의 주요 인물들 중에서 종묘에 부묘되지 못한 인물들을 위한 사당으로 건립된 것이다.[8]

이 중에서 이른 시기의 사례로 꼽을 수 있는 사당은 의경묘이다. 의경묘는 성종의 친부인 의경세자, 즉 덕종의 사당으로 처음에는 효정묘라고 부르다가[9] 예종이 승하하고 의경세자의 차남인 자을산군, 즉 성종이 즉위한 이후 1472년(성종 3)에 연경궁 후원에 건립되었다. 연경궁은 지금의 덕수궁 자리로 이해되고 있으므로 의경묘 또한 이곳에 있었다고 볼 수 있다. 의경묘는 오래 지속되지 못했다. 의경세자를 회간대왕으로 추존하게 되어 기존 신위를 매안하고 새로 위패를 만들어 경복궁 내 연은전에 이봉했다. 이후 덕종으로 추존되어 종묘에 부묘하면서 그 역할을 다했다.

효사묘는 연산군의 생모 윤씨의 사당이다. 연산군이 즉위한 후 생모 윤씨가 폐비되었던 사실을 알게 되면서 묘소를 천장하고 신주를 봉안할 사당을 건립하고자 했다. 폐비로서 종묘 향사는 불가하다는 점에 대해서는 재론의 여지가 없었으나, 별도로 사당을 세우는 데 논란이 있었다. 홍문관에서는 사당 건립이 불가하다는 입장을 표명했던 바 있다. 사당 건립을 찬

8 이 부분은 조재모·심우갑, 「영정조대의 왕실사묘 건립과 영향」, 『대한건축학회논문집(계획계)』 18-7, 2002 및 김지영 외, 『대궐 밖의 왕실, 한양의 별궁』, 서울역사박물관, 2020을 주로 참조하여 정리했다.

9 『세조실록』, 5년(1459) 9월 26일, "禮曹啓: '懿敬世子廟稱孝靖廟, 墓稱懿墓. 朔望祭, 四仲月·有名日別祭, 忌日祭, 子孫年長奉祀, 間姑令宗親及功臣子弟內三品官行祭, 其奠物, 奉常寺仍掌設." 從之.

성하는 측에서는 위(魏) 명제(明帝)가 모후를 위해 사당을 세웠던 것, 그리고 쫓겨났던 송(宋) 양공(襄公)의 어머니에 대해 '종묘에서는 은(恩)이 의(義)를 가리지 못하지만 규문(閨門) 안에서는 의가 은을 앞설 수 없는 것이므로 출모(出母)가 본디 종묘와는 끊어졌으나 어미와 자식은 본디 끊어질 도리가 없는 것이니, 또한 그 예를 다해야 할 뿐'이라 했던 논리를 내세우면서 '원침(園寢)의 예는 우리나라의 제도가 아니니 따로 사당을 세워서 제사를 받드는 것이 정과 예에 합당하다'고 했다. 반면 승정원에서는 윤효손의 의논이 사리에는 맞으나 그가 이 의논을 한 것은 오직 신주와 사당을 세우기 위하여 말한 것이므로 바깥 사람들이 위에서 추숭하는 전례를 거행하고자 한다고 의심할까 염려되니 그 의견을 쓰지 말아달라는 의견을 내었다.[10] 연산군이 처음에는 윤효손의 의견을 따르지 말 것을 명했다가 6월 9일에 전격적으로 사당 건립을 결정하자[11] 추숭의 문제에 대한 논의로 전환되었다. 윤씨의 사당은 효사묘라 했고, 후에는 폐지하여 그 땅을 종부시로 했다. 연산군 대의 논의는 의와 은의 관계를 어떻게 이해할지를 따진 것이다. '종묘에서는 의를 우선으로 한다는 것'은 임금의 생부, 생모이거나 세자로 책봉되었다가 즉위하지 못한 인물들은 비록 임금의 입장에서는 은의 논리 속에서 높이 모시고자 하더라도 종묘에는 부묘될 수 없다는 점을 말하고 있다. 대신 은의 논리는 종묘가 아닌 사당에서 해소되어야 하는 것으로 정리되었다고 하겠다.

왕실 사당은 특히 조선 후기에 들어 활발하게 건립되었다. 1601년(선조 34)에 세운 순회묘를 비롯하여 인조 연간의 숭은전과 소현묘, 숙종 연간의 신비사, 경종 연간의 대빈궁, 그리고 영조 연간의 육상궁, 효장묘, 의소묘,

10 『연산군일기』, 2년(1496) 6월 7일.

11 『연산군일기』, 2년(1496) 6월 9일, "下御書曰: 今議立主立廟, 而謂先王遺教終不可違, 是佞邪阿諛成廟之人所欲止之, 非正直君子所語也. 大抵爲人有父無母則不生, 有生無乳則不長. 是常常不變之理也. 雖有過, 我豈敢忘血氣之恩乎? 卿等反覆思之, 則知父母恩重. 今視此書, 毋有更啓."

저경궁, 경모궁, 선희궁, 정조 연간의 연호궁, 문희묘, 순조 연간의 경우궁, 문호묘 등이 그것이다.[12] 이렇게 많은 사당이 건립된 것은 기본적으로 조선 왕조의 왕위계승 원칙인 적장자 우선의 계승이 잘 작동하지 않았기 때문이다.[13] 세자로 책봉되었다가 즉위하지 못하고 요절한 경우도 많았고, 경종, 영조와 같이 정비의 소생이 아닌 경우에도 자신의 모후를 위해 별도의 사당을 필요로 했다.

정리해 보면 이들 사당에 모셔진 인물은 세자였거나 임금의 생부, 생모에 해당한다. 조선 전기의 의경묘를 비롯하여 순회묘, 소현묘, 효장묘, 의소묘, 문희묘, 문호묘 등 묘호(廟號)를 사용하는 시설들은 왕위에 즉위하지 못했던 세자 혹은 세손을 위한 것이다. 숭은전은 인조의 생부로 정원군, 즉 추존왕 원종과 함께 태조, 세조, 숙종 등 여러 군주를 함께 향사했던 곳으로 전호(殿號)를 사용했다. 신비사는 중종비 폐비 신씨의 사당이다. 정조의 생부인 사도세자를 모신 경모궁과 임금의 생모를 봉안한 대빈궁, 육상궁, 저경궁, 선희궁, 연호궁, 경우궁은 모두 임금의 생부모를 모신 사당으로 분류된다. 후대의 덕안궁[14]을 포함하여 이들 생모의 사당은 현재 모두 칠궁에 합사되어 있으므로, 칠궁에 모셔진 인물들은 일관된 성격을 갖고 있다고 하겠다.

임금의 생모라도 종묘에 부묘될 수 없어 별도의 사당을 만들었는데, 이는 국가전례로서가 아니라 임금 개인의 효심에 기인하는 것이다. 영조는 그의 모후 숙빈의 사당을 승격하는 기획을 단행했다. 원칙적으로는 임금

12 각 궁묘의 명칭은 다양한 변화를 겪었다. 예를 들어 숙빈묘에서 육상묘, 육상궁으로, 수은묘에서 경모궁으로의 변화 같은 것이다. 여기에서는 일반적인 명칭으로 대표했다. 인용된 사료보다 후대의 사당인 덕안궁은 포함되지 않았다.

13 이는 한편으로 종묘 태실의 양적 증가를 가져왔고, 명종 대에 이어 조선 후기에 들어서도 영조 대, 헌종 대에 각 4칸의 증실을 요구하게 되었다.

14 가장 나중에 칠궁에 합사된 덕안궁도 순헌황귀비, 즉 영친왕 생모의 사당이므로 일관된 기준을 가지고 있다고 하겠다.

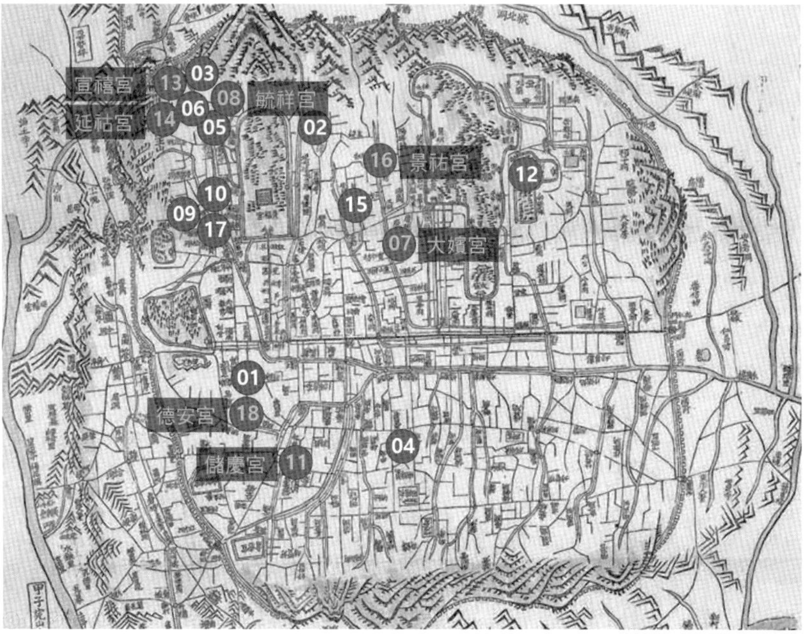

① 의경묘 ② 효사묘 ③ 순회묘 ④ 숭은전 ⑤ 소현묘 ⑥ 신비사 ⑦ 대빈궁 ⑧ 육상궁 ⑨ 효장묘 ⑩ 의소묘 ⑪ 저경궁 ⑫ 경모궁 ⑬ 선희궁 ⑭ 연호궁 ⑮ 문희묘 ⑯ 경우궁 ⑰ 문호묘 ⑱ 덕안궁

그림 1 왕실 사당의 분포

〈수선전도〉에 표기함.

이 직접 참배하지 않고 섭행해야 하는 것이었지만 승격 이전의 육상묘 시절에도 영조는 모후의 사당에 직접 참배한 바 있으며, 이는 애초부터 경종대의 희빈묘와는 성격을 달리하는 것이었다.[15] 육상묘의 의식을 개인적인 뜻이 아니라 국가적인 제사로 높이기 위해 영조는 1753년(영조 29)에 육상묘를 육상궁으로 승격했고, 이어 육상궁에서의 의식을 공식화했다. 또한 『궁원식례(宮園式例)』 정비를 통해 사친 사당을 궁(宮), 묘를 원(園)으로 하는 궁원제도를 정립했다. 이는 묘(廟)-묘(墓)의 명칭을 사용하는 경우와 구분되는 제도로서 특별히 임금 사친의 사당과 무덤에 적용되는 것이었고, 저

15 권용란, 「조선후기 칠궁의례와 국가조상신」, 『서울학연구』 38, 2010.

표 1 조선시대의 왕실 사당

연번	명칭*	향사인물	위치	향사인졸년	입묘년
1	의경묘	의경세자(성종부)	연경궁 자리	세조 3년	성종 3년
2	효사묘	폐비 윤씨(연산모)	북부 진장방	성종 13년	연산 3년
3	순회묘	순회세자(명종자)	영경전 자리	명종 18년	선조 34년
4	숭은전**	원종정원군(인조부)	남부 훈도방	광해 11년	인조 10년
5	소현묘	소현세자(인조자)	영경전 자리	인조 23년	인조 25년
6	신비사	폐비 신씨(중종비)	영경전 옆쪽	명종 12년	숙종 24년
7	대빈궁	희빈 장씨(경종모)	중부 경행방	숙종 27년	경종 2년
8	육상궁	숙빈 최씨(영조모)	백악산 아래	숙종 44년	영조 1년
9	효장묘	효장세자(영조자)	창의궁 자리	영조 4년	영조 6년
10	의소묘	의소세손(정조형)	창의궁 자리	영조 28년	영조 30년
11	저경궁	인빈 김씨(원종모)	남부 회현방	광해 5년	영조 31년
12	경모궁	장헌세자(정조부)	동부 숭교방	영조 38년	영조 40년
13	선희궁	영빈 이씨(장조모)	북부 순화방	영조 40년	영조 41년
14	연호궁	정빈 이씨(진종모)	북부 순화방	경종 1년	정조 2년
15	문희묘	문효세자(정조자)	북부 안국방	정조 10년	정조 13년
16	경우궁	유빈 박씨(순조모)	북부 양덕방	순조 23년	순조 25년
17	문호묘	효명세자(순조자)	창의궁 자리	순조 30년	순조 32년
18	덕안궁	순헌황귀비(영친왕모)	덕수궁 자리	1911년	1913년

* 육상궁(숙빈묘), 저경궁(인빈묘), 선희궁(의열묘), 연호궁(정빈묘), 경모궁(사도묘) 등으로 대표함.

** 숭은전은 곧 남부훈도방의 남별전=영희전. 인조 10년 2월에 '별묘를 남별전에 설치한다' 했는데, 원종의 별묘인 것으로 파악했다.

경궁도 같은 의식의 범주에 들어갈 수 있었다. 이후의 임금 사친의 사당과 무덤의 제도는 궁원제를 따랐다.

즉 육상궁은 조선 후기 궁원제도의 근간이 되었던 시설이다. 지금의 칠궁 일곽의 동편에 별도 구역으로 존재하고 있는 육상궁은 그 배치 등에서 다른 궁묘들과 차별적인 면이 있다. 특히 중문과 사당 사이에 벽이 없이 기둥으로만 서 있는 3칸의 맞배 전각이 특징적이다.[16]

16 본고에서 묘문외전각(廟門外前閣), 배위청(拜位廳), 배각(拜閣) 등으로 칭해질 것이다.

〈표 1〉은 『동국여지비고』, 『한경지략』의 기재항목을 기준으로 하여 조선왕조실록을 통해 보충한 것으로, 순서는 입묘년으로 했다. 〈그림 1〉의 지도는 〈수선전도〉를 바탕으로 대략의 위치를 표기한 것이고 현재의 칠궁으로 합사된 사당은 별도로 표기했다.

지도에서 확인되듯이, 이들 제 사당은 도성 내 곳곳에 분포되어 있었다. 경복궁 서편에 가장 많은 사당이 있었는데, 창의궁을 중심으로 효장묘, 의소묘, 문호묘가 있었고, 지금의 칠궁 일대에 순회묘, 소현묘, 신비사, 육상궁, 선희궁, 연호궁이 있었다. 지금의 북촌 일대에는 효사묘, 대빈궁, 문희묘, 경우궁이 넓게 분포하고 있었고, 창경궁의 동편으로 경모궁이 자리했다. 청계천의 남쪽으로는 의경묘, 숭은전, 저경궁 등 일부의 사당이 위치했다. 즉, 주로 경복궁과 창덕궁, 창경궁, 그리고 경희궁 주변으로 대부분의 왕실 사당이 위치하고 있었다고 하겠다. 창의궁 내에 위치했던 효장묘와 의소묘는 모두 영조 연간에 세자, 세손으로 책봉되었다가 요절한 인물들을 위한 것으로서 영조의 잠저인 창의궁을 활용한 것이다.[17] 이후 효장세자는 정조 즉위 후에 진종으로 추숭되어 종묘에 향사되었으므로 사당을 폐하게 되었다. 위 표와 지도에는 별기하지 않았으나, 문희묘와 함께 있었던 의빈묘[18]는 정조의 후궁 의빈 성씨의 사당으로 1786년(정조 10) 북부 안국방에 건립되었다. 의빈의 아들 문효세자의 문희묘는 원래 경모궁 남쪽 담장 바깥에 있다가 의빈묘 서쪽 담장 밖으로 옮기게 되었고,[19]

17 『영조실록』, 5년(1729) 11월 5일, "禮曹判書朴師益曰: '孝章世子入廟事, 自本曹考例稟處事命下矣. 取考前例, 則昭顯世子入廟時, 禮官請倣順懷古例, 別立祠宇, 命議于大臣, 遂祔順懷廟矣.' 上曰: '其後順懷祧遷, 故仁廟聖意在此矣.' 命諸臣, 各陳所見, 㙉曰: '臣意則別立廟爲宜矣. 至於李龜休之疏, 可謂曲禮矣.' 諸臣無異議, 上曰: '彰義宮, 乃私邸, 而屬之東宮矣, 今若卽其宮建祠宇, 則事勢豈不兩便乎?' 㙉曰: '聖敎允合於情禮矣.'"

18 혹은 의빈궁으로도 지칭되었다. 정조는 의빈궁의 제향을 영빈 이씨 선희궁의 전례를 따르도록 했으나[『일성록』, 정조 10년 11월 8일(무자)] 공식적으로 궁호를 내린 바는 없었다. 의빈궁의 명칭은 정조 11년에 처음 등장했으나 의빈방, 의빈묘, 의빈궁이 혼용되었다.

19 『정조실록』, 11년(1787) 1월 10일.

1870년(고종 7)에 이르러 의소묘로 이봉된 바 있다. 현 칠궁 일대에 많은 사당이 존재했던 것은 일찍이 종묘에 중종과 함께 부묘되기 전 장경왕후의 영경전이 있던 자리라는 연원이 있다. 숭은전이 있었던 남부 훈도방 자리는 세조 때 의숙공주 제택이었던 곳이고, 회현방의 저경궁은 인조의 잠저였던 곳을 인조 조모인 인빈 김씨를 위해 사용했다는 점에서, 사당의 위치는 여러 가지 이유로 인연이 있는 곳을 택하는 경향이 있었다고 하겠다.

위와 같은 과정을 거쳐 한양 도성 내에는 다수의 왕실 사당이 순차적으로 건립되었고, 임금들은 각 사당을 행행하면서 도성의 공간을 활용했다. 행행의 빈도는 육상묘를 육상궁으로 승격한 1753년(영조 29) 즈음부터 급격하게 증가하는 경향을 보였다. 영조는 1748년(영조 24)부터 1760년(영조 36)까지 창덕궁에 임어하고 있으면서도 비교적 거리가 있는 육상궁에 54회 다녀갔고, 창의궁의 효장묘와 의소묘에도 각각 16회, 15회 갔는데, 이는 이전 시기에 비해서는 꽤 많은 횟수이다. 영조는 창덕궁을 출발하여 종로를 거쳐 광통교를 지나 경복궁 서편의 육상궁과 창의궁을 행행했다. 정조는 종묘-영희전-저경궁을 거치는 경로나, 육상궁-선희궁-연호궁-창의궁을 거치는 서북부로 빈번하게 거쳤다. 이와 더불어 영조가 육상궁에 가까운 경희궁에 오래 임어했던 점, 정조가 경모궁에 가까운 창경궁에 오래 있으면서 월근문을 따로 내었던 점 등은 이들 사당의 입지가 사친묘에 가까운 궁궐에 임어하게 하는 등 궁궐의 운영에도 영향을 미쳤음을 보여준다.[20]

20 이상에 대해서는 조재모·심우갑(2002), 앞의 글 참조.

3. 왕실 사당의 건축과 칠궁의 원형

이와 같이 영조~순조 대에 집중된 사당의 건립은 각각 그럴 만한 이유가 있었고, 도성과 궁궐의 운영에도 영향을 주었다. 한편, 이들 사당 공간은 규모가 있는 복합적인 시설로 영건되었다. 비교적 자료가 풍부한 경모궁의 건축에 대해서는 『수은묘영건청의궤(垂恩廟營建廳儀軌)』, 『수은묘이건시의궤(垂恩墓移建時儀軌)』, 『경모궁개건도감의궤(景慕宮改建都監儀軌)』, 『경모궁의궤(景慕宮儀軌)』, 『궁원의(宮園儀)』 등을 살펴볼 수 있다.

경모궁은 애초에 1764년(영조 40)에 순화방에 사도묘를 건립했던 것을 같은 해 창경궁 홍화문 밖으로 이건하여 수은묘라 칭했던 데서 시작되었다.[21] 『수은묘영건청의궤』[22]를 살펴보면, 2월 20일 정우(正宇) 공사부터 시작했는데, 5월 21일에 영조는 재실이 태실보다 크고 사치스러운 면이 있다는 점을 들어 향대청을 재실로 삼고 영건도형에 의거하여 재건을 명했다. 6월 21일에 다시 정우를 개기했고, 사도묘를 동쪽으로 옮겨 개건에 착수했다. 7월 15일에는 도감을 영건청으로 했고, 8월 21일에는 사도묘를 수은묘로 고쳐 부르도록 했다.[23] 또한 정조 대 기록에 "임오년에 사당을 지을 땅을 결정할 때 처음에는 이 누각 아래로 하려고 의논했으나, 그때 권흉이 그 땅이 좋은 것을 꺼려서 동쪽 기슭에 옮겨 지었으니, 지금의 경모

21 수은묘를 이건한 사유는 명확하지 않다.

22 1764년(영조 40)에 수은묘를 영건한 기록인데, 이해 여름의 이건 과정에서 『수은묘이건시의궤』를 재작성했으며 권말에 덧붙여져 있다.

23 이상의 논의는 『수은묘영건청의궤』의 승전(承傳)과 권말의 『수은묘이건시의궤』 내용 및 해제 참조. 또한 『영조실록』, 40년(1764) 5월 19일(경오) 기사에서 '홍화문 동쪽'을 수은묘의 기지로 삼았다 했다. 문헌상으로 보아 수은묘가 북부 순화방에서 동부 숭교방으로 이건된 것은 제도의 사치스러움에 대한 재건 명령이 주된 것이었으나, 수은묘 이건 조치에 즈음하여 왕세손을 창덕궁에서 경희궁으로 옮기도록 한 것과 정치적인 관련성이 있을 것으로 추측된다.

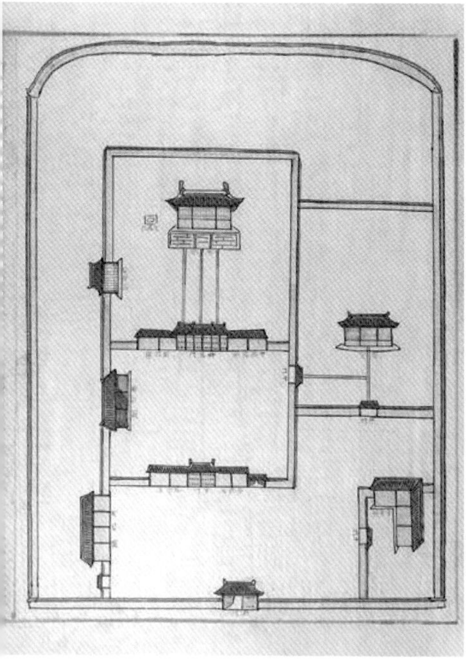

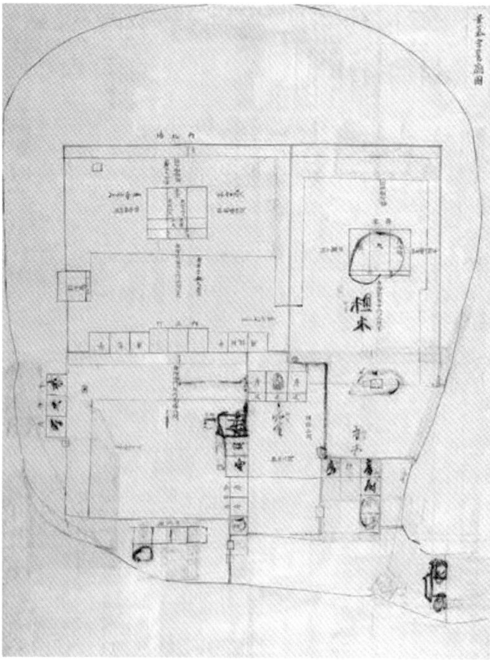

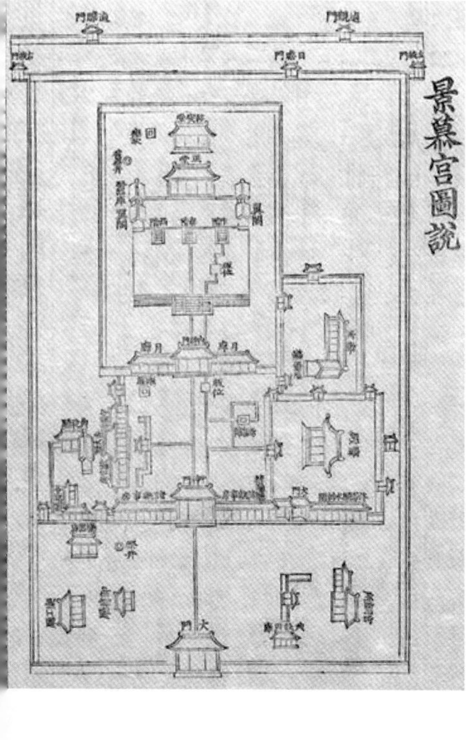

그림 2

왼쪽 위부터 시계 방향으로, 『수은묘영건청의궤』 도설(1764년, 서울대학교 규장각한국학연구원), 『경모궁구묘도』(1764년, 국립고궁박물관), 『궁원의』 경모궁도설(1780년, 서울대학교 규장각한국학연구원)

궁이 그것이다. 그러나 궁터가 좋기로는 도리어 이곳보다 나으니…"라 하여 당시의 이건 결정에 정치적인 의도 역시 개입되었음을 알 수 있다.[24] 수은묘의 초건 당시와 이건 시의 건축 구성, 정조 대에 들어 경모궁으로 새로 조성된 규모를 살펴보면 아래와 같다.

◎ 初建 垂恩廟:『垂恩廟營建廳儀軌』

正宇 9間/ 移安廳 1間/ 神三門 3間/ 中排設廳 2間/ 祭器庫 2間/ 中三門 3間/ 祭官房 3間/ 香大廳 4間半/ 守僕房 3間/ 外大門 3間/ 齋室 4間半/ 東夾門 1間/ 內墻 140間/ 外墻 207間 等

◎ 移建 垂恩廟:『垂恩廟移建時儀軌』

正宇 9間/ 移安廳 1間/ 神三門 3間/ 中排設廳 2間/ 祭器庫 2間/ 中大門 1間/ 祭官房 2間 / 香大廳 3間/ 守僕房 2間/ 外大門 1間/ 齋室 4間半/ 守宮廳 4間/ 典祀廳 4間/ 夾門 各1間 2個所/ 中門 各1間 3個所 等

◎ 景慕宮:『景慕宮改建都監儀軌』

正堂 20間/ 左右翼閣 3間/ 內三門 3間/ 三門左右月廊 10間/ 御齋室 15間/ 小次 10間/ 香大廳 8間/ 守僕房 4間半/ 祭官房 13間/ 典祀廳 6間/ 宰殺廳 6間/ 沐浴廳 3間/ 水剌間 4間 / 禁漏廳 2間/ 虛間 1間/ 齋室大門 2間/ 中三門 3間/ 樂器庫 6間/ 樂工廳 10間/ 守門將廳 3間 / 外三門 3間/ 西門 1間(日瞻門) 以上新建

移安廳 6間(舊正堂)/ 典設司庫 2間/ 守奉官房 十三房(舊私家) 以上仍舊

祭井 1(中三門外新鑿)/ 舊祭井(正堂左邊今廢不用)/ 省牲壇 1/ 饌盤 1/ 望燎位(仍舊)/ 內墻 202間/ 外墻 342間/ 下馬碑(立於洞口北邊) 等

24 『정조실록』, 15년(1791) 3월 17일.

순화방에 처음 건립된 수은묘에 비해 이건된 수은묘는 일부 부속전각 및 문간의 규모가 축소되었다가[25] 정조의 궁 승격 시에 대대적인 확장이 있었다. 경모궁 건립 단계에서는 원래 수은묘의 정우를 이안청으로 변경한 것을 포함하여 사가를 매입하여 용도 변경한 전설사고[26]와 수봉관방[27] 등을 제외한 정당 이하 130여 칸은 새로 건립한 것이었다. 여기에는 폐세자의 묘(廟)와 임금의 생부를 위한 궁(宮)의 위계 차이가 드러난다. 특히 정당(또는 정우)의 규모가 9칸(3×3)에서 20칸(5×4)으로 확장된 것[28]은 주목되는 바이다.[29]

수은묘-경모궁의 사례를 통해 알 수 있는 것은 묘와 궁의 위계 차이는 건축 구성과 규모의 차이와 연결되어 있다는 점과 더불어, 궁묘에는 사당 본 건물 외에 적어도 이안청(移安廳), 중배설청(中排設廳), 제기고(祭器庫), 제관방(祭官房), 향대청(香大廳), 수복방(守僕房), 재실(齋室), 전사청(典祀廳) 및 여러 겹의 문이 필요하고, 규모가 큰 경모궁에는 더욱 큰 규모의 사당 본채와 익각(翼閣), 월랑(月廊), 재살청(宰殺廳), 목욕청(沐浴廳), 수라간(水刺間), 금루청(禁漏廳), 악공청(樂工廳), 수문장청(守門將廳), 전설사고(典設司庫), 수봉관방(守奉官房) 등 훨씬 많은 시설이 요구되었다는 점이다.

문희묘와 의빈묘의 건축 규모를 『문희묘영건청등록』을 통해 살펴보아도 수은묘와 큰 차이가 없는 것을 알 수 있다. 다만 문희묘와 의빈묘는 하나의 권역을 이루어 일부 시설이 중복되는 면이 있어서 어재실 등 일부

25 영조는 이건된 수은묘에 존작례(尊酌禮)를 행하면서 "내가 세심궁에서 묘를 너무나 사치스럽게 짓는 것을 보고 사치를 미워하여 고치라고 명했다. 그러나 이처럼 너무나 비좁게 짓고 싶지는 않았다" 하여 협소함을 한탄했다. 『영조실록』, 40년(1764) 7월 12일.

26 소입물목(所入物目)에서 전설사고는 헛간[虛間] 1칸을 포함하여 모두 3칸인데, '以買入民家仍修補' 했다고 했다. 도설에는 4칸으로 그려져 있다.

27 수봉관방(守奉官房) '13방(房)'의 '방'은 '칸'의 오기로 보인다.

28 『경모궁개건도감의궤』 「정당상량문(正堂上樑文)」에서는 새로이 '오가지제(五架之制)'로 증수했다고 기록했다.

29 또한 궁역 확장과 일첨문 주변의 담장 설치 등의 변화가 있었다.

건물은 공통으로 이용했던 것으로 판단된다. 이상에서 살펴본 바와 같이 왕실 사당은 정당(정우) 9칸을 기본으로 하되 경모궁과 같이 특별히 격이 높은 궁묘에서는 20칸으로 했고,[30] 정당까지 이르는 문은 외대문, 중신문, 내신문의 삼중으로 되어 있으며 대부분 삼문의 형태를 갖는다. 부속전각은 정당 좌측으로 어재실이 따로 담장으로 구획되어 배치되며 이안청은 정당과 같은 영역 내에서 정당의 좌측, 우측, 또는 후면에 배치된다. 제기고와 배설청은 내삼문 좌우월랑에 부설되는데, 경모궁의 경우에는 정당 월대에 놓여 있다.[31] 전사청은 중삼문 바깥쪽 등 정당과 이격된 곳에 배치된다.

◎ 文禧廟:『文禧廟營建廳謄錄』

文禧廟 正堂退并 9間/ 移安廳 1間/ 內神三門 3間/ 中排設廳 3間/ 祭器庫 3間/ 中神三門 3間/ 內官入接處 3間/ 守僕入接處 3間/ 香大廳 6間/ 典祀廳 5間半/ 外行閣 25間/ 外大門 3間/ 西外行閣退并 13間/ 南外行閣 4間半/ 後大門 1間/ 井二(一舊鑿祭井 一新鑿小井) 等/ 御齋室十一間半 齋室大門二間 左右行閣三間 西行閣九間 中門一間

◎ 宜嬪廟:『文禧廟營建廳謄錄』

正堂退并 9間/ 移安廳 1間/ 神三門 3間/ 中排設廳 3間/ 祭器庫 3間/ 香大廳 5間/ 祭官房 4間/ 合[32]內墻 121間半內(文禧廟七十六間半 宜嬪廟四十五間)/ 外墻 86間 等

30 영희전을 경모궁 자리로 이건하면서 작성한 〈영희전도〉(1900)에 그려진 정전은 퇴를 포함하여 정면 9칸의 대규모 건물이었다.

31 경모궁의 배설청에 대해서는 도설 및 연이은 규모 설명에 나와 있지는 않으나, 물목에 대한 부분에서 제기고, 좌우월랑(도설의 익각)과 함께 서술되었으므로 그 위치를 알 수 있다.

32 문희묘와 의빈묘의 내측 담장을 합하여 계산된 바이다.

다만 수은묘와 경모궁, 문희묘와 의빈묘는 모두 칠궁의 궁묘들과는 위계상 차이가 있어서 칠궁 건축의 구성에 바로 대입할 수는 없다. 이보다 좀 더 직접적인 육상궁을 살펴보면, 숙빈묘를 육상궁으로 승격한 1753년(영조 29)에도 정조의 경모궁 승격과 마찬가지로 건축 규모의 변화가 있었다.[33] 『육상궁소령원식례』에 따르면 육상궁 내에는 전사청, 헌관집사청, 향대청, 내관고직방, 수복방 등이 있었음을 알 수 있다. 또한 경우궁에 대해 『현사궁별묘영건도감의궤』에 기재된 바는 아래와 같아, 정당 6칸, 이안청 4칸, 중배설청 4칸 등의 시설과 함께 배위청 3칸이 주목된다. 도설에는 오른편으로 경우궁의 정당 등이 묘사되어 있다. 살펴보면 6칸의 정당이 북쪽에서 남향하고 있고,[34] 그 앞으로 동쪽에 이안청 4칸, 서쪽에 중배설청 4칸이 서로 마주 보는 형태이다. 그 앞쪽으로는 배위청 3칸이 정당과 평행하게 놓였고, 그 남쪽에 내신문 3칸이 있다. 동쪽 담장에는 상직청 2칸이 묘사되었다.

◎ 景祐宮(顯思宮): 『顯思宮別廟營建都監儀軌』

正堂 6間/ 移安廳 4間/ 中排設廳 4間/ 拜位廳 3間/ 內神門 3間/ 上直廳 2間/ 外神門 3間/ 御齋室 13間/ 香大廳 4間半/ 東宮齋室 6間/ 上室 40間/ 齋室南中門 1間/ 西中門 1間/ 行閣 8間/ 造果廳 13間/ 典祀廳 6間/ 祭器庫 4間/ 守僕房 4間/ 內官入接處 4間/ 上直房 5間/ 中使房 5間半/ 獻官房 18間/ 外三門 3間/ 東行閣 4間/ 西行閣 42間/ 燒廚房以下入接處 217間/ 外牆 280間

경우궁의 정당 규모는 6칸이라 했는데, 그림에서 정면이 3칸이므로 측

33 『영조실록』, 29년(1753) 6월 25일 및 8월 5일.

34 편의상 그림의 위쪽을 북쪽으로 기술했다.

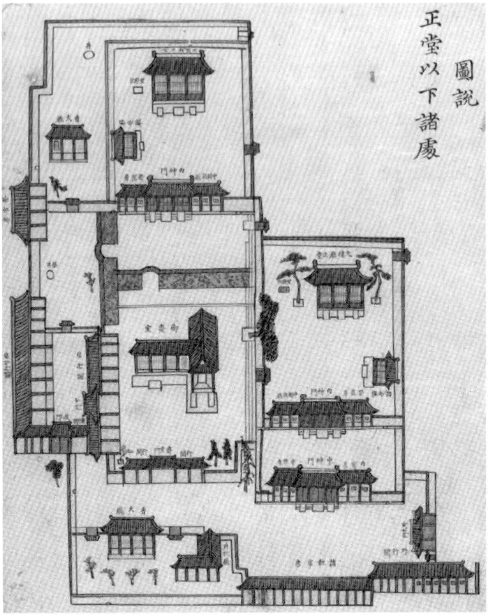

그림 3 『문희묘영건청등록』〈정당이하제처도〉, 1790년, 서울대학교 규장각한국학연구원

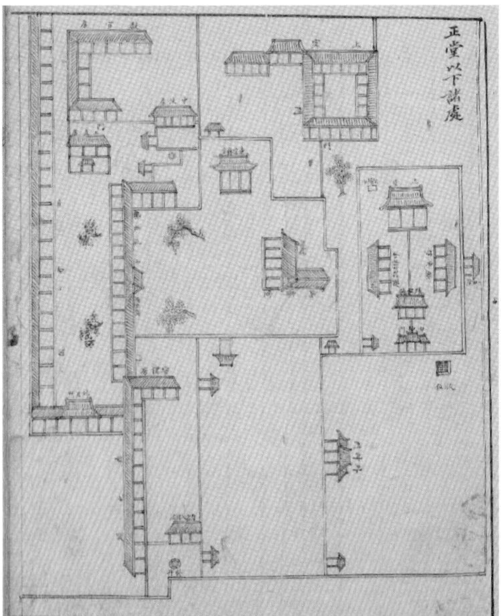

그림 4 『현사궁별묘영건도감의궤』〈정당이하제처도〉, 1824년, 한국학중앙연구원 장서각

면 2칸 규모임을 알 수 있다. 이는 지금의 칠궁 내에 있는 선희궁-경우궁과 같은 평면 형식이며, 칠궁 내 다른 궁들 또한 이와 유사한 규모이다. 수은묘, 경모궁, 문희묘, 의빈묘와 다른 점은 배위청 3칸이 내신문 안쪽에 독립적으로 존재한다는 것이다. 이는 현재의 칠궁 내 경우궁에는 없는 시설이며, 육상궁에는 같은 위치에 3칸의 '배각'이 있는 점이 주목된다. 다만 『현사궁별묘영건도감의궤』의 도설과 전각 규모의 기록만으로는 이 배각이 어떤 형태였는지를 명확히 알 수 없다. 내신문과 정당 사이를 가로막는 위치에 놓여 있는 것으로 보아 아마도 개방적인 구조였을 것으로 짐작되기는 한다. 현재 칠궁 내 육상궁 배각도 그러하다.

또한 국립문화유산연구원이 소장하고 있는 〈경우궁도형(景祐宮圖形)〉을 통해 좀 더 구체적인 점을 알 수 있다. 크기 218.5×326.0cm의 〈경우궁도형〉은 평행사선구도로 대부분의 건물을 표현했는데, 유독 경우궁 중심영역인 정당 일곽은 정면부감 및 사방전도묘법으로 그렸다.[35] 이를 살펴보면 육상궁의 배각과 마찬가지로 벽체가 없이 개방된 3칸의 맞배지붕 건물이었음을 확인할 수 있다. 지붕 위에는 '배위청(拜位廳)'이라 건물명을 명시했고, 3칸의 공간으로부터 정당 방향으로 각각의 포장된 길을 연결했다. 상직방은 의궤에는 담장에 붙어 있는 것으로 묘사되었지만 약간의 거리를 두고 있었음을 알 수 있다. 내신문의 밖에는 '판위(版位)'가 그려져 있다. 또한 주변 지형이 입체적으로 묘사되어 있어서 주변 상황을 짐작할 수 있다.

이상의 논의를 통해 문희묘, 경모궁 등 위상이 다른 궁묘들과 달리 경우궁, 육상궁 등에만 특별히 존재하고 있었던 배위청을 포함하여, 6칸의 정당 규모, 이안청과 중배설청으로 구성되는 정연한 배치의 형태는 현재의 칠궁을 구성하는 각각의 궁묘들이 합사 이전에 개별적으로 존재하던

35 그림에 대해서는 『국립문화재연구소 소장 조선왕실 건축도면』(2013)의 해제 참조.

그림 5 육상궁의 소위 '배각', 국가유산청 자료

'배각'의 명칭은 국가유산청 제공 〈칠궁배치도〉에 기재된 바를 따랐다.

그림 6 〈경우궁도형〉 부분, 1824년, 국립문화유산연구원

당시의 원형적 모습으로 상정해 볼 수 있다. 물론 저경궁, 선희궁,[36] 대빈궁, 연호궁, 덕안궁 등 여타 다섯 사당의 원형에 대해서는 좀 더 정밀한 판단이 필요하다.

4. 육상궁의 의례 형태와 공간 이용

주지하듯 칠궁을 구성하는 각 궁묘들의 형태는 상이하다. 각 건물의 구체적인 면모도 그러하거니와, 특히 육상궁과 다른 궁묘들은 배치의 형식에서 큰 차이를 갖고 있다. 다른 궁묘들, 즉 저경궁, 대빈궁, 선희궁+경우궁, 덕안궁이 하나의 일곽에 집합되어 있는 것과 달리 육상궁+연호궁은 배각을 포함하는 정연한 일곽을 담장을 이용하여 구성하고 있다. 또한 육상궁은 영조 대 궁원제의 등장에서도, 칠궁으로 합사되는 과정에서도 근간이 되었던 시설이므로, 여기에서는 육상궁을 우선하여 의례의 형태와 공간 이용에 대해 살펴보고자 한다.

그렇다고 육상궁의 의절을 타 궁묘에 그대로 적용하는 것에는 주의가 필요하다. 지금은 육상궁과 한 건물에 합사되어 있는 연호궁의 경우, 그 향사의절은 육상궁의 예법보다는 저경궁의 예법을 따르는 것이 어떤가를 타진한 바 있다. 이 논리는 육상궁은 당저(當宁), 즉 당시 임금의 사친(私親)으로 향사했으나 추존왕인 진종(효장세자)의 생모 정빈 이씨의 사우는 그 의절의 격이 다를 수밖에 없다는 것이 그 이유였다. 그렇기에 정빈 이씨와

36 현재 서울 종로구 신교동 1-1번지의 선희궁지에는 정당 건물만 있어 이전의 전체 배치 상황을 확인하기 어렵다.

동일한 위격, 즉 추존왕의 모후인 원종모 인빈 김씨의 저경궁과 위격이 같은 것을 근거로 정조가 의견을 낸 것이다. 그러나 김상철, 정존겸, 서명선 등 삼정승은 저경궁은 제향의 대수가 지나 조천(遷祧)의 대상이니 새로운 궁묘의 제례와 동격으로 볼 수 없다는 점을 들어 육상궁과 소령원 제례의 품식을 증감하는 것이 옳다는 의견을 내었고, 정조가 이를 윤허했다.[37]

이러한 논의는 현재의 칠궁을 구성하는 7개의 궁묘가 위계적으로 구분될 수 있다는 점을 보여준다. 당저의 모후인 경우와 추존왕의 모후인 경우, 그리고 조천의 대상인 경우와 그렇지 않은 경우 등이 논점이 되었다.

우선 육상궁의 의례 중에서 『육상궁소령원식례』의 「육상궁전배의(毓祥宮展拜儀)」를 살펴보았다. 「육상궁시제친제의(毓祥宮時制親祭儀)」 등 훨씬 상세한 의주가 있으나, 의례의 대략을 판단하기 위해 비교적 단순한 의주를 살펴보는 것으로 했다. 또한 여기서는 『육상궁소령원식례』에 기재된 것을 분석하지만, 『궁원식례보편(宮園式例普遍)』 「궁원제의(宮園祭儀)」에 실린 의주와는 약간의 차이가 있다.

◎ 육상궁전배의(毓祥宮展拜儀)

전날 액정서에서 대차(大次)를 육상궁의 중문(中門) 안에 설치하고 왕세자의 차를 대차의 동편(땅의 마땅함을 따름)에 설치한다. 전하의 전배판위(展拜

37 『정조실록』, 2년(1778) 3월 19일, "己卯/定靖嬪享祀儀節. 敎曰: 靖嬪旣封園矣. 祭享儀節, 可以講行, 而係是無據之禮, 不可無斟量. 以當宁私親而封園, 以追崇私親而封園, 恐有間焉. 毓祥宮, 則不特以當宁私親而封園. 況誕我寧考, 篤慶長發, 祭禮享式, 俱有先朝已定者, 今不可容議. 而至於靖嬪宮, 當用儲慶宮新定之例, 不當用毓祥宮今行之禮. 園則每年一寒食, 宮則春秋一祭. 依此定式, 於禮似不悖矣. 其令禮官, 就議大臣. 又命儲慶宮, 順康園, 延祜宮, 綏吉園祭禮祭品·祭官合行式例, 同爲問議. 領議政金尙喆, 左議政鄭存謙, 右議政徐命善議曰: 儲慶宮當遷祧, 則新宮園祭禮, 與已桃之宮園, 差有異焉. 若於毓祥宮, 昭寧園祭禮品式, 斟酌損益, 恐似得宜. 允之. 延祜宮, 四仲朔祭三獻, 告祭單獻. 綏吉園, 忌辰及四名日單獻. 儲慶宮, 順康園, 以祧位宮則單獻, 祭品視延祜宮, 餠減二器, 肉減一器. 園則忌展祭品, 視綏吉園, 餠減二器, 湯減一器, 醆用一, 著爲式. 又敎曰: 旣有先朝定式, 又是同宮一岡之內. 延祜宮守宮內官及守僕, 以毓祥宮守宮內官及守僕兼用. 綏吉園守奉官及守僕, 亦以昭寧園守奉官及守僕兼用. 守護軍, 亦勿加充."

版位)는 묘문외전각(廟門外前閣) 당중(當中)에 북향으로 설치하고 왕세자의 배위는 전하판위의 뒤, 각(묘문외전각)의 바깥에 동쪽 가까이 북향으로 설치한다. 왕자(王子) 왕손(王孫) 의빈(儀賓) 근종(近宗)의 배위는 묘(廟)의 서쪽 마당에 북향하여 서쪽을 위로 한다.

○ 거가(車駕)의 출궁은 평소와 같이 한다.

○ 행례 시에 좌통례가 대차 앞에 이르러 부복하고 궤하여 중엄을 계청하고 또 외판을 아뢰면 전하가 익선관, 곤룡포를 갖추고 나온다. 좌우통례가 전하를 인도하여 동문으로 들어가 판위에 나아간다. 상례(相禮)가 궤하여 내엄과 외판을 아뢰면 (통례를 따라 계청한다) 왕세자가 익선관, 곤룡포를 갖추고 나온다. 상례가 왕세자를 인도하여 서문으로 들어가 배위에 나아간다. [繖扇侍衛(산선시위)는 외신문 밖에서 그치고 승지와 사관, 필선은 따라 들어와 전각(前閣)에서 멈춘다.] 왕자, 왕손 이하는 또한 서문으로 들어와 배위에 나아간다. [백관은 대문 밖에 섰다가 전배를 마치면 각각 차(次)에 나아간다.] 좌통례가 부복하고 궤하여 국궁재배흥평신(鞠躬再拜興平身)을 계청하면 전하가 국궁재배흥편신하고, 왕세자와 왕자, 왕손 이하도 모두 국궁재배흥평신한다. [찬의도 또한 창(唱)한다. 왕세자 행례 시에는 상례가 찬청한다.] 좌우통례가 전하를 인도하여 동문으로 들어가 묘내(廟內)에 나아간다. 상례가 왕세자를 인도하여 서문으로 들어가 묘내에 들어간다. [통례, 상례는 계하(階下)에서 멈춘다.] 봉심(奉審)을 마치면 전하가 동문으로 돌아 나오고 좌우통례가 앞에서 인도하여 대차로 들어간다. 왕세자가 서문으로 돌아나오고 상례가 앞에서 인도하여 편차(便次)로 들어간다. 왕자, 왕손 이하도 따라 나온다.

○ 거가(車駕)가 환궁하기를 올 때와 같이 한다.

이상에서 이 의주를 설행하기 위해 필요한 공간의 얼개를 알 수 있다. 우선 외신문(外神門), 중문(中門), 대문(大門)[38] 등 3개의 문 명칭이 등장한다. 또한 묘문외전각(廟門外前閣) 혹은 줄여서 전각(前閣)으로 지칭되는 각과 묘,

즉 정당 건물이 있어야 한다. 계하(階下)의 표현으로 보아 정당에는 월대를 설치했고, 왕자 이하의 배위가 설치되는 묘의 서정(西庭)이 확보되어야 하는 구성이다.

묘문 바깥의 전각(前閣)은 하나의 기준 공간으로, 전하의 판위는 전각 중앙에, 왕세자의 배위는 전각 밖 동쪽에 두며, 왕자 이하의 배위는 묘의 서쪽 마당이니 혹은(이라 하였으니) 육상궁 정당의 정면 배각과 그 주변에 해당한다. 중문 안쪽에 임금의 대차와 왕세자의 편차가 설치되고, 이들의 의례 동선은 이곳에서 출발한다. 중문을 통과하는 방식은 임금은 동문으로, 왕세자 및 왕자 이하는 서문을 이용한다. 가운데 문은 명시되지 않았으나 신문(神門)으로 이해된다. 외신문을 경계로 그 바깥까지는 산선시위가 있으나 그 안쪽 영역으로 진입하지 않는다. 의주의 기술 방식은 상이하지만 『궁원식례보편』에서는 문무백관의 자리를 외신문 밖으로 설정했는데, 이는 위 인용문에서 소주에 '대문' 밖에 백관이 선다고 한 것과 연관시킬 수 있다. 판위와 배위에 있던 임금과 왕세자는 묘내로 들어갈 때와 나올 때 각각 동문과 서문을 통하도록 규정했다. 이러한 상황을 현재의 육상궁과 비교해 보면, '묘(정당)', '계(월대)', '전각(배각)', '중문', '외신문(삼문)'에 대입할 수 있다.[39]

『궁원식례』의 「저경궁전배의(儲慶宮展拜儀)」 또한 『궁원식례보편』의 「육상궁전배의」와 거의 동일하게 의주를 기록하고 있다.[40] 이것으로 미루어

38 『궁원식례보편』에 실린 동일 제목의 의주에는 대문(大門)이라는 공간 명칭이 등장하지 않는다.

39 타 궁묘의 의궤를 통해 문의 명칭을 살펴보면, 경모궁은 정당으로부터 바깥으로 내신문, 중신문, 대문 순으로 연결되고, 내신문의 바깥 동쪽에 판위가 위치한다. 문희묘는 정당으로부터 내신문, 중신문, 외대문이 있고, 같은 권역에 있는 의빈묘 또한 내신문을 거쳐 좌측으로 꺾어 중문이 있고 후대문을 두었다. 경우궁은 정당에서 배위청을 거쳐 내신문, 외신문, 그리고 가장 바깥에 외삼문을 둔 것으로 각각의 의궤에 묘사되어 있다. 〈경우궁도형〉에도 내신문, 중신문, 외삼문으로 묘사되어 있다. 문의 명칭은 상이하나 3중의 문을 가지고 있는 것은 동일하며, 이는 육상궁도 마찬가지이다. 〈칠궁배치도〉에는 서남쪽 멀리 바깥문을 '외삼문'으로 기재했다.

40 『궁원식례』 참조.

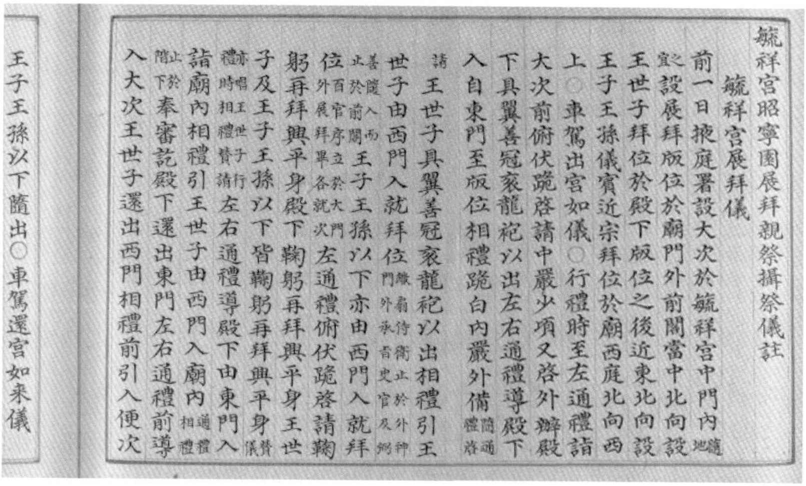
毓祥宮昭寧園展拜親祭攝祭儀註
毓祥宮展拜儀
前一日掖庭署設大次於毓祥宮中門內隨地之宜設展拜版位於廟門外前閣當中北向設王世子拜位於殿下版位之後近東北向設王子王孫儀賓近宗拜位於廟西庭北向西
上○車駕出宮如儀○行禮時至左通禮詣大次前俯伏跪啓請中嚴少頃又啓外辦殿下具翼善冠袞龍袍以出左右通禮導殿下入自東門至版位相禮跪白內嚴外備隨通禮啓請
王世子具翼善冠袞龍袍以出相禮引王世子由西門入就拜位繖扇侍衛止於外神門外承旨史官及翊善隨入而止於前閣王子王孫以下亦由西門入就拜位百官序立於大門外展拜畢各就次左通禮俯伏跪啓請鞠躬再拜興平身殿下鞠躬再拜興平身王世子及王子王孫以下皆鞠躬再拜興平身贊儀亦唱王世子行禮時相禮贊請左右通禮導殿下由東門入詣廟內相禮引王世子由西門入廟內通禮相禮止於階下奉審訖殿下還出東門左右通禮前導入大次王世子還出西門相禮前引入便次
王子王孫以下隨出○車駕還宮如儀

그림 7 『육상궁소령원식례』, 「육상궁전배의」, 1753년, 한국학중앙연구원 장서각

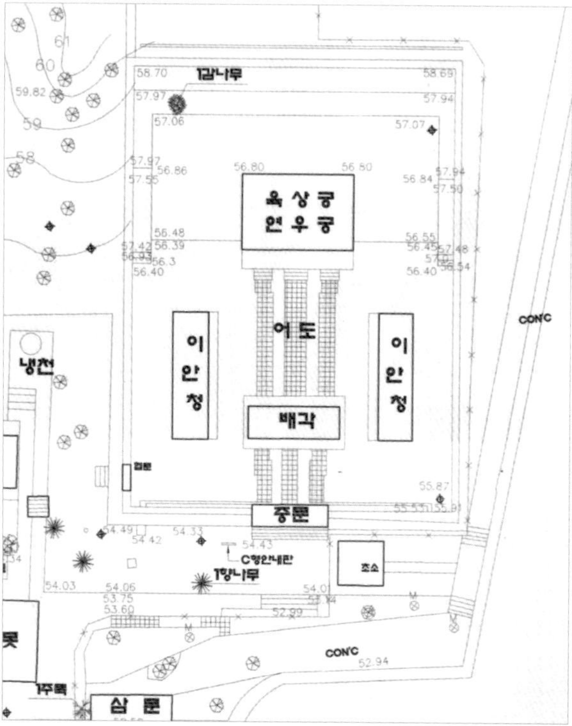

그림 8 육상궁배치도, 2001년, 국가유산청 홈페이지 〈칠궁배치도〉 부분

저경궁 역시 육상궁과 유사한 공간 구성을 했을 것으로 추정된다.[41] 〈경우궁도형〉에서 확인되는 경우궁의 배치도 마찬가지이다. 즉 앞서 서술한 바와 같이, 이러한 구성이 칠궁을 구성하는 각 궁묘의 구성 방식이라 할 수 있다는 점이 의주를 통해서도 확인된다. 다른 위격의 궁묘와 뚜렷하게 구분되는 것은 의주에서 '묘문외전각'으로, 〈경우궁도형〉에서는 '배위청'으로 지칭한 3칸의 개방형 건물이다.

이 단서를 확인하기 위해 장서각 자료에서 '묘문외전각'을 검색하여 확인해 보고자 했다. 단순검색으로는 동일 연도에 중복된 것을 포함하여 총 67건의 기사가 확인되었고, 가장 이른 시기는 1756년 『궁원제의』의 저경궁, 육상궁의 '묘문외전각'이었다. 가장 늦게는 『의주등록속(儀註謄錄續) 22』의 1890년 기록들로서 「전하왕세자영희전전알잉예저경궁전배시출환궁의(殿下王世子永禧殿展謁仍詣儲慶宮展拜時出還宮儀)」 및 「영희전전알잉예저경궁전배시왕세자수가행례의(永禧殿展謁仍詣儲慶宮展拜時王世子隨駕行禮儀)」인데, 저경궁에 해당한다. 아래는 '묘문외전각'이 포함되어 있는 의주를 중복을 제외하고 연도순으로 나열한 것이다.[42]

의주에서 묘문외전각이 있었던 것으로 확인되는 궁묘는 저경궁, 육상궁, 선희궁, 경우궁, 연호궁 등 5곳이다. 대빈궁에 대한 기록은 발견하지 못했고 실록 등에도 대빈궁에 대한 기록은 매우 적은 편이다.[43] 이는 대빈궁이 애초부터 궁원제도에서 배제되었기 때문이다.[44] 기실 육상궁 승격 이전의 육상묘 시절에도 원칙적으로는 임금이 직접 참배하지 않고 섭행해야 하는 것이었으나 영조는 직접 참배한 바 있으며, 이는 애초부터 경종

41 『춘관통고』에서는 육상궁 의주는 저경궁의 예를 따른다고 했다.

42 다만 기록의 방식을 살펴보건대 예전의 의주를 거의 그대로 옮겨 적는 경우가 많은 것으로 보인다.

43 일제강점기의 『묘전궁능원전알작헌례전배의(廟殿宮陵園展謁酌獻禮展拜儀)』 정도의 자료에서만 대빈궁이 타 궁묘와 동등하게 기록되었다. 〈칠궁약도(七宮略圖)〉는 여기에 포함되어 있다.

44 김윤정, 「대빈궁의 연혁과 의례적 변화양상」, 『한국문화』 103, 2023 참조.

표 2 '묘문외전각'이 포함된 의주 목록

연도	의주명	관련 시설
1756	宮園祭儀展拜儀附/宮園式例	저경궁
1756	宮園祭儀展拜儀附/儲慶宮順康園式例	저경궁
1756	宮園祭儀展拜儀附/毓祥宮昭寧園式例	육상궁
1781	儀註謄錄	육상궁
1788	宣禧宮冬至祭親行儀	선희궁
1822	嘉順宮顯穆綏嬪喪禮儀註謄錄/景祐宮入廟後奉安祭親行時王世子行亞獻禮儀	경우궁
1822	嘉順宮顯穆綏嬪喪禮儀註謄錄/景祐宮入廟後奉安祭親行儀	경우궁
1825	顯穆綏嬪入廟都監儀軌/奉安祭親行儀	경우궁
1827	景祐宮展拜時出還宮儀	경우궁
1827	景祐宮展拜時王世子隨詣行禮儀	경우궁
1828	永禧殿酌獻禮親行後仍詣儲慶宮展拜時出還宮儀	저경궁
1828	永禧殿酌獻禮親行仍詣儲慶宮展拜時出還宮儀	저경궁
1828	永禧殿酌獻禮親行後仍詣儲慶宮展拜時王世子隨詣行禮儀	저경궁
1841	親臨毓祥宮展拜仍詣先朝影幀奉安閣展拜時出還宮儀奉審儀	육상궁
1841	永禧殿酌獻禮親行仍詣儲慶宮展拜時出還宮儀	저경궁
1843	永禧殿展謁次詣儲慶宮毓祥宮延祜宮宣禧宮展拜時出還宮儀	저경궁, 육상궁, 연호궁,* 선희궁
1848	永禧殿展謁仍詣儲慶宮徽定殿展拜時出還宮儀	저경궁
1850	憲宗大王國恤謄錄/庚戌四月二十日	육상궁
1850	毓祥宮展拜時出還宮儀	육상궁
1850	憲宗大王國恤謄錄/毓祥宮展拜時出還宮儀	육상궁
1851	永禧殿酌獻禮親行仍詣儲慶宮展拜時出還宮儀	저경궁
1853	永禧殿展謁次謁儲慶宮全溪大院君祠宇展拜時出還宮儀	저경궁
1854	永禧殿酌獻禮親行仍詣儲慶宮展拜時出還儀	저경궁
1855	宗廟永寧殿展謁次詣永禧殿展謁次詣儲慶宮展拜次詣景慕宮展謁時出還宮儀	저경궁
1856	永禧殿展謁仍詣儲慶宮展拜時出還宮儀	저경궁
1857	永禧殿酌獻禮親行仍詣儲慶宮展拜時出還宮儀	저경궁
1857	毓祥宮延祜宮展拜仍詣宣禧宮展拜時出還宮儀	육상궁, 연호궁, 선희궁
1861	永禧殿展謁仍詣儲慶宮展拜時出還宮儀	저경궁
1861	永禧殿酌獻禮親行後仍詣儲慶宮展拜時王世子隨詣行禮儀	저경궁
1863	永禧殿展謁次詣儲慶宮展拜次詣毓祥宮展拜次詣宣禧宮展拜時出還宮儀	저경궁, 육상궁, 선희궁
1863	禧殿展謁次詣儲慶宮展拜次詣毓祥宮展拜次詣宣禧宮展拜時出還宮儀	저경궁, 육상궁, 선희궁
1865	哲宗大王國恤謄錄/乙丑三月十一日	육상궁, 연호궁, 선희궁
1865	毓祥宮延祜宮宣禧宮展拜仍詣景祐宮展拜時王世子隨詣行禮儀	육상궁, 연호궁, 선희궁

연도	의주명	관련 시설
1865	毓祥宮展拜仍詣延祜宮宣禧宮展拜時出還宮儀	육상궁, 연호궁, 선희궁
1865	毓祥宮延祐宮宣禧宮展拜仍詣景祐宮展拜時王世子隨詣行禮儀	육상궁, 연우궁, 선희궁, 경우궁
1866	毓祥宮展拜仍詣延祜宮宣禧宮展拜時出還宮儀	육상궁, 연호궁, 선희궁
1868	延祜宮展拜景福宮歷臨時出還宮儀	연호궁
1868	毓祥宮延祐宮宣禧宮展拜仍詣景祐宮展拜時王世子隨詣行禮儀	육상궁, 연호궁, 선희궁
1868	永禧殿展謁次詣儲慶宮展拜時出還宮儀	저경궁
1868	毓祥宮展拜仍詣延祜宮宣禧宮展拜時出還宮儀	육상궁, 연호궁, 선희궁
1878	冷泉亭展拜仍詣毓祥宮延祜宮宣禧宮展拜時出還宮儀	육상궁, 연호궁, 선희궁
1878	冷泉亭展拜仍詣毓祥宮延祜宮宣禧宮展拜時出還宮儀	육상궁, 연호궁, 선희궁
1882	儲慶宮毓祥宮延祜宮宣禧宮展拜王妃王世子王世子嬪同爲展拜儀	저경궁, 육상궁, 연호궁, 선희궁
1886	毓祥宮延祜宮宣禧宮展拜時王世子隨駕行禮儀	육상궁, 연호궁, 선희궁
1888	毓祥宮延祐宮宣禧宮展拜仍詣景祐宮展拜時王世子隨詣行禮儀	육상궁, 연우궁, 선희궁, 경우궁
1890	殿下王世子永禧殿展謁仍詣儲慶宮展拜時出還宮儀	저경궁
1890	永禧殿展謁仍詣儲慶宮展拜時王世子隨駕行禮儀	저경궁

*사료에서는 연호궁(延祜宮)을 연우궁(延祐宮)으로도 표기했다. 여기서는 사료를 따라 두 가지 표기를 혼용했다.

대의 희빈묘와는 성격이 다른 것이었다.[45]

주목되는 사실은 1751년(영조 27)의 육상묘에서 육상궁으로의 승격보다 7년 앞서 찬집된 『국조속오례의』(영조 20)의 「배육상묘의(拜毓祥廟儀)」에도 '전각(前閣)'이 등장하고 있다는 점이다.[46] 기록에는 '육상묘전각'의 당중(當中)에 판위를 놓는 것으로 기재되었다. 이는 원칙에 위배되더라도 육상묘에 영조가 직접 참배한 것과 관련되는 것으로 판단된다. 표현은 다르지만 육상묘전각과 묘문외전각은 동일한 대상을 지칭한다고 판단된다. 즉, 임금의 참배를 위해 육상묘에는 특별한 시설인 '전각'이 필요했던 것이고,

45 권용란(2010), 앞의 글 참조.

46 『국조속오례의』 권1, 「拜毓祥廟儀」, "設幄次於毓祥廟門外. 設王世子次於幄次之後. 隨地之宜. 設版位於毓祥廟前閣當中北向, 王世子拜位於殿下版位之後道東北向."

이후 궁원제도가 정립되면서 이 시설을 승격된 육상궁, 저경궁에도 동일하게 적용한 것이라고 할 수 있다. 그렇다면 아마도 대빈궁에는 애초부터 묘문외전각이 설치되지 않았을 것이다. 정조 대 기록에서도 대빈궁의 시설로 이안청, 중배설청, 조과청, 내신문, 외신문 정도가 등장할 뿐이다.[47]

'묘문외전각'이 등장하는 의주는 초기에는 개별 궁묘에 대한 의주로 등장한다. 저경궁, 육상궁에 대해 궁원 의식을 정비하면서 처음 등장했고, 이어 선희궁이 1788년에 처음 등장했다. 1822년에 순조모 가순궁의 장례가 시작되면서 경우궁 입묘의 의절을 제정할 때에 경우궁에 대한 기사가 다수 등장했다. 그러다가 1843년의 「영희전전알차예저경궁육상궁연우궁선희궁전배시출환궁의(永禧殿展謁次詣儲慶宮毓祥宮延祐宮宣禧宮展拜時出還宮儀)」에서 저경궁, 육상궁, 연호궁, 선희궁이 함께 등장했다. 이 두 의절은 영희전에 전알하고 저경궁 등 4곳에 전배했던 것이라 개별적으로 의식을 기록하지 않았기 때문이다. 또한 이때 처음으로 연호궁의 '묘문외전각'이 등장한다.

1857년부터 많은 의주에서 육상궁, 연호궁, 선희궁이 묶여서 하나의 의주로 정리된 것은 이들 세 궁묘가 지리적으로 가까이 있었기 때문으로 판단된다. 저경궁이 많은 경우 단독 의주로 존재하는 것도 이 궁묘가 다른 궁묘들로부터 멀리 떨어져 있었기 때문이다. 1863년부터는 저경궁, 육상궁, 선희궁의 묶음도 몇 차례 등장했고 1865년 기사에는 경우궁까지 포함되어 4곳의 궁묘를 함께 기술한 경우도 확인되었는데, 이러한 예는 1888년에 한 번 더 등장한다. 이러한 정황으로 보아 1857년경부터는 점차 여러 궁묘에 대한 향사가 통합되는 경향이 있었던 것으로 볼 수 있다.[48]

47 『승정원일기』, 정조 15년(1791) 5월 26일, "李益運, 以戶曹言啓曰, 因大嬪宮守直內官手本, 發遣郎廳看審, 修補後, 草記事, 命下矣. 發遣本曹郎廳看審, 則正當分閤塗紙青綃帳三件, 座面紙一件, 滿花地衣一部, 退白紋地衣一浮, 前面蘆簾三浮, 青木帳一件, 移安廳塗窓紙·別紋地衣一浮, 中排設廳塗窓地[塗窓紙]·白紋地衣一浮, 內神門青木帳三浮, 外神門青木帳二浮, 造果廳塗窓紙·白紋地衣二浮竝破傷, 故仍令監董, 卽爲修改之意, 敢啓. 傳曰, 知道."

의주 분석을 통해 전하의 판위를 설치하는 묘문외전각이 적어도 저경궁, 육상궁, 연호궁, 선희궁, 경우궁에는 존재하고 있었다는 점을 짐작할 수 있는데, 다른 위격의 궁묘에는 전하의 판위가 어디에 설치되었는지를 확인할 필요가 있다. 일일이 각각의 의주를 확인하는 것은 지난한 일이라 참고가 되는 기사를 통해 살펴보았다. 1855년 정초에 종묘와 영녕전을 전알하고 영희전, 저경궁, 경모궁을 전배한 때의 의주에는 이들 각 궁묘에서 전하의 판위가 설치되는 위치를 명시하고 있다.[49] 이 기사에는 판위의 위치를 종묘(정전)와 경모궁의 경우 '묘정(廟庭)', 영녕전과 영희전은 '전정도동(殿庭道東)'이라 했고, 저경궁에 대해서만 '묘문외전각'으로 정의하고 있다. 이로 보아 '묘문외전각'은 저경궁과 같은 성격의 궁묘에만 존재하고 있었다는 점이 확인된다고 하겠다.[50]

근대기의 자료인 〈조선총독부제생원맹아부배치도(朝鮮總督府濟生院盲啞部配置圖)〉는 선희궁의 경우에도 묘문외전각과 동일한 시설이 존재했음을 보여준다. 신교동 선희궁지에는 칠궁 합사 이후 조선총독부 제생원 양육부가 설치되었는데, 〈그림 9〉의 도면에는 중앙부에 원래 선희궁이었던 시설이 묘사되어 있다. 중앙부 안쪽으로 사당이 있고 그 양옆 앞쪽으로 2동의 건물이 있는데 이는 이안청과 중배설청이었던 것으로 짐작된다. 특히 중문과 사당 사이에 가로막고 서 있는 一자형의 건물은 경우궁이나 육상궁에서 확인되는 묘문외전각으로 이해할 수 있다. 다만, 1856년의 의주에서

48 다만 이 목록은 '묘문외전각'으로 검색한 결과이기 때문에 더 많은 의주가 존재할 수 있다.

49 『의주등록속 10』, 「宗廟永寧殿展謁次詣永禧殿展謁次詣儲慶宮展拜次詣景慕宮展謁時出還宮儀」(乙卯正月初一日), "前一日掖庭署設大次於 宗廟齋殿設 展詣版位於 宗廟廟庭 永寧殿殿庭道東俱西向典儀設宗親文武百官位於 宗廟東門外西向 永寧殿南門外北向掖庭又設大次於 永禧殿齋殿設 展謁版位於 殿庭道東西向典儀設宗親文武百官位於 神門外北向掖庭署又設大次於 儲慶宮中門內設 展拜版位於廟門外前閣當中北向典儀設宗親文武百官位於外 神門外北向掖庭署又設大次於 景慕宮齋殿設 展謁版位於 廟庭北向"

50 휘정전의 전배욕위는 '전호외(殿戶外)'의 당중이라 하여 별도의 전각을 가지고 있지 않다. 『의주등록속 8』, 「永禧殿展謁仍詣儲慶宮徽定殿展拜時出還宮儀」.

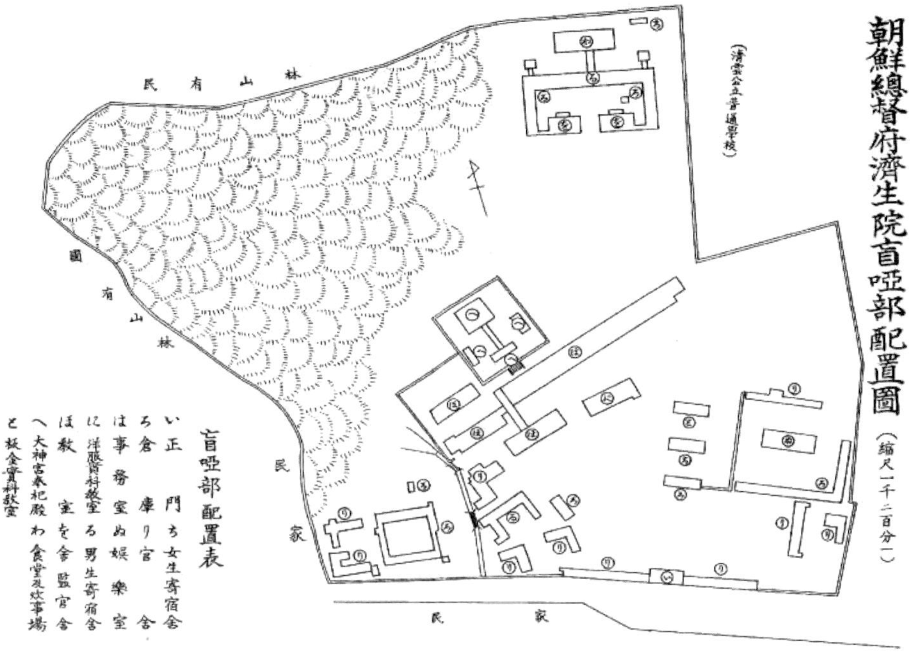

그림 9 〈조선총독부제생원맹아부배치도〉

전계대원군의 사우에 설치된 전배판위는 '사우전각(祠宇前閣)'의 당중(當中)이었다.[51] 묘가 아닌 사우로서 그 위격은 다르지만 건축상 유사한 부분이 있어서 특기할 만하다.[52]

51 『의주등록속 9』, 「永禧殿展謁次謁儲慶宮全溪大院君祠宇展拜時出還宮儀」.

52 또한 지금까지의 논의를 〈경우궁도형〉과 비교하면 한 가지 중요한 차이가 발견된다. 그림에는 '판위(版位)'라고 기재된 시설이 내신문의 바깥 동편으로 치우쳐 묘사되었는데, 경우궁 관련 의주에는 항상 전하의 판위를 묘문외전각의 당중에 둔다고 한 것은 상치되는 바이다. 이 점에 대해서는 다음의 과제로 미룬다.

5. 칠궁 합사와 의례 공간의 통폐합

1870년 고종은 각 궁묘를 합설하는 조치를 취했다. "친진(親盡)하여 조천(祧遷)하는 것은 어길 수 없는 제도이며 역시 옛날부터 전해오는 제왕들의 가법(家法)이다. 그런데 유독 의소묘의 사우를 아직 옮기지 못했으니, 이것은 실로 겨를이 없었던 일이다. 그리고 각 궁에 따로 사당을 세운 것은 당시로서는 없어서는 안 될 일이라고 하여 그렇게 된 것이지만, 오늘에 와서는 어느 한곳의 별묘에 합쳐 봉안하는 것이 사리에 부합되는 것이다. 인빈 김씨, 영빈 김씨, 화빈 윤씨의 사우는 경우궁 안의 별묘에 함께 모시고, 희빈 장씨, 정빈 이씨, 영빈 이씨, 의빈 성씨의 사우는 육상궁 안의 별묘에 함께 모시며, 문효세자의 사우는 의소묘 안의 별묘에 이봉하여야 할 것이다"[53]라고 하여 경우궁에 저경궁 및 영빈, 화빈을 합사하고 육상궁에 대빈궁, 연호궁, 선희궁, 의빈궁을 합사하고자 했다. 다만 저경궁은 대왕대비의 의견으로 합사하지 않았으므로 경우궁, 저경궁, 육상궁 세 곳이 남아 있었다. 다만 이 당시의 합사는 개별 전각을 건립한 것은 아니었고 임시로 한 정당 내에서 합사했던 것으로 보인다. 그러다가 이후 대빈궁과 선희궁이 원래 위치로 돌아갔고, 경우궁은 북부 순화방으로 위치를 옮기는 등의 변화를 겪었다. 다시 1908년 칙령 제50호를 통해 저경궁, 대빈궁, 연호궁, 선희궁, 경우궁의 신위를 육상궁에 합설했는데, 이때에는 건물을 지어 개별 정당을 이루는 방식이었던 것으로 판단된다.[54] 전각 배치는 배향

53 『고종실록』, 7년(1870) 1월 2일, "敎曰 親盡而祧, 卽莫越之制, 而亦自古帝王家法. 然而惟獨懿昭廟之尙未祧遷, 實是未遑之事也. 且各宮之別立廟貌, 在當時雖不可闕而然矣, 到今則合奉於一處別廟, 正合事宜. 仁嬪金氏, 寧嬪金氏, 和嬪尹氏祠宇, 合奉於景祐宮內別廟; 禧嬪張氏, 靖嬪李氏, 暎嬪李氏, 宜嬪成氏祠宇, 合奉於毓祥宮內別廟; 文孝世子祠宇, 移奉於懿照廟內別廟. 諸般儀節, 令戶禮堂, 稟處於大院君前擧行."

인의 위격에 따라 서쪽을 가장 높이는 방식으로 했다.[55] 이후 1929년 덕안궁 합사를 거치면서 '칠궁'이 성립되었다.

이 당시의 칠궁은 지금의 모습과는 상이한 면이 있다. 장서각에 소장된 〈칠궁약도〉를 보면 육상궁 영역의 서편으로 4동의 궁묘가 동서로 나란히 놓여 있었다. 그러던 것이 지금의 창의문로가 개통되면서 칠궁 영역의 서편이 축소되었고, 합설되었던 4동의 궁묘가 지금과 같은 모습으로 재배치되었다.[56] 1908년의 합설로 이미 원래 개별적으로 존재하던 각 궁묘의 건축 구성은 축소될 수 밖에 없었고,[57] 1968년경의 창의문로 개통을 겪으면서 그나마 최소한의 영역 구분마저 불가능하게 된 점은 아쉬운 점이다.

〈칠궁약도〉와 유사하여 창의문로 개통 이전의 상황으로 보이는 1977년의 〈칠궁배치도〉에는 저경궁, 대빈궁, 경우궁과 선희궁, 덕안궁 등 4동의 궁묘가 담장으로 둘러싸인 형태로 묘사되어 있다. 각 궁묘는 정당을 북쪽에 두고 묘문을 향해 포장된 직선의 길을 1열만 조성했다. 각 궁묘 영역의

54 송인호·조은주(2011), 앞의 글 참조.

55 연호궁은 1870년 육상궁 정당 내에 합사했던 것을 그대로 두었던 것으로 보이고, 경우궁과 선희궁이 한 건물을 사용하는 것에 대해서는 연유가 명확하지 않다.

56 도로 개통 이전에도 칠궁 영역의 필지가 축소되었다는 점에 대해 송인호·조은주(2011)의 글에 상세하다.

57 『순종실록』, 1년(1908) 7월 23일 양력, "二十三日. 詔曰: 祭祀는 一國禮典之所由興也ㅣ니 不可不崇重也ㅣ라. 然이나 若禮節이 繁縟則其末流之弊蛇返失其本ᄒᆞᄂᆞ니 故로 古昔聖王이 因時制宜ᄒᆞ야 以定其禮는 所以去其繁而就其簡也ㅣ라. 禮也者는 以誠敬爲本ᄒᆞ야 適用其制度之謂也ㅣ니 禮過於厚則是는 濫也ㅣ니 濫禮는 神明之所以厭之者也ㅣ라. 故로 惟我朝列聖이 相承ᄒᆞ사 制定儀式ᄒᆞ사 增損得宜ᄒᆞ심은 亦不外於此規也ㅣ라. 今此時運之進步ㅣ 非復昔時之因循故로 以維新으로 定國是ᄒᆞ야 誓告于宗社者則當此百度革新之時ᄒᆞ야 奚但墨守舊規ᄅᆞᆯ 獨於祭禮哉아. 今에 參考古式ᄒᆞ고 量適時宜ᄒᆞ야 以表崇敬之軌範ᄒᆞ고 乃定永遠之準規ᄒᆞ노니 是는 實由乎祖宗所以遺訓而非出於朕所以創意也ㅣ라. 內閣과 宮內府는 克體朕意ᄒᆞ야 欽遵施行哉어다. 所有應行條目을 開列于左ᄒᆞ노라 帝室에 不關ᄒᆞᆫ 祭祀는 宮內府에셔 祀典擧行ᄒᆞᆷ을 止ᄒᆞ고 各其所屬에 移ᄒᆞ야 磨鍊케ᄒᆞᆷ. 時宜에 不叶ᄒᆞᆫ 祭祀는 永히 祀典擧行을 廢止케ᄒᆞᆷ. 合祀ᄒᆞ기 可ᄒᆞᆫ 廟社殿宮은 移安ᄒᆞᆯ 處所ᄅᆞᆯ 選擇ᄒᆞ야 奉安케ᄒᆞᆷ. 大祭別祭俗祭朔望祭中重要치아니ᄒᆞᆫ 祀典은 省略ᄒᆞᆷ. 神堂徧日告祀의 類는 永히 廢止케ᄒᆞᆷ. 犧牲과 祭物은 財政을 隨ᄒᆞ야 節約을 務케ᄒᆞᆷ. 薦新物種은 外貢을 廢ᄒᆞ고 貿運케ᄒᆞ되 其地에 不在ᄒᆞᆫ 者는 代物로써 擧行케ᄒᆞᆷ. 儀式은 虛禮ᄅᆞᆯ 去ᄒᆞ며 誠敬을 本ᄒᆞ야 祀典을 崇嚴케ᄒᆞᆷ."

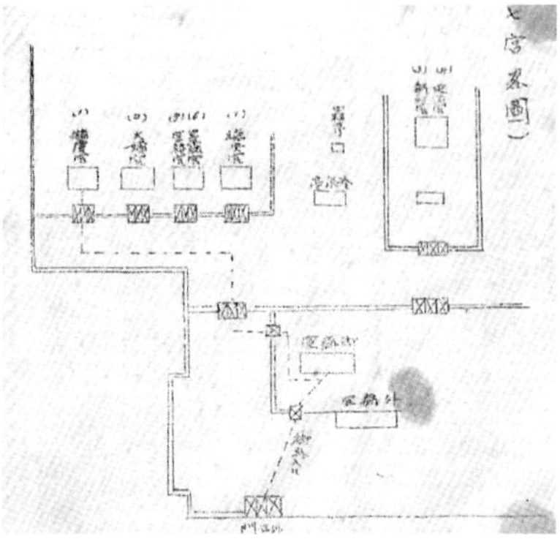

그림 10 〈칠궁약도〉, 연대 미상, 한국학중앙연구원 장서각

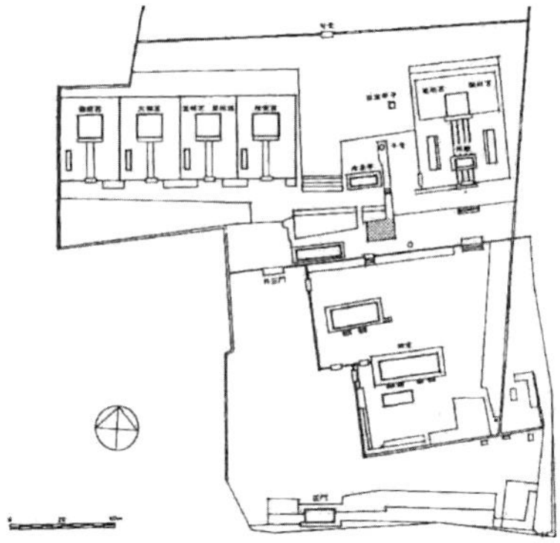

그림 11 1977년의 칠궁

※ 출처: 문화재청, 『칠궁 조경정비 기본계획』, 2001.

그림 12 〈칠궁배치도〉(2001, 국가유산청 홈페이지)

마당 서편에 장방형의 건물이 있는 것은 아마도 이안청으로 이해된다.[58] 이들 영역에는 '묘문외전각'으로 볼 수 있는 시설은 없고 외삼문도 전체 영역을 아울러 덕안궁의 남쪽으로 1개소만 배치된 것으로 짐작된다. 이러한 구성으로는 각궁의 전배를 위한 전하의 판위를 설치하기 어렵다. 외신문의 경계는 백관의 자리와 관계되므로 큰 문제가 되지 않았을 것으로 보인다.

이는 1870년을 전후하여 이미 진행되어온 신위 합설, 의례와 시설의 통폐합 등 일련의 경향이 반영된 것으로 생각된다. 또한 1908년의 합사 이후 곧 국권이 피탈되었고 이전의 규모 있는 의례를 유지하는 것도 어려운 상황이었다는 점을 고려하면, 좁은 부지에 합설된 칠궁으로서는 어쩔 수 없는 변통이었다고 판단된다.

한편, 현재의 칠궁을 구성하고 있는 다섯 동의 건물은 제각각 다른 형식을 취하고 있다.[59] 육상궁+연호궁은 정면 3칸, 측면 2칸의 6칸 정당으로서 측면을 균등하게 분할하여 기둥을 세웠고, 영내외(楹內外)를 구분하는 묘문(廟門)은 앞쪽 칸 중앙에 별도의 기둥을 세워 설치했다. 대빈궁과 경우궁+선희궁[60]은 육상궁+연호궁의 평면과 유사하게 측면을 2칸으로 균등분할했으나 묘문을 설치하는 기둥을 세우지 않았다는 차이가 있다. 저경궁은 측면을 같은 너비의 2칸의 전면으로 다시 반칸 규모를 덧붙여내어 묘문을 설치했다. 최후에 합사된 덕안궁은 측면 어칸의 전후로 각각 퇴를 달

58 현재의 이안청은 육상궁을 제외한 4동의 정당 이안청을 통합하여 덕안궁 앞 서편으로 1동이 위치하고 있다. 또한, 현재의 배치도면에 육상궁+연호궁 앞의 두 이안청 중 하나는 원래 중배설청이었을 것으로 생각된다. 〈경우궁도형〉을 참조할 수 있다.

59 〈표 3〉에 정리된 도면은 모두 국가유산청 홈페이지의 '사적 서울 육상궁' 항목에 첨부되어 있는 것이다. 또한 내부 감실의 사진은 한국학중앙연구원의 협조를 받았고, 육상궁+연호궁과 경우궁+선희궁의 내부 사진은 국가유산청 홈페이지와 현장 안내판에서 취했다(www.heritage.go.kr/heri/cul/culSelectDetail.do;jsessionid=qpaUuyxBh1nIzYjPO6pBKHt3hPgTpdC1KR2DjBCxUQcG-MleHzuU1u5CedOCNawZC.cpawas_servlet_engine1?pageNo=1_1_2_0&ccbaCpno=1331101490000, 2024년 10월 3일 접속).

60 옛 선희궁터에 남아 있는 선희궁 건물은 육상궁과 유사한 평면 간살이 구성을 하고 있다.

표 3 칠궁 각 궁묘의 건축 형태

	평면도	정면도	종단면도
육상궁 연호궁	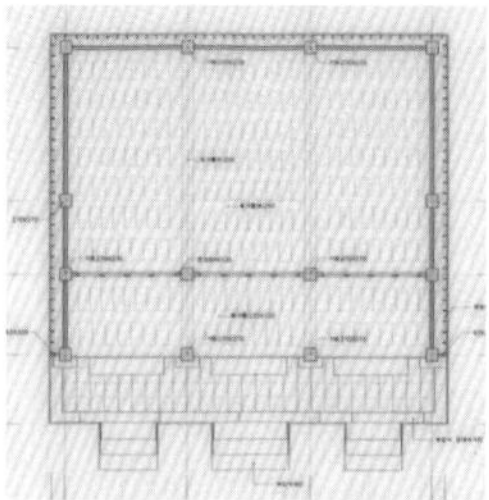		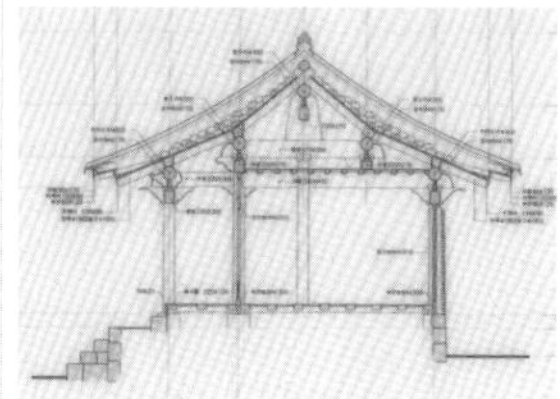
저경궁	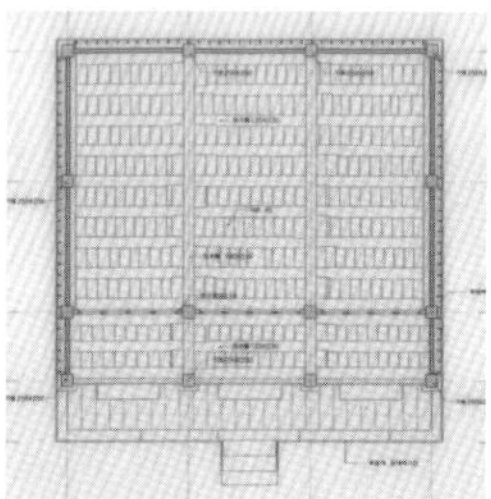		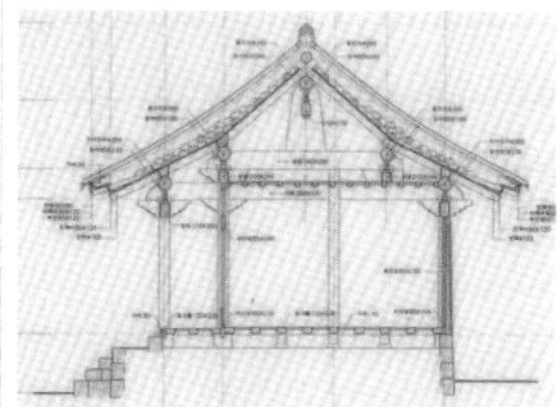
대빈궁	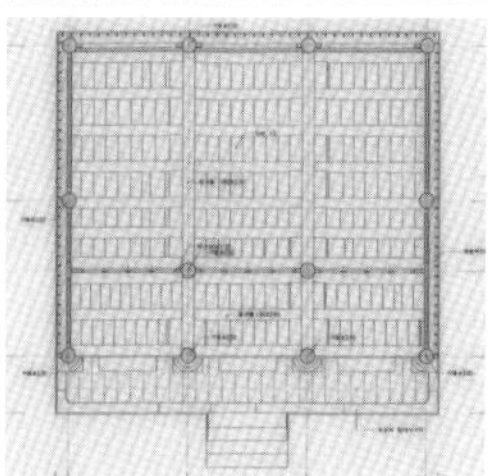	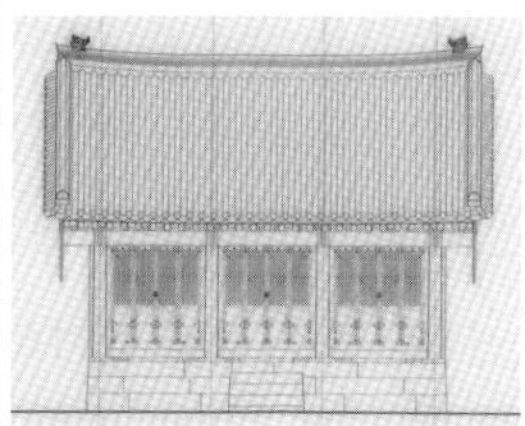	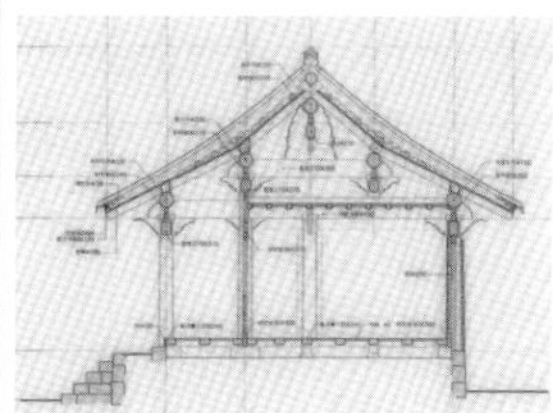
경우궁 선희궁	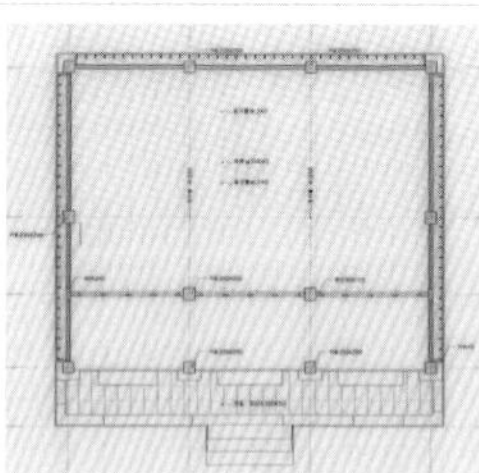	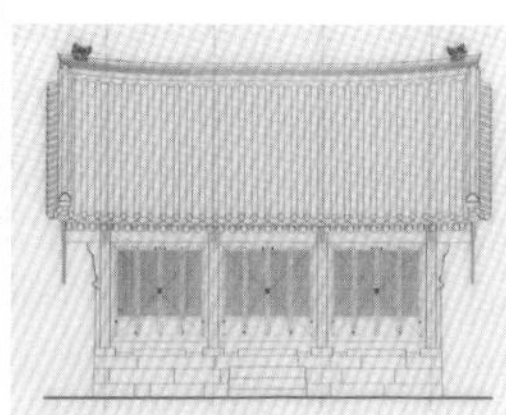	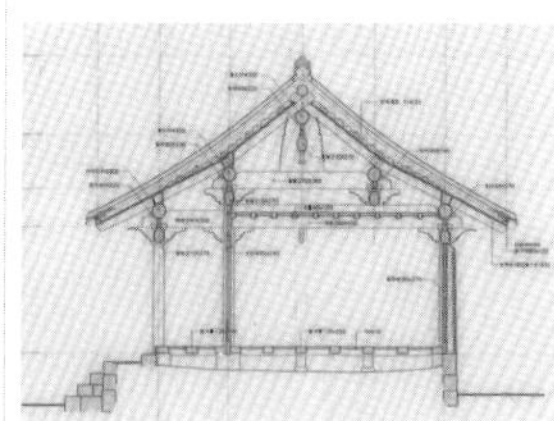
덕안궁	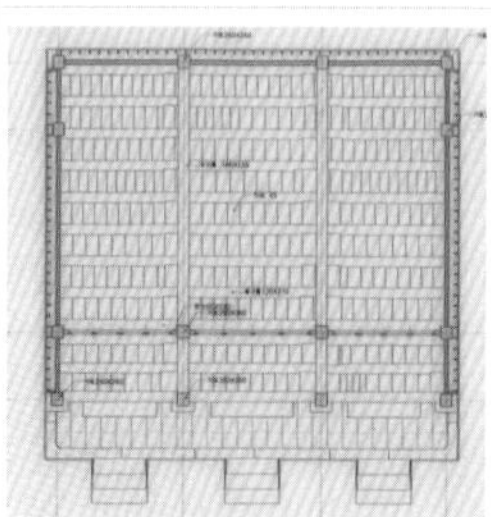		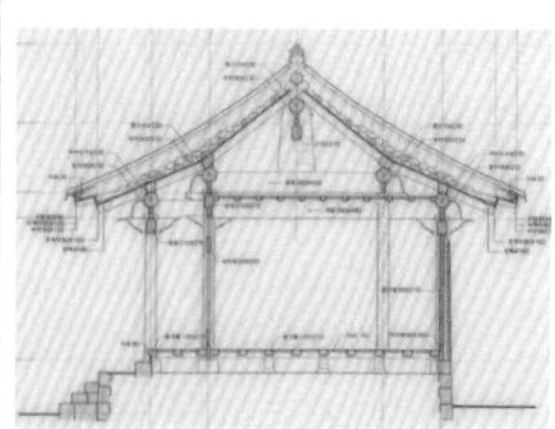

표 4 칠궁 각 궁묘의 건축 세부와 감실 형태

육상궁, 연호궁	저경궁	대빈궁	경우궁, 선희궁	덕안궁
		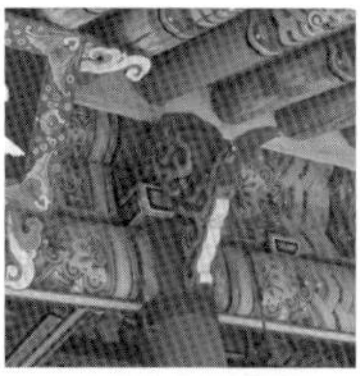		

아내었고 묘문은 전퇴칸에 기대어 설치했다. 유사한 평면 유형이지만 모두 다른 형식을 취하고 있는 것은 이들이 일시에 건립된 것이 아니라는 점을 보여준다.

정면의 묘문은 모두 매 칸에 4짝의 분합을 두었고 궁판은 1단으로 했다. 다만 대빈궁의 문은 하단의 궁판 부분이 2단으로 된 차이가 있다. 기둥 상부에는 초익공작을 올렸는데, 저경궁 익공은 날렵하지 않고 둥글려 처리했다. 다른 궁묘들은 각기둥을 사용했는데, 대빈궁만 원기둥을 썼다는 차이가 주목된다.[61] 그 밖에도 건물 전체의 규모가 조금씩 다르고 대공 형태 등 세부적인 의장에서도 이들 궁묘는 서로 달라 개별적으로 건립된 양상을 확인할 수 있다. 내부 감실은 제각각 다른 유형으로 만들어졌다. 건물 또한 이건된 양상을 보이므로 서로 다른 연대에 각각의 목수들이 짓기는 했으되, 혹여 새로 건물을 조성했더라도 애초에 모셔져 있던 신주와 감실은 원래 것을 그대로 옮겨왔을 가능성이 높은 것과 관련될 것이다. 특

61 이는 애초에 대빈궁이 궁원제의 대상이 아니었던 것과 관련될 수 있으나 명확하지 않다.

히 감실 중에서는 천정고 등 실내공간의 규모와 잘 어울리지 않는 높이를 가지고 있거나, 감실을 고정하기 위한 결속부의 모습도 제각각인 것으로 보아 현재 칠궁 각각의 건물 설계와 감실 조성은 함께 진행되지 않았던 것으로 판단된다.

의례 관점에서는 각 궁묘의 월대에 오르기 위한 계단의 차이가 주목된다. 육상궁+연호궁과 덕안궁은 3칸의 정면 각각에 계단을 두어 모두 3개의 계단을 정면에 설치했고, 다른 세 건물에는 중앙 어칸 열에만 계단을 두었다.[62] 육상궁이나 〈경우궁도형〉에 묘사된 바를 보면, 중문 3칸,[63] 전각(前閣) 3칸으로부터 3개의 계단을 거쳐 묘문 3칸으로 이어지는 각각의 포장 동선이 필요했던 것으로 보인다. 의주에서 확인된바 3열의 길은 임금의 동선이 동편, 왕세자의 동선이 서편이고 중앙의 길은 신도로 이해되므로, 의식의 설행을 위해 필요한 장치라 할 수 있음에도 불구하고 이러한 공간 장치가 마련되어 있지 않은 것은 합사 이전의 의주를 대입하는 것이 어렵다는 점을 확인시켜준다.

62 어칸에만 계단이 있는 저경궁, 대빈궁, 경우궁+선희궁은 일렬로 통합된 기단 위에 나란히 놓여 있다.

63 〈경우궁도형〉의 중문(내신문으로 기재되어 있음)과 전각(배위청으로 기재되어 있음) 사이에는 3열의 길을 만들지 않은 대신 통합하여 넓은 포장면을 구성했다는 차이가 있다.

6. 맺음말

이 글은 현재의 칠궁 건축을 이해하기 위해 합사 이전의 궁묘들을 살펴 이들의 예제적 위상, 건립 양상과 도시적 위치를 분석했다. 또한 합사 이전의 의례 행위에 대해 『육상궁소령원식례』를 통해 그 대강을 살펴보면서 개별적으로 존재하던 모후의 사당들이 지닌 건축적 원형을 추론했으며 『의주등록』 등의 자료를 분석하여 육상궁을 대상으로 추론한 건축적 원형과 의례 행위가 저경궁, 경우궁 등 타 궁묘에도 동일하게 적용될 수 있음을 확인했다. 마지막으로는 칠궁으로의 합사 과정에서 이 원형적 공간 구성의 변형과 지속을 살펴보았다.

묘문외전각은 추존왕을 포함한 임금의 모후를 모신 사당에만 존재하고 있었다는 점을 확인한 것은 본고의 주된 성과이다. 이 시설은 전배 등의 의례에서 전하의 판위가 위치하는 중심적 자리로서, 현존하는 육상궁과 〈경우궁도형〉에서 그 형태가 분명하게 확인된다. 이러한 시설은 다른 곳에서는 흔히 볼 수 없는 것이다.

더불어 의례 시 임금과 왕세자의 동선이 각각 동입동출, 서입서출의 경로로 구성된다는 점, 모후의 사당은 경모궁 등과 달리 정면 3칸, 측면 2칸의 6칸 전각을 기본형으로 한다는 점, 중문·외신문으로 구획된 공간 구성이 필요하다는 점, 궁묘 의례의 통합 과정에서 합사 전 궁묘의 도시적 위치가 연관되어 있다는 점 등 세부적인 점도 이해가 가능했다.

현재의 칠궁은 육상궁 영역을 제외하면 합사 전의 원형과는 차이가 크며 정식의 의례 행위를 대입하기에도 어려움이 있다. 합사 이후의 의례에 대해서는 구체적으로 파악하지 못한 것이 아쉬우나, 이 글을 통해 모후 사당의 원형적 구성과 의례 구성을 이해하는 데 진전이 있기를 기대한다.

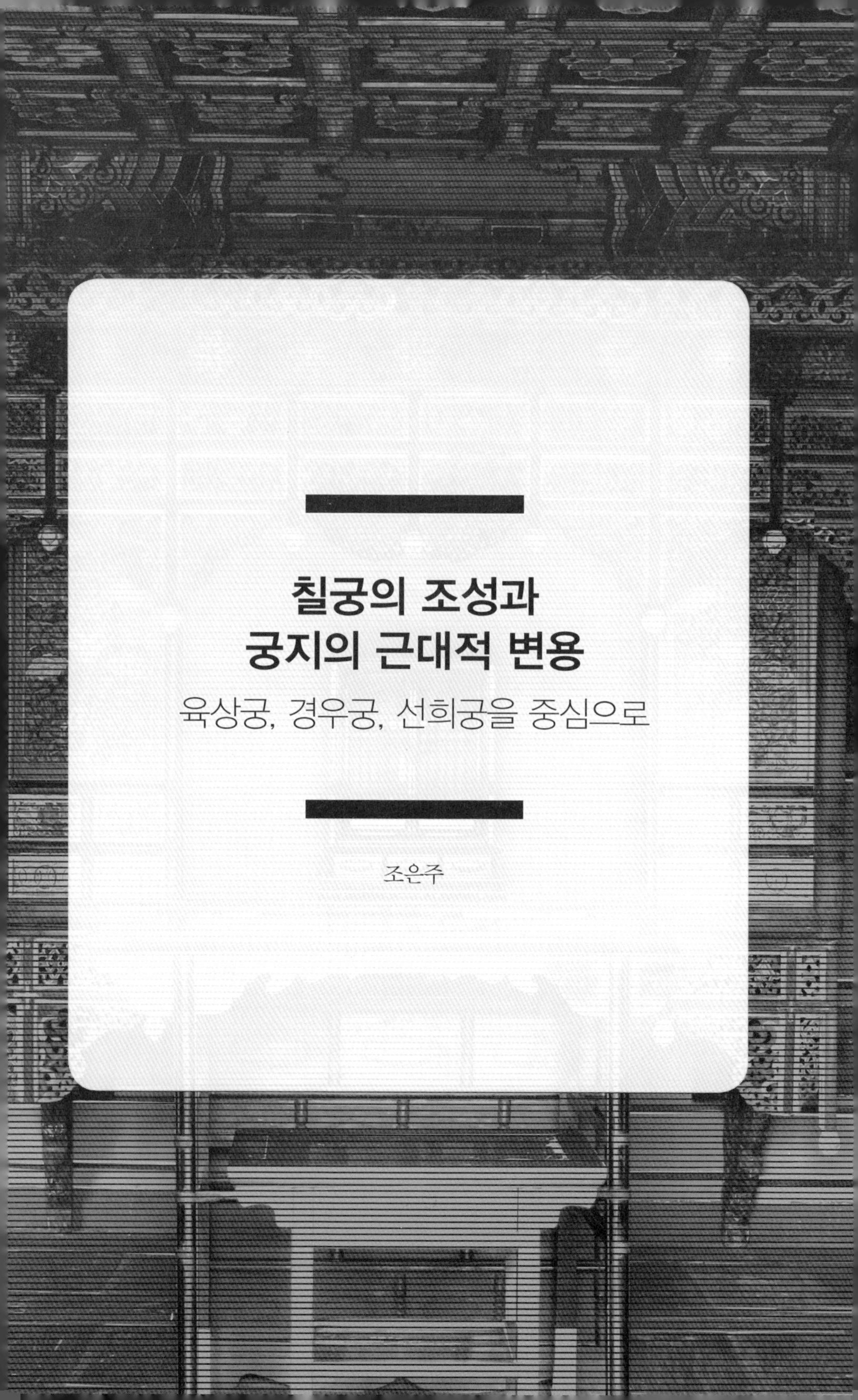

칠궁의 조성과 궁지의 근대적 변용

육상궁, 경우궁, 선희궁을 중심으로

조은주

1. 머리말

조선시대 궁호(宮號)가 붙은 왕실 관련 시설 가운데 상당수는 종묘에 부묘(祔廟)되지 못한 왕의 사친(私親)의 신주를 모신 사당이었다. 현재 서울시 종로구 궁정동에 위치한 칠궁(七宮)은 왕의 생모였던 일곱 후궁의 사당이 합사(合祀)된 곳으로 영조의 생모인 숙빈 최씨의 사우(祠宇) 육상궁(毓祥宮)을 비롯하여 저경궁(儲慶宮), 연호궁(延祜宮), 대빈궁(大嬪宮), 선희궁(宣禧宮), 경우궁(景祐宮), 덕안궁(德安宮)을 한데 묶어 부르는 말이기도 하다.[1] 1753년(영조 29)부터 1912년까지 각각 다른 시기, 다른 장소에 건립되었던 각 궁은 조선 후기 궁원제를 통해 국가 사전(祀典) 체계에 편입되어[2] 중요시되었고, 친제를 위해 왕들의 잦은 행행이 이뤄지던 공간이었다.

왕권을 중심으로 운영되었던 왕조국가 조선에서 왕실의 제사는 국왕 개인의 의례가 아닌 국가 차원의 공적 의례로 다뤄졌고, 따라서 왕의 생모를 모신 왕실 사묘에서의 제사도 국가의례의 한 부분으로 이뤄질 수 있었다. 칠궁은 건립되었다가 사라지기를 반복한 조선시대 수많은 사묘시설 가운데 그 규모와 모습은 달라졌음에도 현재까지 유지되고 있다는 점에서 종묘와 더불어 조선시대 묘사제도를 엿볼 수 있는 귀중한 공간이다. 또

* 이 글은 조은주, 『근대기 한양도성 안 궁묘(宮廟)와 궁실(宮室)의 변용』, 서울시립대학교 박사학위논문, 2012를 수정·보완한 것이다.

1 국가유산청에는 사적 서울육상궁(서울 毓祥宮)으로 지정(등록)되어 있다.

2 궁원제에 기반하여 궁호를 받지 못한 대빈궁, 대한제국기인 1903년(고종 40)에 건립된 덕안궁은 제외.

한 도성 곳곳에 흩어져 있던 여섯 개의 사당이 육상궁에 합사되어 칠궁으로 변모하는 과정은 근대기 이후 왕실 소유지를 근거로 벌어진 수도 서울의 도시 공간 재편과도 밀접하게 연관되어 있다.

칠궁이 조성된 1908년은 대한제국 시기이면서 통감부를 통한 일본의 간섭이 본격화되기 시작한 국가권력의 전환기였다. 왕권(혹은 황권)과 식민권력이 교차하는 상황에서 황실의 각종 제사가 축소되고 관련 시설의 국유화가 추진되어 황실의 경제적 기반은 약해졌다. 그리고 국유화된 황실 관련 시설들은 식민지 근대화와 관련된 각종 시설이 이입되는 직접적인 대상이 되었다. 조선의 왕도(王都)인 한양에서 식민지 도시 경성으로 전환되는 과정에서 소위 '근대적' 시설의 이입에 필요한 토지 수요에 대응하는 가장 쉬운 방법이 국유지 전환이 수월한 왕실 관련 시설들을 활용하는 것이었고, 대형 필지를 차지하고 있었던 왕실 사묘시설들은 이 과정에서 주된 대상이 되었다.[3]

그동안 육상궁을 비롯하여 칠궁에 속한 여타 궁들의 설립과 운영 및 관련 의례에 관해서는 인문학 분야를 통해 많은 연구가 진행되어 왔다. 그러나 도시공간 속에서 칠궁의 성립과 그로 인해 폐궁된 궁지(宮趾)의 변화에 대해 도시 건축 관점에서의 고찰은 부족했던 것이 사실이다. 이에 이 글에서는 칠궁에 합사되어 있는 왕실 사묘시설, 그중에서도 육상궁, 경우궁, 선희궁을 중심으로 이 궁들이 이봉과 합사, 철폐의 과정을 거치며 어떠한 도시적 변화를 겪게 되었는지에 대해 살펴보고자 한다. 칠궁 중에서 특히 육상궁, 경우궁, 선희궁을 분석의 대상으로 삼은 이유는 이들 세 궁이 조선 후기 소위 일사칠궁(一司七宮)[4]에 속했던 영구존속궁(永久存續宮)으로 왕

3 1917년 『경성부 관내지적목록』을 통해 칠궁에 합사된 궁들의 면적을 살펴보면, 저경궁 962평(3,180m²), 경우궁 2,318평(7,663m²)(계동), 7,931평(2만 6218m²)(옥인동), 선희궁 1만 476평(3만 4631m²), 대빈궁 1,118평(3,695m²), 덕안궁 2,437평(8,056m²) 등으로 도성 안 대형필지였음이 확인된다.

4 내수사와 수진궁, 명례궁, 어의궁, 육상궁, 용동궁, 선희궁, 경우궁.

실 재정과도 밀접하게 연관되어 있던 제사시설이며 조선 후기의 대표적 사묘시설이라 할 수 있기 때문이다. 육상궁이 칠궁으로 변하는 과정, 그리고 육상궁에 합사된 경우궁과 선희궁의 폐궁지(廢宮趾)가 변용(變用)되는 과정은 20세기 초 서울의 도시공간이 정치·사회적 변화, 그리고 도시계획 방식의 변화 속에서 어떠한 모습으로 변모했는지를 이해하는 데 중요한 단초가 될 것이다.

2. 제사제도의 정리와 칠궁의 성립

1) 고종 대의 제사제도 정리

1870년(고종 7) 1월, 흩어져 있던 각 궁을 합사하는 문제가 처음 제기되었다. "각 궁에 따로 사당을 세운 것이 이전에는 당연했으나 이제 어느 한 곳의 별묘(別廟)에 합쳐 봉안(奉安)하는 것이 사리에 부합되는 것"이라는 점이 합사의 이유였다.[5] 이에 따라 영빈(寧嬪) 김씨, 화빈(和嬪) 윤씨의 사우를 경우궁 안의 별묘(別廟)에, 대빈궁, 연호궁, 선희궁과 의빈(宜嬪) 성씨의 사우를 육상궁 별묘에 옮겨 합봉(合奉)하는 것이 결정되었다. 저경궁의 사우를 경우궁 별묘에 옮기는 것도 계획에 포함되어 있었으나 대왕대비(효정왕후)의 반대로 실행되지 못했다.[6]

각 궁의 합사는 경우궁과 육상궁에 이봉할 대빈궁, 연호궁 등의 사우를

5 『고종실록』, 7년(1870) 1월 2일.

6 『고종실록』, 7년(1870) 1월 22일.

별도로 조성하는 방식으로 이루어졌다. 고종의 전교가 내려진 다음 날 대원군의 재가를 받았고, 각 궁의 사우를 합봉할 터를 마련하는 일이 1월 20일부터 시작되었다.[7] 육상궁에 이봉하는 대빈궁, 연호궁, 선희궁, 의빈 사우는 그해 4월 9일 정초(定礎), 13일 입주(立柱), 14일 상량(上樑)되었고, 경우궁에 이봉하는 화빈 사우는 4월 9일 정초, 13일 입주, 17일 상량되었다.[8] 그리고 5월 14일 새로 마련된 사우로 신주를 이봉함으로써 합사의 절차가 마무리되었다.[9]

여러 곳에 흩어져 있던 왕실 사묘시설을 육상궁과 경우궁에 합쳐 봉안하고자 했던 당시의 계획은 단순히 시설을 한데 모으는 것에 그치지 않고 제사 횟수의 축소, 각 궁이 관리하던 궁방전(宮房田)의 결수(結數) 정리 등으로 이어졌다. 즉, 궁극적으로 의례절차의 간소화 및 각 궁 재정의 축소가 합사의 목적에 포함되어 있었음을 알 수 있다. 각 궁의 합사가 이뤄진 다음 해인 1871년(고종 8)에는 '신미이정(辛未釐正)'을 통해 세자의 묘묘(廟墓)와 사친의 궁원제도를 정비했고, 그 결과가 1873년(고종 10) 중간된 『태상지(太常志)』에 수록되었다.[10]

그러나 신미이정에 의한 변화는 오래 지속되지 못했다. 1887년(고종 24) 대빈궁의 사우를 원래의 자리(향교동)에 옮겨 환봉했고,[11] 1897년(고종 34)에는 선희궁을 이건, 환봉했다. 특히 선희궁 사우를 다시 옮기는 것에 대해 '선희궁을 육상궁에 이봉한 것은 임시대책에서 나온 것으로 그 사체(事體)가 온당치 못하다'고 했는데,[12] 이는 1897년 10월 대한제국 선포와 연관

7 『승정원일기』, 고종 7년(1870) 1월 20일.

8 『승정원일기』, 고종 7년(1870) 2월 26일.

9 『승정원일기』, 고종 7년(1870) 5월 14일.

10 김윤정, 「대빈궁의 연혁과 의례적 변화 양상」, 『한국문화』 103, 2023, 332쪽.

11 『고종실록』, 24년(1887) 4월 30일; 『승정원일기』, 고종 24년(1887) 윤4월 29일.

12 『고종실록』, 34년(1897) 4월 24일 양력.

되어 있다. 황제국 체제로 국가 규모를 일신하기 위해 왕실의 위상 강화라는 측면에서 선희궁 등을 다시 복구할 필요가 있었던 것이다.[13]

대한제국 선포로 황제의 자리에 오른 고종은 국가 사전 체계의 정비를 추진했다. 황제국의 의례를 제정한 『대한예전(大韓禮典)』이 새롭게 편찬되어 축문의 칭호가 황제로 변경되었고, 황제와 황태자의 의례를 담당하는 관서와 관원 및 용어도 개정되었다.[14] 그러나 급진적인 변화를 추구하기보다는 원구제의 복원과 같이 황제권의 강화를 위한 것이 주된 내용이었으며, 왕조시대와 비교했을 때 비슷한 틀을 유지하고 있었다. 1898년(광무 2) 궁내부(宮內府)에서 황실 제향(祭享)에 필요한 물품의 수량과 비용을 조사하여 기록한 『향수조사책(享需調査冊)』을 살펴보면, 제8책에서 칠궁이묘(七宮二廟)라 구분하여 저경궁, 육상궁, 연호궁, 경우궁, 대빈궁, 선희궁, 의빈궁 등 일곱 궁(七宮)에 대한 내용을 확인할 수 있다. 의빈궁을 제외한 여섯 궁(六宮)이 현재의 칠궁에 속하는 궁들과 동일한 구성인데, 대한제국 시기에 이미 이들을 황실 제사시설 중 비슷한 성격으로 묶어 분류했음을 짐작할 수 있다.

한편, 당시의 주요 사묘시설과 대한제국의 황궁, 경우궁의 관계를 보여주는 지도가 한국학중앙연구원 장서각에 소장된 〈칠궁명례궁간략도(七宮明禮宮間略圖)〉이다. 이 지도에서는 1896년(고종 33) 설치된 것으로 추정되는 경운궁(慶運宮) 포덕문(布德門)과 생양문(生陽門)의 북쪽으로 경우궁, 선희궁 및 육상궁의 위치를 간략히 표현했다. 내수사(內需司)를 포함한 1사7궁(一司七宮) 중 내수사, 명례궁(明禮宮), 육상궁, 선희궁, 경우궁의 위치를 표현한 것인데, 1885년(고종 22) 북부 양덕방 계동에서 북부 순화방 옥동(현 종로구 옥인동)으로 이건한 경우궁과[15] 1897년 본래의 위치로 이건, 환봉된 선희궁

13 심재우, 「조선후기 선희궁(宣禧宮)의 연혁과 소속 장토(庄土)의 변화」, 『조선시대사학보』 50, 2009, 197쪽.

14 김윤정, 「저경궁의 성립과 의례적 변화 양상」, 『서울과 역사』 113, 2023, 134쪽.

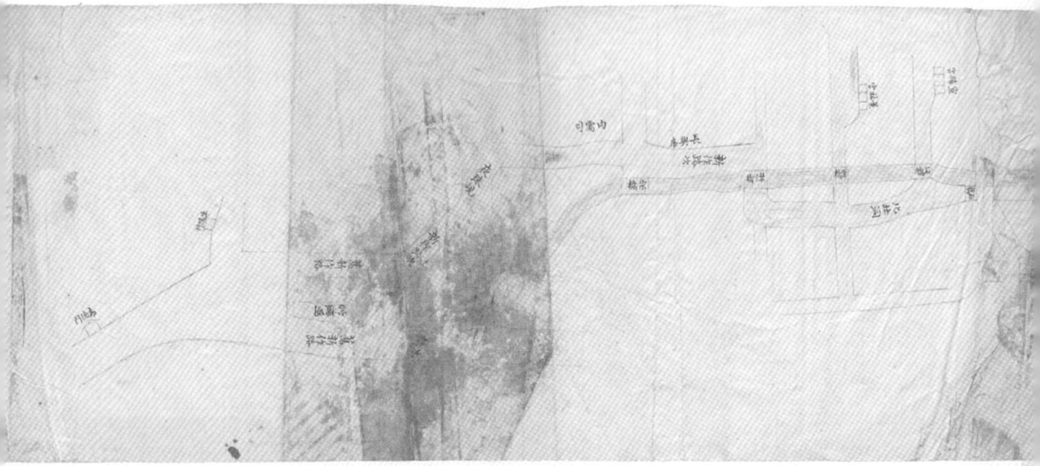

그림 1 〈칠궁명례궁간략도(七宮明禮宮間略圖)〉, 한국학중앙연구원 장서각

의 위치가 반영되어 있다. 경0운궁에서 각 궁까지 연결되는 도로는 채색하여 구분했다.

2) 향사이정과 각 궁의 합설

1908년(융희 2), 흩어져 있던 왕실 사묘시설에 대한 대대적인 합설 작업이 추진되었다. 칙령 제50호로 〈향사이정(享祀釐正)에 관한 건(件)〉을 공포하고 황실의 제사제도를 정리함에 따라 칠궁의 초기 형태라 할 수 있는 육궁(六宮)이 성립된 것이다.

〈향사이정에 관한 건〉은 황실 재정을 정부 재정으로부터 분리하고자 했던 통감부의 의도가 반영된 것으로 1904년(광무 8) 설치된 제실제도정리국(帝室制度整理局)이 주도적인 역할을 했다. 당시 칙령에서 향사이정의 주된 목적을 국가가 관장하던 제례의 간소화를 통해 시대 상황에 맞는 규범

15 『고종실록』, 22년(1885) 12월 26일.

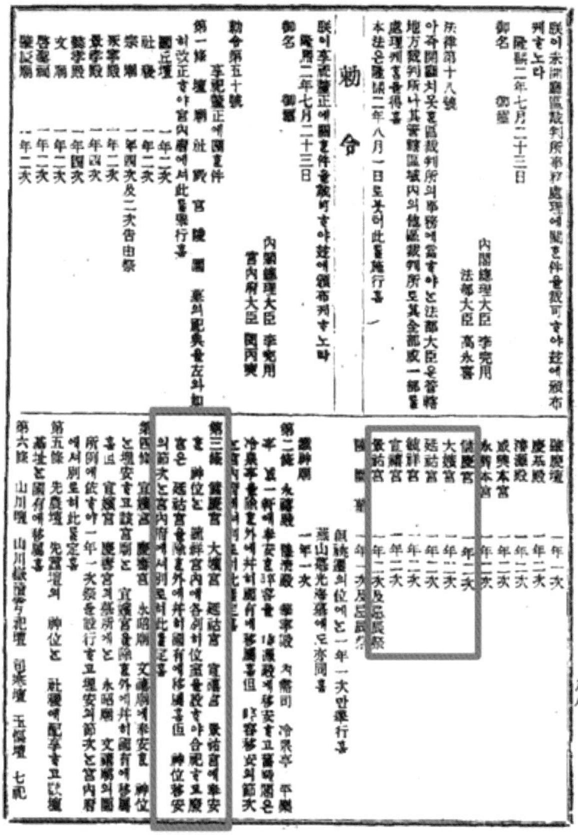

그림 2 『구한국관보』, 1908년 7월 27일

을 공고히 하고자 한 것이라 밝히고 있으나,[16] 사실은 일본이 조선에서의 내정간섭을 본격화하던 시기에 대한제국 황실의 권위 약화가 국가 제사권의 약화로 나타났다는 측면이 강했다. 본격적인 식민지 지배를 염두에 두고 있던 일본 통감부의 입장에서 황제가 주도하는 국가제례를 그대로 두는 것은 조선에서의 영향력 강화에 도움이 되지 않았기 때문이다. 1906년 3월 개최된 통감부와 대한제국 정부의 '한국 시정개선에 관한 협

16 『순종실록』, 1년(1908) 7월 23일 양력.

의회(韓國施政改善協議會)'에서 "한국에서도 왕실과 정부의 구별을 세우지 않으면 안 되며, 정부 각 부(部)의 권한을 정하지 않으면 안 된다"라고 한 통감 이토 히로부미(伊藤博文)의 언급은[17] 대한제국 황실과 정부를 분리함으로써 황제의 정치적 권한을 약화시키고 나아가 황실의 경제적 기반마저 무너트리고자 했던 통감부의 정책 방향을 잘 보여준다. 즉, 〈향사이정에 관한 건〉은 조선시대부터 대한제국 시기까지 국가의 이념적 지배 기반이 되었던 각종 제사제도를 정리함으로써 '황실=국가'라는 대표성을 부정하는 한편, 조상신 제사와 관련된 황실 재산을 대거 국유화함으로써 황실 재정을 축소시켜 일본의 식민지배 기틀을 다지고자 한 것이다.

〈향사이정에 관한 건〉 제3조 "저경궁, 대빈궁, 연호궁, 선희궁, 경우궁에 봉안한 신위는 육상궁 내에 각별히 위실(位室)을 설치하여 합사하고, 폐궁(廢宮)은 연호궁을 제(除)한 외에 정히 국유로 이속(移屬)함. 다만 신위이안(神位移安)의 절차는 궁내부(宮內府)에서 따로 이를 정함"에 따라 각 궁을 육상궁으로 합사하는 작업도 본격적으로 이뤄졌다. 당시 합사 대상이 된 궁들은 고종 대에 존재하던 여러 궁 중에서도 왕의 생모를 모신 제사궁들로 비슷한 성격의 궁을 모아 합사하고자 했음을 알 수 있다. 그 결과 도성 안 곳곳에 위치해 있던 4개 궁(저경궁, 대빈궁, 선희궁, 경우궁)의 사우가 육상궁으로 옮겨졌고, 육상궁은 기존에 합사된 연호궁까지 여섯 사친의 신위를 모신 곳이 되면서 '육궁'으로 불리게 되었다. 1870년 육상궁에 합사되었던 의빈 사우는 신주를 매안하는 방식으로 철폐되었다.[18] 현재의 칠궁 배치[19]로 추정해 볼 때, 당시의 합사는 기존 육상궁 영역의 서쪽에 사우를 건립하는 방식으로 이루어졌다. 각 궁의 합사 이전 육상궁에서 발생했던 두 번의 화재로 일부 전각이 소실되었는데, 이때 생겨난 공지가 합사될 사우를

17 韓國施政改善ニ關スル協議會 第二回 會議錄, 明治 39년(1906) 3월 21일, 『統監府文書』 1권.

18 김윤정(2023), 앞의 글, 335쪽.

19 현재 칠궁 내 건물 배치는 1968년 도로 확장에 따라 궁역이 축소되면서 완성된 모습이다.

표 1 각 궁의 설립 및 합사 시기

궁명	향사 대상	설립	위치	합설
대빈궁(大嬪宮)	희빈(禧嬪) 장씨 (숙종의 후궁, 경종의 생모)	1722년 (경종 2)	중부 경행방 (종로구 낙원동 58)	1870년 1908년
저경궁(儲慶宮)	인빈(仁嬪) 김씨 (선조의 후궁, 추존왕 원종의 생모)	1775년 (영조 31)	남부 회현방 (중구 남대문로 3가 110)	1908년
연호궁(延祜宮)	정빈(靖嬪) 이씨 (영조의 후궁, 추존왕 진종의 생모)	1778년 (정조 2)	북부 순화방	1870년
선희궁(宣禧宮)	영빈(暎嬪) 이씨 (영조의 후궁, 사도세자의 생모)	1788년 (정조 12)	북부 순화방 인왕동 (신교동 1-1)	1870년 1908년
경우궁(景祐宮)	유빈(綏嬪) 박씨 (정조의 후궁, 순조의 생모)	1824년 (순조 24)	북부 양덕방 계동 (종로구 계동 140)	
		1886년 (고종 23)	북부 순화방 옥동 (종로구 옥인동 46)	1908년
덕안궁(德安宮)	순헌황귀비(純獻皇貴妃) 엄씨 (고종의 후궁)	1911년 (융희 5)	중구 태평로 1가 61-1	1929년

설치할 자리로 활용되었을 가능성이 크다.[20] 각 궁의 신위를 합설할 새 전각의 건축은 1908년(융희 2) 8월에 시작되었고,[21] 같은 해 11월 26일 위패의 이안이 완료되었다.[22] 육상궁이 육궁으로 바뀌고 20여 년이 지난 뒤인 1929년 마지막으로 고종의 후궁이자 영친왕의 생모인 순헌황귀비(純獻皇貴妃) 엄씨의 신위를 모신 덕안궁을 옮겨 합사하면서 '육궁(六宮)'은 '칠궁(七宮)'이 되었다. 각 궁의 설립과 위치, 그리고 육상궁으로 합사되는 시기를 정리하면 〈표 1〉과 같다.

칠궁 성립 과정에서 각 궁이 합사되는 장소가 육상궁으로 정해진 것은

20 첫 번째 화재는 1878년(고종 15) 9월 27일에, 두 번째 화재는 1882년(고종 19) 8월 1일에 있었다. 첫 화재로 인해 풍월헌(風月軒) 11칸, 송죽재(松竹齋) 8칸, 삼락당(三樂堂) 18칸, 침방(針房) 17칸, 주호(廚戶) 14칸, 내인처소(內人處所) 48칸, 부도각(復道閣) 5칸, 제석당(帝釋堂) 2칸 등 모두 123칸이 소실되었는데, 경비 부족으로 인해 67칸으로 규모가 축소되었고, 두 번째 화재의 복구 작업 역시 왕실 재정의 문제로 공사가 지연되었던 것으로 보아 규모 축소가 이루어졌을 것이라 추정된다.

21 『대한매일신보』, 1908년 8월 1일.

22 『대한매일신보』, 1908년 11월 27일.

표 2 폐궁된 궁지의 변화

궁명	시기	건립된 시설물
대빈궁(大嬪宮)	1913년	경성측후소
저경궁(儲慶宮)	1927년	경성치과의학 전문학교
연호궁(延祜宮)	1870년(추정)	경복궁 신무문 밖 후원에 편입(추정)
선희궁(宣禧宮)	1912년	총독부 제생원양육부
경우궁(景祐宮)	1910년	경성부립 순화병원(순화원)
덕안궁(德安宮)	1935년	경성부민관

육상궁의 제사가 정조 대 국가의 사전 체계에 편입될 정도로 후궁 사당 중 최고의 위상을 가지고 있었기 때문이다. 그러나 무엇보다 경복궁 근처에 위치함으로 인해 당시까지 유지되던 칠궁의례를 치르기에 장소적으로 유리하기는 했으나 궁지의 활용도 측면에서는 궁궐에 인접해 있다는 점에서 다른 궁들에 비해 제한을 받을 수밖에 없었기 때문으로도 볼 수 있다.

일제강점기 칠궁 체제가 완성되면서 이전까지 각 궁에 존재하던 의례적 차이가 해소되며[23] 차등 없이 칠궁의 모든 제항은 이왕직(李王職)에서 담당하게 되었다. 국권의 상실로 이전까지 유지되던 국가의례의 원칙과 의미가 사라진 것이다. 또한 칠궁은 도성 곳곳에 산재해 있던 사친의 사당을 한 곳에 모아 그 운영과 관리의 효율을 높이고자 한다는 것을 표면적 목적으로 두었으나, 사실상 한반도에서 일본의 영향력이 강해지던 시기에 대한제국 황실의 재산을 국유화하여 황권을 약화시키고자 하는 의도가 반영된 결과였다. 특히 비어 있는 궁지의 정리 과정은 1904년 10월부터 1909년 10월까지 5년여간에 걸쳐 지속된 일제의 제실재정정리 과정의 일부였다.[24] 합사로 폐궁(廢宮)된 각 궁의 기지(基地)는 국유로 환수되었고,

23 육상궁, 저경궁, 연호궁, 경우궁, 선희궁 등 궁원제에 속했던 궁들과 그러지 못했던 대빈궁의 의례적 차이는 1908년 육궁으로 합설될 때까지 유지되었다. 김윤정(2023), 앞의 글, 338쪽.

24 일제는 1904년 한일의정서 체결 이후 한반도의 식민통치를 위한 경제적 수단으로 제실재정정리를 추진했고, 1904년 10월 재정고문 메가다(目賀田)가 빙용되면서 시작된 제실재정정리는 1909년 10월 제실채무정리가 완결될 때까지 5년여간에 걸쳐 지속되었다. 이규철·전봉희, 「가사

그 자리에 병원, 학교 등의 공공시설이 들어섰다.

3) 칠궁의 전각 배치와 공간 구성

각 궁의 합설로 칠궁이 성립됨에 따라 기존 육상궁의 영역에도 변화가 생겼다.

1936년 이왕직에서 작성한 『소화 10년(1936) 7월 칠궁정당비품과 청용잡품조사표(昭和十年七月 七宮正堂備品及廳用雜品調査表)』에는 일제강점기 칠궁의 배치를 보여주는 두 장의 그림이 포함되어 있다. 하나는 칠궁 전각의 배치를 보여주는 〈칠궁약도(七宮略圖)〉이고, 다른 하나는 각 전각의 입면 형태를 도식화하여 그린 배치도이다. 칠궁에 모신 일곱 궁 외에 사계정(四桂亭 혹은 四佳亭), 냉천정(冷泉亭), 수복방(守僕房), 어재실(御齊室), 외재실(外齊室) 등의 주요 시설이 표현되어 있다. 각 시설의 규모는 입면 크기의 차이로 구분했다.

배치도를 통해 합설 이후 칠궁의 건물 배치를 살펴보면, 크게 두 개의 영역으로 구분됨을 확인할 수 있다. 하나는 전체 영역의 중심을 이루고 있는 육상궁 영역이고, 다른 하나는 칠궁의 성립으로 새롭게 조성된 각 궁의 사우들, 즉 육상궁에 합설된 연호궁을 제외한 저경궁, 대빈궁, 선희궁, 경우궁, 덕안궁 등이 자리 잡고 있는 영역이다. 먼저 중신문에서 정당에 이르기까지의 진입 동선이 건물의 배치 축과 일직선으로 일치하는 육상궁 영역은 가장 깊은 곳에 숙빈 최씨의 신위를 모신 정당과 이안청이 중심 영역(제례 공간)을 이루고, 중신문 안쪽으로 냉천정, 수복방, 정자가 위치하며, 중신문 바깥의 외삼문 안쪽으로는 어재실과 외재실 등이 놓여 있는 모

에 관한 제실재산정리국 간행도서의 형식과 내용」, 『대한건축학회 학술발표대회 논문집』 24-2, 2004, 765쪽.

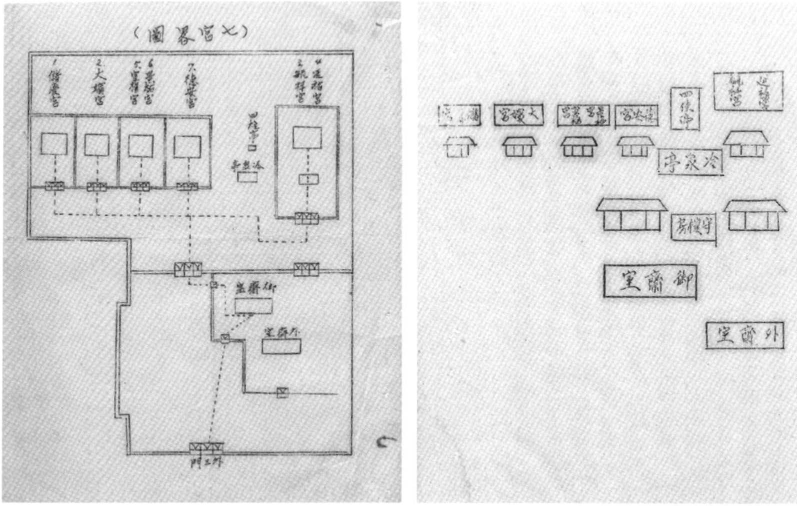

그림 3 『소화 10년 7월 칠궁정당비품과 청용잡품조사표』에 수록된 두 장의 칠궁배치도, 한국학중앙연구원 장서각

습이다. 한편, 새롭게 합사된 궁들은 내신문 안쪽 정당 영역이 각각 담장으로 구별되는 독립된 개별 영역을 구축하여 중심 공간을 이루고 중신문 안쪽의 수복방, 냉천정, 정자와 가장 바깥 외삼문 안쪽의 어재실과 외재실을 육상궁과 공유하고 있다.

〈칠궁약도〉의 전각 배치가 적용된 당시의 모습을 엿볼 수 있는 자료가 1936년 조선신문사에서 발행한 경성지도인 〈대경성부대관(大京城府大觀)〉이다. 1935년 항공 촬영한 사진을 바탕으로 제작한 파노라마 지도로 당시는 덕안궁이 합사되어 칠궁이 성립된 때였으나, '육궁(六宮)'이라 표시된 것으로 알 수 있듯이 덕안궁 합사 이전의 모습이 표현되어 있다.

기존 육상궁 영역의 서쪽으로 각 궁의 사우들이 나란히 건립되면서 전체 칠궁의 궁역은 ㄱ자형을 이루었다. 각 궁으로의 진입은 외삼문, 중신문, 내신문을 통해 단계적으로 이루어지는데, 합사된 궁들의 경우 네 개의 정당이 하나의 중문을 사용하게 됨으로 인해 중문에서 내문까지의 동선이 육상궁과 달리 직선으로 연결되지는 않는다. 또한 육상궁 정당을 비롯

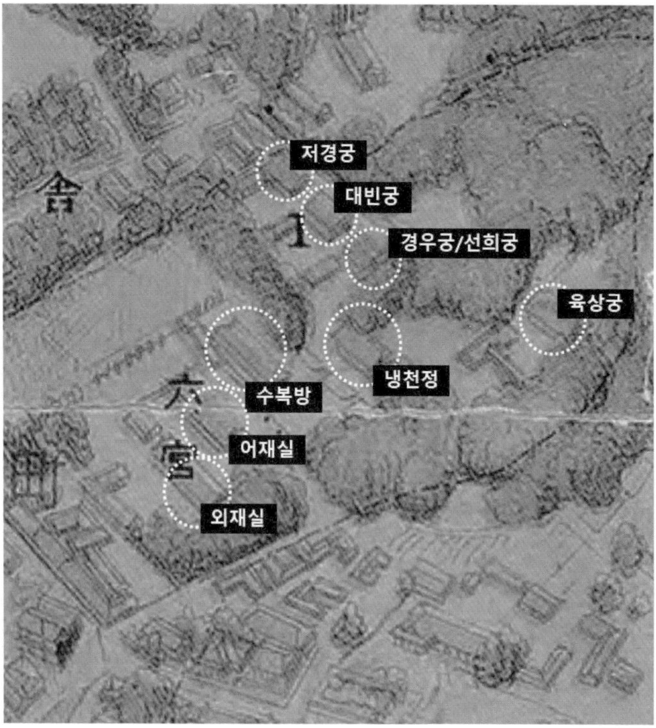

그림 4 〈대경성부대관〉, 1936년, 서울역사박물관

하여 부속시설들의 배치 방향과 다르게 합사된 각 궁의 정당은 시계방향으로 7도 정도 틀어진 상태로 자리 잡고 있는 모습이다.

한편, 육상궁에 합사된 연호궁을 제외한 나머지 다섯 궁(선희궁과 경우궁이 합사되어 있어 전각으로는 네 동)의 배치는 사친의 연대순에 따른 궁과 궁 사이의 위계, 즉 사묘시설들 사이에서 이루어진 왕의 행행 순서와 일치한다. 저경궁이 가장 서쪽에 위치하고 그 동쪽으로 대빈궁, 선희궁과 경우궁, 덕안궁이 나란히 배열되어 있으며, 이는 칠궁으로 합사 이전에 행해졌던 왕의 행례 순서와 대체로 일치하는 모습이다. 조선 후기 다수의 왕실 사묘시설이 건립되면서 왕들은 한곳에서 의례를 마치면 그다음 장소로 이동하여 같은 의례를 반복하는 방식으로 각 궁을 순례했다.[25] 정조 대부터 고종 대에 이르기까지 각 궁으로의 의례 동선은 '저경궁-육상궁-연호궁-선희궁'[26] 이거나 '육상궁-연호궁-선희궁-경우궁'[27]으로 이루어지는 경우가 대부분이었다. 이들 의례의 동선은 대체로 사묘시설의 설립 순서와 일치하지만 저경궁의 의례가 육상궁보다 먼저 행해졌다는 점에서 사당의 건립 순서보다는 사당에 모신 사친(私親)의 연대를 우선시했다는 것을 알 수 있다.

이와 같은 칠궁 전각의 배치 방식은 조선시대 왕실 사당의 최고봉인 종묘 정전에서 나타나는 동당이실제(同堂異室制)[28]와는 다르다. 종묘의 동당이실제가 하나의 건물 안에서 칸을 나누어 신위를 모시고 이들 칸을 늘려가는 방식으로 확장을 꾀했다면, 육상궁에 합사된 각 궁들은 기본적으로 독립적인 정당 건물을 중심으로 만들어진 각각의 독립적인 영역을 추가하는 방식으로 확장이 이루어졌다. 기존에 자리 잡고 있었던 육상궁 및 연호궁을 제외하고, 앞선 세대의 위패를 서상(西上)의 원칙[29]에 맞추어 배열했던 종묘 정전에서의 배향 순서[30]와 같은 원칙이 적용되어 사친의 연대가 가장 빠른 저경궁을 가장 서쪽에 배치하고, 가장 동쪽에는 덕안궁을 배치했다.

25 권용란, 「조선후기 칠궁의례와 국가 조상신」, 『서울학연구』 38, 2010, 89쪽.

26 『정조실록』, 13년(1789) 1월 13일; 『고종실록』, 21년(1884) 4월 5일.

27 『고종실록』, 23년(1886) 3월 27일.

28 종묘의 형태는 중국 한당(漢唐)의 영향을 받아 일자형 건물에 서상(西上)으로 신주를 배치하고 침전을 두지 않는 '동당이실제(同堂異室制)'를 기본으로 한다. 한형주, 「조선전기 종묘 '동당이실제'의 비판과 중건논쟁」, 『한국사학보』 36, 2009.

29 신주를 모시는 순서의 방식에는 소목(昭穆)과 서상(西上)이 있다. 소목은 상부 중심에 가장 윗세대를 모시고 그 하부 왼쪽 줄에 소(昭), 오른쪽 줄에 목(穆)을 배열하는 방식이다. 한편 서상은 동서 배열 방식으로 서상(西上) 동하(東下)를 원칙으로 한다. 이영한, 「조선(朝鮮) 종묘(宗廟) 초창시(初創時) 좌향(坐向) 연구(硏究)」, 『대한건축학회논문집』 13-12, 1997, 182쪽.

30 현재 종묘의 신위는 정전(正殿)과 영녕전(永寧殿)에 나뉘어 봉안되어 있다. 정전에는 불천위 15위(位)와 왕조의 멸망으로 조천(祧遷)되지 않은 4신위등 19신위가, 영녕전에는 사조(四祖)의 신위를 포함하여 원래 종묘에 부묘되었다가 대수가 다해 조천된 11위와 영친왕(英親王)의 신위까지 총 16신위가 모셔져 있다. 두 건물 모두 위패 봉안의 방식은 기본적으로 서상법(西上法)을 채택하고 있으며, 다만 영녕전의 경우 좌우 익실(翼室)을 정전처럼 만들고 있는 점이 특이한데, 가운데 신실에 목조(穆祖), 익조(翌祖), 도조(度祖), 환조(桓祖)의 신위를 서상법에 따라 모시고, 나머지 신위는 서익실부터 동익실까지를 하나의 공간으로 취급해 같은 서상법의 원칙으로 모시고 있다. 이강근, 「조선왕조(朝鮮王朝)의 신전(神殿) 종묘(宗廟)」, 『미술사학연구』 216, 1997.

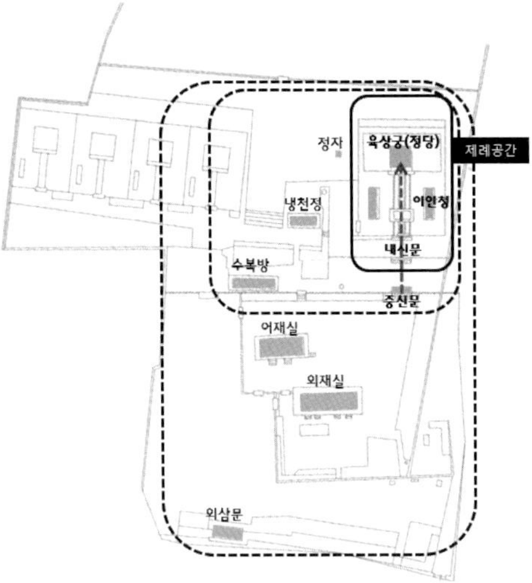

그림 5 칠궁 내 육상궁 영역의 공간 구성

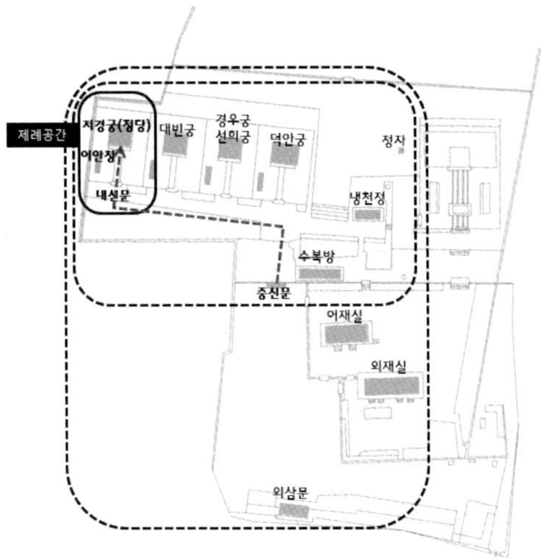

그림 6 칠궁에 합사된 궁묘의 공간 구성(저경궁)

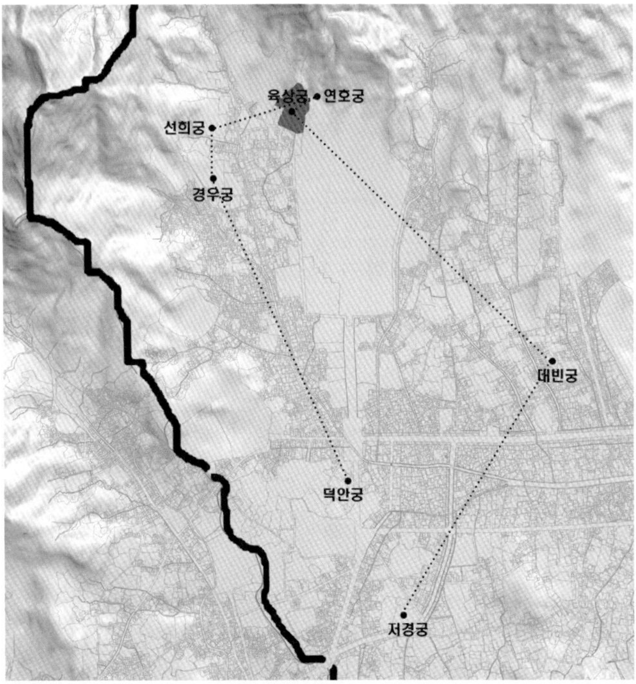

그림 7 칠궁의 위치와 의례 동선(1912년 지적도 기준)

3. 대한제국기 궁지의 활용과 이후의 변화

1) 경우궁 이건과 군사시설의 설치

1824년(순조 24) 북부(北部) 양덕방(陽德坊)의 용호영(龍虎營)[31]이 있던 자리에 건립되었던 경우궁은 1884년(고종 21)에 일어난 갑신정변(甲申政變)을 계기로 이듬해 북부 순화방(順化坊)으로 이건되었다. 1870년(고종 7) 경우궁에 영빈과 화빈의 사우를 옮겨 합사하고 '신미이정'을 통해 사친의 궁원제도를 정비한 이후의 일이다. 개화파에 의해 경우궁으로 이어(移御)했던[32] 당시 일에 대해 고종은 엄숙하고 공경스러운 경우궁이 역적 무리들의 침범에 더럽혀졌음을 한탄하며 육상궁 근처 인왕동(仁王洞)으로 이건할 것을 명했다.[33] 이렇게 사우의 이건 후 남겨진 궁지는 용도를 달리하며 변화를 거듭했다. 특히 '향사이정'의 영향을 받기 이전에 고종의 결정으로 폐궁된 상황, 즉 엄밀하게 말하면 다른 곳으로 사우가 옮겨가면서 더 이상 궁이 아닌 장소가 된 것이기 때문에 초기 경우궁지의 활용 방식은 1897년 대한제국의 선포와 맞물리면서 황권을 기반으로 하는 정부의 주체적 의지가 반영된 결과로 나타났다. 국가의 권위를 강화하기 위한 방편으로 궁지의 활용이 이뤄진 것이다.

계동 경우궁지에 가장 먼저 들어선 것은 무관 양성을 위한 군사교육시설이었다. 1896년 5월 독립신문에는 이곳에서 사관학교 생도들에 대한

31 조선시대 국왕을 직접 호위하던 친위군영으로 1686년(숙종 12) 금위영과 분리되어 독립군영이 된 금군청(禁軍廳)이 1755년(영조 31) 용호영으로 개칭됐다.

32 『고종실록』, 21년(1884) 10월 17일.

33 『고종실록』, 22년(1885) 12월 26일.

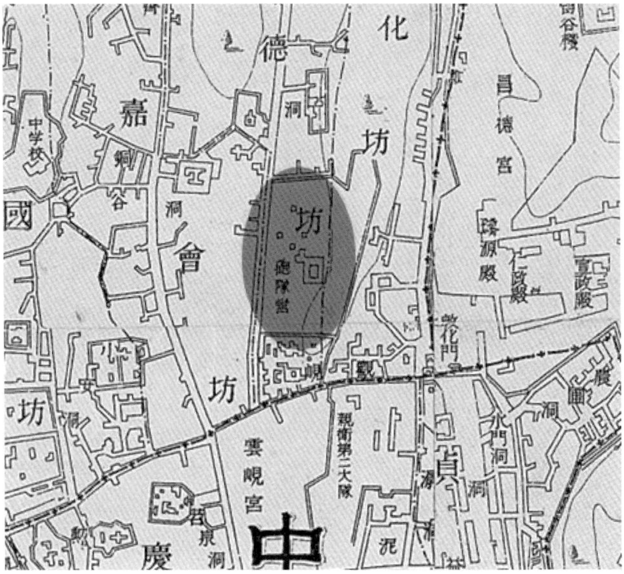

그림 8 〈한국경성전도〉, 1903년, 서울역사박물관

교육이 이루어졌다는 기사가 연속해서 게재되었는데,[34] 이곳을 "계동 무관학교"라고 지칭하고 있다. 이를 근거로 고종의 아관파천(俄館播遷)으로 일시 폐지되었던 무관학교가 1898년 군부 소속으로 다시 설립될 때까지 그 기능을 이곳에서 대신했던 것으로 추정해 볼 수 있다. 그러나 무관학교를 대체한 임시 시설의 성격이 강했기 때문에 지속적으로 운영되지는 못했고, 곧바로 다른 시설이 들어서게 되었다.

군사교육시설을 대신해서 들어선 것은 포대영(砲隊營), 즉 포병대 영문(砲兵隊營門)이었다. 1903년에 제작된 〈한국경성전도(韓國京城全圖)〉를 통해 경우궁지에 자리 잡고 있는 포대영의 존재를 확인할 수 있다. 이곳에 포대영이 설치된 시기는 분명하지 않으나, 대한제국 포병대의 시행 시기이자 무관학교가 경희궁 홍화문 앞 훈련도감(訓練都監) 자리에 다시 설립되었던

34 『독립신문』, 1896년 5월 5일, 9일, 23일.

1898년 이후였을 것으로 보인다. 경우궁지에 포대영이 설치되었다는 사실은 이곳에 원래 국왕의 친위군영(親衛軍營)인 용호영이 위치했던 것을 상기하면 경우궁 설립 이전과 유사한 용도로 되돌아갔음을 의미한다. 조선시대 수도 한양에 존재했던 군사시설은 도성과 궁궐 수비를 목적으로 대부분 궁궐 및 성문과 성벽 주변에 밀집되어 있었고,[35] 1777년(정조 1) 용호영이 이곳에 자리 잡게 된 데도 당시 왕의 거처였던 창덕궁에 가까운 부지라는 점이 가장 크게 작용했다.[36] 고종 대에 이르러 경복궁이 복원되고 창덕궁에서 경복궁으로 왕의 거처가 바뀌었지만, 양궁 사이에 위치하여 각 궁궐로의 접근성이 좋다는 거리상의 이점은 변함없었기 때문에 경우궁지가 군사 관련 시설로 거듭 사용될 수 있었다. 또한 〈한국경성전도〉에서 확인되듯, 경우궁지 남쪽의 도로(현 율곡로)를 사이에 두고 마주 보는 위치에 있던 친위제2대대(親衛第二大隊)[37]의 존재가 군사교육시설에서 포병대 영문까지 이곳에 군사 관련 시설이 연달아 자리 잡는 데 힘을 실어주었다.

1901년 서소문(西小門) 안에 위치하고 있던 감옥서(監獄署)가 이전함에 따라 그 자리에 포대영이 옮겨지는 것으로 결정되었다.[38] 서소문 지역에 이미 시위대(侍衛隊) 중 보병 1연대가 주둔하고 있었다는 점에서 이를 감안해 이루어진 조치로 보인다. 1902년 새로운 건물의 신축이 완료된 후 서소문 감옥서의 죄수 이송이 이루어지기 시작하자[39] 영문의 이전을 위한 사전작업은 마무리되었다. 그러나 앞서 언급한 1903년 발행된 〈한국경성전도〉의 포대영 표기, 그리고 1906년 만수성절(萬壽聖節)[40] 축하를 위해 계

35 이규철, 「대한제국기 한성부 군사관련 시설의 입지와 그 변화」, 『서울학연구』 35, 2009, 117쪽.

36 『일성록』, 정조 1년 9월 14일.

37 1895년 신설된 친위대는 돈화문 남서쪽에 인접해 있으면서 도성의 방위를 담당했으나 1907년 군대의 해산과 함께 폐지되었다. 이규철(2009), 앞의 글, 135쪽.

38 『황성신문』, 1901년 11월 16일, 「署營移接」.

39 『황성신문』, 1902년 4월 26일, 「移囚新獄」.

40 고종황제의 생일, 음력 7월 25일.

동 포대영에서 예포(禮砲)를 터트렸다는 기록[41] 등 포병대 영문의 존재는 이후에도 계속 확인된다. 따라서 영문의 이전이 실제로 이루어지지 않았거나, 실행되었더라도 영문의 일부 시설만을 이전시키는 데 그쳤을 가능성이 크다.

2) 식민지 위생 정책과 위생실행부 설치

일제강점기에 계동 경우궁지는 이전 시대와 다른 방식으로 활용되었다. 일본의 식민통치가 점차 본격화되고 대한제국의 국운이 기울어 가던 1907년, 일제의 군대 해산 조치로 포병대가 폐지됨에 따라 경우궁지는 다시 용도를 잃었다. 그리고 이곳에는 한성위생회(漢城衛生會)[42]의 사무실인 위생실행부(衛生實行部)가 새롭게 자리를 잡았다.

여기서 위생(衛生)의 개념은 공중위생 관리와 전염병 예방 등 보건의료의 범주를 넘어서는 식민통치의 수단으로,[43] 통감부시대부터 조선인들의 삶과 생활방식을 통제하는 데 활용되었다. 위생 개념을 바탕으로 조선인을 비문명적·비위생적이라 규정함으로써 문명화된 일본에 의해 교화되어야 하는 대상으로 설정한 것이다. 한성위생회는 식민지 위생 정책의 핵심인 공중위생의 관리, 즉 오물 처리와 관련된 업무를 주로 수행하는 기관이었다. 설립 초기 위생회 사무실인 위생실행부는 재동(齋洞)에 있었다고 알려져 있으나, 『황성신문』에 실린 위생회의 마청(馬廳) 이전공사에 대한

41 『황성신문』, 1906년 9월 14일, 「萬壽聖節慶祝盛況」.

42 한성위생회는 1907년 전염병 예방을 위한 근본적인 조치를 강구하기 위해 통감부가 설립한 기관이다. 1907년 12월 21일 '한성 및 부근 지역의 위생상태 개선'을 목적으로 하는 '한성위생회규약(漢城衛生會規約)'을 반포하고 1908년 9월 16일 본격적인 활동을 시작했다. 설립 자금은 1907년 한성부를 방문했던 일본 황태자의 하사금을 기초로 했으며, 경성거류민단도 연 2만 엔을 증여하여 위생업무를 한성위생회에 위탁했다. 서울특별시사편찬위원회, 『국역 경성발달사』, 2010, 428쪽.

43 수요역사연구회, 『일제의 식민지 지배정책과 매일신보』, 두리미디어, 2005, 62쪽.

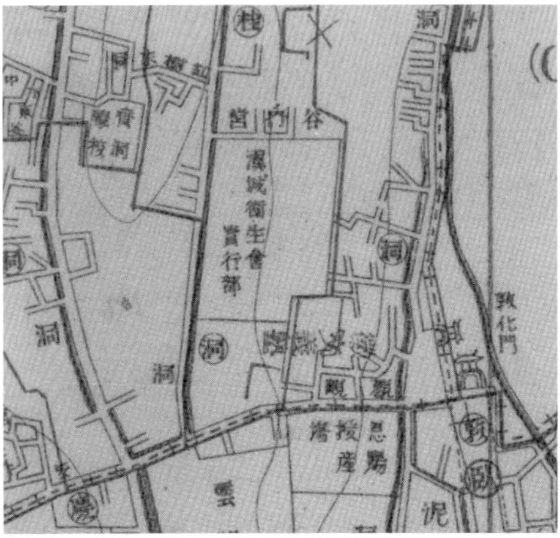

그림 9 〈경성부시가강계도〉, 1914년, 서울역사박물관

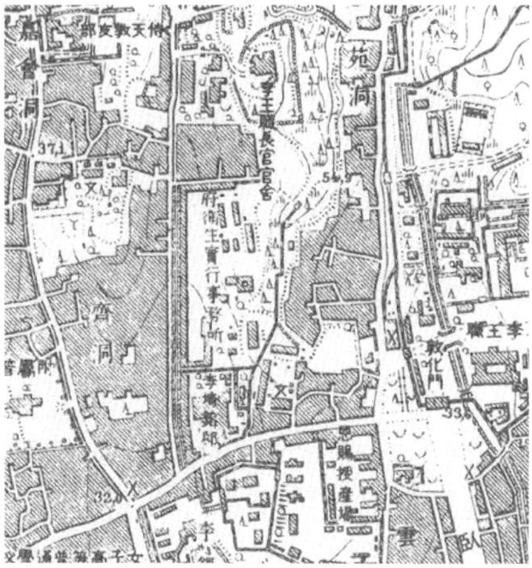

그림 10 『일만분의일 조선지형도집성』, 1921년

기사를 통해[44] 1910년 3월경 경우궁지로 이전되었을 것으로 짐작해 볼 수 있다. 당시 한성위생회가 시행했던 3대 사업 중 하나가 분뇨 진애(塵埃)를 성문 밖으로 운반하는 것이었고,[45] 운반의 주요 수단은 마차였다. 따라서 마필(馬匹) 관리를 위한 마청 이전은 곧 위생실행부 시설의 이전이 대부분 완료되었다는 것을 의미한다. 1914년 부제(府制)의 실시로 한성위생회의 사업이 경성부로 이관되면서 한성위생회 위생실행부는 1915년 경성부 위생실행부(京城府衛生實行部)로 변경되었다.[46]

도시의 혐오시설이라 할 수 있는 위생실행부의 설치는 당시 이 지역에 대한 총독부의 인식이 어떠했는가를 보여주는 단서가 된다. 경성부의 도심 공간에 대한 총독부의 인식이 일본인 주거지가 밀집해 있던 종로 이남 지역을 중심으로 형성되어 있었기 때문에, 조선인 주거지 위주의 종로 이북 지역에 속했던 경우궁지는 정기 오물처리 외에도 전화·엽서 등을 통

44 『황성신문』, 1910년 3월 15일, 「衛生廳移接」.

45 박윤재, 「한말·일제 초 한성위생회의 활동과 식민 지배」, 『서울학연구』 22, 2004, 73쪽.

46 경성부, 『경성부사』 제1권, 1934, 434쪽.

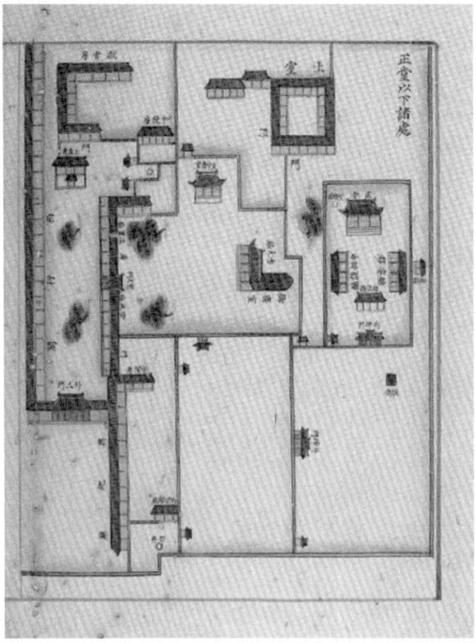

그림 11 『현사궁별묘영건도감의궤』, 국립중앙박물관

그림 12 위생실행부 모습

※ 출처: 『동아일보』, 1924년 6월 27일.

한 민원처리를 보다 신속하게 지원할 수 있는[47] 도심에 가까운 장소 정도로만 인식되었던 것이다. 이것은 사우의 이전 이후 궁지에 군사훈련시설과 포병대 영문이 들어설 때만 하더라도 궁궐과 가까운 도심의 주요 거점으로 인식되었던 것과 대비된다.

궁지의 활용 방식 변화에도 불구하고 경우궁의 전각은 여전히 남아 있었던 것으로 보인다. 1921년 『일만분의일 조선지형도집성』에서 확인되는 대략의 건물 배치를 『현사궁별묘영건도감의궤』에 수록된 경우궁 배치도와 비교해 보면, 위생실행부가 들어선 이후에도 ㅁ자형의 상실(上室)을 비롯한 몇몇 경우궁 건물의 흔적이 남아 있었던 것으로 추정된다. 또한 『동아일보』 1924년 6월 27일자에 실린 「내동리 명물(名物)-계동 위생소(桂洞衛生所)」 편에 위생실행부로 사용될 당시 모습을 촬영한 사진이 게재되었는데, 경우궁 행각의 흔적으로 보이는 맞배지붕의 한옥 건물과 여기저기

47 『매일신보』, 1915년 7월 28일, 「汚物이 積滯ᄒᆞ거던 즉시 뎐화를 걸으시오 경셩부위싱실힝부로」.

흩어져 있는 몇 개의 석축, 그리고 지면의 경사도 등을 종합해 볼 때 경우궁지의 남쪽 진입로 부근을 찍은 것으로 보인다.

3) 위생실행부의 이전과 필지의 분할

위생실행부의 설치 이후 쓰레기 및 분뇨 처리에서 필연적으로 발생하는 악취와 벌레 등에 대한 주민들의 민원 증가로 이전 문제가 논의되었다.[48] 그 결과 1922년 9월 25일 부협의회(府協議會)에서 위생실행부의 부지 6,657평(2만 2007m²) 중 약 4,000평(1만 3223m²)을 사립 휘문고등보통학교(徽文高等普通學校, 현 휘문고등학교)[49]에 매각한 후 실행부사무소는 매각한 가격에 해당하는 곳인 광희문(光熙門) 밖 약 4,571평(1만 5111m²)의 부지로 이전하는 것이 결의되었다.[50] 이러한 위생실행부 이전 결정의 이면에는 계동 경우궁지를 비롯한 종로 이북 지역이 점차 도심의 한 부분으로 인식되기 시작했다는 인식의 변화가 작용하고 있었다. 특히 1925년 조선총독부 청사의 완공을 앞두고 주변도로를 정리하는 과정에서 착공된 경성시구개정사업의 제6호선(광화문 앞~중앙시험소 부근)은 광화문에서 돈화문을 동서로 연결하는 간선도로로 경우궁지 부근이 도심의 주요 구역으로 포함될 수 있는 발판이 되었다. 1935년의 〈경성부도로공사일람도(京城府道路工事一覽圖)〉는 1930년 〈경성부관내도(京城府管內圖)〉 위에 1935년 당시의 시구개수노선(市區改修路線) 공사 진행 상황을 담은 지도로 광화문에서 돈화문을 지나 종묘를 관통하는 동서 방향의 제6호선(현 율곡로)을 명확하게 보여준

48 『동아일보』, 1922년 9월 14일, 「桂洞衛生所는 불원간 이전」.

49 1904년 9월 하정 민영휘가 종로구 원서동 206번지 옛 관상감 터에 '광성의숙(廣成義塾)'을 세운 이후, 1906년 5월 고종으로부터 '휘문의숙(徽文義塾)'의 교명을 하사받았다. 1911년 8월에 공포된 「조선교육령(朝鮮教育令)」에 의하여 1918년 1월 '사립휘문고등보통학교'로 개칭했다.

50 『동아일보』, 1922년 9월 26일, 「衛生實行部移轉」, 1922년 9월 27일, 「市街衛生을 妨害하든 桂洞衛生實行部는 移轉」.

그림 13 경성시구개수 예정노선, 1919년

그림 14 〈경성부도로공사일람도〉, 1935년, 서울역사박물관

다. 위생실행부의 이전이 결정된 1922년은 해당 노선의 공사를 위한 측량이 완료된 시기였기 때문에 향후 도로 발달 과정을 생각하면 이곳은 더 이상 도심의 외곽지역이라고 할 수 없게 된 것이다. 효율적인 부내 위생 문제 해결을 목표로 위생실행부를 이곳에 설치했던 것이 불과 10년 전 상황이었다는 것을 생각하면, 경우궁지를 중심으로 한 이 지역의 도시 위상이 급격하게 달라진 모습이다.

부협의회 결의로부터 2개월 뒤인 1922년 11월에 해당 토지의 매각을 위한 필지 분할 절차가 마무리되었다. 그러나 실제 토지 소유권의 이전이 이루어진 것은 그로부터 2년이 더 지난 1924년 11월이었다. 필지 분할부터 소유권 이전까지 2년 정도가 걸린 것인데, 위생실행부의 광희문 밖 이전을 위해 건물을 신축하고 마차와 말 등의 주요 시설을 이동시키는 데 시간이 소요되었기 때문으로 보인다. 토지대장을 확인해 보면, 1922년 11월 계동 140번지가 140-1 및 140-2번지로 분할되었고, 1924년 140-2번지에 대해 학교법인휘문의숙(學校法人徽文義塾)으로 소유권 변경이 이뤄졌다. 1912년과 1929년 지적원도의 비교를 통해 당시 토지 분할의 상황이 명확

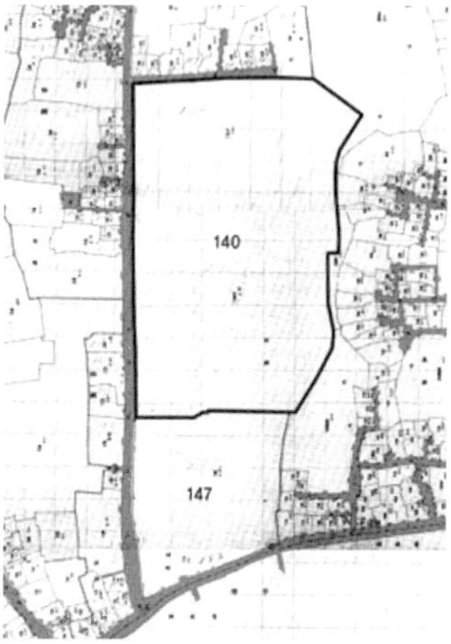

그림 15 1912년 지적원도

그림 16 1929년 지적원도

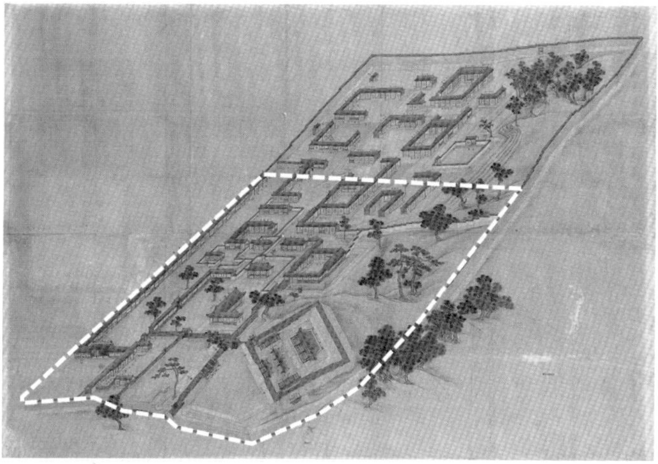

그림 17 매각된 필지영역 추정, 〈경우궁도〉, 국립고궁박물관

하게 확인된다. 당시 학교 용지로 편입된 140-2번지는 경우궁지의 남쪽 영역으로 〈경우궁도〉를 통해 확인할 수 있듯이 조선시대 경우궁의 주요 전각 중 상당 부분이 여기에 포함되어 있었다.

위생실행부 시절까지 남아 있던 경우궁의 전각 및 경내의 수목들은 매매계약 이후 약 3,000평에 이르는 휘문고등보통학교의 운동장을 조성하

그림 18 확장된 휘문고등보통학교 운동장, 1922년

※ 출처: 『휘문칠십년사』.

표 3 경우궁지의 지적 변화(학교용지로 매각된 부분)

지번	연도	지목	대지면적(평)	소유주	변동사항
계동 140-1	1911.12.11	垈	6,657	국(國)	
	1922.11.14	垈	6,657	경성부(京城府)	소유권 이전
	1922.11.28	垈	2,657	경성부	분할되어 본번에 -2를 부함
	1933.2.17	垈	2,657	대창흥업주식회사(大昌興業株式會社)	소유권 이전
	1933.10.6	垈	0.2	대창흥업주식회사	분할되어 본번에 -3에서 -55를 부함
	1934.8.18	垈	6.2	대창흥업주식회사	140-3번과 합병
	1935.8.19	垈	6.2	박승성(朴勝城)	소유권 이전
	1945.2.22	垈	6.2	石山 豊	소유권 이전
	1946.1.21	垈	6.2	이경식(李璟植)	소유권 이전
	1959.11.28	垈	6.2	오?환(吳?煥)	소유권 이전
	1975.11.27	垈	6.2	한인수(韓仁洙)	소유권 이전
계동 140-2	1922.11.28	垈	4,000	경성부(京城府)	140번으로부터 분할
	1924.11.12	垈	4,000	학교법인휘문의숙(學校法人徽文義塾)	소유권 이전
	1972.8.23	垈	4,358	학교법인휘문의숙	147-18, 147-1번과 합병

※ 종로구청 舊 토지대장.

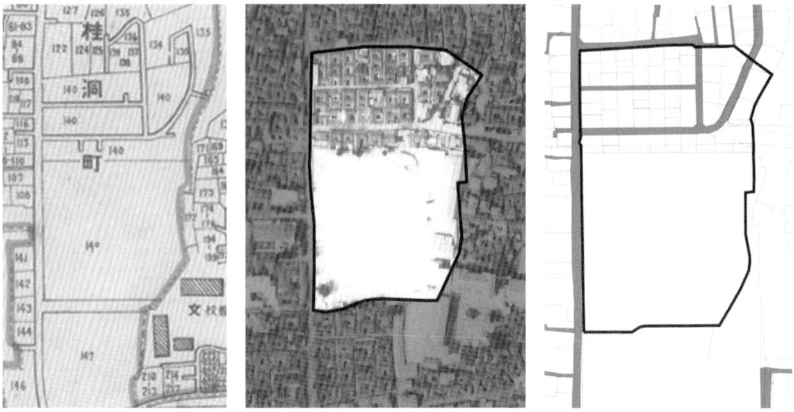

그림 19 계동 140번지의 필지 변화(왼쪽부터 1936년, 1962년, 2000년)

는 과정에서 모두 철거되었다.[51] 학교법인으로의 부지 매각이 추진되던 때에 이뤄진 이 학교 교장의 인터뷰 기사를 보면, 운동장 지반공사를 위해 토지 매입 비용 7만 원 외에 1만 원의 예산을 추가로 편성했다고 한다.[52] 결국 이곳에서 과거 왕실 제사시설이 존재했던 흔적은 더 이상 찾아볼 수 없게 되었다.

계동 140-1번지, 즉 학교법인에 매각되고 남은 2,600여 평의 대지는 인부의 검점소(檢點所)와 기구 창고 등이 남아 경성부의 관리를 받는 상태로 한동안 유지되었다. 1933년 해당 토지는 대창흥업주식회사(大昌興業株式會社)에 매각되어 주거지로 개발되었다.[53] 하나의 개발 주체가 대형 필지를 매입한 후 주거지 내부 가로(街路)의 개설과 함께 필지를 일정한 크기로 분

51 휘문칠십년사편찬위원회, 『휘문칠십년사(徽文七十年史)』, 휘문중고등학교(徽文中高等學校), 1976, 168~169쪽.

52 『동아일보』, 1922년 8월 13일, 「七萬圓으로 運動場-계동위생소를 사게 된 휘문학교」.

53 대창흥업주식회사는 1930년에 설립된 조선상업은행 계열의 투자회사로 동산 및 부동산의 관리와 경영을 위탁하여 수행하던 회사였다. 일제강점기 국유지의 상당수가 이 회사를 거쳐 일반에게 매각되었음이 구 토지대장을 통해 확인되고 있는데, 중역의 대부분이 일본계로 이루어진 일종의 공공기관이었던 만큼 일제강점기 국유지 수용 정책을 원활히 수행하는 데 이용되었던 것으로 파악된다.

할하여 분양하는 방식으로, 1933년 11월 2일자 『매일신보』에서는 이를 '가장 새로운 방법'으로 '공평하게 분할'한 주택지라고 평했다. 분양된 주택지의 가격도 상당하여 주로 은행이나 관청 재직자들이 매입해 주택을 신축했다.[54] 1936년 이후 나타나는 계동 140번지 일대의 지적 변화(그림 19)에서 당시 주택지로 개발하는 과정에서 형성된 가구(街區) 내부의 T자형 도로와 필지의 분할 양상을 확인할 수 있다. 분할된 필지에는 비슷한 규모의 ㄷ자형 도시한옥들이 들어섰다.

4. 일제강점기 폐궁지의 식민지 근대화

1) 옥인동 경우궁지의 변화: 피병원의 설립

1885년(고종 22)부터 북부 순화방으로 옮겨 자리 잡았던 경우궁이 1908년 〈향사이정에 관한 건〉으로 육상궁에 합사되자 폐궁된 궁지(宮趾)에는 순화원(順化院)이 설립되었다. 순화원은 한성위생회 소속의 피병원(避病院)으로 전염병 환자를 통제·격리하는 것이 목적이었다. 계동 경우궁지에 설치되었던 위생실행부와 유사하게 식민지 위생 정책이 반영된 시설이었다.

대한제국 선포 전인 1895년(고종 32) 7월에 콜레라 환자를 격리하기 위해 설립된 피병원은 홍인지문 근처의 하도감(下都監)을 사용했고,[55] 대한제

54 『매일신보』, 1933년 11월 2일, 「桂洞에 住宅地」.

55 오종희·권순정, 「1876~1945년 한국 근대보건의료시설의 역사적 발전과정에 대한 연구」, 『한국의료복지시설학회지』 9-2, 2003, 27쪽.

그림 20 경성시구개수 예정노선, 1919년

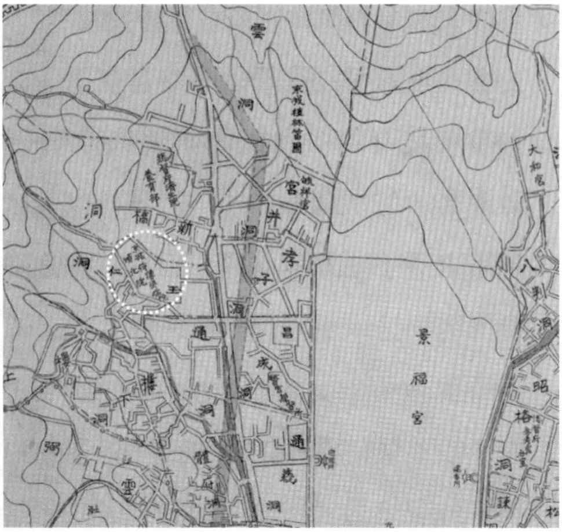

그림 21 〈경성부명세신지도〉, 1914년, 서울역사박물관

국가 고종이 퇴위하고 순종이 즉위한 이후에도 창의문 밖이나 광희문 밖 등 도성 밖 지역에 피병원을 위치시키는 것이 일반적이었다.[56] 따라서 순화원이 도성 안, 그것도 왕실의 조상신을 모셨던 자리에 설립되었다는 것은 의미하는 바가 크다. 하나는 통감부에서 총독부로 이어지는 일본 식민 정부의 국유지 활용 방식이 왕조시대의 도시적 맥락에 대한 고려가 전혀 없었다는 것이고, 다른 하나는 1910년대 총독부의 경성부 도시공간에 대한 인식이 종로 이남에 치우쳐 있었다는 것이다. 특히 1912년 발표된 경성시구개수예정계획노선(제17호선)이 순화원이 자리 잡은 옥인동 경우궁지와 관계없는 방향으로 설정되었다는 점은 이곳이 도시화의 과정에서 소외된 지역이었음을 추론할 수 있게 하는 근거이기도 하다.

경우궁지에 피병원의 설립을 결정하게 된 계기는 1907년에 이어 1909년에도 콜레라의 유행으로 격리해야 할 환자의 수가 급증하면서 기존 피병원으로는 환자 수용에 어려움이 있었기 때문이다. 원래 일본인은

56 『황성신문(皇城新聞)』, 1907년 9월 29일, 「檢疫部設寘」, 1908년 7월 23일, 「避病院請求」.

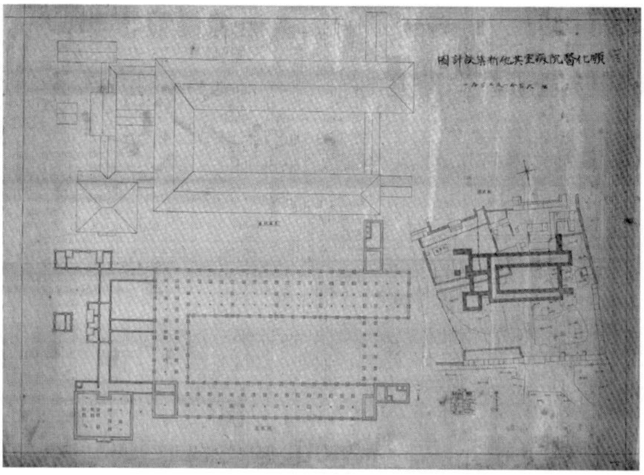

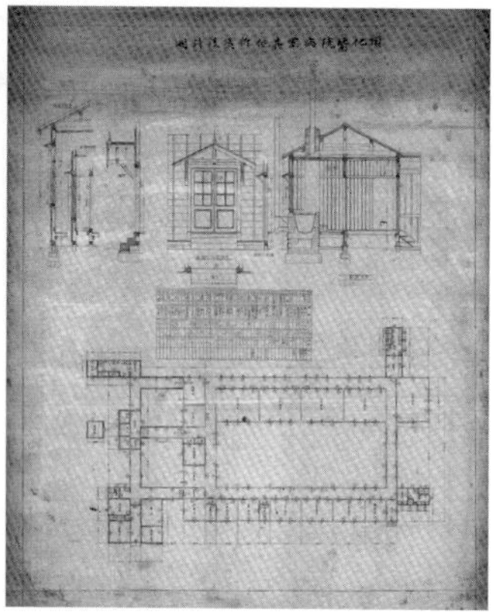

그림 22 〈순화의원기타신축설계도〉, 국가기록원

청파전염병원(青坡傳染病院),[57] 조선인은 광희문 밖 피병원에 수용해왔으나, 시설이 부족해짐에 따라 임시로 뚝섬에 수용소를 설치하는 한편으로 북부 순화방의 경우궁을 빌려서 사용하게 되었다.[58] 따라서 1909년 시작된 순화병원은 급조된 임시 피병원의 성격이 강했고, 환자 수용을 위한 시설은 별도의 건물 신축 없이 경우궁 전각을 그대로 활용하는 방식으로 이루어질 수밖에 없었다.[59] 이후 한성위생회는 1909년 12월 12일 평의원회에서 사업비 중 잉여금을 건축비로 충당하기로 결의하여 당시 탁지부(度支部) 소관이었던 경우궁을 넘겨받아 병원의 신축을 결정했다.[60] 내부(內部) 위생국(衛生局)이 주관한 공사는 병원으로 사용하던 기존의 전각을 헐어내고 환자 300여 명을 수용할 수 있는 규모의 건물을 목표로 했다.[61] 1910년 9월 공사를 시작하여 1911년 7월에 완료했고, 같은 해 8월 16일에 개원

57 1905년 7월에 러시아인이 운영하던 유리 제작소 자리를 영구히 사용하도록 궁내부로부터 허가받아 설립되었다. 서울특별시사편찬위원회, 『국역 경성발달사』, 2010, 437~438쪽.

58 정민재, 「일제강점기 순화원의 설립과 운용」, 『한국 근현대사연구』 57, 2011, 38쪽.

59 『황성신문』, 1910년 8월 7일, 「順化病院新築設」.

60 정민재(2011), 앞의 글, 39쪽.

61 『대한매일신보』, 1910년 5월 19일, 「넷것헐고 식로지어」.

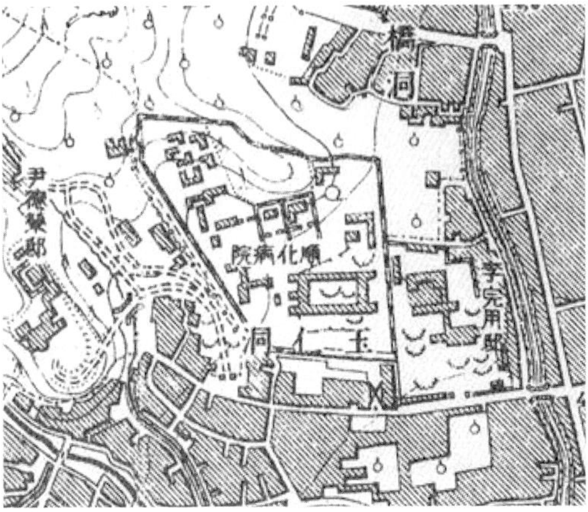

그림 23 『일만분의일 조선지형도집성』, 1921년

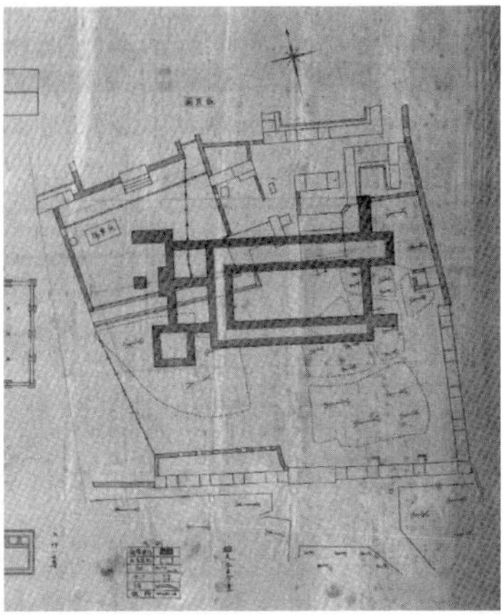

그림 24 〈순화의원기타신축설계도〉(부분)

虎疫患者의 收容
順化院의 現狀
京城에 避病院
府內某方面
順化院

그림 25 순화원

※출처: 『매일신보』, 1920년 8월 23일.

식이 거행되었다. 전체 면적 약 307평(1,015.58m²)의 목조 기와집을 총공사비 3만 2,722원으로 신축했으며, 중정이 있는 ㅁ자형 평면의 건물이 도로에 면한 대지의 남동쪽 아래에 자리 잡았다.

병원 신축에도 불구하고 선희궁의 흔적은 상당히 남아 있었다. 1921년 지도에서 신축된 순화병원 건물 북쪽, 부지의 중앙부에 담장으로 둘러싸여 각자 독립된 영역을 형성하고 있는 두 개의 건물을 확인할 수 있다. 건물

표 4 옥인동 경우궁지의 변화

지번	연도	지목	대지면적(평)	지가(원)	소유주
옥인동 45번지	1917	垈	7,931	–	국유(國有)
	1929	垈	7,931	12,689.60	경성부(京城府)

※ 『경성부관내지적목록』, 1917, 1929.

의 배치 방식으로 볼 때, 유빈 박씨를 모셨던 옛 경우궁 사우와 1870년(고종 7) 각 궁의 합설 조치가 처음 내려졌을 때 경우궁에 합사되었던 영빈 김씨(寧嬪金氏)와 화빈 윤씨(和嬪尹氏)의 사우로 추정된다. 또한 〈순화의원기타신축설계도(順化醫院其他新築設計圖)〉의 건물 배치도에서는 기존 경우궁 영역 위에 신축되는 병원 건물의 배치를 표시했는데, 이는 병원이 신축되는 곳을 제외하면 기존 건물을 그대로 남겨두었음을 보여주는 자료이다. 1920년 8월 23일자 『매일신보(每日申報)』에 게재된 사진에서 병원 신축 이후에도 경우궁 전각을 계속 활용해 운영했던 순화원의 모습을 확인할 수 있다.

설립 초기 순화원의 경영은 한성위생회에서 담당했다. 그러나 1910년 한일병합 이후 경성부로 이관되어 경성부 위생과(衛生課)의 한 분과(分科)로 있다가 1924년 2월 28일에 개정·발표된 경성부립순화원(京城府立順化院) 규정에 따라 부립순화원이 되었다.[62] 순화원 경영 주체의 변화는 토지 소유관계에서도 그대로 나타나는데, 1917년 『경성부관내지적목록(京城府管內地籍目錄)』에서 국유였던 7,931평의 경우궁 부지가 1929년에는 경성부 소유로 변경되어 있음을 확인할 수 있다.

앞서 언급했듯이 전염병 환자를 격리 수용하기 위해 피병원으로 설립된 순화원은 계동 경우궁지에 들어섰던 위생실행부와 마찬가지로 일제강점기의 경성부에서 일종의 혐오시설이었다. 이러한 인식은 1931년 순화원의 이전 문제가 불거졌을 때 벌어진 상황에서도 잘 드러난다. 당시 경성

62 『동아일보』, 1924년 3월 5일, 「順化院規程變改」.

順化院增築
落成式擧行

그림 26 낙성된 순화원의 신관과 낙성식 풍경

※ 출처: 『동아일보』, 1933년 9월 16일.

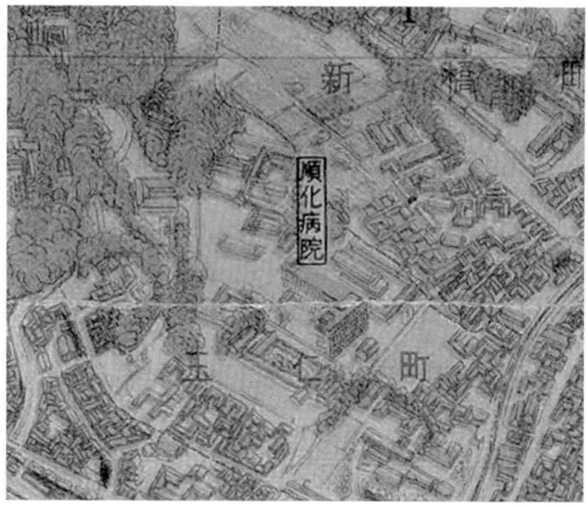

그림 27 〈대경성부대관〉, 1936년, 서울역사박물관

제국대학 부속의원 근방으로 이전이 논의되었으나, 근방 주민들이 지역의 장래 발전을 저해할 뿐만 아니라 전염병 전파의 위험이 있다는 이유를 들어 반대했다.[63] 주민들의 진정서를 접수한 경성부는 결국 이전 계획을 철회했고, 대신에 1931년 10월 기존 건물의 뒤편 공지에 병원 건물의 증축을 결정했다.[64] 증축 공사비는 경성부 위생과에서 현저동(峴底洞)의 도수장(屠獸場) 터 및 기타 부유지(府有地)를 매각하여 충당했다. 신관 건물은 1932년 9월 착공하여 1933년 8월 준공되었고, 같은 해 9월 경성부윤과 경기도지사 등 200여 명이 참석한 가운데 낙성식을 거행했다. 총공사비 약 14만 987원이 소요되었으며, 지하 1층, 지상 3층 규모의 최신식 철근 콘크리트 구조로 양관 734평(2,426m^2), 온돌 713평(2,357m^2)에 환자는 약 160명을 수용할 수 있는 규모였다.[65] 순화원 증축 공사 이후에도 경우궁의 흔적은 남아 있었던 것으로 보인다. 1936년 〈대경성부대관〉에는 1911년 처음 신축된 병원 건물, 1934년 준공된 신축 건물의 모습과 병원

63 『동아일보』, 1931년 4월 8일, 「順化院移轉 反對로 陳情」.

64 『동아일보』, 1931년 10월 29일, 「玉仁洞現址에 順化院增築: 二三萬圓豫算으로」.

65 『동아일보』, 1933년 9월 16일, 「順化院增築 落成式擧行」.

건물 북서쪽으로 옛 경우궁 사우로 추정되는 전각의 모습이 묘사되어 있다.

2) 선희궁지와 제생원양육부

선희궁은 1788년(정조 12) 처음 조성되어 1870년(고종 7)에 각 궁 합사 조치로 육상궁으로 신위를 이봉했다가 1897년(고종 34) 원래의 위치에 신위를 다시 환봉하게 되면서 사우가 중건되었다. 선희궁이 최종적으로 폐궁되어 빈터로 남게 된 것은 1908년(융희 2) 각 궁의 합설 조치로 육상궁에 신위가 다시 이봉되었기 때문이다.

비어 있던 선희궁지에는 조선총독부 제생원양육부(總督府濟生院養育部)가 설치되었다. 제생원양육부의 모체는 경성고아원(京城孤兒院)으로 1905년 10월 설립되어 1906년 2월에 개교한 보생고아학교이다.[66] 원래 사립시설로 설립된 보생고아학교를 경영권 문제가 복잡하게 얽히면서 한성부가 인수했고, 이후 사회적 소외 계층인 고아 구제를 위한 관립기관으로 유지되었다. 1911년 6월 조선총독부 부령(府令) 77호에 의해 설립된 제생원은 고아의 교양(敎養, 교육과 양육), 맹아자(盲兒子)의 교양 및 정신병자의 구병(救病) 사업을 목적으로 했는데, 그중 양육부(養育部)가 경성고아원의 사업을 이어받아 서대문 밖 독립문통(獨立門通)에서 9월 1일부터 사업을 시작했다.[67] 이 과정에서 경성고아원은 폐지되었다.[68] 제생원양육부가 선희궁 터로 이전된 것은 1912년 12월에 이르러서였다.

66 한규무·노기옥, 「대한제국기 경성고아원의 설립과 운영」, 『향토서울』 75, 2010, 190쪽.

67 제생원의 또 다른 사업인 정신병자의 구병 사업은 1912년 총독부의원(總督府醫院) 구내에 의료부(醫療部)로 설치되었으며, 맹아교육 사업은 같은 해 12월 양육부가 북부 신교동 옛 선희궁 자리로 이전하면서 설치되었고, 기존 양육부의 건물을 대수선하여 다음 해 4월부터 수업을 시작했다. 조선총독부, 『조선총독부 제생원사업요람』, 1923, 1쪽.

68 『매일신보』, 1913년 1월 16일, 「濟生院 사업 개황」.

고아구제시설이 도성 안에 자리 잡았던 사례로 제생원양육부의 전신인 경성고아원이 옛 용동궁(龍洞宮) 터에 잠시 설치되었던 적이 있었기 때문에,[69] 궁지의 활용 사례로 생소한 것은 아니었다. 그러나 제생원의 전체적인 사업 개요를 살펴볼 때, 도시공간에서 그렇게 환영받을 만한 시설이 아니었음은 분명하다. 그러나 덕수궁 근처, 즉 도심에 위치한 용동궁과 달리 선희궁은 고아의 양육 및 실용 학문 교육에 충분하도록 인왕산 아래 넓은 대지와 쾌적한 자연환경을 제공했고, 또한 일제강점기 도심부라 할 수 있는 종로 이남에서도 떨어져 있어 자칫 도시민에게 논란을 불러일으킬 수 있는 구제시설의 설치에 대한 반발을 최소화할 수 있는 위치이기도 했다.

이전 초기 제생원양육부의 규모는 1만 476평(3만 4631m²)의 대지에 건평 571평 15홉(合, 1평은 10홉)(1,893m²)이었다.[70] 1912년 지적원도에서 확인되듯이 부정형의 넓은 대지는 도로에 접한 남측면을 통해 진입이 이루어지며, 해방 이후인 1963년 약 2,200평(약 7,272m²)이 1-5번으로 분할될 때까지 큰 변화 없이 유지되었다. 건물은 대신궁봉사전(大神宮奉祀殿), 사무실, 강당, 교실, 작업실, 숙사(宿舍), 위생실, 세탁실, 욕실, 창고 및 직원 관사(官舍) 등으로 구성되었으며,[71] 신설 교실 32평(105m²) 외에는 모두 기존의 건물을 개조하여 사용했다. 1921년에는 500평(1,653m²)의 운동장, 미끄럼대(滑台), 철봉(金棒), 유동 원목(遊動圓木)[72]을 신설하고, 각 숙사의 변소(便所)를 증축했다. 1923년의 『조선총독부제생원요람(朝鮮總督府濟生院事業要覽)』에 수록된 제생원양육부의 모습에서 옛 선희궁 전각이 그대로 남아 활용되고

69 1906년 2월 한성부 광이동의 가옥을 매입, 개조하여 '경성고아학교'라는 명칭으로 시작된 보생고아학교는 1907년 경성고아원으로 발전했고, 1908년 용동궁 부지 일부에 이전되었다.

70 1938년 『조선총독부 제생원사업요람(朝鮮總督府濟生院事業要覽)』에 기록된 제생원양육부의 시설 규모를 살펴보면 1923년에 건평 571평 15홉(1,893m²), 1926년에 587평 42홉(1,954m²), 1929년과 1930년에 587평 60홉(1,960m²)으로 약간의 변화를 보인다.

71 조선총독부, 『조선총독부 제생원사업요람』, 1923, 2쪽.

72 운동 기구의 하나(=遊動木).

그림 28 선희궁지와 주변 도로(1912년 지적원도)

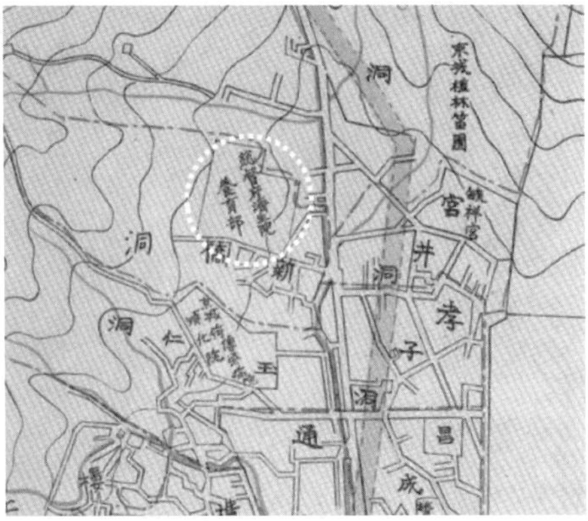

그림 29 〈경성부명세신지도〉, 1914년, 서울역사박물관

표 5 선희궁지의 변화

지번	연도	지목	대지면적(평)	소유주	변동사항
신교동 1-1번지	1917	垈	10,476	국유(國有)	
	1929	垈	10,476	국유	
	1963	垈	7,868.2	국유	분할되어 본번에 -5를 부함

※ 출처: 『경성부 관내지적목록』 1917, 1929/ 종로구, 舊 토지대장.

있었던 것을 확인할 수 있다.

선희궁 전각의 활용은 건물의 외벽을 그대로 유지한 상태에서 내부 실의 구획을 변경하는 방식이었는데, 이는 〈제생원양육부 재래건물 현재 평면도(濟生院養育部在來建物現在平面圖)〉와 〈제생원양육부 신축급 모양체 수선공사지도(濟生院養育部新築及模樣替修繕工事之圖)〉를 비교해 보면 명확해진다. 일례로 양육부 사무실로 사용된 전각을 살펴보면, 중앙의 3칸 대청과 좌우 양쪽으로 2칸의 온돌방이 일자형 복도로 연결되는 형식의 평면이, 넓은 사무 공간의 확보를 위해 중앙 3칸과 우측 2칸의 실을 통합하는 방식으로 변형되었다. 또 각 실을 연결하던 일자형 복도는 좌우측 끝으로만 짧게 남겨졌다. 평면 구성이 변경되었지만 기둥의 위치가 동일하게 유지된

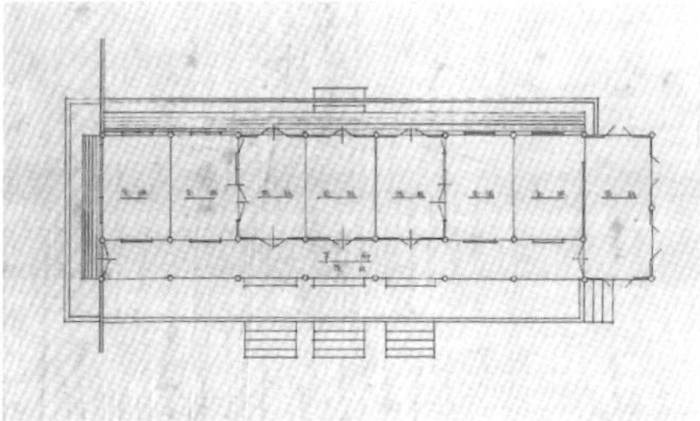

그림 30 제생원양육부 사무실의 수선공사 이전, 〈제생원양육부 재래건물 현재 평면도〉, 국가기록원

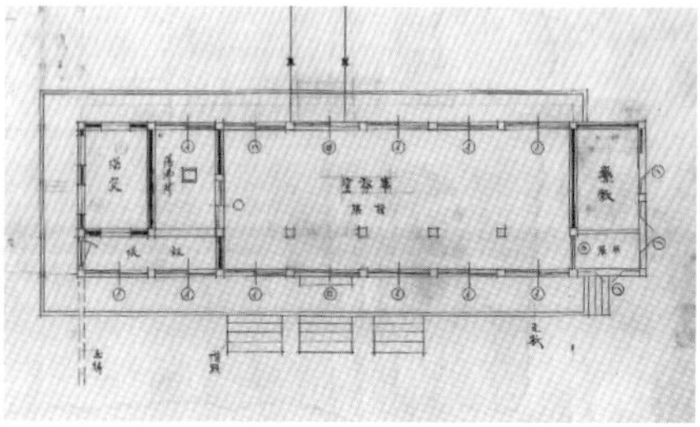

그림 31 제생원양육부 사무실의 수선공사 이후, 〈제생원양육부 신축급 모양체 수선공사지도〉, 국가기록원

그림 32 제생원양육부의 정문(왼쪽)과 양육부의 사무실과 강당(오른쪽)

※ 출처: 『조선총독부제생원요람』, 1923.

것으로 보아 구조체의 변화가 동반되는 대수선 공사는 아니었다. 건물 입면에 있어서도 기존의 문과 창호를 유리 창호로 교체하는 수준의 변화에 불과했다. 양육부 정문은 옛 선희궁의 대문을 거의 그대로 활용하고 있는데, 당시의 사진 자료를 통해 삼문(三門) 형태의 대문채 모습이 확인된다.

1921년 지도와 1934년의 〈제생원양육부이축공사배치도(濟生院養育部移築工事配置圖)〉로 확인되는 제생원양육부의 건물 배치는 대지의 경계를 따라 조성되었던 선희궁의 담장이 그대로 남아 영역을 형성하고, 영역의 내부에 선희궁의 기존 전각 건물들이 상당수 남아 있는 형태이다. 크게 신전,[73]

73 제생원양육부의 시설 중 대신궁봉사전(大神宮奉祀殿)을 가리킨다. 1897년 왜성대 공원에 설치

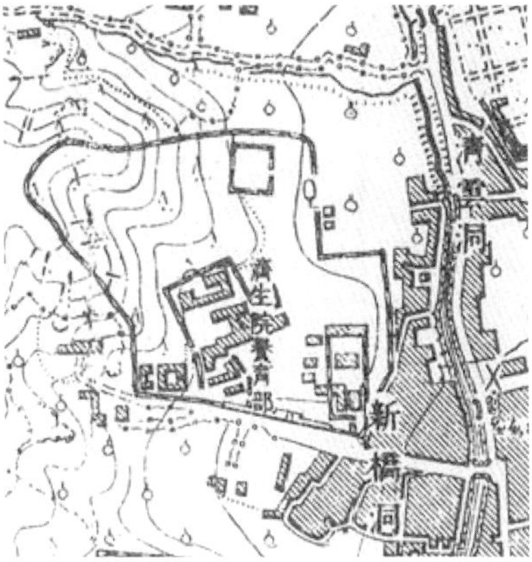

그림 33 『일만분의일 조선지형도집성』, 1921년

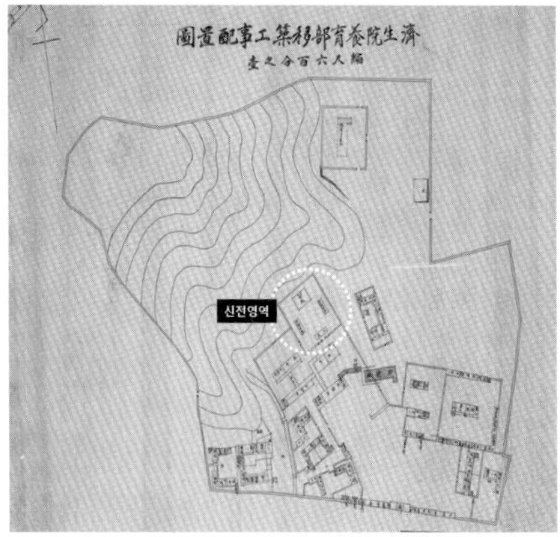

그림 34 〈제생원양육부이축공사배치도〉, 1934년, 국가기록원

교실과 작업실, 사무실, 관사 등으로 영역이 구분되는데, 대지의 북쪽에 구릉지가 형성되어 있어 네 영역 모두 부지의 남쪽에 집중 배치되어 있었다. 대지의 가장 중심, 즉 건물군의 가장 깊숙한 곳에 위치한 신전 영역은 별도의 독립된 담장으로 구획되어 있으며, 중심 건물과 부속채가 놓이는 방식이다. 건물의 배치 방식, 그리고 1923년 『조선총독부제생원요람』에 "옛 선희궁 터에 이전한 제생원양육부는 구 선희궁의 건물 전부를 충당했다"라고 기록되어 있었던 점으로 미루어 볼 때, 선희궁의 정당 영역이 신전(대신궁봉사전)으로 변형된 것으로 추정된다. 이것은 선희궁의 전각이 갖고 있던 제사 공간이라는 기능적 성격은 유지됐으나 그것의 장소적 의미는 전혀 달라졌음을 의미한다. 즉, 황실의 역사를 지탱하는 국가 조상신이 모셔졌던 사당에 일본 천황을 봉사(奉祀)하게 함으로써 천황에 충성하는 황국신민의 양성 도모라는 모순적 상황이 나타난 것이다.

제생원양육부의 교실과 작업실, 사무실 영역은 신전 영역의 바로 아래

된 대신궁은 일본 천황을 제신(祭神)으로 하는 시설로 재조선 일본인 거류민을 대상으로 조성되었다.

그림 35 1938년 신축된 맹아부 교사

※ 출처: 『조선총독부제생원사업요람』, 1938.

쪽에 배치되었다. 본래 떨어져 있던 각 전각의 사이를 복도로 연결함으로써 수용된 원아들이 교육을 받을 때 작업실과 교실 사이를 쉽게 이동할 수 있도록 했다. 한편 관사 영역에는 옛 선희궁의 각종 부속채 건물들이 활용되었다. 제생원양육부의 중심 시설은 아니지만 가장 많은 면적을 차지하고 있는 시설로 예비사(豫備舍)를 포함한 7동의 아동 숙사와 직원 숙소 등이 있었다. 이들 건물은 대지의 남쪽 아래, 입구와 가까운 위치에 분산 배치되었다. 아동 숙사의 경우 한 동에 9~15명의 원생이 연령과 성별에 따라 수용되었으며, 숙사마다 이들을 관리하는 보모가 배치되었다.

작은 실화 사건이 발생하기도 했지만,[74] 제생원양육부는 1930년대 중반까지 설립 초기의 모습이 별다른 변화 없이 유지되었다. 이후 1934년 5월 양육부 본부 청사를 신축하고, 1938년 6월 맹아부 기숙사 등을 신축

74 『매일신보』, 1926년 3월 10일, 「濟生院官舍小火」.

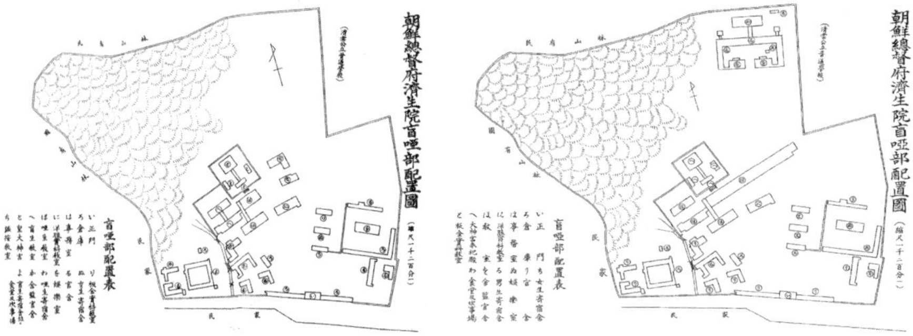

그림 36 1935년(왼쪽)과 1938년(오른쪽)의 제생원양육부 배치

※ 출처: 『조선총독부제생원사업요람』, 1935/1938.

했다.[75] 당시의 건물 배치도에서 신전 영역의 남쪽에 동서로 긴 장방형의 맹아부 교사가 새롭게 들어선 것과 북쪽에 기숙사와 사무실, 식당 등이 신축되어 새로운 영역을 형성한 것을 확인할 수 있다.

5. 맺음말

각 궁을 합사하려던 시도는 고종 대에도 있었으나 이후 대한제국을 선포하고 황권을 강화하려는 시도와 맞물려 황실 위상 강화라는 측면에서 지속되지 못했다. 그러나 통감부의 간섭이 심해지던 순종 대에 〈향사이정에 관한 건〉이 발표되며 왕실 사묘시설에 대한 대대적인 합설 작업이 추진되었다. 왕실 사묘시설의 성립 자체가 왕의 존재에 기반을 두고 이루어진 것이었기에 육상궁, 저경궁, 연호궁, 대빈궁, 선희궁, 경우궁, 덕안궁 등

75 조선총독부, 『조선총독부 제생원사업요람』, 1938, 3~4쪽.

이 칠궁으로 합사되는 과정은 왕권이 약화되던 구한말의 시대적 상황이 반영된 결과였다. 통감부는 각종 제사제도의 정리를 통해 대한제국 황실의 영향력을 약화시키고 아울러 부수된 재산을 국유화함으로써 식민지배의 기틀을 다지고자 했다.

육상궁에 여섯 궁이 합사되어 칠궁으로 바뀌는 과정에서 각 궁의 배치는 합사되기 이전 도성 안에서 이루어졌던 왕의 의례 동선과 동일하게 이루어졌으며, 이는 궁의 설립 시기가 아닌 사당에 모신 사친의 연대에 따른 위계를 존중한 결과였다. 따라서 서상(西上)의 원칙에 따라 사친의 연대가 가장 빠른 저경궁이 가장 서쪽에 배열되는 방식이었다. 각 궁의 합사 이후 칠궁 영역은 기존의 육상궁 정당을 중심으로 하는 육상궁 영역과 육상궁으로 이봉된 다른 다섯 궁의 사우들이 이루는 영역, 그리고 두 영역이 함께 공유하게 되는 부속채들로 이루어진 영역 등 총 세 개의 영역으로 구성되었다.

칠궁으로 합사한 이후 폐궁된 궁지는 더 이상 왕실과 밀접한 관계를 맺지 못한 채 국유로 이속되었다. 다만 계동 경우궁지의 활용 방식에서 알 수 있듯이 초기 폐궁된 기지의 활용에는 근근이 명맥을 유지하고 있던 대한제국의 영향력이 작용하고 있었다. 그러나 일제강점기 국유로의 이속이 완료된 궁지의 경우 식민 권력의 지배 이념과 당시의 도시계획에 따라 변용된 경향이 강하게 나타났다. 이들 궁지는 조선총독부가 주체가 되어 추진된 각종 사업에 활용되었는데, 이 과정에서 고아원, 피병원, 오물처리장 등 도심 혐오시설로 분류되는 공공시설들이 상당수 들어섰다는 점은 의미하는 바가 크다. 통감부 시대부터 종로 이남을 중심으로 새롭게 구축된 식민지 도심과 거리상 멀리 떨어져 있다는 입지 조건으로 인해 총독부의 계획 과정에서 이곳이 도심의 외곽지역으로 인식되었던 것이다. 또한 총독부는 대상지의 도시적 맥락에 대한 이해 없이 이들 궁지를 단순히 정책의 실현 과정에서 사용 가능한 대형필지로 취급했다는 것을 보여준다. 따라서 각 시설의 설립 과정에서 대규모 예산을 편성해 새로운 건물을 신축하기보다는 기존의 건물을 최대한 활용하는 방식으로 사업이 추진되었다.

한편 피병원(순화원)으로 변용된 옥인동 경우궁지와 고아구제시설(제생원 양육부)로 변용된 선희궁지가 해당 용도로 일제강점기 내내 유지되었던 것과 달리 계동 경우궁지는 오물처리를 위한 위생회실행부에서 학교 및 주거지로 다시 변용되는 모습을 보인다. 이는 일제강점기 후반 경성시구개수예정노선에 따른 간선도로의 신규 개설 및 확장 등으로 종로 이북지역까지 도심 공간이 확장되면서 생긴 변화였다. 이러한 궁지의 변용 방식을 통해 경성부의 도시화 경향을 파악해 볼 수 있었다.

유교사회에서 예치의 대표적 형태인 국가제사의 공간이 변화하는 과정은 일제강점기 식민지 근대화의 과정으로 설명될 수 있다. 그러나 칠궁의 성립 이후 나타난 궁지의 변용에서 확인되듯이 과거의 흔적은 다양한 형태로 남았다. 도시공간의 권력 주체가 바뀌어 새로운 도시공간이 형성되더라도, 그리고 설령 그것이 기존의 역사적·장소적 맥락을 무시하고자 한 결과물일지라도 기본적으로 도시조직의 변화는 이전 시대의 흔적을 바탕에 두고 이루어질 수밖에 없다는 사실을 상기할 때, 이는 한양에서 경성으로 변화하는 과정을 이해하는 데 중요한 단서가 될 것이다.

참고문헌

1. 사서류

1) 관찬사서 및 법전류

조선왕조실록(朝鮮王朝實錄).

『경국대전(經國大典)』.

『국조보감(國朝寶鑑)』.

『대전회통(大典會通)』.

『승정원일기(承政院日記)』.

『일성록(日省錄)』.

2) 의궤·도감·등록류

『가순궁현목수빈상례의주등록(嘉順宮顯穆綏嬪喪禮儀註謄錄)』.

『경모궁개건도감의궤(景慕宮改建都監儀軌)』.

『경모궁의궤(景慕宮儀軌)』.

『궁원식례(宮園式例)』.

『궁원식례보편(宮園式禮補編)』.

『궁원의(宮園儀)』.

『덕안궁장례도감의궤(德安宮葬禮都監儀軌)』.

『덕안궁제문(德安宮祭文)』.

『문희묘영건청등록(文禧廟營建廳謄錄)』.

『사도세자상등록(思悼世子喪謄錄)』.

『상시도감의궤(上諡都監儀軌)』.

『상시봉원도감의궤(上諡封園都監儀軌)』.

『숙빈상시봉원도감의궤(淑嬪上諡封園都監儀軌)』.

『순비책봉의궤(淳妃冊封儀軌)』.

『순헌귀비빈궁혼궁의궤(純獻貴妃殯宮魂宮儀軌)』.

『순헌귀비예장도감의궤(純獻貴妃禮葬都監儀軌)』.

『순헌귀비예장의궤(純獻貴妃禮葬儀軌)』.

『綏嬪殯宮魂宮都監儀軌』.
『綏嬪葬禮都監儀軌』.
『수은묘영건청의궤(數恩墓營建廳儀軌)』.
『수은묘이건시의궤(數恩墓移建時儀軌)』.
「유빈박씨시책문」.
『육상궁상시봉원도감의궤(毓祥宮上諡封園都監儀軌)』.
『육상궁상책인의(毓祥宮上冊印儀)』.
『육상궁소령원식례(毓祥宮昭寧園式例)』.
『의열궁거동시전교(義烈宮擧動時傳敎)』.
『의열영빈이씨치제문(義烈暎嬪李氏致祭文)』.
『일사칠궁제도급타제궁연혁(一司七宮制度及其他諸宮沿革)』.
『장예원일기(掌禮院日記)』.
『제문등초(祭文謄抄)』.
『제물등록(祭物謄錄)』.
『顯穆綏嬪殯宮魂宮都監儀軌』.
『顯穆綏嬪入廟都監儀軌』.
『현사궁건청등록(顯思宮建聽謄錄)』.
『현사궁별묘영건도감의궤(顯思宮別廟營建都監儀軌)』.
『호위청등록(扈衛廳謄錄)』.

3) 문집 · 고전

『고문진보 후집(古文眞寶 後集)』.
『시경집전(詩經集傳)』上.
『열녀전보주(列女傳補注)』.
『전한서(前漢書)』.
홍섬(洪暹),『인재선생문집(忍齋先生文集)』.

4) 지리지 · 지리지류

『동국여지비고』.
『한경지략』.

5) 근대·일제강점기 행정자료
『경성부관내지적목록(京城府管內地籍目錄)』(1917·1929).
『경성부사(京城府史)』(1934).
『궁내성직원록(宮內省職員錄)』.
『이왕직직원록(李王職職員錄)』.
『조선총독부 제생원사업요람(朝鮮總督府濟生院事業要覽)』(1923·1938).
『통감부문서(統監府文書)』(1906).
『황실복상령(皇室服喪令)』(1909).
『황실영록(皇室令錄)』.

6) 신문·잡지
『경향신문』.
『대한매일신보』.
『독립신문』.
『동아일보』.
『매일신보』.
『삼천리』.
『조선일보』.
『황성신문』.

7) 지도·도설
〈경우궁도형〉.
〈수선전도〉.
〈영희전도〉.
〈칠궁약도〉.
〈조선총독부 제생원 맹아부 배치도(朝鮮總督府濟生院盲啞部配置圖)〉.

8) 현대 연구서
『徽文七十年史』(휘문70년사, 1976).
『日帝의 식민지 지배정책과 매일신보』(2005).
『國譯 京城發達史』(국역 경성발달사, 2010).

2. 저서 및 논문

강제훈, 「조선 초기 속제(俗祭) 제사상(祭祀床)의 구성과 그 특징」, 『한국사학보』 60, 2015.

강태희, 「일제하 이왕직(李王職) 조직과 장서각(藏書閣)」, 경기대학교 석사학위논문, 2021.

곽희원, 「조선후기 궁원제와 명문기명」, 『미술사학』 32, 2016.

구혜인, 『조선시대 왕실 제기(祭器) 연구』, 이화여자대학교 박사학위논문, 2019.

국립고궁박물관, 『조선왕조어책 고명, 죽책, 금책』, 2017.

국립문화재연구소, 『국립문화재연구소 소장 조선왕실 건축도면』, 2013.

국립문화재연구소, 『조선왕실 원묘』 Ⅰ·Ⅱ, 2018.

권용란, 「조선후기 칠궁의례와 국가 조상신」, 『서울학연구』 38, 2010.

권용란, 『조선시대 왕실 조상신에 대한 연구』, 서울대학교 박사학위논문, 2013.

권용란, 「조선 왕실 효장묘(孝章廟) 의례의 형성과 특징」, 『종교와 문화』 46, 2024.

김덕수, 「정조 예제·어제 원고의 텍스트 비평」, 『장서각』 46, 2021.

김덕수, 「사도세자 시문에 대한 국왕 정조의 개작 및 위작 양상」, 『동양학』 88, 2022.

김덕수, 「영조의 사친 추모와 소령원 어제어필 현판」, 『진단학보』 143, 2024.

김명수, 「1915~1921년도 구황실(李王家) 재정의 구성과 그 성격에 관한 고찰」, 『장서각』 35, 2016.

김문식, 「영조 대에 조성된 왕실 석물과 현판」, 『민족문화연구』 100, 2023.

김문식, 「조선시대 국가전례서(國家典禮書)의 편찬 양상」, 『장서각』 21, 2009.

김미영, 「신주를 통해 본 유교의 영혼관」, 『비교민속학』 32, 2006.

김봉좌, 「綏嬪 朴氏 한글 冊文의 제작 배경과 특성」, 『진단학보』 129, 2017.

김상보, 『조선왕조의 제사음식문화』, 수학사, 2004.

김영모, 「조선시대(朝鮮時代) 사묘공간(祠廟空間)의 구성(構成)에 관한 연구」, 『서울학연구』 9, 1998.

김용흠, 「인조대 원종 추숭 논쟁과 왕권론」, 『학림』 27, 2006.

김윤정, 「대빈궁(大嬪宮)의 연혁과 의례적 변화 양상」, 『한국문화』 103, 2023.

김윤정, 「저경궁(儲慶宮)의 성립과 의례적 변화 양상」, 『서울과 역사』 113, 2023.

김윤정, 「조선시대 유밀과(油蜜果)의 의례적 상징과 제도화」, 『민속학연구』 52, 2023.

김윤정, 「영조대 육상궁(毓祥宮)의 성립과 공사(公私) 논의」, 『한국학연구』 74, 2024.

김이순, 「조선왕실 무덤, 원(園)의 창안과 전개」, 『미술사논단』 41, 2015.

김정신, 「선조대 덕흥대원군(德興大院君) 전례(典禮)논쟁과 종법(宗法)인식」, 『다산과 현대』 7, 2014.
김지영 외, 『대궐 밖의 왕실, 한양의 별궁』, 서울역사박물관, 2020.
김진옥·지금완 역, 『국역 영희전지·남전속지』, 서울역사편찬원, 2024.
김해인, 「『대한예전』「찬실준뢰도설」의 찬품 연구」, 한국학중앙연구원 한국학대학원 석사학위논문, 2016.
김해인, 『조선시대 국가의례의 음식문화 연구: 길·가례 음식구조를 중심으로』, 한국학중앙연구원 한국학대학원 박사학위논문, 2021.
김해인, 「명대(明代) 의례(儀禮)와의 비교를 통해 본 조선시대 속제(俗祭)의 성격」, 『동아시아고대학』 64, 2021.
김해인, 「조선시대 국가제사 음식의 정(正)·속(俗) 이분구조와 정제(正祭) 음식의 성격」, 『역사민속학』 65, 2023.
문영자, 「조선시대 추존왕(追尊王)의 추존론(追尊論) 전개와 부묘(祔廟) 과정」, 건국대학교 석사학위논문, 2013.
문은희, 「영조대 육상궁식례(毓祥宮式例)·소령원식례(昭寧園式例)의 제정(制定)과 의미」, 숙명여자대학교 석사학위논문, 2020.
문화재관리국, 『제구(祭具)에 나타난 목칠공예(木漆工藝)』, 문화재연구소, 1989.
문화재청, 『칠궁 조경정비 기본계획』, 2001.
박금진, 『조선후기 왕의 사친(私親) 궁원(宮園) 연구: 칠궁과 원소를 중심으로』, 한서대학교 박사학위논문, 2018.
박금진, 「조선후기 칠궁과 내부 의장물 비교연구」, 『조형디자인연구』 21-4, 2018.
박용만, 「정조의 치제문(致祭文)과 통치활동에 대한 고찰: 장서각 소장 차제문(致祭文)을 중심으로」, 『장서각』 46, 2021.
박윤재, 「한말·일제 초 한성위생회의 활동과 식민 지배」, 『서울학연구』 22, 2004.
박종민, 「조선시대 유교식 감실(龕室)의 수용과 변용」, 『문화재』 44-4, 2011.
박현주, 『대한제국기 종묘 신실 제구(諸具)의 특성(特性)과 분석(分析): 포진제구(鋪陳諸具)와 배설제구(排設諸具)를 중심으로』, 한서대학교 박사학위논문, 2024.
서울공예박물관, 『소장품탐구 시리즈 1. 경혜인빈 상시호 죽책』, 서울공예박물관, 2022.
소현수 외, 「조선시대 사묘(私廟) 칠궁(七宮)의 공간구성 고찰」, 『한국전통조경학회지』 23-4, 2005.
손계영, 「敎命의 형태 연구: 藏書閣 所藏 『懿昭世孫 世孫冊封敎命』과 『慶嬪金氏 揀嬪冊封敎命』을 중심으로」, 『장서각』 11, 2004.
손명희, 「세조 어진의 두 봉안처 영창전과 봉선전의 성격과 제향의 의미」, 『한국문화』 93, 2021.
송인호·조은주, 「왕실사묘(王室私廟) 육상궁(毓祥宮)의 20세기 변화에 관한 연구」, 『대한건축학회논문집(계획계)』 27-10, 2011.
송인호·조은주, 「경우궁 행행의 변화와 19세기 한성부 도시구조」, 『대한건축학회논문집(계획계)』 28-8, 2012.
신명호, 「일제강점기 이왕가(李王家) 재산의 구성과 관리」, 『인문사회과학연구』 16, 2015.
신명호, 「일제강점기 이왕가(李王家)의 세습재산」, 『인문사회과학연구』 18, 2017.
신명호, 「일제강점기 李王職의 문서관리」, 『역사와경계』 105, 2017.
신명호, 「『高宗純宗實錄』과 『孝明天皇紀』의 편찬배경과 편찬체제 비교」, 『장서각』 35, 2016.
심재우, 「조선후기 선희궁(宣禧宮)의 연혁과 소속 장토(庄土)의 변화」, 『조선시대사학보』 50, 2009.
안선호, 『조선시대 진전 건축 연구』, 원광대학교 박사학위논문, 2010.
오종희, 「권순정, 1876~1945년 한국 근대보건의료시설의 역사적 발전과정에 대한 연구」, 『한국의료복지시설학회지』 9-2, 2003.
우정, 「영조대 숙빈 최씨 추숭과 가상시호(加上諡號)의 의의」, 『국학연구』 51, 2023.
이강근, 「조선왕조(朝鮮王朝)의 신전(神殿) 종묘(宗廟)」, 『미술사학연구』 216, 1997.
이규철, 「대한제국기 한성부 군사관련 시설의 입지와 그 변화」, 『서울학연구』 35, 2009.
이규철·전봉희, 「가사에 관한 제실재산정리국 간행도서의 형식과 내용」, 『대한건축학회 학술발표대회 논문집』 24-2, 2004.
이미선, 「영조 후궁 暎嬪李氏의 생애와 위상」, 『역사와 담론』 76, 2015.
이범직·최순권 역주, 『정조대 종묘서 관리들의 종묘제향 학습서, 역주 매사문』, 민속원, 2017.
이영한, 「조선(朝鮮) 종묘(宗廟) 초창시(初創時) 좌향(坐向) 연구」, 『대한건축학회논문집』 13-12, 1997.
이왕무, 「1910년대 순종의 창덕궁 생활과 행행(行幸) 연구」, 『조선시대사학보』 69, 2014.
이왕무, 「1917년 순종의 일본 행차[東上]에 나타난 행행의례 연구」, 『한국사학보』 57, 2016.
이왕무, 「대한제국 황실의 분해와 王公族의 탄생」, 『한국사학보』 64, 2016.
이왕무, 「1910년대 조선 왕실 의례에 대한 宮內省의 李王家 舊制 조사」, 『한국학논총』 48, 2017.
이왕무, 「19세기말 고종대 경복궁 중건 자료에 대한 일고찰: 宮內廳 서릉부 소장 『景

福宮營建日記』를 중심으로」, 『한국사학보』 72, 2018.
이왕무, 「1917년 창덕궁 大造殿 화재와 李王職의 역할」, 『서울과역사』 105, 2020.
이왕무, 「일제 강점기 李王職 연구: 조직 구성의 배경과 운영을 중심으로」, 『동양고전연구』 82, 2021.
이왕무, 「일본 宮內省의 李王家 實錄의 편찬 추이」, 『한국독립운동사연구』 84, 2023.
이왕무, 「고종의 發靷 논의와 祔廟禮 설행 고찰」, 『민족문화연구』 31, 2024.
이왕무, 『일제 식민지기 이왕직 연구』, 다온, 2024.
이왕무 외, 『일제강점기 이왕직 연구』 한국학중앙연구원 출판부, 2021.
이욱, 「조선시대 왕실의 시조와 조경묘 건립」, 『조선시대사학보』 38, 2006.
이욱, 「조선시대 왕실제사와 제물의 상징」, 『종교문화비평』 20, 2011.
이욱, 『조선 왕실의 제향 공간: 정제와 속제의 변용』, 한국학중앙연구원 출판부, 2015.
이종묵, 「정조의 고굉지신 김종수」, 『규장각』 54, 2019.
이현진, 「仁祖代 元宗追崇論의 推移와 性格」, 『북악사론』 7, 2000.
이현진, 「역사: 조선왕실의 후궁 사당, 칠궁」, 『선비문화』 16, 2009.
이현진, 「영·정조대 육상궁의 조성과 운영」, 『진단학보』 107, 2009.
이현진, 『왕의 죽음, 정조의 국장』, 글항아리, 2015.
이현진, 「조선후기 수빈 박씨(綏嬪 朴氏)의 상장(喪葬) 의례와 성격」, 『조선시대사학보』 76, 2016.
이현진, 『조선 왕실의 상장례』, 신구문화사, 2017.
이희승, 「朝鮮時代 宗廟 木祭具와 漆 수리복원 연구」, 한서대학교 석사학위논문, 2008.
임민혁, 「조선후기 영조의 孝悌 논리와 私親追崇」, 『조선시대사학보』 39, 2006.
임응식, 『韓國의 古建築 七宮』, 도서출판 광장, 1977.
장경희, 「正祖代 景慕宮의 왕실공예품 연구」, 『한국공예논총』 12-2, 2009.
장경희, 「조선 후기 포장형태의 구조와 종별 특징 연구」, 『조형디자인연구』 23-2, 2019.
장경희, 「1755년 경혜인빈 김씨의 상시호 죽책(竹冊)과 은인(銀印) 관련 물품의 제작 장인 연구: 敬惠仁嬪上謚封園都監儀軌 책인조성소의 분석을 통하여」, 『역사민속학』 61, 2021.
장경희, 「조선후기 칠궁(七宮) 소장 목조감실과 왕실공예품의 보문(寶文) 연구」, 『인문과학연구』 38, 2024.
장경희, 「칠궁 정당 내 木祭具와 감실 내 신주 관련 부속구의 종별 특징」, 『장서각』 53, 2025.
장신, 「일제하 이왕직(李王職)의 직제와 인사」, 『장서각』 35, 2016.

장유승, 「영조 어제의 편차 과정과 그 경향성」, 『한문학논집』 66, 2023.
정경희, 「조선후기(朝鮮後期) 궁원제(宮園制)의 성립과 변천」, 『서울학연구』 23, 2004.
정민재, 「일제강점기 순화원의 설립과 운용」, 『한국 근현대사연구』 57, 2011.
정병설, 「『한중록』의 신고찰」, 『고전문학연구』 34, 2008.
정욱재, 「日本宮內廳所藏 '公族實錄'의 편찬과 특징: 『李熹公實錄』·『李熹公實錄資料』·『李埈公實錄』·『李埈公實錄資料』를 중심으로」, 『한국사학보』 64, 2016.
정욱재, 「日本 宮內廳 所藏 『李太王實錄』·『李太王實錄資料』의 체재와 특징」, 『한국사학보』 69, 2017.
정해득, 『정조시대 현륭원 조성과 수원』, 신구문화사, 2009.
정해득, 『조선 왕릉제도 연구』, 신구문화사, 2013.
정해득, 「사도세자 현창의 전개과정」, 『역사문화논총』 8, 2014.
정해득, 「조선후기 사친추숭과 능원제도」, 『조선시대사학보』 86, 2018.
조은주, 『근대기 한양도성 안 궁묘와 궁실의 변용』, 서울시립대학교 박사학위논문, 2012.
조재모, 「七宮의 건축적 원형과 廟門外前閣」, 『대한건축학회논문집』 41-1, 2025.
조재모·심우갑, 「영정조대의 왕실사묘 건립과 영향」, 『대한건축학회논문집(계획계)』 18-7, 2002.
최순권, 「신주고」, 『생활문물연구』 2, 국립민속박물관, 2001.
최영숙, 「조선시대 목조감실(木造龕室) 조형 연구: 18세기 이후 조성된 왕실조성 감실을 중심으로」, 『한국공예논총』 16-2, 2013.
한국학중앙연구원 장서각, 『英祖妃嬪資料集 2: 碑誌, 冊文, 敎旨, 祭文』, 한국학중앙연구원 출판부, 2011.
한국학중앙연구원 장서각 편, 『사도세자와 두 임금의 시선』, 한국학중앙연구원 출판부, 2024.
한규무·노기옥, 「대한제국기 경성고아원의 설립과 운영」, 『향토서울』 75, 2010.
한형주, 「조선전기 종묘 '동당이실제'의 비판과 중건논쟁」, 『한국사학보』 36, 2009.
한형주, 『종묘와 궁묘: 조선 왕실의 조상제사』, 민속원, 2016.
허흥식, 『고려의 문화전통과 사회사상』, 집문당, 2004.

3. 기타

국가유산포털(www.heritage.go.kr).
국립고궁박물관(www.gogung.go.kr/gogung/main/main.do).
국사편찬위원회 한국사 데이터베이스(db.history.go.kr).

디지털 장서각(jsg.aks.ac.kr).
한국고전종합DB(db.itkc.or.kr).

장서각한국사강의 35

칠궁의 성립과 굴절

지음 김윤정 · 정해득 · 이왕무 · 장경희 · 김덕수 · 김해인 · 조재모 · 조은주
제1판 1쇄 발행일 2025년 12월 30일 발행인 김낙년 발행처 한국학중앙연구원 출판부
출판등록 제1979-000002호(1979년 3월 31일) 주소 경기도 성남시 분당구 하오개로 323
전화 031-730-8773 팩스 031-730-8775 전자우편 akspress@aks.ac.kr 홈페이지 www.aks.ac.kr

ISBN 979-11-5866-840-2 94300
979-11-86178-07-2 (세트)

—

· 이 책은 2024년도 한국학중앙연구원 장서각 연구사업의 지원을 받아 수행된 연구입니다.